TRANSNATIONAL

트랜스내셔널 역사학 탐구

HISTORY

HY COLLECTION 009

TRANSNATIONAL HISTORY

트랜스내셔널 역사학 탐구

한양대학교 비교역사문화연구소 기획

윤해동 편집

윤해동
정면
이세연
조원
하영준
권은혜
이소영
육영수
소현숙
김청강 공저

한양대학교 출판부

트랜스내셔널 역사학을 위하여

한국학계에 '트랜스내셔널'이라는 개념이 소개된 것은 불과 10여 년 전의 일에 지나지 않는다. 그럼에도 어느덧 트랜스내셔널이라는 용어는 학계의 '시민권'을 얻은 듯싶기도 하다. 많은 연구자들에 의해 아무 거리낌 없이 사용될 뿐만 아니라, 심지어는 '내셔널'한 상황이 처한 궁지를 회피하거나 혹은 호도하기 위해 사용되기도 하는 것이다. 이처럼 이 개념은 일종의 유행처럼 통용되고 있는데, 이는 이 용어가 가진 모종의 모호함 때문일 것이다.

트랜스내셔널(transnational)이라는 용어의 접두어인 trans는 일반적으로 across(횡단), beyond(超), through(通)이라는 의미를 포괄한다. 따라서 트랜스내셔널이라는 용어는 횡단국가적, 초국가적, 통국가적이라는 의미를 함축하고 있을 터이다. 이런 맥락에서 트랜스내셔널 히스토리는 국가 간의 관계나 다국적 상황을 넘어서는 새로운 현실을 표상하려는 의도에서 만들어진 것으로 보아도 좋을 것이다. 근대역사학을 구성하는 가장 중요한 속성이 일국사를 단위로 역사의 흐름을 이해하는 것이라고 할 때, 트랜스내셔널 역사학은 그에 대한 가장 중요한 대안적 시도라도 할 수 있을 것이다.

트랜스내셔널 히스토리는 내셔널한 상황 자체를 무시하지 않되 그 상황을 넘어서거나 횡단하려는 의도를 가진 역사학적 시도이다. 이런 점에서 트랜스내셔널 역사학은 하나의 뚜렷한 패러다임을 형성하기보다는 일종의 '역사학적 지향'이라는 성격을 가지게 된다. 트랜스내셔널 역사학이 가진 모호함은 여기에서 유래하는 것처럼 보이지만, 역으로 그것은 내셔널한 지향에 대한 가장 중요한 대안적 특성을 가지기도 하는 것이다(이상은 윤해동, 「트랜스내셔널 히스토리의 가능성—한국사를 중심으로」, 『근대역사학의 황혼』, 책과함께, 2010 참조).

다른 한편으로 트랜스내셔널 역사학이 기존 역사학이 가진 '보편' 혹은 '세계'에 대한 사유의 결여를 메우기 위해 등장하였음에도, 그런 의도에 미치지 못한 채 여전히 제한적인 대상만을 재구성하고 있을 뿐이라는 지적에도 귀기울일 필요가 있다. 아마 트랜스내셔널 개념이 가진 모호함 때문이겠지만, 트랜스내셔널 역사학은 오히려 내셔널한 대상 곧 국가와 민족을 실체화하는 악순환에 빠지기도 한다는 것이다. 세계학계의 다양한 트랜스내셔널 역사학의 시도가 밟은 실패의 전철은 이를 잘 보여주고 있다고 하겠다(오경환, 「"트랜스내셔널" 역사: 회고와 전망」, 『트랜스내셔널 인문학으로의 초대』, 한양대학교출판부, 2016 참조).

그럼에도 트랜스내셔널 역사학에 대한 추구가 중지되어야 할 이유는 어디에도 없다. 이 책에는 민족을 넘어서되 새로운 보편을 구성할 수 있는 역사학적 혹은 학문적 지향으로서의 '트랜스내셔널 역사학'에 대한 다양한 시도가 담겨 있다. 이제부터 트랜스내셔널 역사학의 다채로운 학문적 성취를 음미해보기로 하자.

이 책에는 모두 열 편의 논문이 실려 있다. 글의 필자들은 모두 한양대학교 비교역사문화연구소의 인문한국(Humanities Korea) 지원사업("트랜스내셔널 인문학")으로부터 수혜를 받았으며, HK교수·HK연구교수 혹은 공동연구원 등으로 근무하고 있거나 관계를 맺은 바 있는 사람들이다. 따라서 이 글들에는 각 필자들의 트랜스내셔널 역사학 나아가 트랜스내셔널 인문학에 대한 깊은 관심이 담겨 있다고 볼 수 있다. 글에 따라서는 이런 문제의식이 전면에 드러나 있기도 하지만, 어떤 글에서는 논문을 관통하는 문제의식으로 깊이 잠류하는 경우도 있다. 이런 표현 방식의 차이에도 불구하고, "트랜스내셔널 역사학 탐구"라는 이름에 걸맞는 문제의식을 갖추고 있는 논문들임에는 틀림이 없다.

이제 각 논문의 문제의식을 간단히 살펴보기로 하자. 책은 세 개의 파트로 나뉘어 있는데, 각각의 파트에서는 트랜스퍼시픽 지역, 트랜스어틀랜틱 지역, 한국 등을 대상으로 한 글을 각기 포함하고 있다.

제1부 "트랜스퍼시픽 지역의 트랜스내셔널 역사학"에는 모두 네 편의 논문이 수록되어 있다. 먼저 윤해동은 「'만보산 사건'과 동아시아 '기억의 터' : 한국인들의 기억을 중심으로」라는 글을 통하여, '만보산 사건'을 트랜스내셔널한 차원의 동아시아 공동의 '기억의 터'로 만들어나갈 필요가 있음을 주장한다. 일본의 만주침략 직전인 1931년 7월 만주지역에서 발단이 되어 동아시아 삼국으로 번져간 '만보산 사건'은, 지금까지 각국의 민족주의 역사 속으로 편입되어 일국사적으로 해석되어 왔다. 그러나 저자는 만보산 사건을 재해석함으로써 민족적 기억을 해체하고 동아시아 차원의 새로운 '기억의 터'로 만들어나갈 가능성이 존재하고 있음을 보여주려 한다.

정면은 「白族과 白蠻 : 『白族簡史』의 백족 계보 구성 비판」이라는 논문에서, 중국 55개 소수민족 중 하나로 주로 중국 남부 운남성에 집중적으로 거주하고 있는 백족의 역사를 다루고 있다. 저자는 백족이 전통 중화제국에서 근대 국민국가로의 전환을 고민하던 중화인민공화국에서 실패한 소수민족의 하나로 간주됨으로써, '중화민족사'를 구성하는 데에 일방적으로 '동원'되었다고 비판하고 있다. 이런 문제점을 넘어서기 위해서 저자가 제출한 대안은 역사적 '중국'과 구분되는 공간인 운남 지역의 변경으로서의 정체성을 살리는 것으로서, 이를 위해 '나라공동체'(혹은 '역사공동체')를 서술단위로 역사를 다시 기술할 필요가 있다고 강조하고 있다.

「1189년, 요리모토는 왜 야다테(矢立)를 했는가」라는 논문에서, 이세연은 일본 중세 무사들이 행하던 야다테 의례의 성격을 재해석하고 이를 통해 일본 중세 시기 변경 개척의 의미를 재음미한다. 한국인들에게는 다소 생경한 용어인 야다테라는 의례는, 일본학계에서 통상적으로 '闢邪' 행위 곧 신에 대한 적대행위로 해석되어 왔다고 한다. 그러나 이세연은 요리모토의 야다테를 적대행위와 경신행위가 중첩된 것으로 재해석하고, 이를 8세기 말 이후 일본국이 이른바 '東國' 혹은 '에미시(蝦夷)의 세계'로 들어서기 위해 행했던 대표적인 의례행위로 자리매김하고 있다.

이어 조원은 「明人의 시선에서 본 16세기 漢南 몽골 사회의 변화 : 『북로풍속』을 중심으로」라는 논문에서, 16세기 몽골사회의 변화를 통해 내륙아시아 변경지역의 체제 재편을 살펴보고 있다. 조원은 명인 소대형의 저작인 『북로풍속』을 분석함으로써 16세기 명조 변경사회의 동요와 새로운 유형의 상업-군사세력의 등장을 보여주려 한다. 그리고 이런 장성 북변 일대의 변화는 요동지역 및 동남 연해지역에서 동시다발적으로 일어나고 있었으며, 17세기의 변화를 이끌어간 것은 '혼종의 공간'이었던 이런 변경사회였다는 점을 새삼 강조하고 있다.

이처럼 제1부에 수록된 네 편의 글은, 민족간 갈등의 역사 그리고 소수민족 혹은 변경의 역사를 다룸으로써, 트랜스내셔널 역사학의 새로운 지평을 열어가려 한다.

제2부 "트랜스어틀랜틱 지역의 트랜스내셔널 역사학"에는 세 편의 논문이 실려 있다. 먼저 하영준은 「크레올 민족주의와 서인도 문화정치 : C. L. R. 제임스의 초기사상을 중심으로」라는 논문에서, 영국과 서인도 사이의 상호변형적 관계 속에서 새로운 민족주의 곧 크레올 민족주의가 형성되는 과정을 고찰하고 있다. 크레올 민족주의는 서인도제도의 독립을 이끌었던 흑인 중간계급의 주류 민족주의를 일컫는 것으로서, 그 바탕에는 서구의 대의민주주의와 그 문화적 토대였던 '위신'이 깔려있었다고 본다. 또 하영준은 20세기 초 서인도 정체성을 대변

하고 있던 흑인 지식인인 C. L. R. 제임스를 통하여, 흑인 중간계급에게 '영국다움'과 '흑인다움'은 상호 배타적인 정체성이 아니라 양자는 내부에서 공존하고 있었다고 주장한다. 『블랙 자코뱅』으로 대표되는 제임스의 역사인식이, 제국과 식민지가 맺고 있던 상호작용적 혹은 상호변형적 관계 — 이른바 제국적 전환(imperial turn) — 를 강조하는 데로 나아갈 수 있었던 측면을 강조하고 있는 것이다.

이어 권은혜는 「20세기 초 미국 서부의 반일본운동과 아시아인 이민 배제 주장에서 드러나는 초국적 반아시아 인종주의 : 발렌타인 맥클래치의 소책자, 『아시아의 독일』을 중심으로」 긴 제목의 논문에서, 미국에서 전개된 반아시아 성향의 인종주의 사례를 연구하고 있다. 대부분의 미국 인종주의자들은 아시아인들에 대한 인종차별적 성격을 소거하기 위하여 자국의 경제적 이익과 국제적 관행으로 이를 포장하고 있었는데, 맥클래치 역시 예외가 아니었다. 맥클래치는 제1차 세계대전 이후 태평양 주변지역의 백인정착지 국가들 사이에서 공유되던 반아시아정서를 동원하였으나, 이민제한-배제정책이 가진 인종차별적 성격을 부인하고 백인국가들 사이의 정책연대라는 이름으로 정당화하려 하였다. 그리고 저자는 이를 '트랜스내셔널 반아시아 인종주의'에 해당하는 것이라고 주장하는 것이다.

다음 이소영은 「홀로코스트 기억과 '법을 통한 과거 청산'의 아포리아」라는 제목 아래, 독일의 법학자 베른하르트 슐링크의 『책 읽어주는 남자』라는 소설을 대상으로 '법을 통한 과거 청산'이라는 '과거사 정리'의 한 방식이 갖는 아포리아를 다루고 있다. 이소영이 이 글에서 궁극적으로 살펴보려 하는 바는, "문학 텍스트와 사회적 기억의 상호구성"에 관한 것이다. 사회적 기억의 지배적 재현이 문학 텍스트 안에서 이루어지는 한편으로(기억의 문학 구성), 문학텍스트가 바로 그 과거가 사유되고 상상되는 조건들을 구성하기도 한다는 것이다(문학의 기억 구성). 이소영은 소설 분석을 통하여 독일의 홀로코스트 가해자 처벌과 피해생존자 배상을 둘러싼 '정의의 회복'과 그를 둘러싼 아포리아, 그리고 전후 2세대들의 홀로코스트 기억하기와 관련한 논점들에서 드러나는 '기억의 규제'를 둘러싼 아포리아 등 두 가지의 난제를 제기한다. 물론 이 글이 트랜스내셔널 히스토리의 문제의식을 직접적으로 다루고 있는 것은 아니다. 그러나 트랜스세대적(transgenerational) 기억하기가 기억의 규제와 맺는 관련을 살핌으로써, 트랜스내셔널 히스토리로 가는 우회로를 개척하고 있다고 해도 좋을 것이다.

제3부 "트랜스내셔널 한국과 근대"에는 모두 세 편의 글이 게재되어 있다. 육영수는 「'은자의 나라' 조선 사대부의 미국 문명 견문록 : 출품사무대원 정경원과 1893년 시카고 콜롬비아 세계박람회」라는 글을 통해, 박람회를 미시사적 차원에서 재조명하려 한다. 19세기 말부터 20세기 초에 걸쳐 전성기를 구가했던 세계박람회는 서구가 주도하는 근대화와 문명화 사명의 도구이자 그 결정판으로 해석되어 왔다. 콜럼버스의 신대륙 발견 400주년을 기념하여 1893년 시카고에서 개최된 세계박람회에는, 때마침 세계의 강대국으로 발돋움하려는 미국의 꿈과 의지가 반영되어 있었다. 여기에서 처음 선보인 '인류학 건물'이라는 전시관은 서구 인종의 우월성을 강조하는 장소이기도 하였다. 이런 장소에 '출품사무대원'이라는 직함으로 참여한 조선 대표 정경원은, "지독히 가부장적이고 은근히 인종주의적이며 당연하게도 계급적인" 중층구조로 형성된 정신세계와 감정구조를 갖고 있었다. 저자는 이를 경계사유의 일종이라고 규정하고 이를 개방과 존경, 관용으로 구성될 미래사유의 자원으로 전유할 필요가 있음을 강조한다.

다음으로 「수절과 재가 사이에서 : 식민지 시기 과부 담론」이라는 논문에서, 소현숙은 젠더적 차원의 소수자였던 과부와 관련한 담론이 근대 전환기에 어떤 방식으로 변용되었던가를 분석하고 있다. 일제시기에는 조선시대와 달리 과부 재가가 허용되었으나, 과부는 의연히 일부일처제를 근간으로 한 가정을 수호하기 위한 '통제'의 대상이 되어 있었다고 한다. 특히 가부장의 보호와 통제로부터 벗어나 있던 젊은 과부들은 염려스럽고 위험한 존재로 취급되었으며, 그들의 성은 감시와 관찰의 대상이 되었다는 것이다. 과부에 대한 이런 통제는 그들의 자유의지와 주체성과 상관없는 사회통제 기획의 산물이었으며, 이는 식민주의와 민족주의가 공모한 결과였다는 주장이다.

마지막으로 김청강은 「조선을 연출하다 : 조선악극단의 일본진출 공연과 국민화의 (불)협화음(1933~1944)」라는 글에서, 일제 말기 황국신민화정책이 가진 국민화과정으로서의 성격을 조선악극단을 대상으로 해부한다. 식민말기 조선인은 국민이자 비국민인 이중의 위치를 가지고 있었던 바, 식민지민들은 일종의 '생존의 문화'를 만들어 현실에 참여할 수밖에 없었다. 그들은 자신의 로컬 칼라를 드러내면서도 일본의 신민으로 흡수될 것을 강요받았다. 조선인들의 '연출'은 제국 통치에 대한 협력의 도구이기도 했지만, 다른 한편으로는 '국민'이라는 변장을 지울 수 있는 위험한 기술이기도 했던 것이다. 조선악극단이 '조선의 미'를 가진 객체이자 '국민'이라는 주체의 한 사람으로서 자신을 연출하며 화답한 데서, 이런 전형을 확인할 수 있다.

이처럼 트랜스내셔널 역사학은 다양한 분야에서 여러 가지 방식으로 문제의식을 확장 또는 심화하고 있는 중이다. 비교역사문화연구소의 "트랜스내셔널 인문학" 어젠다와 관련한 연구가 트랜스내셔널 역사학 연구의 진전에 기여하였기를 바란다. 트랜스내셔널 어젠다 연구에 매진할 수 있도록 노력해준 한국연구재단, 그리고 한양대학교 비교역사문화연구소 관련자 여러분께 심심한 감사의 말씀을 드린다.

2016년 11월 24일

필자들을 대신하여 윤해동 씀

차례

제1부

트랜스퍼시픽 지역의 트랜스내셔널 역사

:: 1 ::

'만보산 사건'과 동아시아 '기억의 터'
: 한국인들의 기억을 중심으로

윤해동

1. 머리말 : '기억의 터'란 무엇인가?

바야흐로 역사의 시대로부터 기억의 시대로 전환하고 있다. 기억의 시대가 도래하고 있다는 것은 지금까지는 말하지 못했던 사람들이 말하기 시작했다는 것을 의미한다. 근대 역사란 국가 단위로 총동원된 기억으로서, 공식기억이자 역사-기억을 의미하는 것이다. 역사-기억에서 역사란 국민국가의 합법성을 강조하는 역할을 수행하며, 기억이란 민족감정을 고양시키는 역할을 수행한다. 반면 기억이란 매우 개별적이고 다양하며, 그런 점에서 분열적이고 유동하는 것이다. '과거'와 관련하여 정치-사회적 변화가 일어나게 되면, 공식기억은 동요하게 되고 기억은 분열한다.

기억은 언제나 분열적이고 유동적인 것이다. 그런 점에서 기억은 거대한 기록의 저장고 내지는 보조장치(archives)가 아니다. 체험된 사실이 그대로 보존되어 기억의 심층에 묻힌 채 존재하다가 어떤 계기로 회복되는 그런 것이 아니다. 기억이라는 실재는 없으며, 현재의 자기 위치에 비추어 계속적으로 기억하는 행위, 곧 회상=기억하기(re-membering)만이 존재할 뿐이다.[1]

프랑스의 역사가 피에르 노라(Pierre Nora)는 실재하는 역사상을 복원하는 작업이 아니라, 실재와 비실재의 경계를 허물고 사실을 참조 틀로 삼지 않는 새로운 역사학을 모색했다. 새로운 역사학은 사실에만 한정되지 않는 광범위한 역사 현상을 다루어야 한다고 주장하며, 그 역사학이 다루어야 할 영역을 '기억의 터(Lieu de memoire)'라고 명명했던 것이다.[2] 피에르 노라는 1984년부터 1992년 사이에 7권의 『기억의 터』를 연속으로 간행하였다. 이 시리즈의 목적은 18세기 이후부터 프랑스 민족의 기억 속에 심어진 상징적인 장소와 대상들을 식별하는 것이었다.[3] 이를 통하여 그는 상충하는 기억들을 비판적으로 분석하고 분류하여 사회구성원들에게 보다 객관적이고 합리적인 전망을 마련해주고자 하였던 것이다. '기억의 터'는 구체적인 공간을 포함하여 공간의 메타포까지 아우르는 개념이다. 곧 직접적인 기념의 장소만이 아니라, 상징화된 기억을 담고 있는 모든 행위와 기호 혹은 기억을 구축하거나 보존하는 기제들을 망라하는 개념 틀이다.[4]

또 피에르 노라에게 '기억의 터'는 단순한 기억의 대상이 아니었으며, 그것

---

1 윤해동, 「'기억을 둘러싼 내전'-한국에서의 기억 연구와 그 과제」, 『근대역사학의 황혼』, 책과함께, 2010; 제프리 올릭 편, 『국가와 기억-국민국가적 관점에서 본 집단기억의 연속, 갈등, 변화』, 최호근·민유기·윤영휘 옮김, 민주화운동기념사업회, 2006; 최호근, 「집단기억과 역사」, 『역사교육』 85호, 역사교육연구회, 2003.

2 전진성, 「역사와 기억-'기억의 터'에 대한 최근 독일에서의 논의」, 『서양사론』 72호, 서양사학회, 2002; 피에르 노라·이용재 대담, 「피에르 노라와 『기억의 터전』」, 『역사비평』, 2004년 봄호; 피에르 노라 외, 김인중 외, 『기억의 장소』(전 5권), 나남, 2010.

3 『기억의 터』 7권의 구성은 다음과 같다. 1부 1권 '공화국', 2부 '민족'(3권) 1권 비물질·2권 물질·3권 이상, 3부 '프랑스들'(3권) 1권 갈등과 타협·2권 전통·3권 문서에서 문장으로, 이 작업은 이미 국제적 성가를 얻고 있으며 영어본·독일어본·일어본 등이 출간되었고, 독일에서는 이와 유사한 『독일 기억의 터』 3권이 출간되었다. 한편 한국에서도 2010년에 번역본이 출판되었는데, 프랑스어 원본의 전체 논문 136편 가운데 36편의 논문을 5권으로 나누어 번역하였다. 그중 제1권은 '공화국', 2권은 '민족', 나머지 3~5권은 '프랑스들'로 구성되어 있다. 피에르 노라 외, 앞의 책.

4 박진빈, 「9·11 기억의 터」, 『사회와 역사』 78호, 한국사회사학회, 2008, 97~101쪽.

은 기억의 '형태변이'로서 기억 그 자체에 대한 성찰이었다. 따라서 기억의 터는 역사와는 달리 어떠한 지시대상도 갖지 않으며, 단지 자기 자신을 지시할 뿐이었다. 이런 점에서 '기억의 터' 작업의 특징은 과거 사건들 그 자체에 대한 연구라기보다는 사건들이 발생한 이후 그 사건들이 사회구성원들의 집단기억 속에 어떻게 취사선택되면서 수용되어 왔고, 정치적 담론 과정을 거치면서 어떻게 이미지를 구축했는가를 규명하는 작업이다. 피에르 노라의 '기억의 터' 기획은 사라진 기억을 대체하여 등장한 역사이며, 동시에 스스로를 기억 자산의 일부로 성찰하는 또 하나의 기억의 터이다. 이런 점에서 그것은 새로운 역사학적 기획이며, 일종의 '메타역사'이기도 하다.[5]

1931년 7월 만주[6]의 장춘현(長春縣)에서 일어나 한국을 중심으로 동아시아로 번져간 만보산 사건은, 지금까지 각국의 민족주의적 역사 속으로 편입되어 해석되고 기억되어왔다. 만보산 사건은 일국사적 '기억의 터'로 기능해왔던 것이다. 그러나 만보산 사건의 기억을 둘러싼 투쟁이 바야흐로 한국에서 벌어지고 있다. 이 글에서는 먼저 만보산 사건이 일어난 직후 동아시아 각국에서 그에 관한 기억이 어떤 방식으로 갈등하면서 전유되었는지를 살펴보려 한다. 다음으로 만보산 사건이 해방 후 한국에서 민족주의적인 역사-기억으로 전유된 방식과 아울러, 현재 펼쳐지고 있는 만보산 사건을 둘러싼 한국에서의 기억 투쟁을 검토해보고자 한다.

피에르 노라는 "지배담론에 의해 윤색된 국민적 기억을 비판적 시선으로 바라보면서 위기에 처한 국민정체성을 새롭게 다듬는"[7] 것을 그의 작업의 목표로

---

5 전진성, 앞의 글.

6 중국의 공식용어인 '동북'을 사용하는 것이 적절한 일인지 모르겠으나, 당시부터 지금까지 한국에서는 '만주'라고 통칭되고 있으므로 여기에서는 이를 따르기로 한다.

7 전진성, 앞의 글.

삼았다. 그는 『기억의 터』를 새로운 형태의 내셔널 히스토리라고 자평한다. 피에르 노라는 '기억의 터' 기획을 통해 사라져가는 프랑스인들의 민족적 기억을 다시금 환기시킴으로써 탈민족주의 시대에 프랑스인들이 스스로의 정체성에 대해 성찰할 수 있는 기회를 마련하였다고 평가된다.[8]

이에 비해, 이 글은 만보산 사건을 통해 동아시아 각국의 민족적 기억을 환기시키되 이를 해체함으로써 민족적 정체성에 대해 반성적으로 성찰하고, 이를 바탕으로 새로운 동아시아 차원의 '기억의 터'를 모색하는 데 목표를 두고자 한다. '국사'의 틀을 탈피하기 위한 '기억의 터'로서 '동아시아'가 훌륭하게 기능할 수도 있을 것이다. 갈등하는 동아시아를 넘어서 새로운 동아시아 공동체를 수립하기 위해서는, 동아시아를 과거의 갈등을 재생산하는 기억의 터로 만들지 말고 미래의 희망을 위한 기억의 터로 만들어나가야 한다.[9] 과연 만보산 사건을 희망적인 동아시아 기억의 터로 만들어나갈 수 있을 것인가?[10] 만보산 사건의 기억을 화해의 기억으로 변화시킴으로써 새로운 동아시아 기억의 터를 모색할 수 있는 길을 열어나갈 수 있기를 바란다. 단 만보산 사건을 둘러싼 '기억에 관한 연구'는 전혀 없다고 해도 과언이 아니다. 만보산 사건 및 만주와 '만주국'에 대해서는 최근 많은 연구 축적이 이루어지고 있지만, 이에 대해서는 새로운 기억의 형성과 관련하여 뒤에서 차례대로 살펴보기로 하겠다.

---

8 전진성, 앞의 글; 피에르 노라 · 이용재 앞의 대담.

9 김기봉, 『동아시아 공동체 만들기』, 푸른역사, 2006, 157~198쪽.

10 '기억의 터' 개념을 탈구축하여 동아시아 차원에서 적용하려는 시도로는 다음 저작을 참조할 것. 板垣龍太, 鄭智泳, 岩崎稔 編, 『東アジアの記憶の場』, 東京 : 河出書房新社, 2011.

2. 만보산 사건과 동아시아 삼국인의 기억

만보산 사건이란 무엇인가? 우선 만보산 사건이라는 지칭되는 사건을 전후하여 도대체 무슨 일이 일어났던가를 간략히 그려보자. 1931년 4월 약 200여 명의 조선인이 장춘 북방에 위치하고 있던 만보산 부근 삼성보(三姓堡)라는 지역으로 이주하여 중국인 지주가 소유하고 있던 황무지를 개발하려 하였다. 조선인들은 학영덕(郝永德)이라는 중국인 소개자를 통해 중국인 지주와 계약하고, 계약한 땅을 수전으로 개발하기 위하여 수거(水渠) 공사를 진행하였다. 그러나 5월 말 이후 중국 관민의 압력으로 수로공사에 지장이 생기자 조선인들은 일본 영사관 경찰에게 호소하였고, 6월에는 중일공동조사반이 결성되었으나 문제를 해결하지 못했다. 결국 수로공사를 둘러싼 조선인 농민과 중국인 농민 간의 충돌로, 7월 1일 일본 경찰이 발포하기에 이르렀다. 그럼에도 쌍방에 사상자는 없었던 것으로 알려졌다. 여기까지는 아무런 특별한 것이 없는 사건이었다. 비슷한 일들이 과거에도 헤아릴 수 없이 자주 일어났기 때문이다.[11]

문제는 7월 2일자 『조선일보』 호외로 커지기 시작했다. 7월 2일 심야에 장춘 지국장 김이삼(金利三)의 사건 보도로 조선일보는 호외를 발행하였으며, 7월 3일자 조선일보에는 같은 제목의 3단 기사가 게재되었다. "삼성보(三姓堡) 동포 수난 익심, 이백여 명 우부피습(又復被襲), 완성된 수호(水濠) 공사를 전부 파괴, 중국 농민 대거 폭행, 인수(引水) 공사 파괴로 금년 농사는 절망!" 등과 같은 제목의 기사였다. 『조선일보』는 3일에도 호외를 발행하였으며, 4일자 사회면에 3일자 호외와 같은 기사를 실었다. 이들 기사는 모두 과장과 왜곡으로 가득한 명백한 오보였다.[12]

---

11 김철, 「몰락하는 신생 - 만주'의 꿈과 『농군』의 오독」, 『'국민'이라는 노예』, 삼인, 2005, 105~146쪽.

12 민두기, 「만보산 사건과 한국 언론의 대응 - 상이한 민족주의적 시각」, 『동양사학연구』 65호, 동양사학

그러나 『조선일보』의 오보가 불러일으킨 결과는 참혹한 것이었다. 호외가 발행된 직후인 7월 2일 저녁부터 인천 시내에서는 인천 거주 화교에 대한 습격이 시작되었다. 이를 출발점으로 조선에 거주하는 화교에 대한 습격 사건이 엄청난 규모로 번지기 시작했다. 7월 2일부터 30일까지 전국적으로 30군데가 넘는 곳에서 화교에 대한 습격과 집단 폭행이 벌어지고, 견디다 못한 화교들은 중국 영사관으로 긴급 대피하거나 서둘러 귀국하였다. 가장 피해가 컸던 곳은 평양이었다. 조선일보 7월 7일자 보도에 따르면, 평양에서의 유혈 참사로 행방불명 49명, 부상 819명, 가옥 479호의 피해가 발생했다. 사태가 진정된 후, 리튼 조사단의 보고서에 따르면, 이 사건으로 조선 거주 화교의 피해는 사망자 127명, 부상자 393명, 재산 손실 250만 원에 달했다고 한다.[13]

만보산 사건이란 대개 위의 2가지 사건을 합쳐 통칭하는 것이다. 곧 만주 장춘현 만보산 삼성보에서의 조선인 농민과 중국인 농민 간의 충돌 사건과, 『조선일보』의 오보로 인하여 조선 내에서 확산된 '배화사건(排華事件)'[14] 두 가지를 합쳐서 '만보산 사건'이라고 부르고 있는 것이다. 사건의 전모는 매우 복잡하고 복합적인 것이었지만, 여기에서는 우선 그 사건이 동아시아 각국에서 기억되었던 방식을 간단히 살펴볼 필요가 있겠다.

회, 1998, 143~174쪽.

13 박영석, 『만보산 사건 연구 - 일제 만주 침략정책의 일환으로서의』, 아세아문화사, 1978, 98~101쪽; 김철, 앞의 글.

14 '배화사건'이라는 용어의 사용에는 신중할 필요가 있다. 조선 거주 화교를 집단적으로 습격하여 폭행하고 학살한 사건을, 단순히 '배화사건' 혹은 '배화폭동'이라는 용어로 개념화하기는 어렵다. '조선화교 학살사건'이라고 하는 것이 더 정확할 것이다. 여기에서는 배화사건이라는 용어를 그대로 사용하지만, 추후 이에 대한 논의가 학계에서 본격적으로 진행되기를 기대한다.

1) 한국의 경우

만주에 거주하는 조선인 문제를 복잡하게 만든 것은 조선인들에 대한 상조권(商租權) 문제와 조선인들의 이중국적(二重國籍) 문제였다. 이 두 가지 문제는 재만 조선인을 중국과 일본 중 누가 지배하느냐는 침략과 저항의 상반된 저의에서 중일 양국의 중요한 쟁점이 되었다. 이 두 가지 문제를 둘러싸고, 만주에서 조선인에 대한 탄압은 1927년 조선에서 재만한인옹호운동(在滿韓人擁護運動)을 유발할 정도로 심각하게 진행되었다.

만보산 사건이 왜곡 보도되어 조선에서 배화사건이 일어나고 사태가 악화되자 만주에 거주하던 한인은 만주에서 중국인이 조선인을 습격하는 것을 막기 위하여 노력하였다. 당시 한국 독립운동자들은 사건 직후 길림에서 사건의 진상을 조사하기 위하여 길림한교만보산 사건토구위원회(吉林韓僑萬寶山事件討究委員會)를 조직하였다. 위원회가 파견한 조사위원은 삼성보에서 중국인 지주와의 계약은 있었지만 아직 상조에 대한 중국 관헌의 허가를 받지 못했으며, 수로공사도 중국인의 양해 없이 개착하였으므로 분쟁이 일어났음을 알게 되었다. 또한 그들은 장춘의 일본 영사관 경찰서장이 『조선일보』 기자 김이삼에게 허위 보도를 할 수 있는 자료를 제공하였고, 이번 사건은 일본의 음모에서 조작되었다고 밝혔다.

만주의 대표적인 조선인 단체인 국민부(國民府) 역시 조선 내 화교 습격사건은 조선인 전체의 의사가 아니라 소수 일본 주구배들이 선동한 결과이며, 일본은 만몽 침략을 위하여 그들을 선동하였다고 주장하였다. 국민부 역시 조선에서의 중국인 배척운동은 일제의 상투적 음모 때문이라고 규정하였다. 이처럼 중국인과 조선인 사이의 갈등이 만주로 확산되는 것을 막기 위하여, 조선인들은 만보산 사건이 일제의 음모에 의해 조작된 사건이라고 규정하기 시작했다.[15] 만보산 사건

---

15 박영석, 앞의 책, 117~125쪽.

에 대한 음모론적 시각은 이리하여 조선인들 사이에 자리잡기 시작하였다.

만보산 사건에 대한 한국 언론의 반응은 대체로 매우 미온적인 것이었다. 이 사건의 책임은 중국 정부와 일본 정부 모두에게 있으며, 재만 조선인 문제의 해결책은 입적(入籍) 즉 중국으로의 귀화에서 찾아야 한다는 지적 등을 그 사례로 들 수 있을 것이다.[16] 이와는 조금 다른 방식으로, 유명한 농업경제학자 이훈구 역시 만보산 사건에 일제의 음모가 개입했을 수 있다고 보았다. 이훈구는 조선에서의 배화사건을 '무식한 하민계급의 의분과 격노'에 의해 발생한 것으로 '폭민의 야만적 행동에 의한 최악의 결과'라고 규정하면서도, '일반 당면한 경관과 헌병에게도 일부의 책임'이 있음을 주장하고 있다.[17] 만보산 사건을 통하여 한국 민족주의의 배타성과 공격성을 성찰했던 지식인은 매우 드물게만 확인되고 있다.[18]

요컨대 일제의 음모에 의한 『조선일보』 왜곡 보도와 경찰의 방조(幇助)가 국내에서의 배화사건을 유발하고 이는 다시 중국에서의 조선인 탄압을 초래하였으며 이것은 다시 일본군의 개입을 앞당겼다는 방식으로 만보산 사건을 이해하는 하나의 모델이 식민지 조선에서 성립하였다고 할 것이다.

2) 일본의 경우

일본에서는 어떠했던가? 일본의 유명한 자유주의 식민정책학자 야나이하라 다다오(矢內原忠雄)는 그의 『만주문제』라는 저서에서 '만주사변'을 다음과 같이 묘사하고 있다.

---

16 「참변과 재만동포문제」, 『동광』 24호, 1924.8.

17 이훈구, 『만주와 조선인』, 한성도서주식회사, 1932, 243~263쪽.

18 이상경, 「1931년의 배화사건과 민족주의 담론」, 『만주연구』 11호, 만주학회, 2011. 이상경은 반성적 지식인의 사례로 오기영을 들고 있다.

1931년 9월 18일. 리튼 보고서는 "9월 18일 토요일 아침 봉천(奉天) 시민은 깨어나자마자 봉천이 일본군의 수중에 들어가 있는 것을 발견했다"고 묘사하고 있다. 그에 앞서 7월 1일 만보산 사건, 이어 8월 17일 나카무라 대위 살해사건의 공표(살해된 것은 6월 27일 경)에 의해 일본의 대지(對支) 태도는 아연 긴장하게 되었다. 특히 나카무라 대위 사건이 지나병(支那兵)에 의한 일본군 육군 현역 장교의 살해라는 점이 군부의 태도를 강경하게 하였고, 실력 해결의 필요성이 선전되기에 이르렀다. 9월 18일 밤 봉천 교외 유조구(柳條溝)에서 만철 노선 폭파사건이 돌발하고, 일본군은 질풍노도와 같이 요지를 점령하고 장학량(張學良) 정권을 몰아냈다.[19]

이처럼 자유주의 식민정책학자 야나이하라조차 관동군이 만보산 사건을 9월 18일 만주침략의 중요한 계기로 삼았다는 사실은 인정하고 있었다. 그러나 일본인들은 일본의 정책이 이 사건을 초래하였다는 음모론적 시각을 인정하지는 않았다.

강동진은 사건 발생 직후 『동경일일신문』에 게재된 네 편의 사설을 통해 당시 일본 언론의 일반적인 견해를 추론하고 있는데, 그것은 다음과 같다. 첫째, 사건의 직접적인 원인은 중국 관헌의 폭민 선동에 있으며 이는 일본 외무당국의 잘못된 중국 정책에 기인한다는 점, 둘째, 인천과 평양의 배화사건은 문화수준이 낮고 사회적 훈련이 결여된 조선인에게 그 책임이 있다는 점, 셋째, 재만 조선인의 불안한 지위는 이중국적에 기인하는 것이며 이는 일본의 정책적 오류 때문이라는 점, 넷째, 사건의 궁극적 원인이 중국에 있으므로 배화사건 피해자에 대한 배상을 해서는 안 된다는 점 등을 강력하게 주장하고 있다.[20] 일본 언론의 경우, 일본의 식민정책이 져야 할 책임보다는 중국과 조선인들의 책임을 더 강하게 묻는

19 矢內原忠雄, 『滿洲問題』, 東京 : 岩波書店, 1934, 75쪽.

20 강동진, 『일본 언론계와 조선 : 1910~1945』, 지식산업사, 1987, 257~260쪽.

자세를 취하고 있었다고 할 것이다. 『동경조일신문』의 경우에는 일본 정책 당국자의 책임을 추궁하는 입장을 취하기도 하였지만, 이는 어디까지나 소수 의견에 지나지 않는 것이었다.[21]

일본의 유명한 좌파 문학자 나카니시 이노스케(中西伊之助)는 만보산 사건이 발발한지 얼마 지나지 않아 곧바로 「만보산 사건과 선농」,[22] 「만주에 표박하는 조선인」[23] 이라는 두 편의 글을 발표하여 이 사건을 고발하고 있다. 나카니시는 만보산 사건이 발생하게 된 주요한 원인을 중국의 대조선인 정책에서 찾으려 한다. 그는 중국 당국의 억압과 수탈 그리고 조선인 농민이 처한 비참한 상황을 폭로하면서, 이는 만주의 조선인 농민이 중국으로 귀화하더라고 이중 국적자가 되기 때문에 초래된 현상이라는 점을 강조한다. 나카니시 이노스케는 유명한 천황제 반대론자였고 또 식민지 조선이 처한 어려운 상황에 대해 강한 애정을 표명하고 있었다는 점에서, 일본 좌파지식인 가운데서도 유별난 사람이었다.[24]

일본 농민문학을 대표하는 작가인 이토 에이노스케(伊藤永之介) 역시 1931년 10월 「만보산」이라는 소설을 잡지 『개조』에 발표하였다. 사건이 발생한 지 얼마 지나지 않은 시기에 발표된 것으로서, 보고문학의 성격을 띠고 있는 소설이라고 할 수 있을 것이다. 이토 에이노스케 역시 만주에 거주하는 조선인 농민이 중국 당국의 박해와 일본의 압박을 받으며 어렵게 생활하고 있음을 폭로하고 있다. 또 일본 제국주의의 만주침략 첨병으로 조선인이 이용되고 있음을 비판하고 있다.[25]

---

21 강동진, 위의 글, 257~260쪽.

22 中西伊之助, 「萬寶山事件と鮮農」, 『中央公論』, 東京 : 中央公論社, 1931.8.

23 中西伊之助, 「滿洲に漂迫ふ朝鮮人」, 『改造』, 東京 : 改造社, 1931.8.

24 권영민, 「나까니시 이노스케(中西伊之助)와 1920년대의 한국 계급문단」, 『외국문학』 29호, 1991; 오황선, 「中西伊之助 소설의 내면 풍경-1910년대의 조선」, 『외국문학』 29호, 1991; 勝村誠, 「中西伊之助の植民地觀」, 『日本文化研究』 14호, 동아시아일본학회, 2005.

25 오황선, 「伊藤永之助의 만보산론」, 『일본학보』 38호, 일본학회, 1997; 유수정, 「『만보산』, 농민문학과 개척문학」, 『만주연구』 11호, 2011.

이처럼 나카니시나 이토와 같은 일본의 좌파 문학가들은 만보산 사건의 배경이 일본의 조선 지배로부터 비롯된 것임을 분명히 인식하고서 이를 비판하고 있다. 그러나 만주에 거주하는 조선인들이 처한 복잡한 문제를 조선인의 입장에서 이해하고, 이를 통하여 제국주의 일본의 만주정책을 비판하는 데까지는 이르지 못하고 있다. 어떤 측면에서 이들 일본의 좌파 지식인들 역시 중국의 억압을 집중적으로 부각시킴으로써 일본의 만주정책이 가진 침략성에 대해서는 의도적으로 회피하는 인상을 주지 않는 것도 아니다. 조선인 농민의 이중국적 문제가 궁극적으로는 일본의 정책으로부터 기인한다는 점을 무시하고 있는 것이다.[26]

일본의 저명한 마르크스주의 경제학자 이노타니 젠이치로(猪谷善一郎)는 만보산 사건을 다음과 같이 해석했다. "만주의 지나인 관민은 처음에는 조선인 이주를 토지 개발의 이익 타산에 의하여 혹은 약소민족에 대한 동정적 감정으로 환영하였다. 그러나 이주자가 많아지면서 또 일본에 대한 민족적 감정이 커지면서 조선인의 만주 점유를 일본 제국주의의 영토 침략주의로 해석하게 되었다. 국민정부의 동북정무위원회는 조선 농민에 대한 압박정책의 중심에 있고, 지방관헌의 모든 차별 대우를 이루고 있다. 만보산 사건도 그 한 사례에 지나지 않는다."[27] 이처럼 일본인들은 오히려 만보산 사건의 주요한 원인을 만주에서의 조선인 배척 정책 때문이라고 해석하고 있었다.

심지어 우파적 색채를 가진 일본인들 중에서는, 만보산에서 조선인들을 탄압하는 데 앞장선 중국인 농민들 속으로 중국인 경찰이 몰래 들어가 그들을 지휘하였다고 주장하기도 한다. 요컨대 조선인 농민들에 대한 중국인들의 배척이나 횡포를 강조함과 아울러, 이 사건의 배후에 중국인들의 음모가 개입해 있다고

---

26 장영우, 「만보산 사건과 한·일 소설의 대응」, 『한국문예창작』 12호, 한국문예창작학회, 2007, 175~186쪽.

27 猪谷善一郎, 『アジヤ經濟の展望』, 東京 : 千倉書房, 1931, 61~88쪽.

보기도 하는 것이다.[28] 일본 제국주의의 조선 통치에 협력하고 있던 일부 조선인 가운데서도 이런 입장에 동의하는 사람이 있었음은 물론이다.[29] 혹은 이처럼 중국인들의 음모를 주장하지는 않는다고 하더라도, 중국인들이 이 사건을 항일선전의 재료로 삼아 민심을 선동하고 외국의 동정을 구했다는 점에서 비난하기도 한다.[30] 대체로 중국 측의 고압적인 자세로 인하여 상조권문제와 이중국적 문제가 해결되지 않았기 때문에 발생한 전형적인 사건이 만보산 사건이라고 보는 점에서[31] 일본 내의 좌파와 우파가 동일한 입장에 서 있었다고 할 것이다.

3) 중국의 경우

중국의 여러 언론과 정치 세력은 만보산 사건을 자신들의 정치적 목적을 달성하기 위한 방편으로 적절하게 활용하려 하였다. 먼저 중국 언론이 만보산 사건에 어떻게 대응하고 있었던가를 살펴볼 필요가 있겠다. 손승회는 중국의 언론도 여러 차원의 오보를 양산하고 있었고, 음모설도 확산되고 있었다는 사실을 사료를 통하여 입증하고 있다.[32] 손승회는 다음 세 가지 차원에서 주로 오보가 양산되고 있었다고 보았다. 첫째, 만보산 현지에서 중국인이 살상되었다는 점을 강조하고, 둘째 이를 통하여 사건의 배후에 일본이 있음을 밝히는 데 주력하였다. 나아가 셋째, 음모설의 핵심인물인 김이삼의 살해사건과 관련하여, '일본 제국주의의 악랄함'을 드러내기 위하여 의도적인 오보를 생산하고 있었다고 하였다.

---

28 後藤誠夫, 『英米赤露の襲來－SOSの日本』, 東京 : 大京社, 1932, 5~7쪽.

29 金聲律, 『史観より觀たる內鮮一體』, 京城 : 大海堂印刷株式會社, 1938, 485~489쪽.

30 市瀨伍郎, 『半島は回轉る』, 東京 : 朝鮮問題調査會, 1931, 295~296쪽; 佐藤庸也, 『活機戰第一部』, 東京 : 日本軍用圖書株式會社, 1943, 95~96쪽.

31 高橋晃昌 編, 『朝鮮と滿洲を觀る』, 京城; 財界往來社, 1932, 455~461쪽.

32 손승회, 「만보산 사건과 중국의 언론」, 『역사문화연구』 28호, 한국외대 역사문화연구소, 2007, 235~268쪽.

다음으로 중국의 국민정부와 공산정부 등의 정치 세력은 어떤 입장을 취하고 있었던가? 먼저 국민정부는 장차 동북 지방에서 중국인과 조선인의 충돌이 일어날 경우 중국인이 살해당하는 일이 있더라도 한국인들을 적극적으로 보호하라고 동북 군벌 장학량에게 훈령을 보냈다. 그 이유는 이 사건을 계기로 일본이 치외법권을 철폐하려는 의도를 가진 것으로 보았기 때문이며, 이에 따라 동북 지방에서 관동군이 군사적 행동을 취할 구실을 주지 않으려는 것이었다. 각종 '내우'에 시달리고 있던 국민당은 만보사사건 이후 안내양외론(安內攘外論)을 견지하였으며, 일본에 책임을 전가함으로써 외교 교섭의 주도권을 장악하려는 제스처를 취할 뿐, 전면적인 대일항전에 나서지 못했다. 국민당은 만보산 사건의 원인을 일본의 만몽 침략, 조선인의 만주 이주, 일본의 경제 침략, 국민혁명의 저지 등에서 찾고자 하였다.[33]

그에 반해 중국 공산당은 만보산 사건을 일제의 계획적이고 조직적인 음모에 의한 것이라고 보았다. 구체적 원인은 일본의 만몽 침략과 국민당의 투항주의, 국민당의 만주 조선인 구축 정책 등에서 찾았다. 그리하여 공산당은 국민당의 안내양외정책과 조선인 구축정책에 대해 저항하였으며, 편협한 민족주의 감정에 반대하고, 중국과 조선의 반일 연대 투쟁의 필요성을 강조하였다.[34]

---

33 이재령, 「남경 국민정부 시기 중국의 한국 인식 - 만보산 사건에 관한 여론 동향을 중심으로」, 『중국사연구』 31호, 중국사학회, 2004, 367~399쪽; 손승회, 「1931년 식민지 조선의 배화폭동과 화교」, 『중국근현대사연구』 41호, 중국근현대사연구회, 2009, 154~ 163쪽.

34 손승회, 「만보산 사건과 중국공산당」, 『동양사학연구』 83호, 동양사학회, 2004, 115~ 149쪽.

3. 해방 후 한국인들의 기억

만주침략을 위한 일제의 음모에서 비롯된 것이라는 한국인들의 만보산 사건에 대한 기억은 해방 이후 더욱 강화되었다. 1948년 간행된 『사회과학 대사전』은 만보산 사건이 '완전히 일정(日政)의 모략'이었다고 단언하고 있다.[35] 이 사전에 드러나는 만보산 사건에 대한 특징적인 인식은 다음과 같은 것이었다. 만보산지방의 조선인 농민들이 수로 공사를 완성시키자, 7월 1일 수백 명의 중국인들이 봉기하여 수로를 매몰하였다. 이에 일본 무장경관이 출동하여 무자비한 발포사격을 하여 그 피해가 자못 컸다. 조선 내 각 신문에서 만보산 사건의 내용을 선동하는 기사가 대서특필되자, '조선 민족의 순진한 민족감정'이 격동되어 중국인을 적대시하는 운동이 도발되고 일대참사가 줄을 이었다. 일본 경관은 조선인들의 폭동에 대해 대단히 소극적이고 냉담한 자세로서 방관하다가, 폭동이 종식되자 단호한 태도로 검거하여 극형에 처하였다. 이는 혁명운동 세력 사이에 형성된 한·중 간 공동전선을 분열시키고, 만주침략을 유리하게 만들려는 간책(奸策)이었다는 것이다.[36]

일본 경관의 발포사격으로 중국 농민의 피해가 컸다는 지적은 잘못된 것이지만, 그 점을 제외하면 사건의 보도 등에 대해서는 의도적인 오보 혹은 음모를 인정하지 않고 있다. 그럼에도 일본인 경관들은 조선인들의 폭동을 방관하였고, 이것은 한·중 간의 공동전선을 이간하려는 술책이었다는 점을 강조하고 있다. 이 사전은 일본 경관이나 군대의 적극적인 개입이 아니라 소극적인 방관 정도를 인정하고 이를 음모론으로 해석하고 있는 점이 특징적이다. 적극적인 개입을 인정하는 태도를 '적극적인 음모론'이라고 할 수 있다면, 이 사전에서 드러나는 일

---

35 이석태 편, 『사회과학 대사전』, 문우인서관, 1948, 213~214쪽.

36 이석태 편, 위의 책.

본 경관의 방관적 태도는 '소극적인 음모론'이라고 할 수 있을 것이다. 좌파 지식인들이 주도해서 이 사전을 만들었다는 점을 감안하면, 해방 이후 만보산 사건에 대한 이런 음모론적 인식이 좌우파를 가리지 않고 일반적으로 수용되고 있었다고 할 수 있을 것이다.

1) 전통적 · 민족주의적 해석

민족의 수난사적 시각과 결합한 만보산 사건에 대한 음모론적 시각은 대중언론의 만보산 사건에 대한 기억을 통해 확산되었다. 만주에 거주하던 조선인들이 중국인들로부터 받던 수난은, 일본 제국주의자들이 만주를 침략하기 위하여 '친일분자'를 앞잡이로 이용한 데서 비롯된 것이라고 대개 이해되고 있었으며, 만보산 사건도 이로부터 연유한다고 간주되었다.[37] 1931년 당시 동아일보의 안동지국 특파원이었던 서범석은 만보산 사건에 대해 "(만보산 사건은) 실상 사건이라고 할 만한 것은 아니었지만, 전년 돈화현에서의 한국인 피살 등으로 신경이 날카로워져 있던 한국인 그리고 한 · 중 양 민족을 이간시켜 한국인을 완전히 저희 손발로 삼고 만주침략의 구실을 노리고 있던 일제의 계략으로 이 사건은 뜻하지 않은 사태를 빚어낸 것이다"[38] 라고 회고하고 있다. 식민지기에 동아일보에 근무한 적이 있던 김준연 역시 '일본 군부가 조선동포를 구호한다는 명목하에 만주에 출병하여 이를 점령'하려 한 사건이었다고 만보산 사건의 성격을 회고하고 있다.[39] 1960년대에 한 대학생이 쓴 에세이에서도 만보산 사건은 일본 제국주의의 한중 이간책이 낳은 결과라고 해석되고 있는 것을 볼 때,[40] 이런 음모론적 인식이 만보

---

37 김우평, 「만보산 사건 寸前의 만주 출장」, 『동아일보』, 1955.5.15.

38 서범석, 「반세기의 증언, 횃불은 흐른다 (12) - 만보산 사건」, 『조선일보』, 1964.5.17.

39 김준연, 「민족 · 반공 투쟁과 동아일보」, 『동아일보』, 1960.4.1.

40 최무수, 「만보산 사건 연구초」, 『대학신문』, 1964.9.21.

산 사건을 이해하는 일반적인 모델로 자리 잡았다고 보아도 무리는 없을 것이다.

전통적·민족주의적 해석의 바탕을 다진 것은 박영석의 일련의 작업이었다. 역사학계의 작업은 언론계의 일반적인 인식과 상승작용하고 있었다. 박영석은 1927년부터 계속되었던 만주에서의 조선인 구축(驅逐) 사건과 그로 인해 촉발된 중국인의 조선인 배척운동에 대해 가지고 있던 조선인들의 기억이, 조선일보의 호외에 대해 폭발적으로 반응하게 하였다고 해석하고 있다. 곧 만보산 사건은 일제의 만주침략과정에서 성숙되었던 한중 양 민족의 대립감정을 배경으로 이루어진 사건이라고 보았던 것이다.[41]

박영석은 또한 만보산 사건이 관동군이 중심이 되었던 일본의 대륙침략 음모에 적격이라고 보았다. 만보산 사건은 한국인을 이용한 한중 이간책으로서 일제 침략정책의 제물이 되는 데 절호의 사건이었다는 것이다. 일제는 이 사건을 이용하여 한중 충돌을 적극화하고 그로써 중국 동북 지방 침략의 목적을 달성하기 위해 일정한 작용을 가하였다고 해석했다. 그리하여 이미 중국인의 재만 한인 박해를 인지하고 있던 한국 내에 이 사건을 침소봉대하여 타전하게 사주함으로써 한국 내 중국인 배척운동을 크게 야기시켰다고 본 것이다.[42]

박영석은 1920년대 후반 진행된 만주에서의 조선인에 대한 탄압의 기억이 일제의 음모와 결합함으로써 만보산 사건 곧 배화사건이 폭발하게 되었다고 해석하고 있다. 민족의 수난에 대한 기억과 일본 제국주의의 음모가 결합한 사건으로 만보산 사건을 보고 있는 것이다. 이처럼 만보산 사건의 민족의 수난에 대한 기억과 음모론이 민족주의적 해석을 뒷받침하는 가장 효율적인 방식으로 간주

---

41 박영석, 앞의 책; 민두기, 앞의 글.

42 박영석은 만보산 사건을 통한 일제의 대륙침략 의도가 제대로 달성되지 못했다고 간주한다. 한중 양국의 민족지도자들이 일제의 의도를 간파하고 대응책을 강구함으로써, 만보산 사건은 대륙침략의 가교 역할을 하지 못하고 일단 일제의 침략의도에 좌절감을 안겨주었다는 것이다. 이런 해석 역시 만보산 사건을 통하여 한중연대가 강화되었다고 보는 점에서 반일 민족주의가 관통되고 있다고 할 수 있다. 박영석, 앞의 책.

되었고 역사학계의 일반적인 인식론적 틀로 자리 잡게 되었다.[43]

다음 몇 가지 사례를 통해 해방 후에 일반화된 인식론적 틀을 확인해보자. 영문학자이자 기자로 활동하였던 조용만은, 조선총독부 형사들이 조선인 '지게꾼'들을 매수하여 중국인 상점과 중국인들을 습격하게 하였다고 구체적으로 기술하고 있다. 매수된 조선인 불량배들이 중국인 상점을 부수면서 중국 인촌을 폐허로 만들고 있을 때, 일본 경찰은 가만히 서서 보기만 하였다는 것이다. 따라서 만보산 사건 때의 배화사건은 일제가 '만주사변'을 계획하면서 조작한 것으로서, '조선 사람이 한 짓'이 아닌 것이 되어버리는 것이다.[44]

또 만주를 배경으로 대하소설 『토지』를 집필한 저명한 소설가 박경리를 통해서도 대중화된 음모론적 시각을 확인할 수 있다. 『토지』에서 만보산 사건은, 1921년 소련령 연해주에서 일어났던 '흑하사변'과 함께, 엄청난 살상이 동반되었던, 조선인들은 가해자이면서도 피해자이기도 하였던 그런 사건으로 반복적으로 서술되고 있다.[45] 이런 인식의 바탕에는 음모론이 자리 잡고 있다. 박경리는 "중국의 격분을 예상하고 충돌 시에는 재빠르게 출병하여 일거에 만주를 점령할 목적과 부산물로는 조선인의 야만성을 세계에 입증하고 동시에 적잖은 상권을 장악하고 있는 화교를 내어쫓으며, 우리 독립투사들의 활동무대인 중국을 조선과 이간하는 등, 계산된 과대망상적 정보를 흘려 우리의 애국심에 불을 지른 것이다"[46] 라고 하면서, 일본 제국주의가 만주침략을 위하여 정교하게 계산한 기획의 산물로 만보산 사건을 해석하고 있다. 심지어 조선에서 중국인 습격사건이 일

---

43 유신순, 신승하 역, 『만주사변기의 중일외교사』, 고려원, 1994; 이옥련, 『인천 화교 사회의 형성과 전개』, 인천문화재단, 2008, 191~202쪽.

44 조용만, 『경성야화』, 도서출판 창, 1992, 183~186쪽.

45 이상진, 「『토지』 속의 만주, 삭제된 역사의 징후적 독법」, 『현대소설연구』 24호, 한국현대소설학회, 2004, 232~256쪽.

46 박경리, 『만리장성의 나라』, 나남출판사, 2003, 11~28쪽.

어났을 때에, "한복으로 변장한 일인이 군중 속에 섞여 있었다"[47] 고 하면서 일본의 악랄한 계책을 규탄하고 있다. 이런 기억은 이전에는 발견할 수 없는 것으로, 음모론적 기억의 극단적 형태로 볼 수 있을 것이다.

이처럼 해방 후 한국에서는 만보산 사건에 대한 기억이 음모론에 의해 뒷받침되는 민족주의적 시각에 의해 전유되었다. 해방 후 만주라는 영역은 원초적 민족주의를 자극하는, 한국 민족의 탄생 공간으로 교육되어 왔다. 그리고 1960년대 중반 이후에는 만주가 '투쟁의 공간'으로서 그 기억의 영역이 차츰 확장되어 왔다고 할 수 있다.[48] 특히 2003년부터 고등학교 '국사' 교육에 검정교과서 제도가 도입되면서 만보산 사건에 관한 기술이 새로 추가되기도 하였다는 점에 주목할 필요가 있겠다. 이때 발간된 한 교과서에는, 만보산 사건이 일제의 악의적인 한·중 이간책 때문에 발생하였으며 이로 인하여 재만 동포의 생존이 위협을 받았다고 기술되어 있다.[49] 만주에 대한 이해가 차츰 확장되면서 만보산 사건에 대한 음모론적 해석은 역사교육의 영역에서도 자리잡게 되었다고 할 수 있겠다.

2) 해석의 균열—새로운 기억

그러나 최근 민족주의적 혹은 음모론적 기억을 거부하는 새로운 해석이 대두하고 있다. 그것은 크게 보면 두 가지 흐름으로 나타나고 있는데, 하나는 역사학계에서 대두되고 있는 사회경제적 요인을 중시하는 구조적 해석이고, 다른 하나는 만보산 사건을 배경으로 한 문학작품을 둘러싼 '해석투쟁'이다.

여기서는 우선 역사학에서의 새로운 해석에 대해 살펴보자. 강진아는 1920년대에 심화된 조중 간 무역마찰과 화교 노동 제한 문제가 만보산 사건의 구조적

---

47 박경리, 위의 글, 11~28쪽.

48 신주백, 「만주와 해방 후의 기억」, 『만주연구』 2호, 만주학회, 2005, 113~133쪽.

49 김광남 외, 『고등학교 한국 근·현대사』, (주) 두산, 2003, 218쪽.

배경을 이루고 있다는 점에 주목한다. 1920년대 조선에서 보호관세 장벽이 높아지자 중국의 조선 무역은 급속히 감소하였으며 이에 따라 중국 상인들의 반일운동이 격화되었다. 여기에 1920년대 초반에는 중국인의 조선 입국에 대한 규제가 강화되었지만, 중국 국내의 정치 불안 등의 이유로 중국 노동자들의 조선 이주는 급속히 증가하였다. 1927년 12월에 전라도 지방을 중심으로 '배화폭동'이 발생하였는데, 이 폭동의 직접적인 원인은 만주에서의 조선인 퇴거령이었다.[50]

1927년의 배화폭동이 화교들의 무역과 상업 활동을 위축시켰음에도 불구하고, 화교 노동자의 조선 유입은 꾸준히 증가하였다. 1927년과 1931년의 배화폭동에는 일정한 차이가 보이는데, 여기에는 4년 동안의 이런 변화가 반영되어 있다. 1931년의 폭동을 계기로 화교 무역자본은 결정적으로 쇠퇴하였으며, 1927년 이후 화교 노동자가 많이 유입되어 있던 평안도 지역을 중심으로 한 북부 지역에서 격렬한 폭동이 발발하였다는 두 가지 사실에서 큰 차이를 확인할 수 있다. 또 중국인들이 사건을 보는 시각에서도, 1931년 폭동을 계기로 음모설이 강화되었을 뿐 아니라 조선인을 가해자로 인식하는 틀이 정착하게 되었다고 한다.[51] 강진아는 배화폭동이 북부 지역을 중심으로 일어나게 된 원인을, 폭동을 인접 지역인 만주로 확대하기 위한 일제의 유도정책 때문이었다고 보는 해석에는 유보적이다. 북부 지역 노동시장에서 민족 간 갈등이 고조되었던 구조적 요인을 우선해야 한다고 지적한다.[52]

최근 연구에서는 중국인에 대한 조선인의 근거 없는 멸시관에다 재만 동포

---

50 강진아, 「중일 무역마찰의 전개와 조중 관계의 변화 - 1920~1930년대를 중심으로」, 이규수 외 『근대전환기 동아시아 속의 한국』, 성균관대 출판부, 2004, 147~181쪽; 박은경, 『한국 화교의 종족성』, 한국연구원, 1986, 70쪽, 105~106쪽.

51 강진아, 위의 글, 147~181쪽; 王恩美, 『東アジア現代史のなかの韓國華僑』, 東京 : 三元社, 2008, 102~104쪽; 백영서, 「한국인의 역사적 경험 속의 '동양'」, 『동아시아의 귀환』, 창작과비평사, 2000.

52 강진아, 앞의 글.

박해에 대한 보복심리가 더해져 조선인들의 반화교정서가 1920년대에 더욱 만연하였다는 점을 강조하고 있다. '재만 동포 옹호운동'이 '재선화교 배척운동'의 양상을 띠게 된 것은 이런 이유 때문이라는 것이다. 물론 조선인에게 중국인에 대한 비하와 멸시 의식이 형성된 데는 일본 제국주의의 한중 이간책동이 개재해 있었다고 본다.[53] 또 배화폭동의 배후에는 조선에서 활동하는 화교자본의 경제권을 박탈하려는 일제의 의도가 개입되어 있었다거나,[54] 폭동이 확대되는 과정에서 일제 당국이 조직적으로 묵인하고 유발했을 가능성을 타진하고 있는 연구도 있다.[55] 어느 정도는 음모론적 시각을 유지하고 있지만, 조선에서 형성된 반화교정서의 구조적 요인을 강조하는 점에서 최근 연구의 공통성을 확인할 수 있겠다.

이런 연구의 연장선상에서, 만주에서 조선인이 차지하던 위상이 중국인과 일본인 사이의 '매개민족(媒介民族)' 혹은 '과계민족(跨界民族)'으로서, 저항의 주체이기도 하고 수탈의 주체이기도 하였던 복합성을 갖고 있었음을 강조하는 연구도 제출되고 있다. 윤휘탁은 "일본인은 대륙침략의 서극(序劇)인 만보산 사건의 연출자였고, 조선인은 거기에 놀아나는 배우이자 꼭두각시였다"고 해석하면서도, 만보산 사건이 동아시아 민족모순과 질서변동의 시발점이자 진원지였다고 평가하고 있다. 따라서 그는 동아시아 각 민족의 복합적이고 중층적인 민족관계에 대해 포괄적으로 접근할 필요가 있다는 점을 강조한다.[56] 다른 한편 사건 이후

---

53 전우용,「한국 근대의 화교 문제」,『한국사학보』 15호, 2003, 378~409쪽; 김태웅,「1920 · 30년대 한국인 대중의 화교 인식과 국내 민족주의 계열 지식인의 내면세계」,『역사교육』 112호, 역사교육연구회, 2009, 93~131쪽.

54 김영신,「일제시기 재한 화교-인천지역 화교를 중심으로」,『인천학연구』 4호, 인천학연구원, 2005.

55 장세윤,「만보산 사건 전후 시기 인천 시민과 화교의 동향」,『인천학연구』 2권 1호, 인천학연구원, 2003.

56 윤휘탁,「'만주국'의 '2등 국(공)민', 그 실상과 허상」,『역사학보』 169호, 역사학회, 2001; 윤휘탁,「침략과 저항의 사이에서-일 · 중 갈등의 틈바귀에 낀 재만 조선인」,『한국사학보』 19호, 2005; 윤휘탁,「근대 조선인의 만주농촌체험과 민족인식」,『한국민족운동사연구』 64호, 한국민족운동사연구회, 2010; 윤휘탁,「만보산 사건 전후 동북아의 민족관계와 민족모순-중국인의 사건인식을 중심으로」,『역사학보』 210호, 역사학

중국인과 조선인 사이의 연대활동이 강화되었던 사실에 주목하기도 한다.[57] 이처럼 최근의 연구들은 일제의 노골적인 음모보다는 '재만 조선인'과 '재선 화교'의 구조적인 얽힘에 더 주목한다는 점에 공통성이 있다. 이런 점에서 역사해석의 변화를 읽을 수 있을 것이다.

둘째, 문학계의 만보산 사건을 둘러싼 해석투쟁에 대해 살펴보자. 만보산 사건은 한국 근대작가들이 만주를 형상화하는 데서 '상상력의 원천'으로 작용하고 있었다.[58] 만보산 사건을 소재로 한 문학 작품은 이태준의 「농군」, 안수길의 「벼」 그리고 장혁주의 『개간』 등이 있지만, 이 밖에도 많은 문학작품들이 만보산 사건을 원형으로 만주의 인상을 그리고 있었다고 할 수 있다. 그러나 최근 십여 년 사이에 김철에 의해 촉발된 만보산 사건의 경험을 둘러싼 아주 특이한 '해석투쟁'이 전개되고 있다. 한수영은 해석투쟁의 두 입장을 다음과 같이 정의한다. 하나는 민족주의에 기반을 두고 자기동일성으로 환원하는 입장이고, 다른 하나는 '의사제국주의적 욕망의 투사'라는 이분법을 넘어 새로운 해석을 모색하는 입장이다.[59] 대표적으로 전자로는 김재용과 하정일의 연구를,[60] 후자로는 김철과 이경훈의 연구를 들 수 있을 것이다.[61]

우선 논쟁의 발단이 된 김철의 논의를 살펴보자. 김철은 만보산 사건이 한국

회, 2010.

57 叢成義, 「萬寶山事件後在華韓人的自衛活動」, 『中國學論叢』, 고려대 중국학연구소, 2009.

58 김주현·권혁건, 「일제강점기 만주의 농업기술을 통해본 민족문제 시론 – 안수길의 작품을 중심으로」, 『한국문학논총』 58호, 한국문학회, 2008.

59 한수영, 「'재만'이라는 경험의 특수성 – 정치적 아이덴티티와 이민족의 형상화를 중심으로」, 『동남어문논집』 29호, 동남어문학회, 2009, 224~230쪽.

60 김재용 편, 『만보산 사건과 한국근대문학』, 역락, 2010; 하정일, 「1930년대 후반 이태준 문학과 내부 식민주의 성찰」, 『배달말』 34호, 배달말학회, 2004; 하정일, 「『해방 전후사의 재인식』의 민족과 민족주의」, 『창작과 비평』 135호, 창작과비평사, 2007.

61 김철, 「몰락하는 신생 – '만주'의 꿈과 『농군』의 오독」, 『'국민'이라는 노예』, 삼인, 2005; 이경훈, 「만주와 친일 로맨티시즘」, 『한국근대문학연구』 4권 1호, 한국근대문학회, 2003.

현대사의 어둠 속에 묻혀 있었으며 제대로 조명된 적이 없었다고 주장한다. 왜 만보산 사건이 벌어졌는가 하는 점을 공론의 장으로 끌어내는 일은 식민지 기간 내내 그리고 해방 후에도 전혀 이루어지지 않았으며, 사건은 공적 기억으로부터 사라졌다고 간주한다. 실제로 조선일보의 왜곡 보도를 일본 영사관이 사주하였다는 어떤 증거도 없으며, 왜곡 보도의 주역 김이삼을 죽인 것은 일제가 아니라 길림성군법처(吉林省軍法處)의 호조(護照, 정보원)였다는 것이다. 그리고 조선에서 배화사건이 발생한 것은 단지 우연의 소산일 뿐이며, 일제가 사실을 왜곡 보도함으로써 조선 내의 배화사건을 유발하려 했다는 해석 역시 결과론적 비약에 지나지 않는다고 본다.

그는 만보산 사건을 식민지의 민족주의가 보이는 기묘한 이중성 곧 집단적 가학-피학 심리(sado-masochism)의 폭발적 노출의 한 사례로 본다. 이는 일제의 만주침략 이후 조선 내에서 폭증하는 '만주 유토피아니즘'과도 무관치 않다고 주장한다. 만주는 조선인에게 식민지 기간 내내 제국주의에 대한 저항의 무대이자 공간이었지만, 다른 한편으로는 피식민지인으로서의 조선인이 제국의 일등 국민으로 도약할 수 있는 현실을 제공하는, 그런 현실을 꿈꾸게 하는 공간으로 작용하였던 것이다. 만주라는 공간, 만주국이라는 실체야말로 식민지 조선인에게는 '식민지적 무의식'과 '식민주의적 의식'이 고스란히 실현되는 장소였다.[62]

그러나 하정일은 이런 해석을 반박한다. 만보산 사건이 일어나기 전의 조선인 이주민 공동체는 일제와 중국인에 의한 이중의 억압에 맞서 자신들의 실존적 위기를 해결하기 위해 자발적으로 구성한 민중결사라고 주장하면서, 그것을 아래로부터의 민족 곧 피식민이라는 역사적 맥락에서 민중을 주체로 하여 형성된 민족이라고 하정일은 주장한다. 하정일은 만보산 사건을 집단적 피학-가학 심리

---

62 김철, 위의 글.

의 폭발이라고 보는 김철의 해석을 거부하고, 이태준의 「농군」을 민족의 수난에 대한 기억과 결합된 '민족적 저항의 서사'로 해석해야 한다고 주장한다.[63] 이와 유사하게 만보산 사건은 극한상황에 내몰린 사람들의 본능적 생존욕구로 파악해야 한다는 견해도 있다.[64]

최근 만보산 사건을 소재로 한 소설을 분석하는 글들이 점점 더 많이 생산되고 있다.[65] 그러나 이런 시도가 반드시 새로운 기억을 만들어내는 데 기여하고 있는 것은 아닌 듯하다. 그럼에도 기존의 기억에 균열이 가기 시작한 것은 공식 기억의 해체라는 점에서 진전된 사태라고 할 수 있을 것이다. 이제 만보산 사건을 둘러싸고 어떤 기억의 터를 만들어나갈 수 있고, 또 만들어나가야 할 것인가에 대해서 살펴보자.

4. 동아시아 '기억의 터'를 위하여

한국 역사의 주체적·내재적 발전과정을 묘사하고자 하는 국사(national history) 체계 속에서 동아시아는 애써 지워야 할 대상이 되어 왔다. 한국사라는 일국사 속에서 동아시아는 자연스럽게 한국인에게 적대적인 시공간으로 자리잡았다. 사대(事大)를 굴욕으로 받아들이는 인식하에서는 세계와의 조우를 고민하고 사유하는 국제적인 시야와 철학을 만들어낼 수 없다. 해방 후 남한에서 만주의 기억은 전면에 드러나지 못하고 향수의 수준에 머물러 있었지만, 그것이 여러 가

---

63 하정일, 앞의 「『해방 전후사의 재인식』의 민족과 민족주의」, 335~351쪽.

64 노상래, 「참예술가 노릇하기-농군, 그 문학적 글쓰기」, 『동아인문학』 13호, 동아인문학회, 2008.

65 신승모, 「식민지기 일본어문학에 나타난 '만주' 조선인상」, 동국대 문화학술원 한국문학연구소 편, 『제국의 지리학, 만주라는 경계』, 동국대 출판부, 2009; 최일, 「신분과 역사 서사-'만보산 사건'의 문학화를 중심으로」, 중국해양대 해외한국학 중핵대학사업단 편, 『근대동아시아인의 이산과 정착』, 경진, 2010.

지 측면에서 한국의 국가형성에 미친 영향은 지대한 것이었다.[66] 이런 점을 염두에 둔다면, 만보산 사건에 대한 새로운 기억을 만들어내는 작업은 매우 중요한 의미를 가지고 있다고 할 것이다.

소설가 박경리는 한국인들이 중국인에 대한 관점이나 감정을 새로이 정리하기 위해서는 만보산 사건에 대한 해명이 전제되어야 한다고 보았다. 나아가 박경리는 한국인들이 만보산 사건에 대해 중국인에게 '정중히 사과하는 것이 도리'라고 주장하고 있다.[67] 박경리가 그의 소설 『토지』에서 만보산 사건에 대한 일본 지식인들의 반성을 굳이 삽입하고 있는 것도 이런 맥락에서 이해할 수 있을 것이다.[68] 박경리가 사건 자체의 해석에서는 음모론적 시각을 유지하고 있지만, 음모에 의한 것임에도 불구하고 한국인이 만보산 사건에 대해 져야 할 책임이 있다고 보는 것은 매우 중요한 시각의 전환이라 할 수 있을 것이다. 재일 언론인 정경모 역시 만보산 사건에 대한 음모론적 시각은 유지하면서도, 조선에서의 배화폭동에 대해서는 반성적 사고를 가져야 할 것이라고 주장하고 있다.[69]

만보산 사건을 일제의 대륙침략을 위한 음모론적 시각을 바탕으로 민족주의적으로 해석하게 되면 구체적인 사실조차 규명하기 어려울 뿐 아니라, 반일 민족주의에 의해 압살되었던 소수의 목소리를 복원할 수도 없다. 이런 점에서 손승회의 작업은 그 의도와는 상관없이 중요한 의미를 가진다. 손승회는 중국 작가 이휘영(李輝英)의 『만보산』(1933)과 일본 작가 이토 에이노스케의 『만보산』(1932)을 비교 분석하여 소수자의 기억을 복원하고자 한다.[70] 또 식민지 조선 사회에서 구

---

66 한석정, 「만주의 기억」, 한일연대21 엮음, 『한일 역사인식 논쟁의 메타히스토리』, 뿌리와이파리, 2008.

67 박경리, 앞의 글.

68 이상진, 앞의 글, 232~256쪽.

69 정경모, 『시대의 불침번 - 정경모 자서전』, 한겨레출판, 2010, 50~52쪽.

70 손승회, 「소설 『만보산』과 만보산 사건」, 『대동문화연구』 54호, 성균관대학교 대동문화연구원, 2006.

조적으로 주변화된 화교의 총체적 억압 양상의 일환으로 배화폭동을 이해해야 한다고 주장하면서, 설사 일본의 음모가 배후에 도사리고 있었다고 할지라도 그 개입에 '놀아난' 조선 민중의 무지몽매함에 '본질적인' 책임을 물어야 한다고 강조한다.[71] 이런 해석이라면 이미 단순한 음모이론의 영역을 벗어난 것이라 할 수 있을 것이다. 또 음모론을 배제하고 실증적으로 외교관련 자료를 검토해보면, 중국과 일본 모두 평화적 해결의지를 가지고 있었으나 해결방식의 차이 때문에 쉽게 합의할 수 없었다는 점이 드러난다고 주장한다. 일본은 지방적 차원에서 임시적으로 문제를 해결하려 한 반면에, 중국은 중앙 차원에서 근본적인 해결책을 모색하였다는 것이다.[72] 만보산 사건이 '만주사변'의 발발과 어떤 관련을 가지고 있는지에 대해서는 아직도 거의 밝혀진 바가 없다. 설사 일제의 음모가 개입해 있었다고 할지라도, 그런 의도가 바로 목표한 바로 이어진다고 간주하는 것 역시 비논리적일 것이다.[73]

일반적으로 음모이론이 가진 해악에 비춰볼 때도 이는 바람직한 변화라고 할 수 있을 것이다. 음모이론은 역사적 사건들이 일어나지 않은 상황을 기준으로 설정함으로써, 역사적 사건이 왜 일어나게 되었는지에 대해서는 제대로 이해할 수 없게 만든다는 점에서 문제가 있다. 이런 음모이론이 널리 퍼지게 되면 현재적 관점을 왜곡시킴으로써 현실적 재난을 불러올 수도 있다는 경고에 귀 기울일 필요가 있을 것이다.[74]

일본의 만주 연구는 특히 냉전 해체 이후 상당히 활발하게 수행되고 있는

---

71 손승회, 「1931년 식민지 조선의 배화폭동과 화교」, 『중국근현대사연구』 41호, 중국근현대사연구회, 2009, 163~164쪽.

72 손승회, 「지역 너머의 만보산 사건(1931년) - 사건을 둘러싼 실체적 외교행위 규명을 중심으로」, 『인문연구』 53호, 영남대 인문과학연구소, 2007, 91~129쪽.

73 손승회, 「근대 한중관계사의 새로운 시각 모색」, 『역사학보』 202호, 역사학회, 2009, 395~403쪽.

74 데이비드 에러너비치, 『음모는 없다』, 이정아 옮김, 시그마북스, 2012.

편이고, 또 다수의 연구는 일본의 만주 지배에 대해 대단히 반성적인 태도를 취하고 있다고 할 수 있다. 만주국은 민족차별, 강제수탈, 병영국가라는 색채를 벗기 어려운 '국가'였으며, 지배구조로서의 국가형성에 비해 국민형성과 국민통합의 수준은 대단히 낮은 국가였다는 비판이 주요한 흐름을 이루고 있다.[75] 만주국의 국민통합 수준이 낮았다는 사실은, 만주국 지배하의 일본인들이 '일계 만주국인'이 아니라 '만주국의 일본인'으로 패전 곧 만주국의 종언을 맞이하였다는 데서 잘 드러난다는 지적도 동일한 맥락에서 이해할 수 있다.[76]

이에 반해 일본에서 만보산 사건 연구가 그렇게 활발한 것은 아니지만, 전후 한국의 민족주의적 인식틀 곧 만보산 사건에 관한 음모론적 인식론을 수용하고 있는 점은 특징적이다. 대표적으로 일본 제국주의는 조선인의 불만을 열등한 지위에 있던 화교에게 전가하려 하였다고 보는 연구가 있다.[77] 이런 인식론적 틀은 아직도 이어지고 있는데, 조경달은 조선에서의 배화사건을 내향화한 폭력이 적을 잃어버리고 연대의 대상에게 오히려 배타적으로 행사된 것으로 이해한다. 그럼에도 만보산에서의 충돌사건은 관동군이 일본 영사관을 통해 조선일보 기자 김이삼에게 허위로 유포한 것이라는 음모론을 그대로 수용하고 있으며, 조선에서의 배화사건도 총독부권력에 의해 교묘하게 '유도'된 것이라고 주장한다.[78]

그러나 중국의 민족운동이 재만 조선인배척운동으로 나타나고 이것은 조·중·일 세 민족 간의 대립과 원한의 연쇄를 낳았다는 야마무로 신이치의 새로

---

75 야마무로 신이치(山室信一), 『키메라 – 만주국의 초상』, 윤대석 옮김, 소명출판, 2009, 284~293쪽; 오카베 마키오(岡部牧夫), 『만주국의 탄생과 유산』, 최혜주 옮김, 어문학사, 2009.

76 山本有造 編, 『滿洲-記憶と歷史』, 京都 : 京都大學學術出版會, 2007, 9~32쪽.

77 綠川勝子, 「萬寶山事件および朝鮮內排華事件についての一考察」, 『朝鮮史硏究會論文集』 6호, 東京 : 朝鮮史硏究會, 1969; 菊池一隆, 「萬寶山·朝鮮事件の實態と構造 – 日本植民地下朝鮮民衆による華僑虐殺暴動を巡って」, 『人間文化』 22호, 愛知學院大學人間文化硏究所, 2007.

78 趙景達, 『植民地期朝鮮の知識人と民衆』, 東京 : 有志舍, 2008, 123~133쪽.

운 인식은, 민족주의적 음모론을 뛰어넘을 수 있는 가능성을 제공하고 있는 것처럼 보인다.[79] 이런 인식의 연장선상에서 이정희는 1931년 조선 내 배화사건을 자세히 분석하여, 다음과 같은 세 가지 요소가 사건을 발생시킨 근인이라고 결론짓는다. 첫째, 조선일보에서 발간한 1931년 7월 2일의 호외. 그러나 조선총독부에서 의도적으로 이 호외를 검열에서 통과시켰다거나 누락시켰는지에 대해서는 진위를 가릴 수 없다고 한다. 둘째, 인천사태의 초기대응에 조선총독부 경무국의 의도적인 사보타주가 있었다는 점. 7월 3일부터 평양사건이 발생하는 7월 5일까지 총독부의 치안책임자인 총독, 정무총감, 경무국장, 경무국 보안과장 등이 모두 경성에 없었으므로 적절한 조처를 취할 수 없었다.[80] 전임자는 동경에 가 있었고, 신임은 아직 부임하지 않았던 것이다. 셋째, 평양사건이 일어난 7월 5일 저녁 평양의 주요 치안 관련자가 모두 연회에 출석하여 폭동의 초기 대응에 실패한 사실.[81] 물론 이런 해석이 소극적·적극적 음모론을 완전히 부정하는 대안으로 기능할 수는 없다. 어쩌면 음모론은 대체물을 가지지 못한다는 데서 그 특징을 찾을 수 있기 때문이다. 그러나 기존 음모론의 설득력을 약화시키고, 새로운 동아시아적 기억을 모색하는 데는 도움이 될 수 있을 것이다.

피에르 노라는 '기억의 터'가 어떤 사회에서 소수자들이 자신의 정체성을 유지하기 위해 마련하는 어떤 것, 말하자면 소수자들의 안식처라고 말한다. 비주류

---

79 야마무로 신이치, 앞의 글, 57~62쪽.

80 1936년 이른바 『동아일보』의 '일장기 말소 사건'이 일어났을 때에도, 총독을 비롯한 총독부의 고위 간부는 아무도 경성에 없었다. 천정환의 다음과 같은 표현이 그 상황을 상징적으로 드러내준다. "일장기를 지운(1936년-인용자) 8월 25일자 『동아일보』가 전국에 뿌려지던 그 오후, 『동아일보』와 조선 언론의 운명을 좌지우지할 일본인들은 아무도 총독부에 없었다." 천정환, 『끝나지 않는 신드롬』, 푸른역사, 2005, 250~253쪽. 조선에 배화사건이 일어나던 그 사흘 동안에도 조선총독부의 치안책임자는 아무도 조선에 없었던 것이다.

81 李正熙, 「1931年排華事件の近因と遠因」, 『朝鮮華僑と近代東アジア』, 京都大學出版會, 2012. 조선총독부의 고위관료로 근무한 狩野謙重의 증언도 이런 사실을 뒷받침하고 있다. 狩野謙重, 朴永錫 對談, 「萬寶山事件後 朝鮮內排華暴動事件の回顧」(8706, T392), 東京 : 學習院大學東洋文化研究所, 1972.

집단이 제 목소리를 내기 시작하면서 지금까지 움츠렸던 개별 기억들과 지배담론으로 군림하던 단일한 국민적 기억 즉 역사화된 기억 사이에 벌어진 틈이 백일하에 드러나고 갈등이 빈번해지는데, 이런 역사와 기억 사이의 갈등 또는 화해가 부각될 때 기억의 터에 대한 논의가 전면에 드러나게 된다고 보는 것이다.[82]

이제 동아시아에 대한 새로운 기억 만들기가 필요한 시점이다. 만보산 사건은 동아시아 각국이 각기 다른 방식으로 전유해온 기억의 터였다. 만보산 사건은 동아시아 각국의 내부에서 각기 다른 방식으로 망각되거나 파편화되어 기억되어 왔던 것이다. 동아시아가 공유하는 공동의 기억을 환기하는 것도 새로운 '동아시아 의식' 나아가 '동아시아 정체성'을 형성하는 데서 중요하고 또한 필요할 것이지만, 지배/피지배, 침략/피침략의 상호 배치되고 갈등하는 기억의 터를 망각으로부터 환기하고 새로운 방식으로 기억하는 것도 반드시 필요한 일이라 하지 않을 수 없다.[83] 나아가 새로 만들어진 동아시아 기억의 터를 지속적으로 유지하기 위한 상징물, 기념비, 축제 등의 '문화형식'도 마련해 나갈 필요가 있을 것이다.

만보산 사건에 대한 새로운 동아시아 차원의 기억의 터는, 이런 복합적이고 중층적인 접근 속에서 새로운 방식으로 형성되어 갈 것이다. 한수영은 만주 경험의 특수성을 '이주자 내부의 시선'을 통해 살펴보자고 제안한다. 만주 체험의 특수성은 자율성과 종속성 사이에 존재한다는 것이다.[84] 손승회는 '주변으로부터 시선'을 통해서 일국사적 시각을 넘어서자고 주장한다.[85] 이주자 내부의 시선 그

---

82 피에르 노라 · 이용재 대담, 「피에르 노라와 『기억의 터전』」 『역사비평』, 2004년 봄호, 338쪽.

83 피에르 노라는 아우슈비츠가 의심할 나위 없이 유럽적 기억의 터라고 규정하고 있다. 이와 아울러 베네치아나 다뉴브강도 탁월한 유럽적 기억의 터가 될 수 있다고 주장한다. 피에르 노라 · 이용재 대담, 340쪽. 아우슈비츠가 참혹하고 부정적이며 갈등을 대표하는 기억의 터인 반면, 베네치아나 다뉴브는 교류와 연대 그리고 협력을 대표하는 긍정적인 기억의 터가 될 것이다.

84 한수영, 「'재만'이라는 경험의 특수성 – 정치적 아이덴티티와 이민족의 형상화를 중심으로」.

85 손승회, 「근대 한중관계사의 새로운 시각 모색」.

리고 주변의 시선이 복합적이고 중층적인 접근을 가능하게 할 것이다. 이주자 내부의 시선 혹은 주변의 시선이라는 새로운 접근이 필요한 것은 무슨 이유 때문인가? 이는 결국 이주 혹은 디아스포라 그리고 그 때문에 발생하는 갈등이나 배제 혹은 억압의 문제를 어떻게 볼 것인가의 문제이기도 하다.

이와 관련하여 리튼 조사단 보고서에서 일정한 시사를 얻을 수 있을 듯하다. 리튼 조사단은 만보산 사건이 일반적으로 평가되는 정도의 심각성을 가지지는 않았으며, 오히려 조선에서 일어난 중국인 배척운동이나 중국에서 발생한 배일운동이 더 중요하다는 인식을 표명하였다. 그리고 재만 조선인이 처한 어려운 상황에 대해 더욱 많은 배려가 필요하다는 사실을 지적하고 있다.[86] 요컨대 근대 동아시아에서 발생한 이주 혹은 그를 둘러싼 복잡한 갈등과 폭력의 양상들을 동아시아 공통의 기억으로 전환해나갈 필요가 있는 것이다.

이리하여 만보산 사건을 새로운 동아시아 기억의 터로 만들 수 있을 때, 동아시아는 서로 공유하는 기억을 만들어나가는 새로운 출발선에 설 수 있을 것이다. 평화로운 동아시아 공동체를 건설하는 작업이 동아시아인들의 새로운 과제로 부상하고 있다. 어떤 동아시아를 만들어나갈 것인가라는 과제는 동아시아 기억의 터를 탐색하는 작업과 관련이 깊다. 갈등을 넘어서 화해에 바탕을 둔 새로운 기억의 터를 확장해 나감으로써 동아시아는 새로운 '기억의 공동체'가 될 수 있을 것이며, 공통의 기억을 공유하는 기억의 공동체를 만드는 일은 평화적 동아시아 공동체로 가는 지름길이 될 것이다. 이를 '트랜스내셔널 동아시아의 실천'이라고 명명할 수 있을 것이다. 새로운 동아시아 기억의 터를 확장해 나가는 작업이야말로 동아시아의 역사 연구자들에게 나아가 인문학자들에게 요구되는 중차대한 과업이 될 것이다.

---

86 고바야시 레이코, 「만보산 사건과 『리턴 보고서』 - 재만 조선인에 대한 조사결과를 중심으로」, 『만주연구』 11호, 2011.

참고문헌

1. 자료

「참변과 재만 동포 문제」, 『동광』 24호, 1924.8.
김우평, 「만보산 사건 寸前의 만주 출장」, 『동아일보』, 1955.5.15.
김준연, 「민족·반공 투쟁과 동아일보」, 『동아일보』, 1960.4.1.
서범석, 「반세기의 증언, 횃불은 흐른다 (12) - 만보산 사건」, 『조선일보』 1964.5.17.
이석태 편, 『사회과학 대사전』, 문우인서관, 1948.
이훈구, 『만주와 조선인』, 한성도서주식회사, 1932.
최무수, 「만보산 사건 연구초」, 『대학신문』, 1964.9.21.
高橋晃昌 編, 『朝鮮と滿洲を觀る』, 京城; 財界往來社, 1932.
金聲律, 『史觀より觀たる內鮮一體』, 京城; 大海堂印刷株式會社, 1938.
矢內原忠雄, 『滿洲問題』, 東京 : 岩波書店, 1934.
市瀨五郎, 『半島は回轉る』, 東京 : 朝鮮問題調査會, 1931.
猪谷善一郎, 『アジヤ經濟の展望』, 東京 : 千倉書房, 1931.
中西伊之助, 「萬寶山事件と鮮農」, 『中央公論』, 東京 : 中央公論社, 1931.8.
———, 「滿洲に漂迫ふ朝鮮人」, 『改造』, 東京 : 改造社, 1931.8.
佐藤庸也, 『活機戰第一部』, 東京 : 日本軍用圖書株式會社, 1943.
後藤誠夫, 『英米赤露の襲來 - SOSの日本』, 東京 : 大京社, 1932.

2. 논문 및 단행본

강동진, 『일본 언론계와 조선 : 1910~1945』, 지식산업사, 1987.
강진아, 「중일 무역마찰의 전개와 조중 관계의 변화 - 1920~30년대를 중심으로」, 이규수 외. 『근대전환기 동아시아 속의 한국』, 성균관대 출판부, 2004.
고바야시 레이코, 「만보산 사건과 『리턴 보고서』 - 재만 조선인에 대한 조사결과를 중심으로」, 『만주연구』 11호, 2011.
권영민, 「나까니시 이노스케(中西伊之助)와 1920년대의 한국 계급문단」, 『외국문학』 29호, 1991.
김광남·유영렬·신재홍·김동운·최병도, 『고등학교 한국 근·현대사』, (주) 두산, 2003.
김기봉, 『동아시아 공동체 만들기』, 푸른역사, 2006.
김영신, 「일제시기 재한 화교 - 인천지역 화교를 중심으로」, 『인천학연구』 4호, 인천학연구원, 2005.
김재용 편, 『만보산 사건과 한국 근대문학』, 역락, 2010.
김주현 · 권혁건, 「일제강점기 만주의 농업기술을 통해본 민족문제 시론 – 안수길의 작품을 중심으로」, 『한국문학논총』 58호, 한국문학회, 2008.
김철, 「몰락하는 신생 – 만주'의 꿈과 『농군』의 오독」, 『'국민'이라는 노예』, 삼인, 2005.
김태웅, 「1920 · 30년대 한국인 대중의 화교 인식과 국내 민족주의 계열 지식인의 내면세계」, 『역사교육』 112호, 역사교육연구회, 2009.
노상래, 「참예술가 노릇하기 – 농군, 그 문학적 글쓰기」, 『동아인문학』 13호, 동아인문학회, 2008.
데이비드 에러너비치, 『음모는 없다』, 이정아 옮김, 시그마북스, 2012.
민두기, 「만보산 사건과 한국언론의 대응 – 상이한 민족주의적 시각」, 『동양사학연구』 65호, 동양사학회, 1998.
박경리, 『만리장성의 나라』, 나남출판사, 2003.
박영석, 『만보산 사건 연구 – 일제 만주 침략정책의 일환으로서의』, 아세아문화사, 1978.
박은경, 『한국 화교의 종족성』, 한국연구원, 1986.
박진빈, 「9 · 11 기억의 터」, 『사회와 역사』 78호, 한국사회사학회, 2008.
백영서, 「한국인의 역사적 경험 속의 '동양'」, 『동아시아의 귀환』, 창작과비평사, 2000.
손승회, 「만보산 사건과 중국공산당」, 『동양사학연구』 83호, 동양사학회, 2004.
———, 「소설 『만보산』과 만보산 사건」, 『대동문화연구』 54호, 성균관대학교 대동문화연구원, 2006.
———, 「만보산 사건과 중국의 언론」, 『역사문화연구』 28호, 한국외대 역사문화연구소, 2007.
———, 「지역 너머의 만보산 사건(1931년) – 사건을 둘러싼 실체적 외교행위 규명을 중심으로」, 『인문연구』 53호, 영남대 인문과학연구소, 2007.
———, 「1931년 식민지 조선의 배화폭동과 화교」, 『중국근현대사연구』 41호, 중국근현대사연구회, 2009.
———, 「근대 한중 관계사의 새로운 시각 모색」, 『역사학보』 202호, 역사학회, 2009.
신승모, 「식민지기 일본어문학에 나타난 '만주' 조선인상」, 동국대 문화학술원 한국문학연구소 편, 『제국의 지리학, 만주라는 경계』, 동국대 출판부, 2009.
신주백, 「만주와 해방 후의 기억」, 『만주연구』 2호, 만주학회, 2005.
야마무로 신이치(山室信一), 『키메라 – 만주국의 초상』, 윤대석 옮김, 소명출판, 2009.
오카베 마키오(岡部牧夫), 『만주국의 탄생과 유산』, 최혜주 옮김, 어문학사, 2009.
오황선, 「中西伊之助 소설의 내면풍경 – 1910년대의 조선」, 『외국문학』 29호, 1991.
———, 「伊藤永之助의 만보산론」, 『일본학보』 38호, 일본학회, 1997.
유수정, 「『만보산』, 농민문학과 개척문학」, 『만주연구』 11호, 2011.

유신순, 신승하 역, 『만주사변기의 중일외교사』, 고려원, 1994.
윤해동, 「'기억을 둘러싼 내전'-한국에서의 기억 연구와 그 과제」, 『근대역사학의 황혼』, 책과함께, 2010.
윤휘탁, 「'만주국'의 '2등 국(공)민', 그 실상과 허상」, 『역사학보』 169호, 역사학회, 2001.
———, 「침략과 저항의 사이에서-일·중 갈등의 틈바귀에 낀 재만 조선인」, 『한국사학보』 19호, 2005.
———, 「근대 조선인의 만주 농촌체험과 민족인식」, 『한국민족운동사연구』 64호, 한국민족운동사연구회, 2010.
———, 「만보산 사건 전후 동북아의 민족 관계와 민족 모순-중국인의 사건 인식을 중심으로」, 『역사학보』 210호, 역사학회, 2010.
이경훈, 「만주와 친일 로맨티시즘」, 『한국근대문학연구』 4권 1호, 한국근대문학회, 2003.
이상경, 「1931년의 배화사건과 민족주의 담론」, 『만주연구』 11호, 만주학회, 2011.
이상진, 「『토지』 속의 만주, 삭제된 역사의 징후적 독법」, 『현대소설연구』 24호, 한국현대소설학회, 2004.
이옥련, 『인천 화교 사회의 형성과 전개』, 인천문화재단, 2008.
이재령, 「남경 국민정부 시기 중국의 한국 인식-만보산 사건에 관한 여론 동향을 중심으로」, 『중국사연구』 31호, 중국사학회, 2004.
장세윤, 「만보산 사건 전후 시기 인천 시민과 화교의 동향」, 『인천학연구』 2권 1호, 인천학연구원, 2003.
장영우, 「만보산 사건과 한·일 소설의 대응」, 『한국문예창작』 12호, 한국문예창작학회, 2007.
전우용, 「한국 근대의 화교 문제」, 『한국사학보』 15호, 2003.
전진성, 「역사와 기억-'기억의 터'에 대한 최근 독일에서의 논의」, 『서양사론』 72호, 서양사학회, 2002.
정경모, 『시대의 불침번-정경모 자서전』, 한겨레출판, 2010.
조용만, 『경성야화』, 도서출판 창, 1992.
제프리 올릭 편, 『국가와 기억-국민국가적 관점에서 본 집단기억의 연속, 갈등, 변화』, 최호근·민유기·윤영휘 역, 민주화운동기념사업회, 2006.
천정환, 『끝나지 않는 신드롬』, 푸른역사, 2005.
최일, 「신분과 역사 서사-'만보산 사건'의 문학화를 중심으로」, 중국해양대 해외한국학 중핵대학사업단 편, 『근대 동아시아인의 이산과 정착』, 경진, 2010.
최호근, 「집단 기억과 역사」, 『역사교육』 85호, 역사교육연구회, 2003.
피에르 노라·이용재 대담 2004, 「피에르 노라와 『기억의 터전』」 『역사비평』, 2004년 봄호.
피에르 노라 외, 『기억의 장소』(전 5권), 김인중 외, 나남, 2010.
하재연, 「'신체제' 성립 전후의 한국 근대문학 연구방법론 고찰-이태준의 「농군」을 둘러싼 논쟁을 중심으로」, 『한국현대문학연구』 25호, 한국현대문학연구회, 2008.
하정일, 「1930년대 후반 이태준 문학과 내부 식민주의 성찰」, 『배달말』 34호, 배달말학회, 2004.
———, 「『해방 전후사의 재인식』의 민족과 민족주의」, 『창작과 비평』 135호, 창작과비평사, 2007.
한석정, 「만주의 기억」, 한일연대21 엮음, 『한일 역사인식 논쟁의 메타히스토리』, 뿌리와이파리, 2008.
한수영, 『친일문학의 재인식-1937~1945년간의 한국소설과 식민주의』, 소명출판, 2005.
———, 「'재만'이라는 경험의 특수성-정치적 아이덴티티와 이민족의 형상화를 중심으로」, 『동남어문논집』 29호, 동남어문학회, 2009.
楊昭全, 孫玉梅, 『朝鮮華僑史』, 中華華僑出版公司, 1991.
叢成義, 「萬寶山事件後在華韓人的自衛活動」, 『中國學論叢』, 고려대 중국학연구소, 2009.
菊池一隆, 「萬寶山·朝鮮事件の實態と構造-日本植民地下朝鮮民衆による華僑虐殺暴動を巡って」, 『人間文化』 22호, 愛知學院大學人間文化研究所, 2007.
綠川勝子, 「萬寶山事件および朝鮮內排華事件についての一考察」, 『朝鮮史研究會論文集』 6호, 東京 : 朝鮮史研究會, 1969.
山本有造 編, 『滿洲-記憶と歷史』, 京都 : 京都大學學術出版會, 2007.
狩野謙重, 朴永錫 對談, 「萬寶山事件後 朝鮮內排華暴動事件の回顧」(8706, T392), 東京 : 學習院大學東洋文化研究所, 1972.
勝村誠, 「中西伊之助の植民地觀」, 『日本文化研究』 14호, 서울 : 동아시아일본학회, 2005.
王恩美, 『東アジア現代史のなかの韓國華僑』, 東京 : 三元社, 2008.
李正熙, 「1931年排華事件の近因と遠因」, 『朝鮮華僑と近代東アジア』, 京都大學出版會, 2012.
趙景達, 『植民地期朝鮮の知識人と民衆』, 東京 : 有志舍, 2008.
板垣龍太, 鄭智泳, 岩崎稔編, 『東アジアの記憶の場』, 東京 : 河出書房新社, 2011.

:: 2 ::

백족(白族)과 '백만(白蠻)'
:『백족간사(白族簡史)』의 백족 계보 구성 비판

정면

1. 서론

중화인민공화국 55개 '소수민족'의 하나인 백족(白族; Baizu)은 1990년 기준으로 전체 159만 4827명 중 133만 9056명이 운남성에 거주할 정도로, 운남성에 집중적으로 거주하는 '소수민족'[1] 이다. 또 이 중에서 105만 8401명이 대리백족자치주(大理白族自治州)에 거주하는데, 이는 전체 백족의 약 66퍼센트, 운남성 거주 백족의 약 79퍼센트에 달하는 수치이다. 따라서 1990년 당시 백족은 그 인구의

---

1 김예경(2007)의 연구에 따르면, 최근 중국 학계에서는 중국의 소수민족이 민족(nationality)이냐 족군(族群; ethnic group)이냐를 두고 논쟁이 벌어지고 있으며, 중국 정부 또한 최근 들어 민족의 영문 번역을 nationality에서 ethnic group으로 바꾸고 있다고 한다. 김예경(2007)「중국의 소수민족(少數民族) 정의와 그 정치적 함의 - 民族과 族群 논쟁을 중심으로 -」,『국제지역연구』제11권 2호, pp.91-114. 역사학 논문인 이 글에서 이 개념의 정의를 어느 한쪽으로 고정시킬 필요는 없을 듯하다. 20세기 중반 중화인민공화국 성립 전후 이 개념이 만들어질 당시 분명 nation 혹은 nationality의 의미가 강했던 것이 사실이고, 이후 ethnic group의 의미 또한 점차 강해졌기 때문이다. 그리고 이 글에서는 '소수민족'을 역사적 용어로 사용하고자 한다. 따라서 이 글에서 사용되는 '소수민족'이라는 용어도 각각의 맥락에 따라 이해되기를 기대한다.

대부분이 운남성 내에 거주하며, 또 그중 대부분이 대리백족자치주에 거주한 셈이다. 운남성 바깥에는 호남성(湖南省) 상서주(湘西州) 상식현(桑植縣), 귀주성(貴州省) 필절지구(畢節地區), 그리고 사천성(四川省) 양산주(凉山州)에 소수의 백족이 거주한다. 운남성 거주 백족의 대부분은 평지 지역 내지는 낮은 구릉 지역에 거주한다.[2]

'백족'은 1954년 당시 260여에 달했던 운남 지역 비한족(非漢族) 집단이[3] 26개 단위로 '식별'되고 '공인'되는 과정에서 하나의 '소수민족'으로 확정되었다. 그 명칭 또한 1956년 11월,[4] 국무원의 비준을 거쳐 '백족'으로 공식화되었다. 본디 '백자(白子)', '백니(白尼)', '백화(白伙)' 등의 자칭(自稱)과 민가(民家), 나마(那馬), 늑묵(勒墨)을 비롯한 수많은 타칭(他稱)을 가졌던 이 '소수민족' 집단은, 국가 차원에서 기획된 '민족식별(民族識別)' 작업과 '소수민족 사회역사 조사 사업[少數民族社會歷史調査工作]'이라는 '학문적이고 과학적인' 절차를 거쳐, 그 민족의 범주가 정교화되었다. 그리고 백족은 현재 3대 지파로 구성되는데, 약 3만 명으로 구성된 나마지파, 2만 명 가까이 되는 늑묵지파, 그리고 대다수를 차지하는 민가지파가 그것이다.[5]

여기에서 주목해야 할 점은 이러한 소수민족의 정체성을 확인하고 범주

---

2 여기에서 백족의 인구 통계는 다음의 자료를 인용하였다. 郭淨·段玉明·楊福泉 主編(1999)『雲南少數民族概覽』雲南民族出版社, p.57. 다소 오래된 1990년 기준을 그대로 사용한 것은 백족의 분포와 그 집거 형태를 보여주는 데 충분하다고 생각하기 때문이다. 그리고 이러한 구조는 근자에 이르러서도 크게 변화하지는 않았다. 2000년 제5차 인구조사 기준으로 白族 전체 186만 1895명의 인구 중 80.87퍼센트에 해당하는 150만 5644명이 운남성에 거주하였다. 또 2011년의 통계에 따르면, 119.8만 명의 백족 인구가 대리백족자치주(大理白族自治州)에 거주한다. http://baike.baidu.com/view/2747.htm(검색일: 2012. 12. 13), http://www.dali.gov.cn/dlzwz/5116653226157932544/20121126/267787.html (검색일: 2012. 12. 13)

3 王建民·張海洋·胡鴻保(1998)『中國民族學史 下卷(1950-1997)』雲南教育出版社, p.107.

4 이 시점(1956.11.22)은 大理白族自治州가 건립된 시기이기도 하다. 徐琳·趙衍蓀 編著(1984)『白語簡志』民族出版社, 〈概況〉, p.1.

5 郭淨·段玉明·楊福泉 主編(1999), p.59.

화하는 과정이 중국 국가의 '식별' 작업과 공인을 거쳐 이루어졌다는 것이다.[6] 1956년에 시작되어 1964년에 공식적으로 완결된 '소수민족'에 대한 '사회역사조사' 사업은 변경의 '소수민족' 지역에 대해 지리환경, 경제구조, 사회구조, 언어, 습속, 문화, 역사 등을 파악하는 총체적 조사 사업이었다. 각 방면의 전문가들이 조를 이루어 내몽고(內蒙古), 동북(東北), 신강(新疆), 광동(廣東), 광서(廣西), 사천(四川), 운남(雲南), 귀주(貴州), 서장(西藏)의 현장에 파견되었으며, 광범위한 자료 수집이 이루어졌다.[7] 정치적 상황에 따라 곤란을 겪기는 했지만, 50년대 말부터 60년대 초에 이르기까지 사업 결과에 대한 보고가 이루어졌다.

운남 지역 '소수민족'에 대한 '민족학'적 조사는 30년대 말 중일전쟁 기간 중 중화민국 학자들에 의해 이미 시작되었다. 이는 물론 중일전쟁으로 인해 민국정부의 거점이 중경(重慶)으로 옮겨지고, 수많은 국가기관과 교육기관들이 서남지

---

6 이 과정을 흔히 '민족식별'이라고 부른다. 이후 중화인민공화국의 민족식별에 관한 설명은 앞서 언급한 王建民·張海洋·胡鴻保(1998)의 저서를 따를 것이다. 한국 학계에서도 최근 10여 년간 중국의 '민족식별'에 관한 소개와 연구가 진행되어 왔다. 이 중 지리학자 이강원과 정치학자 공봉진과 김예경, 그리고 중문학자 이연주의 연구가 눈에 띈다. 세 사람의 연구 모두 각자의 관점에서 민족식별 과정을 성실하게 소개하고 있고, 이를 통해 많은 정보를 얻을 수 있었다. 이강원(2002)의 연구는 민족자치구역이라는 공간의 설정이 정체성의 구성에 미치는 효과 및 권력과의 관계를 분석하고 있는데, 소수민족의 구성 과정에 관하여 많은 영감을 얻을 수 있었다. 김예경(2007)의 연구는 앞서 언급하였듯이, 중국의 소수민족 개념에 논쟁에 관하여 잘 정리된 정보를 제공하고 있다. 그리고 이연주(2003)의 연구는 언어의 관점에서 중국의 민족식별 작업이 얼마나 불완전한 것이었는가를 보여주고 있다. 공봉진은 최근 한국 학계에서 가장 활발하게 민족식별에 관한 연구를 진행하고 있는 학자로 보인다. 중국의 민족식별 과정에서 한족에 대한 소수민족의 정체성 문제, 특히 고대 동이족과의 관계 문제에 천착하는 모습이 특이하였다. 이강원(2002) 「중국의 민족식별과 민족자치구역 설정: 공간적 전략과 그 효과」, 『대한지리학회지』 제37권 제1호, pp.75-92 ; 이연주(2003) 「언어 구분의 관점에서 본 중국 소수민족 분류에 대한 고찰」, 『中國語文學』第41輯, pp.491-509; 공봉진(2008) 「중국 '사족(畲族)'의 민족정체성에 관한 연구」, 『CHINA 연구』 제4집, 부산대학교 중국연구소, pp.1-33; 공봉진(2007) 「'중화민족' 용어의 기원과 정체성에 관한 연구」, 『CHINA 연구』 제2집, 부산대학교 중국연구소, pp.1-31; 공봉진(2006) 「한족(漢族)의 민족정체성에 관한 연구」, 『CHINA 연구』 제1집, 부산대학교 중국연구소, pp.1-32; 공봉진(2005) 「동아시아 민족문제와 중국 민족식별의 관계 연구 - 한국과 중국을 중심으 로」, 『동북아연구』 10, 경남대학교 극동문제연구소, pp.33-63; 공봉진(2004) 「중국 '민족식별'과 소수민족의 정체성에 관한 연구」, 『국제정치연구』 제7집 1호, pp.185-205.

7 王建民·張海洋·胡鴻保(1998), 앞의 책, pp.166-169.

역으로 피난한 것과 무관하지 않았다.[8] 민국(民國) 시기와 중공(中共) 시기 이루어진 이들 조사의 궁극적 목적은 하나였다. 전근대 시기 내내 오랑캐로 남아 있었던 변경 지역의 '소수민족'을 근대 국민국가의 '국민'으로 만드는 것이었다. 즉 '중국' 국가의 공식적 '식별' 과정을 통해, 이들은 태초 이래 통일적 다민족 국가인 '중국'의 '중화민족'을 구성하는 '소수민족'으로 '인정'되었던 것이다.

이 사업의 결과물들이 간행되어 공개되기 시작한 것은 1980년대 말 1990년대 초부터였는데, 보고서와 함께 '각족사(各族史)' 혹은 '각족간사(各族簡史)'의 발간이 추진되었다. 이는 곧 공인된 '소수민족'들에게 역사를 부여하는 작업이었다. 본디부터 기획된 것이긴 했지만, 상당 부분이 해당 지역 향토 사료들로 구성되어 있는 사회역사 조사보고서를 살펴보더라도, 이는 필연적인 것이었다. 사회역사 조사사업을 통해 수집된 이들의 기록과 기억들이 국가의 해석을 거쳐 '소수민족'들의 공식적 역사로 선포된 것이다. 백족도 마찬가지였다. 4권의 『백족사회역사조사(白族社會歷史調查)』라는 보고서가 간행되었고,[9] 『백족간사』[10]라는 책이 출판되었다.[11]

---

8 王建民(1997)에 따르면, 중국 민족학사의 시기구분에 대하여, 많은 학자들이 1937년 혹은 1938년부터 1945년까지를 하나의 시기로 규정하고 '고조단계' 혹은 '발전 시기' 등으로 지칭하고 있는데(pp.34-35), 이는 중일전쟁 시기와 겹친다. 전쟁의 개시 후 민족학 연구 기관과 전문가들이 대거 서부로 이동하였는데, 이것이 비교적 집중된 곳이 곤명(昆明), 중경(重慶), 성도(成都), 귀양(貴陽) 등의 도시였다(pp.215-216). 이는 서북 지역과 서남 지역에서의 민족학 연구의 발전에 자극이 되었다. 이 시기 서남지역에서 이루어진 민족학 연구의 개요에 관하여는 다음의 책 참조. 王建民(1997)『中國民族學史 上卷(1903-1949)』雲南教育出版社, pp.229-242.

9 《民族問題伍種叢書》雲南省編輯委員會 編(1981)『白族社會歷史調查』雲南人民出版社. 雲南省編輯組《中國少數民族社會歷史調查資料叢刊》修訂編輯委員會(2009)『白族社會歷史調查(二)』雲南人民出版社. 雲南省編輯組(1991)『白族社會歷史調查(三)』雲南人民出版社. 雲南省編輯組(1991)『白族社會歷史調查(四)』雲南人民出版社.

10 《白族簡史》編寫組(1988)『白族簡史』雲南人民出版社.

11 『백족사회역사조사』(二)의 서언에서 이들 사업의 결과보고서 편찬 과정을 잘 요약하고 있는데, 이를 소개하면 다음과 같다. "3차에 걸친 대규모의 체계적 조사를 기초로 하여, 중앙민족사무위원회는 1958年부터 '중국소수민족간사', '중국소수민족어언간지(中國少數民族語言簡志)', '중국소수민족지방자치지방개황(中

이 글에서는 바로 이 『백족간사』의 '백족사(白族史)' 서술을 문제로 삼고자 한다. 그 이유는 앞서 언급한 '소수민족 식별 작업'과 '사회역사 조사사업'에 의해 구성된 '백족'과 『백족간사』가 제시하는 그 선민 집단 사이의 논리적·사료적 연결에 문제가 있다고 생각하기 때문이다. 특히 이 글의 제목에서 제시한 것처럼 '백족'과 '백만' 사이의 연결 과정은 많은 문제를 드러내고 있다. 그리고 이러한 문제들이 어디로부터 비롯하였는지를 살피고자 한다. '백족'이나 '백족'의 역사에 관한 기존 연구는 일일이 열거하기 어려울 정도로 많은데, 『백족간사』에서 제시하는 선민 집단의 계보에 대한 동의 여부와 관계없이, 이들 연구의 대부분은 그 선민 집단을 제시하고 계보화해야 한다는 생각에서 거의 벗어나지 않았다.

따라서 이 글에서는 『백족간사』의 '백족사'가 그 역사적 범주를 고대로까지 확대하는 것을 비판적으로 검토할 것이고, 아울러 '백족사'가 제시하는 '백족' 범주 형성 과정이 지니는 모순점을 드러낼 것이다. 특히 '백만(白蠻)-북(僰)-민가(民家)'로 이어지는 백족 선민 계보에 대한 타당성 검토를 주요 작업으로 삼을 것이다. 그리고 이를 통해 중화인민공화국의 민족식별 작업에 의해 정체성이 구성되고 부여된 '백족'이라는 범주가 역사 서술의 단위 혹은 행위자로서 역사적 실체를 지니는가를 물을 것이다. 아울러 이 물음은 운남 '소수민족'의 역사 서술 방식

國少數民族自治地方概況)' 3종류 총서의 편찬을 추진하기 시작했다. '문화대혁명'기간 동안, 중앙민위(中央民委)의 기구가 철폐되었고, 이 작업은 중단되었다. 1978년에 국가가 민족공작기구(民族工作機構)를 회복시키면서, 중앙민족사무위원회는 국가민족사무위원회로 개편되었다. 1979년에 국가민위는 위 3종 총서 편찬 사업의 추진을 지속하기로 결정하였고, 아울러 '중국소수민족'과 '중국소수민족사회역사조사자료총간' 두 종류의 총서 편찬을 추가하였으며, '민족문제오종총서(民族問題伍種叢書)'라고 이름을 정하였다. …… '민족문제오종총서'는 모두 합하여 402권, 1억여 자로, 이 사업은 1958년에 시작하여 1991년에 이르러 기본적인 완성을 보았다. 30여 년에 걸쳐 전국 19개 성, 시, 자치구 및 중앙 유관 기관의 400여 편사조(編寫組)가 관여하였으며, 1760여 명이 참여하였다. 그리고 전국 30여 군데 출판사에서 나누어 출판하였다. 역사를 종관하여 보건대, 이와 같이 전면적이고 체계적으로 조사 연구하여 각 소수민족의 총서를 편집 출판 소개한 경우는 중국에서는 미증유의 일이다. 동시대 세계를 보더라도, 이와 같이 정부 부문에서 조직적으로 국내 각 소수민족을 위하여 저서를 만드는 일은 매우 드문 일에 속한다."(雲南省編輯組《中國少數民族社會歷史調查資料叢刊》修訂編輯委員會(2009『白族社會歷史調查(二)』, p.1)

에 대한 문제제기로 이어질 것이다.

우선 첫째 장에서는 '민족식별' 작업과 소수민족사회조사사업이 수행되는 과정과 배경을 간단하게 살펴보고, 『백족사회조사(白族社會歷史調查)』(4)를 통해 역사조사의 내용을 파악할 것이다. 그리고 『백족간사』를 통해 중화인민공화국에서 '백족사'를 어떻게 구성하였는지 살펴볼 것이다. 둘째 장에서는 당대(唐代)의 '백만'으로부터 명청대(明淸代)의 '북인(僰人)', '민가(民家)'로 이어지는 계보를 살펴볼 것인데, 백족과의 관계라는 측면에서 그 구성의 타당성에 대한 비판적 검토가 이루어질 것이다. 그리고 마지막 결론 부분에서는 중화인민공화국의 '백족사'에 대한 대안으로 어떠한 방식의 역사 서술이 이루어져야 할지에 대하여 고민해 보고자 한다.

2. '백족사회역사조사' 사업과 『백족간사』

『백족간사』는 〈국가민위 민족문제 오종총서지일(國家民委民族問題五種叢書之一) 중국소수민족간사총서(中國少數民族簡史叢書)〉의 하나로 『백족간사』편사조에 의해 1988년에 출간되었다. 그리고 《《중국소수민족간사총서》 출판 설명〉과 〈후기〉에서 명시하고 있듯이, 이 책은 1956년 국가에 의해 대규모로 전개되기 시작한 '소수민족 사회역사 조사 사업'의 결과물이다. 〈후기〉의 출판 과정 소개에 따르면, 우선 이 책의 초고격인 '백서'가 만들어지는 데만 1958년 12월부터 1963년 10월까지 약 5년이 걸렸다. 문화대혁명이 끝나고,[12] 1979년 4월 13일 민족문제 오종총서 운남성 편집위원회가 성립한 뒤에, 규정에 의거 1963년의 '백서'를 기초

12 다른 학술활동도 마찬가지이지만, 중국 민족학의 전개에 관한 시기 구분 논쟁에서 1966~78년의 문화대혁명 기간은 '중단기'로 설명된다. 王建民·張海洋·胡鴻保(1998), pp.11-14.

로 하는 조사와 수정 작업의 재개 결정이 이루어졌다. 그리고 1987년 10월 29일 편집 작업이 완료되었다.[13]

'소수민족 사회역사 조사 사업'이 전격적으로 그리고 공식적으로 시작된 것은 1956년이지만, 소수민족에 대한 조사와 '민족식별' 사업은 1949년 중화인민공화국 성립 이후 꾸준히 축적되어 온 작업이었다. 우선 변강 지역 토지개혁 사업 과정에서 민족학자들의 개입과 조사가 이루어졌다. 그리고 1950년 6월 중앙인민정부가 중앙의 방문단을 파견하여 서북, 중남, 서남 세 길로 순방하도록 결정하였다. 그 뒤, 1952년까지 중앙방문단과 지방정부의 변강 소수민족 지역에 대한 순방과 각 방면의 주제에 대한 '전형(典型)' 조사가 수행되었으며, 이 과정에서도 민족학자들의 참여와 조사가 이루어졌다. 또 1951년 6월 중앙민족학원(中央民族學院)의 개원을 필두로, 각지의 민족학원이 속속 설립되었다.

사회주의 개조 및 건설을 시작한 중화인민공화국은 소수민족에 대하여 민족 평등, 민족 구역 자치, 소수민족 지구의 발전 촉진을 표방하였으며, 이를 위해 소수민족의 구별과 식별은 중요한 과제였다. 따라서 "명종주인(名從主人)"의 원칙을 제시, 소수민족 집단 스스로의 신고를 접수하였으며, 1953년 전국 제1차 인구전체 조사 과정에서 당국의 귀속과 병합 판정을 거쳐 판정된 소수민족이 38족이었다.[14] 그러나 전국적으로 400여 종이 넘게 신고된 소수민족 집단의 식별작업은 쉽지 않았고, 문제가 되는 현장에 전문가 집단을 파견하는 작업이 1953년 5월부터 시작되었다. 1954년 5월부터 10월까지는 중앙민족사무위원회(中央民族事務委員會)에서 운남 민족 식별 조사팀을 파견한 바 있다.

중앙방문단과 소수민족식별 조사조의 활동을 통해 소수민족의 사회와 경제, 생활관습에 관한 정보와 자료가 수집 정리되었지만, 전면적이고 체계적이지

13 『白族簡史』, pp.269-271.

14 王建民·張海洋·胡鴻保(1998), p.108.

는 못했고, 자료의 수집과 이용에 한계가 있었다. 사회주의 개조와 '사회주의 과도(過渡)' 문제를 고민하던 공산당의 입장에서는 보다 상세하고 정확한 자료의 수집과 정리에 대한 필요가 제기되었고, 이를 위해 추진된 사업이 앞서 언급한 바 있는 '소수민족 사회역사 조사 사업'이었다.[15] '백족'은 1953년 족칭이 정해진 38개 소수민족 중의 하나였고, 1956년 족칭이 '공인'되었기 때문에 당연 이 사업의 대상이 되었다. 이 장에서는 이 사업의 결과물인 『백족사회역사조사(4)』와 『백족간사』를 통해 구성된 '백족사'의 모습, 특히 그 내원에 관하여 살펴보고자 한다.

1) '백족사회역사조사'

백족에 대한 사회역사 조사의 보고서는 『백족사회역사조사』[16]가 1981년에 간행되었고, 『백족사회역사조사(2)』, 『백족사회역사조사(3)』, 『백족사회역사조사(4)』가 모두 1991년 4월 출간되었다. 『백족사회역사조사』는 모두 1958년부터 1962년 사이에 조사된 자료를 20년이 지난 시점에서 다시 정리한 것이고, 〈후기〉에 따르면 매우 불완전한 자료들이다. 그리고 (2), (3), (4)는 모두 1980년대에 재조사와 재정리를 거쳐 발간된 보고와 자료들이다. (1)과 (2), (3)은 모두 대리백족자치주를 비롯한 백족 거주 지역의 현지 조사를 통한 사회·경제·종교·관습에 관한 조사 보고 내지 자료집의 성격을 가졌다. 따라서 이 글에서 굳이 일일이 소개할 필요는 없을 듯하다. 그러나 (4)는 사정이 다르다.

앞의 세 편이 '사회' 조사에 해당한다면, (4)는 '역사' 조사에 해당한다고 해

---

15 이 사업이 시작된 1956년은 토지개혁 사업이 마무리되고, '사회주의로의 이행' 문제가 대두되던 시기이다.

16 2009년도에 다시 발간된 자료에 따르면, 『백족사회역사조사(一)』로 (1)권호가 붙어 있으나, 1981년에 발간된 자료는 그렇지 않다.

□ **표 1.1** 『백족사회역사조사(4)』 내용 구성

	비고	조사(작성) 일자
① 대리 백족 세습총관과 토관 세계 조사 (大理白族世襲總管和土官世系調查)	8편	
② 대리 백족 고대 비각과 묘지 선집 (大理白族古代碑刻和墓志選輯)	비각 43편, 묘지 110편	
③ 백족 선민 동이하만 대성 조사 (白族先民東洱河蠻大姓調查)	①② 자료에 대한 해석 성격 논문	
④ 검천 석종산 남조 대리 석굴 고찰 (劍川石鐘山南詔, 大理石窟考察)		1985년 10월 5일
⑤ 대리 백족 "희주상방" 발전 정황 조사 (大理白族"喜洲商帮"發展情況調查)		1985년 2월
⑥ 전서 마방과 하관 마점·퇴점 조사 (滇西馬帮和下關馬店堆店調查)		1985년 10월 1일

도 지나친 말이 아니다. 다음은 (4)의 내용 구성을 보여주는 표이다.

①은 '원 세습 대리총관 단씨 세계(元世襲大理總管段氏世系)', '학경 고토사 세계 조사(鶴慶高土司世系調查)', '동씨 세계 조사(董氏世系調查)', '조씨 세계 조사(趙氏世系調查)', '양씨 세계 조사(楊氏世系調查)', '이원 청 세습 토관 왕씨 세계 조사(洱源淸世襲土官王氏世系調查)', '검천 명 용문읍 세습 토관 시씨 잔비(劍川明龍門邑世襲土官施氏殘碑)', '장씨 세계 조사(張氏世系調查)'의 8편으로 구성되어 있다. 단씨, 고씨, 동씨, 조씨, 양씨, 왕씨, 시씨 등은 명청 시기의 토관 내지 토사로 그 세계가 남조국(南詔國) 혹은 대리국(大理國) 시기까지 거슬러 올라간다. 그리고 마지막의 장씨 세계는 이들이 '백자국(白子國)' 추장 장락진구(張樂進求)의 후예임을 밝히고 있어 특이하다.[17] ②는 대리백족자치주를 비롯한 백족 거주 지역의 비각 43편과 묘지 110편

17 『백족간사』에 '백자국'에 관한 기술은 빠졌지만, 남조국 직전 400여 년 동안 이해 지역에 존속하였다고 전해지는 백자국의 역사적 실존 여부는 중국 운남사 학계 내에서 오랜 논쟁거리였다. 이 논쟁에 관한 정리는

을 선별하여 실어놓은 것이다. ③은 이들 자료들을 활용하여, 고대 이해(洱海) 동부 지역의 대성(大姓)들을 조사하여 정리하고, 이들이 백족의 선민임을 논증한 일종의 역사 논문이다.

『백족사회역사조사(4)』 내용의 대부분(271쪽/316쪽)을 점하는 ①, ②, ③은 모두 전근대 시기 백족의 모습을 전해주는 1차 사료 혹은 이를 분석한 2차 자료이며, 이 보고서가 '역사' 조사 보고서임을 잘 보여준다. ④는 대리백족자치주 북부의 검천 석종산의 석굴과 조상(造像)들에 대한 조사연구 보고서이다. 3개 지역에 걸쳐 16곳의 석굴이 존재하고, 석굴에는 139구의 크고 작은 조상, 돌로 새긴 호랑이 상 둘, 벽화 하나가 남아 있는데, 이들 석굴들은 남조(南詔)와 대리(大理) 시기에 포함되는 841년에서 1179년 사이에 만들어졌다. 그리고 조상들은 백족의 본주(本主) 신앙과 중원불교, 티베트 불교, 인도 밀교의 영향을 보여준다고 한다. ⑤와 ⑥은 19세기 백족자치주 지역 상업망과 관련된 자료 조사 보고이다. 이들 또한 '역사조사'의 범주에 속한다 할 수 있다.

그리고 이 조사보고서의 〈전언〉은 이러한 성격을 분명히 하고 있다. "중화인민공화국 성립 후에 중공 중앙과 국무원은 소수민족사회역사 연구에 대하여 특별한 관심을 가지고 중시하였다. 끊임없이 교수·학자·전문가를 파견하여, 정치·경제·민족·사회·언어·고고·종교·문화·습속 등 각 방면에서 지극히 중요한 구조 작업을 수행하고, 대량의 자료를 수집하였다. 이를 통해 소수민족 사료의 일실(逸失)과 엄중한 결핍 문제를 해결하고자 하였다. …… 천 종(種)을 상회하는 묘지·비각과 백 종이 넘는 봉건 총관(總管) 토사(土司) 토목(土目)의 세계보첩(世系譜牒) 그리고 대량의 사회역사 조사 자료와 학술논문 중에서, 각종 각도에서 비교적 참고의 가치가 있고 또 사람들이 쉽게 볼 수 없는 일부분을 선출하였다. 이를

다음의 글 참조. 楊愛民(2012) 「白子國散議」, 『西南學刊』第3輯, pp.187-200.

광대한 독자들의 참고 연구에 제공하고자 한다."[18]

이러한 '역사 조사'의 가장 큰 의미는 백족형성사 구성에 중요한 자료들을 제공하고 있다는 데 있다. 〈전언〉에서는, 643년간에 걸친 백만(白蠻) 대성들의 운남 지역 지배의 역사가 남긴 각종 기록들이 원명 교체기 과정에서 목영(沐英) 등이 지휘했던 명왕조의 정벌군에 의해 소멸된 것을 지적하며, '사회역사조사' 사업의 중요성을 강조하였다. 따라서 '역사조사'에 의해 수집된 자료들, 특히 토사 토관들의 세계보첩과 백족 거주 지역 대성들의 묘지는 남조로부터 백족의 선민인 명청시대 백인(白人) 대성들에 이어지는 '백족형성'의 과정을 재구성하는 데 결정적 자료가 되었다. 실제로 『백족간사』는 서찬백만(西爨白蠻), 서이하(西洱河) 지역의 백만 등이 명청대 백인 대성으로 이어지는 과정을 설명하는 데 이들 세계보첩과 묘지를 적극 활용하고 있다.

2) 『백족간사』의 형식과 내용

『백족간사』의 구성을 살펴보면 다음과 같다. 우선 제1장 '백족의 내원(來源)'에서는 백족의 선민과 형성 과정을 나누어 설명하였다. 그리고 제2장부터 제8장까지는 유물사관에 따라 원시사회로부터 1949년 인민공화국 성립 직전까지를 서술하고 있다. 즉 이해(洱海)와 전지(滇池) 지역 석기(石器) 문화와 동석병용기(銅石竝用期)까지를 원시사회로, 전(滇)·미막(靡莫) 등으로부터 남조국(南詔國)의 대두 전까지를 노예제 사회 형성기로, 남조국 시기를 노예제사회의 발전기로, 대리국 시기를 봉건 농노제 사회로, 원·명·청 중국 왕조의 지배 시기를 봉건지주 경제의 형성과 발전 시기로, 1919년 이후 1949년 시기를 반식민지 반봉건 사회로 기술하였다. 또 제9장과 제10장에서는 백족의 과학문화와 풍속 습관, 종교, 신앙 등

---

18 『백족사회역사조사(4)』(1991) 〈전언〉, p.7.

사회조사의 결과물들을 정리하고 있다.

이 글의 주된 관심과 직접 연결되는 제1장의 내용을 보다 자세히 살펴보면, 백족의 선민에 대한 소개와 백족의 형성과정으로 크게 두 부분으로 나뉜다. 우선 운남의 핵심 지역인 이해와 전지 지역의 '이항대립적' 족칭들을 나열하고 있는데, 한대(漢代)의 곤명(昆明)과 전북(滇僰), 위진대(魏晉代)의 곤(昆)과 수(叟), 당송대(唐宋代)의 오만(烏蠻)과 백만(白蠻), 원·명 이후의 찬(爨)과 북(僰) 그리고 라라(羅羅)와 민가(民家)가 그것이다. 그리고 백족의 선민으로 전북, 수, 백만, 북인, 민가를 지목하고 있다.[19] 흥미로운 점은 진한 시기의 전북, 한진(漢晉) 시기의 '수'인 당대의 백만에 대하여는 각기 절을 나누어 설명하고 있는데 비하여, 송대 이후의 백만, 북인, 민가 등에 대하여는 '백족의 형성'이라는 절에서만 설명하고 있다는 점이다. 이는 백족이 주체가 되어 성립했다는 '대리국'의 존재와 관련이 있다.

제1장의 제4절 '백족의 형성'은 물론 진한대의 전북으로부터 명청대의 민가에 이르기까지 백족 선민 모두를 대상으로 하고 있다. 이 절에서 제시하는 특징적 주장은 두 가지로 요약될 수 있다. 하나는 백족 형성의 변곡점이 되는 시기를 남조-대리 왕조 시기, 특히 백족이 그 왕족을 비롯한 지배세력의 주체가 되는 대리국 시기로 보는 것이다. 즉 남조-대리국의 500여 년 통치가 이해(洱海) 지역을 정치·경제·문화의 중심지로 만들었고, 이러한 배경과 그 지배의 주체 민족을 바탕으로 백족공동체가 형성되기 시작하였다는 것이다. 그리고 여기에 상응하여 백족의 통일적 명칭도 사용되기 시작하여, '백인(혹은 북인)', '백왕(白王)', '백사(白史)' 등의 명칭이 등장하였다는 것이다. 결국 백족 형성 전사와 형성사로 나뉘는 것이다.

다른 하나의 특징적 주장은 백족의 형성과정이 백족의 선민들을 주축으로 여타 민족 집단들 특히 운남 지역에 진입하여 정주한 한인(漢人)과의 융합을 통해

---

19 흥미로운 사실은 이들 백족 선민의 짝이 되는 족칭은 바로 이족(彝族)의 선민으로 연결된다는 점이다.

이루어졌다는 것이다. 중원 한족 인민의 운남 지역 진입은 기원전 2세기 한무제(漢武帝) 시기 서남이 경략과 변군 설치 이후 본격적으로 시작되었다. 그러나 이후 수백 년 이어진 변군 지배의 지속은 한인의 이주와 정착을 꾸준히 증가시켰다. 선주민을 압도하지는 못했지만, 중원 '제국(帝國)'의 행정적 지배와 꾸준한 한인의 유입과 정착은 주로 평지에 거주하던 '전북'이나 '수(叟)'와 같은 선주민들과 한인의 융합을 야기하였고, 이들이 수당대의 백만이 되었다는 것이다. 그리고 이들 백만이 주요 지배집단이 되어 존속한 남조-대리 왕조의 통치가 백족 형성의 기초를 만들었다고 주장한다.

아울러 몽골의 대리 정복과 원 왕조의 성립은 백족 선민 공동체와 한인의 융합을 더욱 촉진시켰다고 주장한다. 특히 명대에는 대량의 한인들이 중원으로부터 이주하였으며, 대규모의 군대가 이해 지역에 파견되어 상당 규모의 둔전(屯田)이 시행되었다. 이들 둔전의 군호(軍戶)들이 백족 인민들과 섞여 살게 되었는데, 백족 인민들은 한인 군호들을 '군가(軍家)'라 부르고, 한인 군호는 백족을 '민가(民家)'라 부르면서, 백족에 대한 통칭으로서의 '민가'라는 명칭이 자리 잡게 되었다고 설명한다. 이러한 문화교류와 융합은 "민의 족속(族屬)은 대부분 백인(白人)인데, 풍속이 한인(漢人)과 같다. 그리고 밖에서 들어와 자손을 기르는 자들도 지금은 또한 토착이 되었다"(강희 『대리부지(大理府志)』권 12 「풍속문(風俗門)」)는 결과를 초래하였다.

또 하나 주목해야 할 것은 『백족간사』의 제9장 제1절 '고대의 과학문화' 3항 '사학'에서 소개하고 있는 백족 사가와 사서들이다.[20] 우선 남조국 시기에 『장씨국사(張氏國史)』, 『외산기인(巍山起因)』, 『철주기(鐵柱記)』, 『서이하기(西洱河紀)』, 대리국 시기에 『백사(白史)』, 『국사(國史)』, 원대에 『백고통(白古通)』, 『현봉연운지(玄峰

20 『白族簡史』, pp.215-216.

年運志)』 등의 역사서가 지어졌으며,[21] 명대의 '백족사' 저작인 『전재기(滇載記)』와 『남조야사(南詔野史)』의 저본이 되었다고 한다. 그리고 명대의 백족 학자들이 지방의 장고(掌故)를 정리한 것으로 양내(楊鼐)의 『남조통기(南詔通紀)』와 흑신규(黑新逵)의 『서남열국지(西南列國志)』(실전), 또 명대 이원양(李元陽)의 『대리부지(大理府志)』와 『운남통지(雲南通志)』, 오무(吳懋)의 『엽유단림지(葉楡檀林志)』, 청대 고앵영(高奣映)의 『계족산지(鷄足山志)』, 왕숭(王崧)의 『운남통지(雲南通志)』를 비롯한 여러 권의 백족 학자들이 지은 지방지를 소개하고 있다. 또 백족의 주요 사료로 청대의 『남조야사』를 지적하고 있다.

이상 『백족사회역사조사(4)』와 『백족간사』를 통해 구성된 '백족사'의 모습, 특히 그 내원 및 백족의 형성 과정에 관하여 살펴보았다. 요약하자면, 남조-대리왕국과 원대 대리총관부의 지배 시기까지 총 643년에 걸친 백만 대성들의 운남 지역 지배에 대한 역사적 기억과 명청대 운남 지역 학자들과 인민들이 만들어낸 각종 자료들이 '백족사'를 구성하는 주요 토대가 되었다는 것이다. 바꾸어 말하면, 백족사는 명청대 운남 지역 학자들의 기록에 의존해 구성되었다고 말할 수 있다. 그리고 이를 바탕으로 전북(滇僰), 수(叟), 백만, 북인(僰人), 민가로 이어지는 백족의 선민 계보를 만들어내었다.

결국 중국 국가에 의해 만들어진 '백족사'는 56개 민족의 관계사에 의해 이루어진 통일적 다민족 '중화민족'의 역사를 구성하는 한 요소였다. 즉 '백족사'는 '중화민족'의 역사인 '국사(Nationl History)'의 일부로서 구성되었으며, 현대 운남 지역 소수민족에 대한 '식별' 작업을 전근대 시기 문헌에 등장하는 '고대 민족'에 대한 '식별' 작업으로 확대하고, 이를 '계보화'하는 작업에 다름 아니었다. 문제는 이러한 '백족사'의 구성이 객관적이라 평가할 수 있느냐 하는 데 있다. 즉 이러한

21 이들은 모두 현전하지 않는다.

서술은 백족의 '민족'으로서의 '정체성' 문제, 그리고 역사 서술의 범주 문제와 충돌을 일으킨다.

3. 백족의 족원과 계보에 대한 비판적 검토

『백족간사』가 구성한 '백족사'에서 '백족'의 조상으로서 가장 큰 의미를 가지는 것은 '백만'이다. 백족의 '백(白)'자를 공유할 뿐 아니라, '북인'과 '백인'이 '백만'으로부터 나오기 때문이다. 전근대 시기 자료들을 꿰어 보면, 『백족간사』에서도 지적하고 있듯이, 백만과 이의 상대어인 오만은 주로 당대와 남조국 그리고 대리국 시기에 집중적으로 사용되었으며, 원대에는 북(僰)과 찬(爨), 그리고 명청대에는 북인 또는 민가와 라라가 그 자리를 대신하고 있다. 이 장에서는 이들 백족 선민의 계보에 각기 짝을 이루어 등장하는 백만과 오만, '찬'과 '북', '민가'와 '라라'에 대하여 비판적 검토를 수행하고자 한다. 이를 통해 '백족'의 역사적 정체성을 구성하는 것이 그리 간단한 일이 아니라는 것을 확인하게 될 것이다.

1) 백만과 오만

중국 정사에 '오만'이 처음 등장하는 것은 『북사(北史)』와 『수서(隋書)』이지만, '백만'이 처음 등장하는 것은 『구당서(舊唐書)』이다. 그리고 '백만' 중 가장 유명한 것은 '서찬백만(西爨白蠻)'이었으며, '서찬백만'이란 '서찬국(西爨國)'의 지배 아래 있는 백만을 지칭하는 것이었다. 그리고 서찬국의 인적 범주는 '서찬백만'과 '동찬오만(東爨烏蠻)'으로 구성되었으며, '양찬만(兩爨蠻)'이라 지칭되었다. 이들 양찬만 외에 오만과 백만이 함께 등장하는 지역이 있는데, 하나는 현재 사천성(四川省) 남부 지역으로 한대(漢代)에 월수군(越嶲郡)이 설치되었던 곳이다. 다른 하나는 현재 운남성의 전지(滇池) 서쪽으로부터 이해(洱海)에 이르는 지역으로 삼국시대에 운남군(雲南郡)이 설치되었던 곳이다. 이들 '백만'과 '오만'의 분포와 그 변화 과정을 살펴보고자 하는데, 이를 통해 이들 개념이 지칭하는 범주가 무엇인지 확인하고자 한다.

양찬만은 운남성의 전지 이동 지역에 분포하였는데, 『만서(蠻書)』에서는 "천보(天寶, 742~756) 연간 당시 동북의 곡주(曲州)·정주(靖州)로부터 서남 쪽으로 선성(宣城)에 이르기까지 읍락이 서로 바라보았으며", "석성(石城)·곤천(昆川)·곡액(曲軛)·진녕(晉甯)·유헌(喩獻)·안녕(安甯)에서 용화성(龍和城)에 이르기까지를 일러 서찬이라" 하고, "곡주·정주·미록천(彌鹿川)·승마천(升麻川)에서 남으로 보두(步頭)에 이르기까지를 일러 동찬이라" 한다고 적었다.[22] 방국유(方國瑜)의 비정에 따르면,[23] 곡주는 주제(朱提, 현 昭通)와 당흥(唐興, 현 東川) 두 현을 통령하는 주였고, 또 정주는 정천(靖川, 현 威寧)과 분협(分協, 현 畢節) 두 현을 통령하던 주였다. 그리고 선성은 보두가 있던 곳으로 지금의 원강(元江)으로 비정되었다.[24] 석성은 지금의 곡정(曲靖), 곤천은 지금의 곤명, 곡액은 지금의 마룡(馬龍), 진녕은 현재 운남성 진녕현(晉寧縣) 진성진(晉城鎭), 유헌은 현재의 징강(澂江), 안녕은 현재의 안녕(安寧), 용화성은 현재의 녹풍(祿豐)으로[25] 비정하였다. 또 미록천은 미천(彌川)과 녹천(祿川)의 약칭이며, 미천은 선위(宣威)에 해당하며, 녹천은 회택(會澤) 지구에 상당한다고 주장하였다. 그리고 승마천은 심전(尋甸)에 비정하였다. 서찬은 운남성 동부의 서남부, 동찬은 동북부에 거주하는 형세였다.

---

22 [唐]樊綽 撰·向達 原校·木芹 補注(1995)『雲南志補注』雲南人民出版社, 卷4 名類, p.47.

23 方國瑜(1987)『中國西南歷史地理考釋』中華書局, pp.348-358.

24 향달(向達)은 『만서교주(蠻書校注)』에서 보두를 지금의 건수현(建水縣)으로 비정하였다 한다. 방국유(方國瑜)는 선성(宣城)과 보두를 현재의 원강(元江)으로 고증하였을 뿐 아니라[方國瑜(1987), p.356], 『만서(蠻書)』「운남계내도정(雲南界內途程)」의 동찬오만에 관한 설명(『雲南志補注』卷1 「雲南界內途程」, pp.12-13)을 중시하여, "남쪽으로 보두에 이르기까지" 오찬에 속한다고 한 번작(樊綽)의 주장을 오류라고 지적하였고, 이 지역을 서찬의 범주에 넣었다.

25 方國瑜(1987), p.354.

『만서』에서는 또 육조(六詔)를 모두 오만이라 하였는데,[26] 육조는 몽수조(蒙巂詔, 현 漾濞), 월석조(越析詔, 현 賓川), 낭궁조(浪穹詔, 현 洱源), 등섬조(邆賧詔, 현 鄧川), 시랑조(施浪詔, 현 青索), 몽사조(蒙舍詔, 현 巍山)를 지칭하며, 이해 호수를 에워싸고 있는 지역으로 오늘날 대리족자치주에 해당한다. 그리고 『신당서』「남만전」에서는 마만(磨蠻), 사만(些蠻), 시만(施蠻), 순만(順蠻)을 모두 오만으로 규정하였는데,[27] 시만과 순만이 잡처했던 검(劍)·공(共)지역의 여러 천(川, 분지의 의미)과 마만·사만이 거주한 철교(鐵橋)·대파(大婆)·소파(小婆)·삼탐람(三探覽)·곤지(昆池) 등 천은 대체로 오늘날의 여강(麗江) 지구에 해당한다. 이곳의 거주민은 모두 오만이다. 또 『신당서』「남만전」에 따르면, 오늘날 사천성 남부에 해당하는 공부(邛部, 현 越西縣)와 대등(臺登, 현 冕宁縣 남부 瀘沽鎮) 지역에는 다수의 오만과 소수의 백만이 공존하였다.[28] 그리고 이들과 전지 지역 사이에 해당하는 요안현(姚安縣)과 대요현(大姚縣) 지역에는 백만으로 분류되는 농동만(弄棟蠻)[29]과 청령만(青蛉蠻)[30]이 거주하였다.

이 당시 오만과 백만으로 규정된 사람들이 거주한 지역의 주요한 자연적 경계는 대체로 북쪽으로는 금사강(金沙江), 서쪽으로는 난창강(瀾滄江), 남쪽으로는 원강(元江)이었고, 이 공간 범주는 남중(南中)이라 불렸다. 이 남중에서 전지 지역 이동의 운남 동부 지역은 서찬국의 지배 아래 백만과 오만이 공존하였으며, 그

---

26 "六詔並烏蠻又稱八詔."『雲南志補注』卷3「六詔」, p.29.

27 "磨蠻·些蠻與施·順二蠻皆烏蠻種, 居鐵橋·大婆·小婆·三探覽·昆池等川."『新唐書』卷222上「南蠻」上〈南詔上〉, pp.6275-6276.

28 "勿鄧地方千里, 有邛部六姓, 一姓白蠻也, 伍姓烏蠻也. 又有初裹伍姓, 皆烏蠻也, 居邛部·臺登之間. 婦人衣黑繒, 其長曳地. 又有東欽蠻二姓, 皆白蠻也, 居北谷. 婦人衣白繒, 長不過膝."『新唐書』卷222下「南蠻」下〈兩爨蠻〉, p.6317.

29 "弄棟蠻, 白蠻種也. 其部本居弄棟縣鄙地, 昔爲褒州, 有首領爲刺史, 誤殺其參軍, 挈族北走, 後散居磨些江側, 故劍·共諸川亦有之."『新唐書』卷222上「南蠻」上〈南詔上〉, p.6276.

30 "青蛉蠻, 亦白蠻苗裔也. 本青蛉縣部落. 天寶中巂州初陷, 有首領尹氏父兄子弟相率南奔河賧. 閣羅鳳厚待之. 貞元年中南詔清平官尹輔酋·尹寬求, 皆其人也. 衣服言語與蒙舍略同."『雲南志補注』卷4「名 類」, p.53.

서쪽 지역은 오만종의 수적 우위 속에 오만과 백만의 군소 세력들이 경쟁하며 공존하였다. 동부에서는 백만종이, 서부에서는 오만종이 우세를 점하는 형국이었다. 그리고 이 남중에서의 주도권을 장악한 것은 이미 400년을 이어온 서찬국이었다. 그런데 8세기 중엽 남조의 세력이 커지면서 상황은 바뀌었다. 당 왕조의 지원을 업은 남조(南詔)가 서찬을 멸망시키고, 남중 지역의 패권을 장악한 것이다.

『신당서』「양찬만전」에 따르면, 746년 서찬을 멸망시킨 남조의 각라봉(閣羅鳳)은 곤천성사(昆川城使) 양모리(楊牟利)를 파견하여 서찬 20만 호를 강제로 영창성(永昌城, 현 保山市)으로 옮겼다. 그리고 전쟁으로 인해 곡정주로부터 석성·승마·곤천·용화에 이르기까지 서찬백만의 핵심 거점들은 모두 파괴되었고, 시간이 흐르면서 이 공간은 자연스럽게 동찬오만에 의해 채워졌다. 동찬오만은 언어가 통하지 않는데다, 숲과 산곡에 의지하여 흩어져 있었기 때문에 강제 사민을 면할 수 있었다.[31] 게다가 동찬오만은 세력을 온존한 채 남조왕실과 동맹관계를 유지하였고, 백만은 남조왕조의 대외 정벌과 식민에 동원되어 재차 천사되었다. 이에 따라 서찬백만의 경우 본래의 근거지를 기준으로 서북쪽이나 서남쪽으로 그 거주지가 옮겨졌다.

『원사(元史)』「지리지」의 '운남제로행중서성(雲南諸路行中書省)'조에 따르면, 남조국 시기 이들 백만이 서부로 옮겨졌을 뿐 아니라, 새로운 거주지에서도 오만과 경쟁할 경우 대부분 밀려났다. 대리국의 성립 이후에도 이러한 형국은 변하지 않은 것으로 보인다. 대리국의 건립 자체가 단사평(段思平)이 동방 제만 37부와의 회맹과 이에 따른 지원을 통해 가능했다는 것은 잘 알려진 사실이다. 그리고 이 37부에 대하여는 백만과 오만, 흑찬 등 기록에 따라 조금씩 다르지만, 대체로 오만이 많았던 것으로 보인다. 37부의 제만(諸蠻)은 대리국왕에게 충성을 맹세했지

---

31 『新唐書』卷222下「南蠻」下〈兩爨蠻〉, p.6316.

만, 그 반대급부로 자신들의 세력권을 온존시킬 수 있었다. 몽골 우량카타이(兀良合台; Uriyangqatai)의 대리국 정벌 과정은 이러한 정황을 단적으로 보여준다.

『원사』「올량합태(兀良合台)」 열전에 따르면, "…… 우량카타이가 마침내 금사강(金沙江)에 이르렀다. 우량카타이가 군대를 나누어 찰한장(察罕章)에 들여보냈는데, 모두 백만이었다. …… 군대를 진격시켜 용수관(龍首關)을 취하고, 세조(世祖, 쿠빌라이)를 보필하여 대리국성(大理國城)에 들어갔다."[32] 그리고 "갑인(甲寅)년(1253) 가을에 다시 군대를 나누어 부도(附都) 선천(善闡, 현 云南 昆明市 旧城南關外)을 취하였다. 군대를 돌려 합랄장(合剌章)의 수성(水城)을 공격하여, 도륙내었다. 합랄장은 모두 오만이다. …… 마침내 진격하여 오만이 도읍으로 삼고 있는 압적성(押赤城, 云南 昆明市)에 이르렀다. 성은 전지의 가장자리에 있는데, 삼면이 모두 물이고, 이미 험하고 또 견고하였다."[33] 여기에서 주목되는 부분은 주민 모두가 '백만'이라 규정된 '찰한장'과 '오만'이라 규정된 '합랄장'이 지칭하는 공간적 범주이다.

찰한장은 금사강을 넘어 대리국성에 들어갈 때까지의 공간적 범주라고 보면, 현재의 여강(麗江) 지구로부터 이해 옆의 대리시까지의 지역으로 판단된다. 그리고 합랄장은 대리국성을 점령한 뒤, 다시 그곳으로부터 선천 지역 정벌에 나서는 과정에서 나타나는데, 현재의 대리시에서 곤명시에 이르는 지역을 지칭하는 것으로 이해된다. 그리고 광의로는 운남성 전체를 지칭하는 의미로도 사용된다고 한다. 이러한 상황을 서찬국이 주도권을 가졌던 시기와 비교하면, 서찬백만이 주도하던 공간은 '오만'으로 채워졌고, 남조국의 핵심지역과 '오만'의 땅은 오히려 '백만'의 공간이 되었다. 그리고 원대 운남행성(雲南行省)의 설치와 대리총관부(大理總管府)에 의한 이원적 통치는 이러한 경향을 더욱 강화시켰고, '북(僰)'과 '찬(爨)'의 구분을 만들어냈다.

---

32 『元史』卷121「兀良合台」, p.2979.

33 『元史』卷121「兀良合台」, p.2979.

□ **그림 1.1** 대리국 멸망시 찰한장과 합랄장의 범주

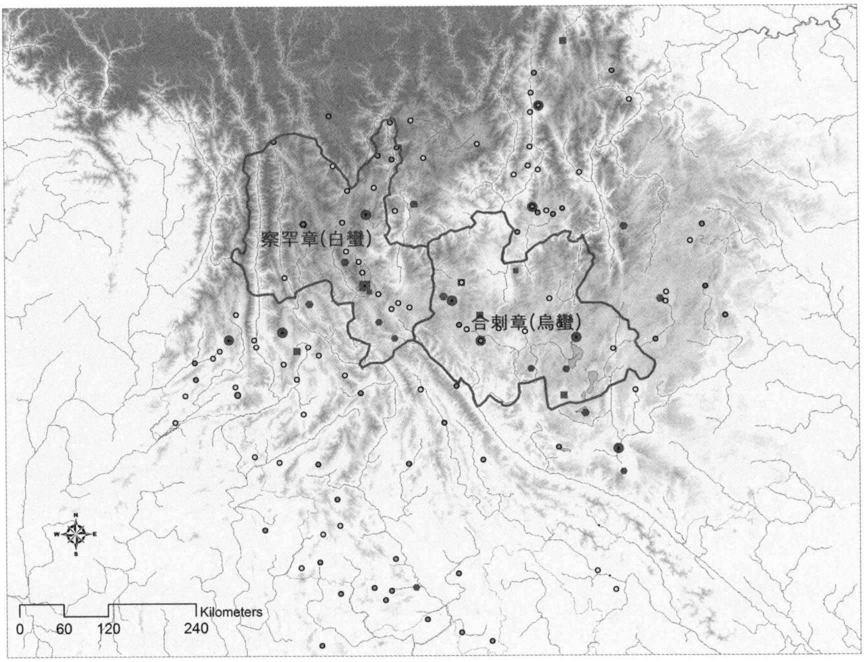

『백족간사』는 이러한 상황을 근거로 하여 백만에서 백인(북인)으로 이어지는 결론을 만들어내지만, 상황은 그렇게 간단하지 않다. 앞에서 언급하였듯이, 남조를 비롯한 6조(詔)와 여강 지역의 제만(諸蠻)들은 모두 '오만'으로 분류되던 이들이었다. 그리고 서찬 백만 지역의 많은 인구가 남조왕국에 의해 천사되었다고 하더라도, 전 인구를 모두 옮기지 않은 다음에야 그 지역 모두가 '오만'이 되었을 리 없다. 게다가 본디 오만 지역인 서부는 더욱 그러하다. 이 부분에서 '백만'과 '오만'을 구분하는 기준이 무엇이었는지에 대해 생각해 볼 필요가 제기된다. 즉 과연 '백만'과 '오만'이 혈연을 기준으로 두 개의 종족 집단을 구분하는 범주의 명칭

□ **표 1.2** 오만과 백만의 차이 (『백족간사』 p.20 재인용)

항목	오만	백만
언어	오만은 언어가 통하지 않아서, 세 번 네 번 통역해야 중화와 통한다.[34]	언어의 음은 백만이 가장 바르다(생각건대, 이는 마땅히 한어를 기준으로 한 것).[35]
거처	대부분 수풀과 계곡에 흩어져 의지한다.	대부분 평원 지역에 거주한다.
생산	목축을 주로 한다.	농경을 주로 한다.
의복	남녀 모두 소와 양의 가죽을 두르고,[36] 부인은 검은 비단[黑繒]으로 옷을 해 입는데, 그 길이가 땅에 끌릴 정도이다.	부인들이 하얀 비단[白繒]으로 옷을 해 입는데, 길이가 무릎을 덮는 정도이다.
장례	묘를 써서 장례지내지 않는다. 무릇 죽은 뒤 사흘 뒤에 시신을 태우고, 그 나머지 재는 땅에 묻고, 오직 두 귀만 거두어 병에 담아 별실에 깊이 보관하고, 사시에 꺼내어 제사지낸다.	죽고 사흘 뒤에 매장하며, 한법(漢法)에 따라 묘를 만든다.[37]

이었는지 의심해 볼 필요가 있다.

『백족간사』는 『만서』와 『신당서』 「남만전」의 기록을 참조하여 위의 표에서 보이는 바와 같이 백만과 오만의 차이를 규정하였다.

---

34 "烏蠻與南詔世昏姻, … 其語四譯乃與中國通." 『新唐書』卷222下 「南蠻」下 〈兩爨蠻〉, p.6317.

35 "言語音白蠻最正, 蒙舍蠻次之, 諸部落不如也. 但名物或與漢不同, 及四聲訛重. 大事多不與面言, 必使人往來達其詞意, 以此取定, 謂之行諾." 『雲南志補注』 卷8 「蠻夷風俗」, p.119.

36 『新唐書』卷222下 「南蠻」下 〈兩爨蠻〉, p.6317.

37 西爨及白蠻死後, 三日內埋殯, 依漢法爲墓. 稍富室廣栽杉松. 蒙舍及諸烏蠻不墓葬. 凡死後三日焚屍, 其餘灰燼, 掩以土壤, 唯收兩耳. 南詔家則貯以金瓶, 又重以銀爲函盛之, 深藏別室, 四時將出祭之. 其餘家或銅瓶鐵瓶盛耳藏之也. 『雲南志補注』卷8 「蠻夷風俗」, p.118.

그리고 이에 의거 오만과 백만은 마땅히 두 개의 다른 족군(族群)이라고 천명하였다.[38] 그러나 위 표는 오만과 백만으로 구분된 두 집단이 서로 다르다는 것을 보여줄 수는 있지만, 같은 '오만'의 범주에 속하는 수많은 만이 집단들이 같은 '족군'에 속함을 증명해주지는 못한다. 이는 '백만'의 범주에 속하는 만이 집단들도 마찬가지이다. 앞서 동찬오만의 경우, "숲과 산곡에 의지하여 흩어져 있었기 때문"에 서찬백만과 달리 강제 사민을 면할 수 있었던 일화는 위 표의 '거처'와 '생산' 항목에서 양자의 대비를 강화해주는 것 같지만, 이러한 모습이 일반적이었다고 단정하기는 어렵다. 오히려 이는 초기의 동찬오만에 국한된 것이었다. 남조를 비롯한 육조가 이해 주변의 평지에 거주하며 성을 쌓는 장면이나, 동찬오만이 나중에 서찬백만의 빈 공간을 채우는 모습은 이러한 가정을 부정하게 한다. 오히려 이는 당시 이들 지역의 인간집단들이 쉽게 이동하고, 잡거하였음을 보여주는 증거가 된다. 그리고 표에서 보여주는 의복의 대비 또한 사천 남부 지역 물등만(勿鄧蠻) 내의 오만과 백만의 구분을 보여줄 뿐, 일반화할 수 없는 이야기이다.

오만과 백만의 구분이 수십 수백의 족류 혹은 부락으로 구성된 이 지역 만이에 대한 중국인들의 자의적 분류에 불과하다는 주장은 이미 제기된 바 있다.[39] 이 주장에 따르면, 그것은 한인(漢人)의 입장에서 본 문화적 차이였고, 그에 따른 명명이었다. 그리고 문화적 차이는 중국적 정치체제와 제도를 얼마나 수용하는가에 의해 결정되었다. 결국 백만과 오만의 구분 또한 '생만(生蠻)'과 '숙만(熟蠻)', 혹은 '생강(生羌)'과 '숙강(熟羌)'의 구분처럼, 문화적 기준에 따른 상대적 구분 개념이었던 것으로 보인다. 이렇게 보면 8세기 중반까지도 오만종의 온상이었던 대

---

38 『白族簡史』, p.21.

39 鄭勉(2010) 「'爨蠻'의 출현과 구성 - '西爨白蠻'과 '東爨烏蠻'의 구분 문제 -」, 『中國古中世史硏究』 제23집, pp.275-280; 馬曜(1957) 「試論白族源出於漢代洱海區的昆明人」, 『雲南白族的起源和形成論文集』雲南人民出版社, pp.62-77; 方國瑜(1957)「關于"烏蠻"·"白蠻"的解釋」, 『雲南白族的起源和形成論文集』雲南人民出版社, pp.115-119(『方國瑜文集(第2輯)』, pp.36-41).

리(大理) 지역과 여강(麗江) 지역이 13세기 중반 백만 지역이 된 것도 쉽게 이해가 된다. 당왕조와의 협력과 경쟁을 통해 남중 지역의 패자가 된 남조는 중국식 국가 모델 채용한 고대국가였으며, 대리국은 더욱더 그러하였다.

표의 언어 부분에서는『만서』와『신당서』의 기록에 의거하여 오만과 백만을 비교하고 있는데, 그 기준이 되는 것은 한자음의 유사성이었다. 백만(白蠻), 몽사만(蒙舍蠻), 오만(烏蠻) 제부락의 순서인데, 결국 중국인들의 언어를 기준으로 남중 지역의 여러 만이를 줄 세우기 한 것이다. 주지하듯이, 한자는 고대 동아시아 세계의 공용 외교문자였다. 그리고 책봉조공관계를 중심으로 한 외교 경로를 통해 한자는 동아시아 전역에 통용되었으며, 중국식 국가 모델을 수용한 동아시아의 정치체들에게 한자는 행정 문자이기도 했다. 따라서 한자에 익숙하다는 것은 중국과의 접촉이 오래되었을 뿐 아니라, 그 정치체제가 어느 정도 수용되었음을 의미한다. 특히 중국 국가의 변군 지배나 기미부주 지배에 협조하며 성장하였던 정치체들은 더욱 그러하였다.

서찬백만은 중국 국가의 변군 지배를 이용하여 자신들의 국가를 세웠으며, 당 왕조의 기미부주(羈縻府州) 체제에 의지하여 남중 지역의 패권을 장악하였다. '오만'의 별종으로 불렸던[40] 남조 즉 몽사만은 육조 중 가장 먼저 당과 소통하고 기미부주 체제에 참여하였으며, 당의 묵인과 지원 아래 육조를 통일하였다. 이에 반해 오만 부락은 네 번을 통역해야 중국과 통했다고 할 정도로 중국과는 거리가 멀었다.[41] 백만과 남조가 오만 부락보다 한자에 익숙한 것은 매우 자연스러운 일이었을 것이다. 결국『만서』의 관련 기사는 '백만'과 '오만'이 수십 수백 종의 만이

---

40 "南詔, 或曰鶴拓, 曰龍尾, 曰苴咩, 曰陽劍. 本哀牢夷後, 烏蠻別種也. 夷語王爲「詔」."『新唐書』卷222上「南蠻」上〈南詔上〉, p.6267.

41 "烏蠻與南詔世昏姻, 其種分七部落: 一曰阿芋路, 居曲州·靖州故地; …土多牛馬, 無布帛, … 其語四譯乃與中國通. ….”『新唐書』卷222下「南蠻」下〈兩爨蠻〉, p.6317.

부락을 중국인들이 정한 기준인 언어적 기준에 의해 구분한 범주에 불과함을 보여준다.

표에서 적시한 바와 같이 『만서』에서는 백만과 오만의 장묘 문화를 비교하고 있는데, 이에 따르면 서찬과 백만은 삼일장과 한식 분묘 문화를 가지고 있었다. 이에 비해 남조 및 여러 오만은 화장을 하고 신체의 일부인 귀만 수습하여 모셔두고 때마다 제사 지내는 독특한 장례법을 가지고 있다. 정확히 위의 기술과 같았는지는 알 수 없지만, 남조가 불교의 영향을 받아 화장 문화를 가지고 있었다는 것은 익히 알려져 있다. 위 기사는 남조와 모든 오만이 그러한 장례 습관을 가지고 있는 것처럼 기술하였지만 사실이 아니다. 무엇보다도 소위 '동찬오만' 지역에 해당하는 사천 남부 지역에서 집중적으로 발견되는 '현관장(懸棺葬)'은[42] 동찬오만의 일부와 북인들이 '남조 및 여러 오만'과 장례 문화를 공유하지 않았음을 보여준다. 위 기사에 기술한 장묘문화의 구분도 결국 '한화(漢化)'된 것과 '한화' 되지 않은 것의 구분일 뿐이다.

이상 서찬국 시기의 서찬백만으로부터 대리국이 멸망한 시점까지 '백만' 개념에 관하여 살펴보았다. 이를 통해 시간의 흐름에 따라 '백만'을 구성하는 공간적 범주와 인적 범주가 바뀌었음을 확인하였다. 『백족간사』에서는 백족의 선민으로서 '백만'을 제시하였지만, 백만과 오만 개념은 종족 집단(ethnic group)을 지칭하는 개념이 아니므로, 백족과의 비교는 범주가 다른 문제로 판단된다. 지역으로 보거나 이후의 역사 전개로 보건대, 오만에 속했던 남조를 비롯한 육조와 이해 주변에 존재했던 이하만 등이 북인(僰人)의 형성에 더 큰 영향을 미쳤으므로, 백족과의 관계가 더 컸을 것으로 추정할 수 있겠다. 그러나 적어도 서찬백만에 속하였던 종족들은 백족과 거리가 있어 보인다.

---

42 段鼎周(1994)「僰人·西爨白蠻和白人, 各有自己的源流」,『雲南學術探索』1994-2, pp.52-56.

2) 찬(爨)과 북(僰)

앞서 잠시 언급한 바와 같이, 원대 운남행성의 설치와 대리총관부에 의한 이원적 통치는 앞서 대리국 말의 백만과 오만 구분을 강화시켰고, '북'과 '찬'의 구분을 만들어냈다. 『원사(元史)』에는 '찬'과 '북'의 연칭이 출현한다. '찬·북군(爨·僰軍)', '찬·북지인(爨·僰之人)' 등이 그러한 예이다. 그리고 몽고·마사(麽些)와 연칭되거나 또 금치(金齒) 등과 구분되는 예, 그리고 대리왕족 단씨(段氏)의 후예인 신저일(信苴日) 등을 '북인'이라 칭하는 사례들도 볼 수 있다. 1264년, 운남 지역에서 사리외(舍利畏)라는 북승(僰僧)이 조직한 대규모 반란이 일어났는데, 이 반란에 가담한 지역을 『원사』에서는 "위초(威楚, 현 楚雄)·통시(統失, 현 姚安)·선천(善闡, 현 昆明) 및 삼십칠부(三十七部) 제찬(諸爨)"이라 전하고 있어, 북과 찬이 또 대비된다.[43] '북과 백만·백족 그리고 태족(傣族)을 둘러싼 논쟁이 많이 존재하지만, 이상의 예로 보건대 원대의 '북'은 남조·대리 왕조 시기를 거치면서 이해 지구를 중심으로 하여 형성된 인간 집단을 지칭하는 것으로 보이며, 남중의 서부를 지칭하는 지역적 개념을 강하게 내포하였다.

『명사(明史)』「토사전(土司傳)」에서는 서남의 여러 만이에 관하여, "서남 제만(諸蠻)은 유우씨(有虞氏)의 묘예(苗裔)이고, 상대(商代)의 귀방(鬼方)이다. 서한대(西漢代)의 야랑(夜郞), 미막(靡莫), 공(邛), 작(莋), 북(僰), 찬(爨)의 족속이 모두 이들이다"[44] 라고 적고 있다. 여기에서는 찬과 북이 전한 시기부터 이 지역에 존속하여

---

43 정면(2010), p.268.

44 『明史』 卷300 「湖廣土司」 〈序言〉, p.7981.

온 것처럼 적고 있지만,[45] 『사기』 「서남이전(西南夷傳)」의 기사[46]와 비교해보면 전혀 그렇지 않다. 이에 관해서는 이미 다른 논고에서 지적한 바 있다.[47] 이에 따르면, 『명사』에서 '찬'과 '북'을 한대 서남이의 일종으로 적어 놓은 것은 명청대 당시 널리 퍼져 있던 인식과 관련이 있다. 당시 운남 지역의 만이들을 크게 '찬'과 '북'으로 구분하는 인식이 존재했는데, 이것이 마치 먼 고대로부터 존재한 것처럼 착각하게 만들었다는 것이다. 이를 잘 보여주는 것이 명말의 문인 사조제(謝肇淛)가 적은[48] 『전략(滇略)』 권9 「이략(夷畧)」에 등장하는 다음의 기사였다.

> 서남 제이(諸夷)의 종류는 지극히 많아서, 그 이름을 다 기록하지 못할 정도이다. 그러나 크게 나누면 이종(二種)에 지나지 않는데, 흑수(黑水)의 바깥에 있는 것을 일러 북이라 하고, 흑수의 안에 있는 것을 일러 찬이라 한다. 북에는 100종이 있고, 찬 또한 70여 종이 있다. 북은 그 성정이 유약하고, 찬은 그 성이 강한(强悍)하다. 북은 습한 것을 잘 견디며, 저지대에 거하는 것을 선호하고, 찬은 건조한 것을 잘 견디며, 고지대에 거하기를 선호한다. 북은 직방(織紡)과 가색(稼穡)을 생업으로 삼으며, 찬은 생축(生畜)과 사렵(射獵)을 업으로 삼는다. 북은 스스로 땅이 있고, 추장이 있으며, 법령이 엄명한 것이 중국과 다를 바가 없다. 찬은 비록 두목(頭目)이 있고

---

45 찬(爨)은 후한 말 이후 등장하지만, 북(僰)의 경우 선진 시기부터 존재하였다. 그럼에도 1800여 년이 지난 후 다시 재생된 그 패턴에서 '찬'과 함께 '북'이 부기된 이유를 고대의 '북'에서만 찾는 것은 어색하기 그지없다. 고대 '북'인의 이동을 주장하는 연구도 있지만, 이를 뒷받침하는 사료는 없다. 오히려 북과 찬과 백만 사이의 무관성을 주장하는 연구[段鼎周(1994)]가 더 설득력이 있다.

46 『史記』 116 「西南夷列傳」, p.2991.

47 정면(2010), pp.261-270.

48 사조제(謝肇淛)는 만력(萬曆) 20년(1592)에 진사(進士)가 되었고, 천계(天啓) 원년(1621)에 광서안찰사(廣西按察使)에 임명되었으며, 승진하여 광서우포정사(廣西右布政使)가 되었다. 『전략(滇略)』에 대하여 『사고전서(四庫全書)』 제요(提要)에서는 사조제가 운남에서 관직을 가졌을 때 적은 것이라 하였지만(『四庫全書』·『滇略』 「提要」, p.1 / 494-97 下), 그의 경력에서 운남에서 임관한 적이 없는 바, 광서안찰사와 광서우포정사직을 가졌을 때 적은 것으로 보인다.

군현과 잡처한다 하여도, 그 습속이 사위(詐僞)에 물들어, (무리가) 작으면 쥐와 개처럼 몰래 훔치며, 크면 무리를 모아 서로 공살(攻殺)하니 금지할 수 없다. 이것이 그 대략의 비교이다.[49]

이 기사와 관련된 분석들은 이미 진행된 바 있으므로, 여기서 다시 반복할 필요는 없을 듯하다.[50] 한 가지 강조해 두고 싶은 것은 위 기사가 정리하고 있는 찬과 북의 특징이 앞 절에서 언급한 오만 및 백만과 닮아 있다는 것이다. 찬은 오만과 비슷하고 북은 백만과 비슷하다. 바로 이 점 때문에 『백족간사』도 '북인'을 백족의 선민 계보에 포함시켰을 것이다. 그러나 문제는 찬이건 북이건 하나의 만이 종만을 지칭하는 개념이 아니었다는 것이다. 여전히 중국인이 제시한 문화적 기준에 따른 구분 범주였을 뿐이다. 그리고 앞서 언급하였듯이, 찬과 북의 대비와 연칭은 이미 원대에 시작되었다. 찰한장의 백만과 합랄장의 오만(찬만)은 곧 『원사』에서 북과 찬으로 대치되었다. 그리고 명청대 들어와서 이 개념들의 범주가 확대된 것으로 보인다.

찬과 북 모두 오랜 역사를 가진 명칭이지만, 각 시기마다 담고 있는 내용은 조금씩 달랐다. '찬'은 당대의 양찬만으로부터 비롯하였고, '북'은 원대에 와서 남조와 대리왕국의 지배집단을 중심으로 형성된 '백만'을 지칭하는 용어로 등장하였다. 그런데 명청대(明清代)에 이르면 위 기사에서 보듯이, '찬'이 마사(麽些) 등을 포함하는 다수 만이 집단을 대표하는 명칭으로 발전한 것과 같이, '북'도 금치(金齒)·백이(白夷 혹은 僰夷) 등을 모두 포함하는 만이들의 대표 명칭으로 그 범주가 확대되고 그 중심 또한 이동하였다. 『백족간사』에서는 '북'이 가진 백족의 선민으로

---

49 『滇略』 卷9 夷略, p.15(494-223下).

50 다만 본디 대성의 성씨였던 '찬'이 국의 명칭으로 전화되고, 다시 종족명으로 발전하고, 오랜 기간 살아남아 일정 지역 범주의 인간집단을 대표하는 이름이 되는 현상에 대하여는 좀 더 정리가 필요할 듯하다.

서의 의미를 강조하고 '민가' 및 '백인'과의 연결을 강조하지만, '찬'과 '북'은 종족적 의미보다는 '오만'·'백만'과 같이, 운남 지역 만이를 대별하는 통칭으로 사용되는 예가 더 많았다.

3) 라라(玀玀)와 민가(民家), 그리고 '백인[혹은 북인]'

이 절의 목적은 '백인'과 백족 사이의 관계를 확인하는 데 있다. 『백족간사』는 『이해총담(洱海叢談)』을 인용하여, 명대에 백인[북인(僰人)]을 '민가'라 칭하기 시작했다는 사실을 지적하고, 이후 '북'은 오늘날 태족(傣族)에 해당하는 '북이(僰夷)'를 전칭하는 용어로 그 의미가 전화되었으며, 이것이 남조와 대리왕국 왕실 태족설(傣族說)의 오해를 불러일으켰다고 주장한다. '라라(羅羅)'는 오만종에 대한 통칭으로 원대 이후 사용되었으며, 그 어원은 남조와 통혼하였던 오만 7부락의 하나인 노록만(盧鹿蠻)이라고 한다. 라라는 원·명·청의 기간 동안, 사천성 남부 양산(凉山) 지구를 비롯해 운남성 등지에서 가장 큰 비중을 차지하는 만이였다. '라라' 또한 오만종에 대한 통칭이었고, 오만과 백만, 찬과 북의 구분은 이 시기까지도 이어졌지만, 분명 변화가 나타났다.

다음의 〈표 1.3〉은 『황청직공도(皇淸職貢圖)』에서 운남성 지역의 '라라'와 '북이' '백인[민가]'에 관한 설명을 간추려 만든 것이다. 지역적으로는 흑라라(黑玀玀)와 묘라라(妙羅羅)가 대칭을 이루고 있고 신분적으로는 흑라라와 백라라(白羅羅)가, 그리고 문화적으로는 건라라(乾羅羅)와 흑·백 라라들이 대칭을 이루고 있다. 우선 흑라라와 백라라는 둘 다 부락을 단위로 공세(貢稅)를 납부하고, 제민(齊民)과 유사한 풍속을 가지고 있지만, 흑라라는 토관(土官)과 영장(營長)의 대부분을 배출하는 운남성[滇省]의 만이 중에 가장 귀한 종족인 데 비해, 백라라는 천한 종족이다. 아마도 백라라 부락들은 대부분 흑라라 부락의 토사 관할에 속하였을 것이다. '제민'은 '편호제민(編戶齊民)', 즉 국가의 호적에 편제된 일반 민을 가리킨다.

□ **표 1.3** 『황청직공도(皇淸職貢圖)』의 라라와 백인

명칭	개관	거주 분포	거주 형태·풍속·부세
흑라라	전이(滇夷) 중 귀종(貴種), 대체로 토관과 영장이 모두 이 족류(族類)/ 당대로부터 동서양찬부락에 속, 원대에 군현화, 그 거처별로 분속(分屬)	운남(雲南), 곡정(曲靖), 임안(臨安), 징강(澂江), 무정(武定), 광서(廣西), 동천(東川), 소통(昭通), 초웅(楚雄), 순녕(順寧), 몽화(蒙化) 등 부(府)에 산거(散居), 학경(鶴慶)의 해서자(海西子)	부락공세(部落貢稅)/ 언어·음식, 제민(齊民)과 유사
백라라	이종(夷種) 중에 천(賤)/ 일명 살마도(撒馬都), 쇄마(洒摩)라 칭하기도 함	운남 등 부(府) 및 개화(開化), 경동(景東)에 모두 존재	부락공세, 흑라라와 상동/ 거처는 산림 혹은 촌락/ 언어·음식·부세, 제민과 유사
건라라	당대에 동찬부락에 예속	흑백 2종과 함께 운남, 곡정, 동천 3군에 산처	따로 전용의 토사를 설치하지 않음/ 화언(華言) 불통/ 해마다 부세(賦稅) 납부
묘라라	토만(土蠻). 관사(官舍)의 후예는 혹 호두(虎頭)라 칭하고, 영장(營長)의 후예는 혹 관나(官娜)라 칭함, 흑백 제종(諸種)과 다름	광남(廣南), 원강(元江), 개화, 진원(鎭沅), 대리, 초웅, 영창(永昌), 영북(永北), 여강(麗江), 요안(姚安) 10부(府)에 모두존재	부락이 없고, 각기 속한 토관와 유관(流官)에 의해 관할/ 조세 납부, 각종(各種)과 상동
북이	일명 파이(擺夷). 한대의 파추전(叵篕甸), 당대의 보웅(步雄) 습아(嶍峨) 2부(部), 원초에 내부(內附). 그 부락은 면전(緬甸), 거리(車里)와 접양(接壤)	운남, 곡정, 임안, 무정, 광남, 원강, 개화, 진원, 보이(普洱), 대리, 초웅, 요안, 영북, 여강, 경동 15부에 모두 존재	각기 속한 토관와 유관에 의해 관할, 제민과 잡처/ 수납량세(輸納糧稅)/ 늘 시장에 들어와 무역(貿易)
백인	그 선조는 대리의 백애천(白崖川) 곧 금치백만부(金齒白蠻部)에 거주, 모두 북종(僰種)/ 민가자(民家子)라고도 칭	나중에 경동부 지역에 거주, 그리고 운남, 임안, 곡정, 개화, 대리, 초웅, 요안, 영창, 영북, 여강 등 부에 모두 존재	각기 속한 토관와 유관에 의해 관할, 그 거처가 민과 서로 섞여있음[相雜]/ 풍속과 의식이 모두 제민에 준함/ 해마다 부세(賦稅) 납부

〈표〉에 따르면 묘라라는 대체로 현재의 문산(文山) 지역으로부터 홍하를 거슬러 오르는 운남의 동남부로부터 서북부에 이르는 지역에 거주하고 있다. 이에 비해 흑라라는 해서자라는 별칭을 가진 학경 지역에 거주하는 이들을 예외로 하면, 대체로 운남의 중부로부터 동북부에 이르는 지역에 거주하고 있다. 백라라는 개화와 경동을 제외하면 흑라라와 같은 곳에 거주한 것으로 간주된다. 묘라라의 경우, '토만(土蠻)'이라 하고 흑백제종과는 다르다고 특기한 부분은 이들이 운남 동부의 전통적 오만 세력과는 구분되는 계통의 집단이었을 가능성을 보여준다. 건라라는 흑백 2종과 함께 운남 동부의 세 군에 거주한다고 했는데, 화언(華言)이 통하지 않는다고 특기한 것으로 보아 흑·백 2종의 소수 별종으로 판단된다.

그리고 묘라라의 경우, "부락이 없이 각기 속한 토관(土官)와 유관(流官)에 따라 통할"되었다고 한 부분이 의미심장해 보인다. 즉 묘라라의 경우 '부락'적 질서에 의해 통치되지 않을 뿐 아니라, 각기 거주하는 곳의 토관 혹은 유관의 통치를 받는다는 의미이다. 이는 이들이 지닌 자체적 질서가 국가의 행정적 지배를 초월하지 않았음을 의미한다. 토관은 세습적 취임권을 가진 지방관을 말하고, 유관은 중앙 조정에 의해 임기가 정해진 보통의 지방관을 말한다. 이에 비해 흑·백 라라는 부락적 질서가 이들의 통치나 이들 거주 지역에 대한 행정구역의 설정에 영향을 미쳤음을 의미한다. 그리고 건라라의 경우, 부락적 질서를 유지하고 있으나, '화언(華言) 즉 중국말이 통하지 않는'데다 그 규모가 크지 않아서 따로 토사를 설치하지 않았다는 의미로 읽힌다.

북이와 백인 또한 "각기 속한 토관과 유관에 따라 통할"되었다고 하며, 심지어 제민과 '잡처'하였다고 한 것으로 보아, '부락'적 질서에 구애되지 않았던 것으로 보인다. 북이의 경우, 본거지에서는 부락적 질서를 유지하였지만 적어도 운남 핵심 지역에 거주한 이들은 그러했던 것 같다. 백인은 그 선조가 대리 백애천 즉 금치백만부에 거주하였으며 모두 북종이라 하고 '민가자'라고 칭한다 한 것으로 보아, 이들의 뿌리가 남조-대리의 핵심 지역에서 형성된 '북인'과 관련이 있음을 짐작할 수 있다. 특히 주목되는 부분은 "경동부(景東府)의 지경에 거주하였으며, 운남, 임안, 곡정, 개화, 대리, 초웅, 요안, 영창, 영북, 여강 등 부(府)에 모두 있다"고 한 점이다. 이는 백인이 운남의 핵심 지역에서 라라 및 제민과 잡처하였음을 전해주기 때문이다.

그리고 '백인'은 그 문화적 측면에서 상당히 '한화(漢化)'된 존재들이었다. 이에 관하여 『황청직공도』에서는 "풍속과 의식(衣食)은 모두 제민(齊民)에 준한다"라고 적었는데, 이는 이들 '백인'이 가진 문화적 차별성이 이 시기 이미 희미해지고 있었음을 보여준다. 그리고 이러한 현상은 앞서 살펴보았듯이, 라라의 경우에도 공히 나타나고 있었다. 그리고 『황청직공도』에서는 "독서(讀書)하여 과거에 응시하는 자도 있고, 머리를 동여매고 맨발에 짧은 옷을 입고 양가죽을 두른 자도 있다"[51] 라고 적고 있는데, 『명사』「토사전」 또한 비슷한 내용을 전하고 있다.

> 초웅은 옛날에 위초(威楚)였다. …… 홍무(洪武) 15년(1382)에, 남웅후(南雄侯) 조용(趙庸)이 그 땅을 취하였다. 17년(1384)에 토관 고정(高政)을 초웅부 동지(同知)로 삼고, 아로(阿魯)를 정변현승(定邊縣丞)으로 삼았다. 영락(永樂) 원년(1403)에 초웅부에서 말하기를, "소속 만민이 예의를 모릅니다. 오직 북종(僰種)만이 천성이 온량(溫良)하며, 책을 읽고 글을 아는 자가 있습니다. 부주(府州)는 이미 일찍이 학교를 세워 기르는데, 그 현학(縣學)은 아직 개설되지 않았습니다. 현이 관할하는 육리(六里)는 북인이 과반인데, 학교를 세워 관의 가르침을 두기를 청합니다"라고 하였다. (조정이) 그것에 따랐다.[52]

위 기사는 몇 가지 사실을 확인하여 준다. '북종'이 '북인'과 같은 종류의 인

---

51 [清]傅恒 等 編著(1991) 『皇清職貢圖』遼瀋書社, p.795.

52 『明史』卷313 「雲南土司」1, 〈楚雄〉, p.8072.

간집단을 지칭하는 의미로 사용된다는 사실, 북인이 민과 잡처하는 모습, 그리고 북인이 중국식 교육 및 관료 선발 제도에도 적응하고 있다는 점이다. 이러한 모습은『황청직공도』가 전하는 '백인'의 모습과 부합하며, 과거 한문화에 가장 익숙하였던 '백만'의 모습을 연상시킨다. 그리고 이러한 문화적 동화 과정은 때로 북인과 한인[민] 사이의 경계를 모호하게 만들기도 했던 듯하다. 예를 들어『토관저부(土官底簿)』에 위 기사의 초웅부 동지 고정에 관한 기록이 있는데, 그를 북인이라 규정하면서도, 본부 초웅현의 민(民)이라 적고 있다.[53] 이것이 의미하는 바는 '북이'이면서 '민'이 되었든지, 본디 민이었는데 토관이 된 뒤로 북이가 되었든지 둘 중 하나이다.[54]

이상을 정리하자면, '라라'와 '민가[백인]'의 명칭은 이전의 '오만'·'백만', 그리고 '찬'·'북'보다는 종족적(혈통적) 성격이 강했던 것처럼 보인다. 문화적 차이가 그 구분 기준이 되었던 '오만'·'백만'과는 달리, '독서하여 과거에 응시하는 이'들과 '머리를 동여매고 맨발에 짧은 옷을 입고 양가죽을 두른 자'들이 함께 '백인'이라는 종족 안에 포섭되고 있다. 이는 라라의 경우도 마찬가지였다. 흑라라와 백라라, 그리고 건라라는 신분적 차이나 문화적 차이에 따라 하부 종족으로 구분되었지만, 여전히 '라라'라는 대종족 범주 안에 포섭되어 있었다. 또 분포 지역에서도, 대체적으로 라라와 민가의 구분이 이족과 백족의 구분으로 이어지는 것처럼 보인다.[55] 그러나 이는 '종족'적 혈연적 상관관계를 밝히는 것에 불과할 뿐,

---

53 『土官底簿』卷下「雲南」; 方國瑜 主編(1998)『雲南史料叢刊(卷5)』雲南大學出版社, p.418.

54 『토관저부』의 〈운남〉조에는 142명의 토관이 기재되어 있는데, 그중 41명이 州 내지 縣의 '民'으로 기재되어 있고, 19명이 주현의 '인'으로 기재되어 있다. 참고로 라라인(羅羅人)으로 명기된 예는 19인, 북인으로 기재된 경우는 16인이었다. 이는 토관제도가 단순히 만이 수장을 포섭하기 위한 제도가 아니라, 변경 지역에서 독립적 토호 세력들을 포섭하여 통치에 이용하기 위한 제도로서, 그 대상은 만이(蠻夷)와 제민(齊民)을 가리지 않았음을 의미한다.

55 이 문제는 보다 자세한 고증이 필요할 것으로 보이지만, 명청 시기 중원의 인구압과 인구 이동, 그리고 20세기의 정치적 상황으로 보건대, 분포에 있어 약간의 차이는 무시되어도 좋을 듯하다.

그 자체로서 바로 역사적 연속성을 획득하는 것은 아니다.

이상 『백족간사』에서 제시한 백족의 선민들에 대하여 살펴보았다. '백만', '북', '민가[백인]' 모두 중국 국가에 의한 규정이라는 점에서 공통점을 갖지만, 차이가 존재한다. '백만'·'오만'의 구분은 개별 종족을 지칭하는 종족적 구분이라기보다는 문화적 기준으로 여러 종족들을 대별하는 명칭이었다. '찬'·'북' 또한 역사적 배경이 더해지지만, 이의 범주를 벗어나지 않았다. 따라서 '백만' 및 '북'과 '백족' 사이에 역사적 '연속성'을 주장하는 것은 무리한 일이다. 이에 비하여 '민가[백인]'·'라라'의 구분은 이전보다는 종족적 구분의 성격이 강해졌고, 대체로 오늘날 '백족'및 '이족'과 연결되는 것으로 보인다. 그러나 이를 바탕으로 구성할 수 있는 백족의 역사는 한계가 있으며, 분명 『백족간사』의 그것과 거리가 있다. 따라서 『백족간사』가 제시한 계보에 따른 '백족사'는 역사적 타당성을 주장하기 어렵다.

그런데 더 중요한 문제는 다른 데 있다. 초두에서 언급한 바와 같이, 『백족간사』는 "소수민족 사회역사 조사" 사업의 산물이었고, 이 사업은 1949년 이후, 특히 1953년 최초의 인구조사 이후, 중화인민공화국에 의해 꾸준히 수행되어 온 '민족식별' 작업의 일환으로 이루어졌다.[56] 이 작업은 민족분류(Ethnotaxonomy)의 정확성 면에서는 그 성과를 의심받고 있지만,[57] 그 본래의 목적은 달성하였다. 이 과정을 통해 중국 국가는 역사상 처음으로 영토 내 모든 소수 민족을 인구학적

---

56 당연한 이야기이겠지만, 인구조사와 민족식별 작업은 처음부터 밀접한 관계를 가지고 추진되었다. 모두가 국가의 입장에서는 통치 대상을 파악하는 작업이고, 인민 혹은 소수민족의 입장에서는 국가 내에서 법적 지위를 부여받는 작업이었기 때문이다. 꾸준한 인구조사와 식별작업을 거쳐 대부분 인구의 '민족' 귀속이 확정되었지만, 완료되지는 않았다. 1990년 중화인민공화국의 제4차 인구조사의 통계에서는 74만 9341명이 [김예경(2007), p.107], 그리고 제5차 인구조사(2000년)에서는 73만 4438명의 인구가 미식별 민족(未識別民族)으로 남아 있었다.

57 Thomas S. Mullaney(2011), *Coming to Terms with the Nation: Ehtnic Classification in Modern China*, Univeresity of California Press, pp.89-90.

으로 파악하는 데 성공하였다. 이는 전근대 시기에는 전무후무한 일이었고, 시도조차 되지 않았던 일이다. 그리고 이를 통해 이들을 '국민화'하는 데 성공하였으며, 이들에게 법적 지위가 부여되었다.[58] 그러나 민족식별 작업은 소수민족들에게 '민족'으로서의 정체성을 부여하는 데는 사실상 실패하였다. 그리고 이는 상당 부분 "대잡거(大雜居), 소취거(小聚居)" 현상에 기인하였다.[59]

백족의 경우도 마찬가지였다. 백족이 '백어(白語)'라는 자신만의 언어를 가지고 있고,[60] 대체로 현재의 대리백족자치주를 중심으로 운남성 지역에 몰려 살고 있지만, 역시 '공동지역', '공동경제생활' 등의 문제를 해결하지는 못한다는 것이다. 백족의 사회구성과 경제생활 그리고 그것의 역사는 늘 지역과 경제생활을

---

58 김예경(2007), p.109.

59 중화인민공화국의 소수민족 식별작업과 이에 따른 공인은 많은 의심과 비난을 초래하였다. '민족'을 규정하는 문제에 있어서, 통일된 기준이 존재하지 않았기 때문이다. 사회주의 신생국 중화인민공화국이 처음에 '적용'한 원칙은 스탈린의 민족 구성 4대 원리였다. 즉 ①공동언어 ②공동지역 ③공동경제생활 ④공동문화심리소질이다. 그러나 중국 민족 문제의 복잡성, 특히 소수민족집단의 "대잡거(大雜居), 소취거(小聚居)"의 현상은 이의 엄격한 적용을 방해하였다. 빈 양은 이러한 문제를 다음과 같이 지적하였다. "400여 '민족' 단위 혹은 56개 '소수민족' 들 가운데 4대 원리를 모두 충족하는 것은 하나도 없었다. 중국 학자들에 의한 통계가 보여주는 것처럼, 55개 민족 중 단지 21개 민족들만 자신의 문자를 가지며, 53개 민족이 자신만의 언어를 가진다. 극소수의 민족들만이 자신만의 영토를 소유하며, 대부분은 다른 민족들과 나누어 갖는다. 예를 들어, 회족은 서북의 초원으로부터 동남의 해안 지역까지 산재해 있다. 그리고 장기간에 걸친 다른 인민들과의 상호작용으로 인해 독립적 경제를 가진 민족은 거의 없다. 이와 같은데, 민족식별 프로젝트가 어떻게 스탈린주의 모델을 '엄격하게 적용'하였다고 비난받을 수 있겠는가?."[Bin Yang(2009), *Between Winds and Cloud*, COLUMBIA UNIVERSITY PRESS, p.259]. 백족 또한 이러한 문제에서 자유롭지 못했다. 그럼에도 중국 정부에 의해 간행된 '백족사'는 '백족'의 종족적 형성과정의 그치지 않고, 먼 고대로부터의 통사적 서술을 시도하고 있는 것이 문제이다.

60 "운남 백족 인민은 일상생활에서 일반적으로 모두 백어(白語)를 소통의 도구로 사용한다. 현 이하 구향(區鄕)의 백족 취거 지역 내 군중 활동은 모두 백어를 사용한다. 역사상 유전되어 내려온 민간 구술 문학을 제외하고라도, 백족 군중은 여전히 백어를 이용하여 시가(詩歌)를 창작하며, 백어를 사용하여 '대본곡(大本曲)'과 '취취강(吹吹腔)'을 연창(演唱)한다. 백족과 잡거하는 리수족[傈僳族], 이족(彝族), 나시족[納西族], 후이족[回族], 한족(漢族) 등 형제 민족들 또한 매우 많은 사람들이 백어를 말할 수 있으며, 민족 잡거(雜居) 지역의 적지 않은 백족 군중들 또한 리수, 이, 나시 등의 민족 언어를 말할 수 있다. 한족과의 접촉이 적어서 한어를 모르는 변원(邊遠) 산지에 사는 백족을 제외하고는, 각지 백족 청장년 남자들은 일반적으로 모두 한어를 말할 수 있다." 徐琳, 趙衍蓀 編著(1984) 『白語簡志』民族出版社, p.2.

공유하는 '타(소수)민족'들과 섞일 수밖에 없다. 따라서 '백족'만을 주체로 하거나 서술 단위로 하는 '백족사'는 사실상 불가능하며, 유용성을 갖지 못한다. '백족'이라는 정체성은 백족 구성원 스스로의 의원에 따라 그 이름을 정했다고는 하지만, 분명 외부의 작용 즉 중국 국가에 의해 규정된 것이었다. 명청 시기 '백인(북인, 민가)' 또한 마찬가지였다.

백인은 앞서 살펴보았듯이, '부락적 질서'로부터 유리되어 행정적으로 소속된 토관이나 유관의 관할을 받았으며, '제민(濟民)'과 다름없는 풍속과 의식 문화를 가지고, 제민과 다름없는 부세를 납부하였다. 그리고 이들은 토관이든 유관이든 제국의 관료가 지배하는 세상에서 한인은 물론이고 라라 등 여타 오랑캐들과 잡처하였다. 이들을 '백인'으로 구별해주는 것은 오랑캐의 억양이 섞인 어눌한 중국어와 독특한 의상 정도였을 것이다. 그나마 이는 하층민들에게 해당하는 것이었고, 과거에 응시하고 제국의 관료를 지낸 상층 독서인들은 외관상 한인(漢人)과 구별되지 않았을 것이다. 이들을 '백인' 혹은 '민가'라는 공동체로 묶어주는 기제는 무엇이었을까? 제국이 규정한 '민가' 혹은 '백인'이라는 오랑캐의 이름 외에.

『백족간사』는 명청 시기 대리 지역의 북인(僰人) 혹은 정주 한인 지식인들이 저작한 지역의 역사서나 지리서를 들어 백족의 역사적 정체성을 강조하고 있지만, 이것은 당시 그 지역 엘리트들의 역사의식일 뿐이다. 이것을 백족과 직접적으로 연결시키는 것은 비약이다. 『이해총담(洱海叢談)』에서는 북인은 곧 백인이고, 인도의 백반왕(白飯王)을 시조로 하는 북인들이 이해 지역에 백자국을 세우고, 남조국을 거쳐 다시 천명을 이어받아 대리국을 세웠다는 역사의식을 드러내고 있다. 이 이야기는 명청 시대 이 지역 지식인들에게 널리 퍼져 있었던 것으로 보인다.[61] 그러나 여기에서 말하는 북인은 이해지역의 지배 엘리트들을 말하고, 이들

---

61 『전재기(滇載記)』나 『남조야사(南詔野史)』 등의 역사서들은 북인(僰人)의 시조에 대한 해석만 조금씩 다를 뿐, 대체로 비슷한 역사적 정통성을 공유하고 있다. 立石謙次(2006)나 侯沖(2002)의 연구처럼, 이 전설을

은 그 배타적 지역성과 분리해서 생각될 수 없는 이들이다. 거기에 본질화 된 '백족'의 선민은 존재하지 않았다.

이제 질문을 바꿀 필요가 있다. "누가 백족의 선민인가?"가 아니라, "누가 백족을 만들어냈는가?"가 되어야 한다. 그리고 이에 대한 답은 우선 '제국(帝國)'이 되어야 할 것이다. 중원 제국은 한의 무제 시기부터 운남 지역에 영향을 미쳐 왔지만, 특히 명청 제국이 주목되어야 할 것이다. 그리고 두 번째 답은 정주 지배 엘리트가 되어야 할 것이다. 한 무제의 서남이 정벌 이후, 이 지역에는 세 종류의 정주 엘리트가 존재하였다. 만이(蠻夷) 수령과 이주 한인(漢人) 대성(大姓), 그리고 제국의 지배에 적극 협력한 '한화된' 만이 수령이다. 세 번째는 운남 지역이 가진 지정학적 조건이다. 다양한 생물학적 조건을 가진 산지지역이며, 중국을 중심으로 한 동아시아 세계와 동남아시아 세계 그리고 인도 세계가 교차하는 곳이었다. 마지막으로 백족 인민 혹은 그 조상들의 '선택'이 되어야 할 것이다.

이상 『백족간사』가 구성한 백족의 기원과 백족사의 타당성에 대하여 검토해 보았다. '백족'의 존재 자체를 문제 삼을 수는 없다. 현재 중화인민공화국이 공인한 실체를 부정할 수는 없기 때문이다. 문제는 그 정체성을 어떻게 구성하고 부여할 것인가이다. 『백족간사』는 '백족'에 민족이라는 정체성을 부여하고, 그 역사를 구성하고자 하였으나, 역대 중국 왕조가 규정한 범주를 무리하게 '계보화'하는 데 그치고 말았다. 그리고 그 불안한 정체성으로 인해 그 역사 서술의 내용은 늘 운남지역사로 회귀하였다. 물론 이 운남지역사로의 귀속이 '통일적다민족국가'로서 중화민족사의 구성에는 기여하는 바가 있겠으나, 역사적 운남은 역사

'백인(白人)'의 것이라고 주장하는 연구들도 있다. 그러나 이 이야기는 스스로 '전인(滇人)'이라고 칭하는 이들에게도 공유되었다. 立石謙次(2006)「清初雲南大理地方における白人の歷史認識について:『白國因由』の研究」,『史學雜誌』Vol.115, No.6, 2006. 06. 20, pp.1079-1104; 侯沖(2002)『白國心史-『白古通記』研究』雲南民族出版社, pp.135-164.

적 '중국'과 구별되는 존재였다.

4. 결론

지금까지의 내용 요약과 대안적 역사 서술에 대한 제안으로 결론을 대신하고자 한다. 우선 제1장에서는 '백족사회역사조사' 사업의 배경과 내용, 그리고 그 결과의 하나로 출판된 『백족간사』의 내용을 소개하였다. 『백족간사』는 중국 문헌이 전하는 서남이들의 명칭으로부터 백족 선민을 '식별'해서 '전북(滇僰)-수(叟)-대성찬씨(大姓爨氏)-서찬백만(西爨白蠻)-백만(白蠻)-북(僰)-북인(僰人)[백인(白人)혹은 민가(民家)]-백족(白族)'의 계보를 만들고, 이를 바탕으로 백족의 통사를 구성하였다. 제2장에서는 이 계보에서 백족의 직접적 형성에 관여한 것으로 주장되는 '서찬백만-백만-북-북인[백인 혹은 민가]'과 백족과의 관계를 검토하였다. 이를 통해 백족 자체가 가진 '민족'으로서의 정체성 문제와 '백만'과 '북'의 범주 문제를 드러내었고, 『백족간사』가 구성한 백족사의 타당성에 문제를 제기하였다.

사실 『백족간사』의 백족사 서술이 노정하는 문제는 근대 국민국가의 민족사 즉 '국사'에도 그대로 적용될 수 있는 문제이다. 국민국가(혹은 민족)을 서술 단위로 하는 국사는 끊임없이 연속된 역사적 영토와 경계선을 만들어내지만, 그에 수반하여 끊임없이 해석의 문제와 분쟁도 함께 산출해낸다. 이러한 국사의 역사적 영토의 경계는 경계 지역에 존재하는 많은 '작은' 역사들을 묻어버리거나 자의적으로 재해석한다. 백족을 비롯한 운남 지역 소수민족으로 규정된 사람들의 역사 또한 마찬가지였다. 20세기 중반 전통적 중화제국에서 근대적 국민국가로의 전환을 고민하던 중화인민공화국에서 제시한 길은 실패한 민족(소수민족)으로서 '중화민족사'의 구성에 동원되는 것이었다.

이제 '중화민족사'와 그의 복제품인 '백족사'가 노정하는 문제들로부터 탈피할 방법을 고민할 차례이다.[62] 그런데 앞서 잠시 언급한 바 있지만, 백족들이 주로 거주하는 운남은 변경의 정체성을 지닌 지역으로 역사적 '중국'과 구분되는 공간이었다. 여기에서 주목되는 것이 한국 학계에서 제출된 '나라공동체(역사공동체)'를 서술 단위로 하는 역사 서술(이하 역사공동체론)이다.[63]

역사공동체론은 국가의 이름과 나라의 이름을 구분한다. 예를 들어 한, 당, 청 등은 국가 이름이지만, '중국'은 나라 이름이다. 즉 '중국'이라는 호칭은 수천 년 전에 출현하여, 중원 지역 국가의 성쇠와 상관없이 특정 지역 범주와 인간 범주를 지칭하는 용어로 사용되어 왔다. 그리고 전근대 시기 문헌들을 통해 추적해 보면, 이 범주는 신축 변화하는 국가의 영토와는 무관하게 매우 느리고 안정적으로 확대되어 왔다. 이는 한반도의 역사에도 적용될 수 있다. 현재 한국의 한국사는 고조선으로부터 원삼국, 삼국, 통일신라-발해, 고려, 조선 등의 국가들로 구성되어 있지만, '한국'이라는 명칭은 이 국가 명칭과 별도로 전근대 시기 내내 한반도의 일정공간과 인적집단을 지칭하는 용어로 사용되었다.

이러한 나라 이름은 그 공간적 범주에 속한 사람들이 '자칭'으로서 역사적으로 계승하여 장기간 사용해온 이름이고, 주변의 다른 공동체들이 '타칭'으로 불러준 이름이다. 이 공간적 범주는 당시 사람들의 역사적 경험과 현실적 인식이 결합되어 쉽게 변하지 않았다. 예를 들어 한무제가 사방의 만이를 정벌하고 변군을 설치하여 한 제국의 영토를 확장하였지만, 당시 '중국'인들은 변군을 '중국'과 구

---

62 '국사'가 만들어내는 문제들에 대한 비판은 이미 오래전부터 시작되었고, 대안적 역사 서술 방법들이 꾸준히 제시되어 왔다. 이 글에서 이를 시시콜콜히 열거할 필요는 없을 것이다. 한국에서도 1999년 임지현의 책『민족주의는 반역이다』가 대중적 파장을 일으킨 뒤, 이제 탈민족주의적 시각이 대중 역사 인식의 한 편에 강력하게 자리 잡고 있다. 그리고 역사 서술에 있어서도 최근 구미학계로부터 소개된 '지구사(Global history)' 혹은 '세계사(World Histry)', 그리고 '트랜스내셔널 히스토리(Tansnational history)'가 조금씩 그 영역을 확장해 가고 있다.

63 김한규(2004)『요동사』문학과지성사, pp.27-71.

별되는 공간으로 인식하였다. 그리고 변군의 주민으로 새롭게 제국의 신민이 된 '만이' 공동체들도 스스로를 '중국인'이라 생각하지 않았다. 이렇게 만들어진 인식적 범주는 비교적 견고해서, 중국 왕조가 분열하여 복수의 제국이 생기거나 혹 만이 국가에 의해 중원이 통합되더라도, 그 공간적 범주는 쉽게 변하지 않았다.

그러면, 이러한 역사공동체를 구성하는 역사적 조건은 무엇이었을까? 역사적으로 구성되는 존재이니만큼 수많은 요소들이 존재할 터이지만, 가장 강조되어야 할 것은 역시 역사적 경험의 공유일 것이다. 그리고 그 역사적 경험 공유에 가장 큰 영향을 미친 요소의 하나는 정치적 통합의 기억이었을 것으로 생각된다.[64] 전근대 시기 동아시아세계에서 정치적 통합의 단위인 '국'은 다양한 형태로 다층적으로 존재하였다. 즉 천자의 국으로부터 대부의 국까지, 그리고 만이군장의 읍까지 모두 '국'의 범주에 들어갔다. 그리고 이들 '국'들과의 관계 즉 국제관계 또한 역사공동체 형성에 영향을 미쳤다. 따라서 이 '국'을 단위로 조성되는 역사공동체의 모습 또한 다양하였다.

운남은 현재 중화인민공화국의 영토에 포함되지만, 역사적 '중국'과는 구분되는 공간이며, 역사적으로 형성되어 온 공간 범주이다. '운남'이라는 명칭은 기원전 109년 운남현이 설치된 이래, 삼국시대에는 군(郡)의 이름으로 그 공간적 범주가 확대되고, 다시 남조의 남중 제패를 계기로 현재 운남지역 전역을 지칭하는 이름으로 자리 잡았다. '전(滇)'이라는 명칭은 현재 곤명시 지역의 고국(古國) 명칭으로부터 명청대에는 운남성을 지칭하는 별칭으로 확대되었다. 남조와 대리 또한 운남 전역을 통치했던 역사적 경험으로부터 운남을 지칭하는 명칭으로 간혹

---

64 김석우는 "각국의 경계는 곧 각국의 '政'이 미치는 경계로 볼 수 있다"라고 규정하며(p.54), "중국 제국의 책봉과 조공을 받거나 혹은 그 군현, 기미주, 토사 등 행정적 지배 아래 편입되었다고 할지라도 해당 지역이 별개의 '정'으로 운영되고 있다면 그 '독자성'은 인정되어야"한다고 주장하였다(p.57). 김석우(2008) 「先秦 시기 국가의 '政'의 범위와 판도」, 『역대 중국의 판도 형성과 변강』, 한신대학교 출판부.

사용되었다. 특히 명청대 운남의 지식인들은 자신들이 사는 땅의 역사를 기술하거나 지리지를 만들 때 이들 이름을 즐겨 사용하였으며, 스스로 '전인(滇人)'으로서의 정체성을 기꺼이 표명하였다.[65]

따라서 운남 지역의 역사를 이들 '운남', '전' 혹은 '전운' 역사공동체를 단위로 하여 그 공간적·인적 범주의 확대와 통합의 역사라는 관점에서 서술한다면, 연속과 단속을 불문하고 이 공간을 채우고 유지해 나간 사람들의 역사가 고스란히 드러날 것이라 생각된다. 그리고 이곳은 역사적으로 수많은 '국'이 중첩되었던 공간인데, 이들 국의 생성과 소멸, 국제관계를 역사공동체 형성의 관점에서 서술한다면, 이 공간의 최상층에 씌워졌던 천자(황제)의 '국'(제국)이 만들어낸 역사상 또한 그대로 드러낼 수 있을 것이다. 이러한 이유로 '중화민족사'에 복무하기 위해 만들어진 '백족사'를 비롯한 '각족사'에 대신하여, 이후로는 역사공동체 '운남'사의 구성을 시도해보고자 한다.

65 『滇略』, 『滇載記』, 『滇考』, 『滇志』, 『雲南通志』, 『滇雲歷年傳』, 『南詔野史』 等.

참고문헌

『史記』(中華書局本), p.2991.

『新唐書』(中華書局本), pp.6275-6, p.6316, p.6317.

『元史』(中華書局本), p.2979.

『明史』(中華書局本), p.7981, p.8072.

『雲南志補注』(樊綽 撰, 向達 原校, 木芹 補注, 昆明:雲南人民出版社, 1995), p.29, p.47, p.53, p.118, p.119,

『滇略』(文淵閣『四庫全書』), p.1(494-97 下), p.15(494-223 下).

『土官底簿』(文淵閣『四庫全書』), pp.1-179.

『皇清職貢圖』(遼瀋書社, 1991), p.795.

≪白族簡史≫ 編寫組(1988) 『白族簡史』, 雲南人民出版社, pp.1-273.

≪民族問題五種叢書≫ 雲南省編輯委員會 編(1981) 『白族社會歷史調查』, 雲南人民出版社.

雲南省編輯組 ≪中國少數民族社會歷史調查資料叢刊≫ 修訂編輯委員會(2009) 『白族社會歷史調查(二)』, 雲南人民出版社.

雲南省編輯組(1991) 『白族社會歷史調查(三)』, 雲南人民出版社.

———— (1991) 『白族社會歷史調查(四)』, 雲南人民出版社.

공봉진(2004) 「중국 '민족식별'과 소수민족의 정체성에 관한 연구」, 『국제정치연구』 제7집 1호, pp.185-205.

———— (2005) 「동아시아 민족문제와 중국 민족식별의 관계 연구 - 한국과 중국을 중심으로」, 『동북아연구』 10, 경남대학교 극동문제연구소, pp.33-63.

———— (2006) 「漢族의 민족정체성에 관한 연구」, 『CHINA 연구』 제1집, 부산대학교 중국연구소, pp.1-32.

———— (2007) 「'중화민족' 용어의 기원과 정체성에 관한 연구」, 『CHINA 연구』 제2집, 부산대학교 중국연구소, pp.1-31.

———— (2008) 「중국 '사족(畲族)'의 민족정체성에 관한 연구」, 『CHINA 연구』 제4집, 부산대학교 중국연구소, pp.1-33.

김석우(2008) 「先秦시기 국가의 '政'의 범위와 판도」, 『역대 중국의 판도 형성과 변강』, 한신대학교 출판부, p.54, p.57.

김예경(2007) 「중국의 소수민족(少數民族) 정의와 그 정치적 함의 - 民族과 族群 논쟁을 중심으로 -」, 『국제지역연구』 제11권 2호, pp.91-114.

김한규(2004) 『요동사』, 문학과지성사, pp.27-71.

이강원(2002) 「중국의 민족식별과 민족자치구역 설정: 공간적 전략과 그 효과」, 『대한지리학회지』 제37권 제1호, pp.75-92.
이연주(2003)「언어 구분의 관점에서 본 중국 소수민족 분류에 대한 고찰」,『中國語文學』第41輯, pp.491-509.
鄭勉(2010)「'爨蠻'의 출현과 구성 - '西爨白蠻'과 '東爨烏蠻'의 구분 문제 -」,『中國古中世史研究』 제23집, pp.275-280.
立石謙次(2006)「清初雲南大理地方における白人の歴史認識について：『白國因由』の研究」,『史學雜誌』Vol.115, No.6, 2006. 06. 20, pp.1079-1104.
段鼎周(1994)「僰人·西爨白蠻和白人, 各有自己的源流」,『雲南學術探索』 1994-2, pp.52-56.
方國瑜(1957)「關于"烏蠻"·"白蠻"的解釋」,『雲南白族的起源和形成論文集』 雲南人民出版社, pp.115-119(『方國瑜文集(第2輯)』, pp.36-41)
_______,(1987)『中國西南歷史地理考釋』, 中華書局, pp.348-358.
方國瑜 主編(1998)『雲南史料叢刊(卷5)』 雲南大學出版社, p.418.
郭淨·段玉明·楊福泉 主編(1999)『雲南少數民族概覽』, 雲南民族出版社, p.57, p.59.
侯沖(2002)『白國心史-『白古通記』研究』 雲南民族出版社, pp.135-164.
馬曜(1957)「試論白族源出於漢代洱海區的昆明人」,『雲南白族的起源和形成論文集』, 雲南人民出版社, pp.62-77.
王建民(1997)『中國民族學史 上卷(1903-1949), 雲南教育出版社, pp.229-242.
王建民·張海洋·胡鴻保(1998)『中國民族學史 下卷(1950-1997)』, 雲南教育出版社, pp.11-14, p.107, p.108 pp.166-169.
徐琳·趙衍蓀 編著(1984)『白語簡志』, 民族出版社, 〈概況〉, pp.1-2.
楊愛民(2012)「白子國散議」,『西南學刊』第3輯, pp.187-200.
Bin Yang(2009), *Between Winds and Cloud*, COLUMBIA UNIVERSITY PRESS, p.259
Thomas S. Mullaney(2011), *Coming to Terms with the Nation: Ehtnic Classification in Modern China*, Univeresity of California Press, p.40, pp.89-90.

:: 3 ::

1189년, 요리토모는 왜 야타테(矢立)를 했는가

이세연

1. 서론

1189년 7월 미나모토노 요리토모(源頼朝)는 전국에서 동원한 고케닌(御家人)들을 이끌고 오슈(奧州)로 향했다. 이렇게 시작된 오슈전투는 약 2개월간 전개되었다. 전구년의 역(前九年の役, 1051~62년)을 모델로 삼았다고 일컬어지는 이 전란의 결과, 시라카와관(白河關) 이북이 새로이 가마쿠라 막부(鎌倉幕府)의 통치영역으로 편입되었으며, 가마쿠라도노(鎌倉殿)와 고케닌의 유대관계는 한층 공고해졌다.

그런데 후술하는 바와 같이, 요리토모는 오슈전투가 막바지로 치닫던 9월 초 일주일간 머물던 진가오카(陣岡)를 떠나며 돌연 거목에 활을 쐈다. 즉 야타테(矢立)를 행한 것이다.

야타테에 대해서는 일찍이 야나기타 구니오(柳田國男)가, 전투를 앞둔 무사가 무운장구를 기원하며 유서 깊은 거목에 활을 쏘아 이를 신에게 봉납하는 행위로 파악한 바 있다.[1] 야나기타 설에 대해서는 지금까지 이렇다 할 이론(異論)이 제기된 바 없으며, 〈야타테=무운장구, 경신(敬神)〉이라는 시각은 학계 일반의 상식으로 자리 잡고 있는 듯하다.[2] 실제로 중세의 몇몇 사료에서는 사카노우에노 다무라마로(坂上田村麻呂), 미나모토노 요리요시(源頼義), 소가(曾我) 형제 등이 무운장구를 기원하며 신에게 활을 봉납했다는 기술이 확인되는 터라,[3] 야나기타 설은 일견 확고부동한 것으로 보인다.

이와 같은 통설과 관련 사료를 감안하면, 요리토모의 야타테도 전투에 앞서 무운장구를 기원하여 행해졌을 것으로 여겨지지만, 사정은 그리 간단치 않다. 왜냐하면 요리토모는 전투가 마무리되어 가던 시점에서 야타테를 행했기 때문

---

1 「矢立杉の話」, 「木思石語」(두 논고 모두 1990 『柳田國男全集(文庫版)』 7, 筑摩書房에 수록).

2 민속학사전, 역사학사전, 백과사전, 어학사전 할 것 없이 야타테에 관한 모든 해설은 사실상 야나기타의 논고를 바탕으로 한 것이라고 해도 과언이 아니다. 각 사전의 해설에서 들고 있는 사례는 야나기타가 제시한 범위를 벗어나지 못하며, 대표적인 민속학사전이라 할 수 있는 『日本民俗事典』(1972, 弘文堂), 『日本民俗大辭典』(2000, 吉川弘文館)의 야타테스기(矢立杉) 항목에는 야나기타의 논고만이 참고문헌으로 제시되어 있다.

3 예컨대, 13세기 초에 성립한 것으로 보이는 『筥根山緣起』(『群書類從』 第2輯 수록)에는 다음과 같은 기사가 보인다. "옛날 다무라마루(田村丸)가 동이(東夷) 원정의 천지(天旨)를 받들고 먼저 당사(當社, 하코네곤겐)에 참배했다. 산비탈의 수려한 삼나무를 향해 오모테야(表矢)를 바쳤다. 또한 미나모토노 요리요시가 사다토(貞任)·무네토(宗任)를 추벌(追罰)하라는 선지를 받들고 먼저 예전의 가례를 떠올려 삼나무를 향해 활을 바쳤다. 요리토모는 의병을 일으키고자 당 신단(神壇)에 배례할 요량으로, 옛 선례에 따라 오모테야를 삼나무에 바쳤다. 누세(累世)에 신덕(神德)을 우러르면 곧 무군위력(武軍威力)이 있었으며, 인혜(仁惠)를 베풀면 곧 전공여용(戰功餘勇)이 원하는 대로 되었다. 신심(信心)과 인덕(仁悳)이 서로 온전하여 흉기를 깨부수는 것은 곧 추풍(秋風)이 파초(芭蕉)를 말려 죽이는 것과 같다. 그러한 까닭에 제장이 의병을 일으키고자 하면, 곧 먼저 사직(社稷)의 대신(大神)을 우러르지 않은 바가 없었다". 한편 14세기에 성립한 『曾我物語』 卷第7에는 다음과 같이 보인다. "그 후 고로(伍郎)가 따라가니, 야타테스기(矢立杉)에 도착했다. 고로가 이 삼나무를 보고 "옛날, 몬토쿠(文德)천황의 동생이신 가시와바라노미야(柏原宮)께서 동이를 진압하고자 오슈에 내려가실 때, 곤겐을 위한 법락(法樂)으로 우와야(上矢) 가부라(鏑)를 이 삼나무에 쏘고 지나가셨다. 그 이래 이 길을 지나는 사람은 우와야를 봉납하는 관습이 있다. 그 후 고이치조인(後一條院) 시대에 이요노카미(伊予守) 요리요시(賴義)가 사다토, 무네토를 공격하기 위해 하향할 때 아시가라묘진(足柄明神)의 제3왕자인 야하기다이묘진(矢矧大明神)의 탁선에 따라 우와야를 곤겐에게 봉납하셨다. 그 이래로 동국에서 서국으로 향하거나 서국에서 동국으로 병란을 진압하고자 산을 넘는 무사가 우와야를 이 삼나무에 쏘는 일은 예로부터 지금까지 선례가 많다. 그때 야하기다이묘진이라고 말씀올린 신이야말로 지금은 하코네(箱根)의 수호신, 시메토키(七伍三解)의 묘진이다. 우리도 우와야를 봉납한다면 적을 무찌르는 일은 간단할 것이다"라 하고 우와야인 가부라를 쏘고 지나갔다."

이다. 요리토모는 1189년 9월 11일 야타테를 실시했는데, 막부군은 이미 같은 해 8월 22일에 오슈 후지와라씨(奥州藤原氏)의 본거지인 히라이즈미(平泉)를 함락시켰으며, 적장인 후지와라노 야스히라(藤原泰衡)의 수급 확인도 이미 같은 해 9월 6일에 이루어졌다. 요컨대 전투를 앞둔 무운장구의 기원이라는 통설로는 요리토모의 야타테를 온전하게 파악할 수 없는 것이다. 달리 말하자면 요리토모의 야타테는 전투를 앞둔 무운장구의 기원과는 사뭇 다른 맥락이 야타테라는 행위 속에 복류하고 있음을 시사하는 것이다.

이러한 의문과 관련해서는, 야타테에 대한 야나기타의 소박한 문제제기도 주목된다. 야나기타는 신목(神木)에 활을 쏘는 행위가 신에 대한 일종의 '적대행위'로도 여겨질 수 있으며, 이는 경신, 즉 신을 숭배하는 맥락과 상호 모순되는 듯이 보일 수도 있다고 서술했다.[4] 물론 야나기타는 야타테로부터 '적대행위'를 읽어내는 것은 후대인들의 견강부회에 불과하며 '옛 사람들의 신앙'에 비춰볼 때 야타테의 본질은 어디까지나 경신이라고 덧붙이고 있지만,[5] 적절한 논증이 이루어졌다고 보기는 어렵다. 야나기타의 문제제기는 다름 아닌 야나기타 자신에 의해 일축되었지만, 여전히 유효하다고 생각한다.

본 논문에서는 이상의 두 가지 실마리를 바탕으로 야타테의 중의성을 모색함으로써, 요리토모의 야타테가 지니는 정치·종교적 의미를 재조명하고자 한다. 구체적인 논의는 다음 두 가지 방향에서 이루어질 것이다. 첫째, 선행연구를 참조하며 오슈전투가 어떤 방식으로 진행되었는지에 대해 일별해 보도록 하겠다. 이 논의를 통해 요리토모의 야타테가 결코 돌출된 행동이 아니라 당시 충분히 표면화될 만한 행위였음이 확인될 것이다. 둘째, 중세의 설화와 군기모노가타리(軍記物語)를 적극적으로 참조하도록 하겠다. 시대정신을 구체적으로 형상화하여 전

4 「矢立杉の話」, 508쪽.

5 「矢立杉の話」.

달하기 마련인 설화와 군기모노가타리를 살펴봄으로써, 야타테라는 의례의 윤곽을 보다 선명하게 제시할 수 있으리라 생각한다.

2. 표상과 상징의 오슈전투

잘 알려진 바와 같이 오슈전투는 처음에 사전(私戰)의 성격을 띠고 있었다. 즉 막부군은 조정의 추토선지(追討宣旨) 없이 "군중(軍中)에서는 장군의 명령에 따르고 천자의 명령에 따르지 않는다",[6] "야스히라는 누대의 고케닌 유적(遺跡)을 이은 자"[7]라는 명분을 내세우며 오슈 후지와라씨와의 전투에 뛰어들었다. 조정에서 뒤늦게 발급된 오슈 후지와라씨 추토선지가 요리토모에게 전달된 것은 1189년 9월 9일의 일이었다.[8]

막부가 조정과의 마찰을 초래하면서도 굳이 오슈전투를 강행한 것은, 전구년의 역을 의제적으로 재현함으로써 가마쿠라도노=요리요시의 적자에 대한 고케닌의 결집을 재확인·강화하기 위해서였다.[9] 그러한 까닭에, 오슈전투의 전개 과정에서는 요리요시 시대의 선례에 근거한 상징적인 행위들이 다수 확인된다. 예컨대 ①지바 쓰네타네(千葉常胤)는 요리요시 시대의 규격에 맞춰 제작된 군기를 요리토모에게 바쳤으며,[10] ②요리토모는 요리요시가 구리야가와(廚川)의 성책에서 아베노 사다토(安倍貞任)의 수급을 취한 것에 근거하여 히라이즈미에서 구리야

---

6 『吾妻鏡』 文治5년6월30일조.

7 『吾妻鏡』 文治5년7월16일조.

8 『吾妻鏡』 동일조.

9 入間田宣夫(1998) 『中世武士団の自己認識』, 三弥井書店; 川合康(2004) 『鎌倉幕府成立史の研究』, 校倉書房.

10 『吾妻鏡』 文治5년7월8일조.

가와의 성책을 향하여 북상하는 한편,[11] ③전구년의 역에서 사다토를 효수했던 자의 후손에게 야스히라의 효수를 맡겼다.[12] 또한 ④막부 내에서는 1189년 9월 18일 오슈 후지와라씨 잔당의 추토가 종료된 것은 요리요시가 1062년 9월 17일 사다토 등의 수급을 취한 날짜와 부합한다는 인식이 공유되고 있었다.[13]

이상과 같이 오슈전투에서 요리토모·막부의 행동은 일상에서 벗어난 갖가지 표상과 상징을 수반하고 있었다. 이러한 맥락을 염두에 두었을 때, 요리토모가 야타테라는 의례행위를 행한 것은 지극히 자연스러운 수순으로 보인다. 해당 사료를 검토해 보자.

> 오늘 (장군께서) 진가오카(陣岡)를 출발하셨다. 오늘에 이르기까지 7일간 이 곳에 머무셨다. 고스이사(高水寺)의 진수(鎭守)로는 소토곤겐(走湯權現)이 모셔져 있었다. 그 옆에 작은 신사가 있어 다이도소(大道祖)라 했다. 이것은 기요히라(淸衡)가 모신 것이다. 이 신사의 뒤에 커다란 물푸레나무(槻)가 있었다. 이품(二品)께서 그 나무 아래에 이르러 소토곤겐에게 바친다고 하며 우와자시(上差)로 꽂아둔 가부라야(鏑矢) 두 대를 쐈다. 여기에서 구리야가와의 성책까지는 25리의 행정인 까닭에 황혼에 접어들기 전에 그 관사에 도착하셨다.[14]

상기한 바와 같이, 요리토모는 요리요시의 선례를 의식하여 9월 2일 히라이즈미에서 구리야가와의 성책을 향해 북상했다. 요리토모는 9월 4일 진가오카의

---

11 『吾妻鏡』 文治5년9월2일조.

12 『吾妻鏡』 文治5년9월6일조.

13 『吾妻鏡』 文治5년9월18일조.

14 『吾妻鏡』 文治5년9월11일조. 원문은 다음과 같다. "今日, 令立陣岡給, 至于今已七ヶ日, 逗留此所給者也, 而高水寺鎭守者, 奉勸請走湯權現, 其傍又有小社, 號大道祖, 是淸衡勸請也, 此社後有大槻木, 二品莅彼樹下, 稱奉走湯權現, 令射立上箭鏑二給, 自是廚河柵者, 依爲二十伍里行程, 未屬黃昏, 着御件舘云云".

하치사(蜂社)에 진을 치고, 9월 11일 구리야가와의 성책으로 출발할 때까지 이 신사에 머물렀다. 신사의 근처에 고스이사라는 사찰이 있었는데, 그 수호신으로는 소토곤겐이 모셔져 있었다. 소토곤겐은 이즈산신사(伊豆山神社)의 제신인데, 당시 동북 지방까지 영향력이 미치고 있었던 것으로 보인다.[15] 한편 고스이사 옆에는 "다이도소"를 제사지내는 작은 신사가 있었는데, 요리토모는 소토곤겐에게 바친다 하며 이 신사 뒤편에 서 있는 거목에 가부라야를 쐈던 것이다.

가부라야는 전투의 개시를 알리는 야아와세(矢合わせ) 등에 사용되는 화살로, 화살촉(일반적으로는 가리마타[雁股]) 뒤에 달린 가부라로 인해 굉음을 내며 날아간다. 요란한 굉음을 내며 날아가 거목에 꽂힌 요리토모의 가부라야는 과연 신에게 바쳐진 봉납물에 불과했던 것일까? 요리토모의 손에서 떠난 가부라야의 사정거리는 어디까지였을까?

유서 깊은 의례는 일반적으로 시대의 경과에 따라 여러 가지 변용을 겪기 마련이다. 그러한 까닭에 해당 의례가 특정 시대에 어떠한 맥락에서 행해지고 있었는지를 추출해내는 것은 용이한 일이 아니다. 그러나 중세 초기의 경우, 이러한 문제와 관련하여 원정기(院政期) 이래의 설화군이 참고가 되는 경우가 종종 있다. 그래서 다음 장에서는 요리토모의 야타테를 구성하는 주요 요소를 거목·활/화살·신으로 상정하고, 『今昔物語集』로부터 이들 요소에 얽힌 설화를 제시·검토함으로써 요리토모의 야타테가 지니는 상징성에 접근해 보고자 한다.

---

15 참고로 덧붙이자면, 소토곤겐은 1188년부터 가마쿠라도노의 정기적인 참배를 받으며 막부의 수호신으로 거듭나고 있었다. 상세한 내용에 대해서는 岡田清一(2004)「鎌倉幕府の二所詣で」『六軒丁中世史研究』10을 참조.

3. 『今昔物語集』에 보이는 거목·활/화살·신

우선 거목·활/화살·신이 한 묶음으로 등장하는 권제27 '여우가 커다란 삼나무로 변하여 사살된 이야기'에 주목해 보자. 가스가사(春日社) 궁사(宮司)의 조카인 중대부(中大夫)라는 자가 잃어버린 말을 찾아 종자(從者)와 함께 산중에 들어갔다가 커다란 삼나무를 발견했다. 그 나무는 낯선 것이었다. 틀림없이 "혼돈을 일으키는 신(迷ハシ神)"일 것이라고 생각한 두 사람은 삼나무에 활을 쏘고 돌아간다. 이튿날 확인해 보았더니, 예상대로 배에 화살 두 대가 꽂힌 늙은 여우가 발견되었다. 요컨대 중대부와 그 종자는 거목으로 변신한 "혼돈을 일으키는 신"을 간파하고 이를 활로 쏘아 죽인 것이다.

이 설화에서 주목되는 것은 〈거목=사신(邪神)이 깃드는 존재〉로 인식되고 있는 점,[16] 그리고 활쏘기가 벽사(辟邪)의 기능을 하고 있다는 점이다. 일본 사회 고래의 종교 관념에 비춰볼 때 이 두 가지 사실은 쉽사리 납득할 수 있는데, 특히 벽사로서의 활·활쏘기와 관련해서는 실로 다양한 이야기가 전해온다.

우선 잘 알려진 바와 같이, 모노노케가 출현했을 때 활시위 소리를 내어 벽사하는 취지의 명현(鳴弦)은 각종 모노가타리와 귀족들의 일기에 빈출한다.[17] 저명한 무사들에 얽힌 이야기도 많은데, 예컨대 궁성에 나타난 요괴 누에(鵺)를 활로 쏘아 떨어뜨린 미나모토노 요리마사(源頼政)의 일화는 빼놓을 수 없으며,[18] 미나모토노 요시이에(源義家)의 활을 머리맡에 두어 모노노케를 물리쳤다는 시라

---

16 거목 등 초목(草木)에 대한 중세인들의 인식 전반에 대해서는 다음 논고를 참조. 盛本昌廣(2012) 『草と木が語る日本の中世』, 岩波書店, 제1장.

17 특히 『源氏物語』 夕顔卷에는 로쿠조미야스도코로(六條御息所)의 생령(生靈)으로 추정되는 모노노케의 출현으로 인해 분주히 명현이 행해지는 장면이 생동감 있게 묘사되어 있다. 모노가타리이기는 하지만, 명현의 분위기를 파악하는 데 좋은 참고자료가 된다.

18 『平家物語』 卷第4.

카와상황(白河上皇)의 일화도 널리 회자되었다.[19] 다이타로(大太郎)라는 대도(大盜)가 오야노스케다케노부(おほ矢のすけたけのぶ)라는 무사의 화살이 뿜어내는 분위기에 짓눌려 도둑질을 단념했다는『宇治拾遺物語』권제3의 일화도 참고가 될 것이다. 또한 후대의 사례이기는 하지만, 1333년 규슈단다이(九州探題) 호조 히데토키(北條英時)와의 일전을 위해 행군하던 기쿠치 다케토키(菊池武時)는 구시다궁(櫛田宮) 앞에서 말이 멈춰 서자 "전장으로 향하는 발걸음을 막지 말라"며 신전(神殿)의 문을 향해 가리마타(雁股)를 쏘았다. 그 화살에 약 6미터 가량의 뱀이 사살되었는데, 뱀으로 표상되는 사신이 죽자 행군은 정상적으로 이루어졌다.[20] 이상의 사례들을 염두에 둘 때, 거목으로 변신한 사신 여우를 활로 쏘아 죽였다는『今昔物語集』의 설화는 중세사회에서 충분히 공유될 만한 이야기였다고 할 것이다.

중대부의 일화에서는 사신이 깃든 거목으로 삼나무가 제시되고 있는데, 이와 같은 이미지는 물푸레나무에 대해서도 형성되어 있었던 것 같다. 예컨대 본원홍사(本元興寺)의 창건 과정에 얽힌 설화를 전하는 권제11 '스이코천황(推古天皇) 본원홍사를 만든 이야기'에는 "오래되고 커다란 물푸레나무"가 등장한다. 본원홍사가 들어설 터에는 언제 생겼는지 알 수 없는 "오래되고 커다란 물푸레나무"가 자리 잡고 있었다. 칙명에 따라 일꾼들은 이를 벌목하려 했으나 나무에 손을 댄 자들이 연이어 급사했다. 한 승려가 이 사태를 이상히 여겨 비 오는 밤 홀로 나무 곁에 다가섰는데, 나무에 나 있는 구멍으로부터 사람들이 웅성거리는 소리가 들려왔다. 나무에 깃든 사신들의 대화였던 것인데, 결국 이 승려는 마저(麻苧)로 만든 금줄을 나무에 두른 후 오하라에(大祓)의 노리토(祝詞)를 읊고 벌목꾼들이 검

---

19 『古事談』第4勇士. 한편, 노구치 미노루(野口實)는 좀 더 포괄적으로 '벽사의 무(武)'에 대해 논한 바 있다(1994『武家の棟梁の條件—中世武士を見なおす—』, 中央公論社, 36-53쪽).

20 『太平記』巻第11 · 菊池入道寂阿打死の事.

은 새끼줄을 걸친 상태에서 벌목하면 큰 탈이 없을 것이라는 정보를 얻는다. 승려의 전언에 따랐더니 과연 아무런 불상사 없이 벌목이 진행되었는데, 나무가 거의 넘어갈 때 쯤 문득 산새 대여섯 마리가 거목에서 허공으로 날아올랐다. 조정에서는 이 새들을 위해 신사를 세워 주었다. 여기서 등장하는 산새가 "오래되고 커다란 물푸레나무"에 깃들어 있던 사신을 표상한다는 점은 두말할 나위 없다.

물푸레나무에 사신이 깃든 일화는 권제20 '인화사(仁和寺) 세이텐(成典) 승정(僧正) 아마텐쿠(尼天狗)와 만난 이야기'에도 보이는데, 이 일화에서는 요리토모의 야타테를 이해하는 데 참조될 만한 흥미로운 구도가 확인된다.

인화사의 동남쪽 구석에 원당(円堂)이라는 사찰이 있었는데, 세간에서 덴구가 있는 곳이라고 일컬어지며 두려움의 대상이 되고 있었다. 어느 날 세이텐 승정이 홀로 원당에서 수행하고 있는데 비구니 하나가 당 안으로 들어와서는 승정의 옆에 놓여 있던 삼의상자(三衣箱, 세 종류의 가사[袈裟]를 넣어둔 상자)를 들고 도망쳤다. 승정이 뒤쫓아가보니 비구니=덴구는 당 뒤에 있는 "높은 물푸레나무"로 올라갔다. 그래서 승정은 가지기도(加持祈禱)를 하여 덴구를 떨어뜨리고 삼의상자를 되찾았다. 덴구는 삼의상자의 한 귀퉁이를 뜯어들고는 도망갔다.

이 이야기에서 주목되는 것은 거목이 당의 '뒤'에 위치한 점, 그리고 사신이 거목과 당 사이를 왕래하는 존재로 인식되고 있었다는 점이다. 이처럼 사신이 거목과 건물을 오가는 구도는 권제27 '레이제인(冷泉院) 히가시토인(東洞院) 소즈도노(僧都殿)의 영혼 이야기'에서도 확인된다.

소즈도노라는 폐가의 서북쪽 구석에 "크고 높은" 팽나무(榎)가 있었다. 그런데 매일같이 해질 무렵이 되면 소즈도노의 침전(寢殿)에 놓여 있던 붉은색 홑겹 옷이 홀연히 팽나무 쪽으로 날아가 나무 끝자락까지 올라갔다. 어떤 자가 자신의 담력을 과시하고자 홑겹 옷을 활로 쏘았더니, 땅에 핏자국이 선명했다. 활을 쏜 자는 그 날 밤 비명횡사했다.

이 이야기에서는 홑겹 옷으로 표상되는 사신이 벽사로서의 활을 압도하고 있는 점도 흥미롭지만, 여기서는 사신이 소즈도노의 침전과 팽나무 사이를 오가는 구도에 주목해 두고자 한다.

이상에서 살펴본 네 가지 설화를 종합해보면, 거목 · 활/화살 · 신을 둘러싼 중세 초기 일본인들의 인식은 대략 다음과 같은 것이었다고 추정할 수 있을 것이다. 즉 거목에는 사신이 곧잘 깃드는데, 사신은 가지기도나 활쏘기 등을 통해 살해되거나 쫓겨날 수 있다. 또한 거목이 사사(寺社) 등 어떤 건물의 근처에 소재할 경우 사신은 거목과 건물 사이를 오간다.

4. 요리토모 야타테의 사정(射程)

설화에서 추출된 이상의 결론을 요리토모의 야타테에 대입시켜보면, 모종의 상징성이 엿보이는 듯하다. 요리토모는 커다란 물푸레나무에 활을 쏘았는데, 그로 인해 살해된 혹은 쫓겨난 것으로 인식된 사신은 무엇일까? 그 사신이란 물푸레나무 앞에 위치한 "작은 신사"와 관련된 것으로 보이는데, "작은 신사"의 이름이 "다이도소"라는 점을 감안하면, 사신의 정체는 다름 아닌 "다이도소"로 보아야 할 것이다. "다이도소"는 "작은 신사"와 물푸레나무를 오가는 존재로 인식되고 있었을 것이다.[21]

그런데 한 가지 흥미로운 것은 도소가 경계의 신이라는 점이다. 다양한 면모

21 도소가 거목과 연계되는 존재였다는 점은 기타 사료에서도 확인된다. 예컨대 11세기에 편찬된 『法華驗記』의 卷下 · 第128話에는 도소상(像)이 거목 아래에 위치한 것으로 묘사되어 있다. 고대 이래로, 도소는 곧잘 거목에 깃드는 존재로 관념되고 있었던 것으로 보인다(본 설화는 『今昔物語集』 卷第13에도 수록되어 있다). 한편, 단바국(丹波國) 간고사장(願皇寺莊)의 권역과 관련해서는 "東伍所大明神道祖神檜"라는 표현이 보인다(「丹波願皇寺莊中分目錄」[『勸修寺文書』, 『鎌倉遺文』 제22권-16934호]). 실태는 불투명하지만, "道祖神"과 "檜"는 지근거리에 있었으리라 짐작된다.

를 지니는 도소에는 그에 상당하는 복수의 훈독이 존재하는데, 대표적인 것으로 '사에(이)노카미(塞の神)'를 들 수 있다. 즉 도소는 '遮り塞ぐ神'로서 인식되고 있었던 것인데, 구체적으로는 특정 지역과 지역 사이에 위치하여 경계의 안쪽을 수호하는 역할을 하는 신으로 관념되고 있었다.[22] 이와 같은 도소에 대해서는 일정한 사회적 영향력도 상정되었던 듯, 도소를 관리하고자 하는 공권력의 움직임도 확인된다.[23]

요리토모가 구축한 경계의 신이 거주하던 곳은 "작은 신사"라고 기술되어 있지만 "다이도소"라고 보이는 점, 게다가 오슈 후지와라씨 번영의 기초를 다진 기요히라가 이 신을 받들었다는 점을 아울러 생각해 볼 때, 이 "작은 신사"는 오슈 후지와라씨에게 특별한 의미를 지니는 것이었으리라 추정된다. 전구년의 역에서 사다토 최후의 보루를 눈앞에 둔 요리요시가 승전을 기원하며 하치사(蜂社)를 세웠다는 진가오카 현지의 민간전승[24]을 적극적으로 수용한다면, 사다토의 세력권을 계승한 오슈 후지와라씨에게 진가오카 지역은 일종의 심리적 마지노선으로 관념되었을 것이라는 억측도 가능할 것이다.

오슈 후지와라씨의 속내를 이 이상 추정하기는 곤란하지만, 여기서 중요한 것은 요리토모의 야타테가 구리야가와의 성책으로 향하기 직전에 이루어졌다는 사실이다. 앞서 서술한 바와 같이 구리야가와의 성책은 사다토 최후의 거점이었으며, 요리요시는 이 성책을 깨부숨으로써 전구년의 역을 성공리에 마무리 지을 수 있었다.[25] 전구년의 역을 강렬하게 의식하고 있었던 요리토모의 구상에서

---

22 倉石忠彦(2005)『道祖神信仰の形成と展開』, 大河書房를 참조.

23 예컨대 1242년에 작성된 「新成敗式目」(『後日之式條』, 『鎌倉遺文』 제8권-5979호)에는 "府中"에 임의로 "道祖神社"를 세워서는 안 된다는 규정이 보인다. 「弘長3년8월13일부 龜山天皇宣旨」(『公家新制』, 『鎌倉遺文』 제12권-8977호)도 아울러 참조.

24 이와테현(岩手縣) 신도(神道)청년회에서 제공한 하치신사(蜂神社) 프로필에서 얻은 정보임.

25 『陸奧話記』에 따르면, 요리요시는 하치만(八幡)에 전승을 기원하는 한편 화공(火攻)을 실시하여 구리

는 야스히라 최후의 거점 역시 구리야가와의 성책이 아니면 안 되었을 것이다. 그러나 야스히라는 이미 효수되었고 구리야가와의 성책은 아무런 장애물도 되지 않았다. 이에 요리토모는 오슈가 가마쿠라도노=요리요시 적자의 지배영역이라는 점을 표상할 요량으로 최후의 장애물을 의도적으로 설정·격파했던 것은 아닐까? 요컨대 요리토모는 오슈 후지와라씨의 지배영역과 가마쿠라도노의 지배영역을 판가름하고 전자를 보호하는 경계의 신 "다이도소"를 구축하는 의례를 자각적으로 실시함으로써, 오슈가 온전히 가마쿠라도노의 지배권이 되었음을 선언하고자 했던 것으로 판단된다. 요리토모 야타테의 사정은 진가오카를 훌쩍 뛰어넘는 것이었다.

5. 결론에 대신하여-야타테의 중의성

이상으로 요리토모의 야타테에 대해 살펴보았는데, 그 과정에서 눈에 띈 것은 벽사였다. 그렇다면 벽사로서의 야타테는 야나기타가 주장한 신에 대한 봉납으로서의 야타테와는 어떤 관계에 있을까? 양자는 양립 가능한 것일까? 결론을 미리 말하자면, 양자는 양립 가능하다는 것이 필자의 생각이다.

우선 확인해 둘 필요가 있는 것은, 신에 대한 무구(武具) 봉납이 무사사회의 일상적인 풍경이었다는 사실이다. 특히 전투를 앞둔 무장들은 군신(軍神)으로 추앙받는 신 등에게 곧잘 무구를 봉납하며 전승을 기원했는데, 가부라야는 대표적인 폐물 가운데 하나였다. 예컨대 기소 요시나카(木曾義仲)는 1183년 구리카라 고개(俱利伽羅峠)에서의 전투를 앞두고 하뉴호국하치만궁(埴生護國八幡宮)에 전승을

야가와의 성책을 함락시켰다.

기원하며 가부라야를 봉납한 것으로 알려져 있으며,[26] 앞서 언급했던 기쿠치 다케토키는 1333년 호조 히데토키와의 전투를 앞두고 아소신사(阿蘇神社)에 가부라야를 봉납했다고 보인다.[27] 아울러 가마쿠라 막부의 대표적인 신사(神事)의 하나로, 가부라야를 쏘는 야부사메(流鏑馬)가 존재했다는 점도 참고가 될 것이다.[28]

이렇듯 가부라야 등의 무구를 신에게 봉납하는 이유에 대해서는 증여(贈與)에 대한 중세 일본인들의 감각[29]을 염두에 둔 별도의 고찰이 필요하리라 판단되지만, 직접적으로는 인간의 전투에 개입하는 신들의 모습에 주목할 필요가 있다고 생각한다.

무운장구와 전승의 기원은 결국 전투에서의 승리를 통해 증명되는 것이라 할 수 있는데, 인간의 전투에 개입하는 신들은 이렇듯 승전을 추구하는 심리를 배경으로 등장하게 된 것이 아닐까 생각한다. 결론적으로 억측하자면, 중세의 무사들은 신들이 봉납된 무구를 착용하고 전투를 이끌어준다는 믿음하에 전쟁터로 향했던 것이 아닐까? 조복(調伏)의 제단에 바쳐진 무구가 저주받은 상대방에게 실제로 해를 가한다고 믿어지던 시대였다는 점을 감안하면,[30] 신에 대한 무구의 봉납도 보다 즉물적인 시각에서 바라볼 필요가 있을 것이다.

특히 가부라야는 전장으로 향하는 신의 거둥을 표상하는 대표적인 무구였다.[31] 앞서 일부 사례를 소개했지만 가부라야는 기타 무구와 마찬가지로 일반적

---

26 『平家物語』 卷第7·願書.

27 『太平記』 卷第11·菊池入道寂阿打死の事.

28 야부사메에 대해서는 다음 논고를 참조. 鴇田泉(1987) 「流鏑馬行事の成立」 『お茶の水女子大學人文科學紀要』 40; 同(1987) 「流鏑馬行事と鎌倉武士団」 『芸能史研究』 99; 近藤好和(2000) 「騎射と流鏑馬―その射法について―」 『日本歷史』 630.

29 역사학과 문화인류학의 시각에서 중세의 증여에 대해 접근한 최근의 연구 성과로는 다음 논고를 들 수 있다. 櫻井英治(2011) 『贈与の歴史學―儀礼と経濟のあいだ―』, 中央公論新社.

30 平雅行(1992) 『日本中世の社會と仏教』, 塙書房, 24-32쪽을 참조.

31 예컨대 『古事談』 卷4에는 다이라노 마사카도(平將門)를 조복하는 와중에 가부라야가 동쪽을 향해 날

으로는 신전에 봉납되었다. 그러나 특수한 경계지역에 다다른 무장들이 거목, 그리고 거기에 깃든 사신과 마주쳤을 때, 그들은 야타테를 행함으로써 '월경(越境)'을 방해하는 현지의 사신을 구축하는 한편, 가부라야로 무장한 혹은 가부라야 그 자체로 화한 수호신에게 전투를 이끌어줄 것을 기원했던 것으로 판단된다.

본 논문 모두의 각주에 인용해 두었지만, 야타테의 기원에 해당하는 이야기가 하코네신사(箱根神社)를 무대로 다무라마로나 요리요시와 같이 동북 지방을 공략한 무장들을 축으로 형성되어 있는 것은 결코 우연이 아닐 것이다. 동북 지방은 8세기 말 이후 일본국이 판도를 넓히는 과정에서 집중적으로 공략한 곳이라 할 수 있는데, 이 '에미시(蝦夷)의 세계'로 들어서는 관문이 바로 하코네신사를 사이에 두고 위치한 하코네고개(箱根峠)와 아시가라고개(足柄峠)였다. 흔히 '동국'이라 일컬어지는 지역은 이들 고개의 건너편에 형성되어 있었으며, 그곳을 거쳐 '동쪽' 끝자락에 '에미시의 세계'가 펼쳐져 있었다. 이들 고갯길에 이르러 다무라마로 등은 '월경'을 저지하는 사신을 구축하는 한편, 하코네곤겐에게 전승을 기원하고자 가부라야를 거목에 쐈던 것이다. 신에 대한 '적대행위'로서의 야타테와 "경신"으로서의 야타테는 야나기타가 주장한 바와 같이 표면상 모순된 듯이 보이지만, 야타테가 펼쳐진 장소와 선악이 혼재된 신들의 세계를 염두에 둔다면 양립 가능한 것으로 이해된다. 요리토모의 야타테는 그 중의성을 표상하는 대표적인 사례라 할 수 있을 것이다.

다만 이와 같은 야타테의 중의성을 야타테의 전체 역사에서 어떻게 자리매

아갔다고 보이며, 『吾妻鏡』 文治원년 2월 19일조에는 서국에서 겐지(源氏)와 헤이시(平氏)의 전투가 진행되는 가운데 스미요시사(住吉社)의 신전에서 가부라야가 서쪽으로 날아갔다고 보인다. 또한 『異國襲來祈禱注錄』(『西大寺叡尊伝記集成』 수록)에는 에이존(叡尊)의 조복기도에 감응하여 사이다이사(西大寺) 아이젠명왕(愛染明王)의 가부라야가 서쪽으로 날아갔다고 보이며(船田淳一(2011) 『神仏儀礼の中世』法藏館, 381-382쪽을 참조), 『續神皇正統記』에는 간노노조란(觀応の擾亂) 와중에 이세신궁의 가부라야가 교토를 향해 날아갔다고 보이는 등 관련 사료는 상당수에 이른다.

김할 수 있을지는 불투명하다. 예컨대 벽사로서의 야타테와 경신으로서의 야타테 사이에 시간적인 선후관계가 있고 양자가 어느 순간 결합된 것인지, 반대로 애초에 중의적이었던 것이 시대가 내려옴에 따라 분리된 것인지, 혹은 양자는 지속적으로 길항관계에 있었던 것인지, 본 논문에서는 전혀 언급하지 못했다. 이 문제에 대해서는 고대-중세 일본인들의 종교 관념을 폭넓게 고찰하며 접근해야 할 테지만, 단기적으로는 소토곤겐의 동북 지방 진출상황에 대한 고찰을 통해 모종의 실마리를 얻을 수 있지 않을까 생각한다. 야타테에 대한 보다 정밀한 후속 연구를 다짐하며 글을 맺고자 한다.

참고문헌

入間田宣夫(1998)『中世武士団の自己認識』, 三弥井書店

岡田清一(2004)「鎌倉幕府の二所詣で」『六軒丁中世史研究』10

川合康(1996)『源平合戰の虛像を剝ぐ—治承·壽永內亂史研究—』, 講談社

川合康(2004)『鎌倉幕府成立史の研究』, 校倉書房

倉石忠彦(2005)『道祖神信仰の形成と展開』, 大河書房

近藤好和(2000)「騎射と流鏑馬—その射法について—」『日本歷史』630

櫻井英治(2011)『贈与の歷史學—儀礼と経濟のあいだ—』, 中央公論新社

平雅行(1992)『日本中世の社會と仏教』, 塙書房

鴇田泉(1987)「流鏑馬行事の成立」『お茶の水女子大學人文科學紀要』40

鴇田泉(1987)「流鏑馬行事と鎌倉武士団」『芸能史研究』99

野口實(1994)『武家の棟梁の條件—中世武士を見なおす—』, 中央公論社

船田淳一(2011)『神仏儀礼の中世』, 法藏館

盛本昌廣(2012)『草と木が語る日本の中世』, 岩波書店

柳田國男(1990)「矢立杉の話」『柳田國男全集(文庫版)』, 筑摩書房

柳田國男(1990)「木思石語」『柳田國男全集(文庫版)』, 筑摩書房

:: 4 ::

명인(明人)의 시선에서 본 16세기 막남(漠南)몽골 사회의 변화 : 〈북로풍속(北虜風俗)〉을 중심으로[1]

조원

1. 머리말

명대 '북로(北虜)'로 불리웠던 몽골은 '남왜(南倭)' 세력과 함께 명나라에게 위협적인 존재였다. 명 조정에서는 초기부터 북변(北邊)에 있는 몽골의 군사적 동태를 주시하였으며, 그러한 배경하에 몽골의 정세를 기록한 일련의 보고서들이 집필되었다.[1] 이러한 기록들에는 몽골의 군사적 동태를 비롯하여 명조와 몽골의 관계에 관한 내용들이 주를 이루고 있다. 그 가운데 『북로풍속(北虜風俗)』은 명인(明人) 소대형(蕭大亨)이 16세기 오르도스 지역에 할거하던 투메트부 몽골인들의 삶

1 명에 의해 씌여진 몽골에 관한 저작들은 상당한 편이다. 鄭曉의 『皇明北虜考』, 張雨의 『邊政考』, 葉向高의 『四夷考』, 瞿九思의 『萬曆武功錄』 등이 있다. 이러한 저작들은 대개 명과 몽골의 정치적 관계, 군사적 충돌, 互市와 등의 정치 군사적인 정보를 다루고 있다.

과 사회의 변화를 관찰하고 남겨놓은 기록이다.[2]

몽골에 관한 중원의 기록들이 군사 보고서적인 성격을 지녔던 것과는 달리, 『북로풍속』에서는 투메트부를 중심으로 막남(漠南) 몽골 사회의 문화와 내부의 상황을 면밀하게 기록하고 있다. 특히 혼속(婚俗), 양육, 법제, 장례, 풍속, 신앙, 금기, 경제활동 등 투메트부 몽골인들의 삶의 전반에 관해 상세하게 기록하고 있어 한편의 민족지를 연상케 한다. 저자 소대형은 당대 이루어졌던 투메트부와 티베트의 교류 및 몽골 사회의 변화를 상세히 묘사하고 있는데, 이는 당시 변화해가는 막남 몽골의 사회상을 파악하고, 오르도스 지역을 중심으로 전개되는 역동적인 국제관계를 이해하는 데 도움을 주고 있다. 『북로풍속』은 16세기 명조의 변경지대에서 발생한 사회의 변화를 담고 있다는 점에서 17세기 동아시아 세계의 새로운 질서 재편을 이해하는 데 있어서도 유용한 자료라고 할 수 있겠다.

16세기 몽골에 관한 기존의 연구는 몽골과 명조의 관계사 연구를 중심으로 이루어졌다. 명대 몽골의 관계에 관한 대표적인 연구는 일찍이 와다 기요시(和田清)에 의해 이루어졌으며,[3] 명대 몽골 각 부락의 분포와 역사 전개에 관해서는 다리자부(達力扎布)의 연구가 주목할 만하다.[4] 관련된 국내 연구로는 명의 북방정책에 주목하여 명의 대몽골 정책을 조선·여진과의 관계의 맥락 속에서 파악하고

---

2 오르도스란 宮帳을 뜻하는 몽골어 오르도의 복수형으로서 '궁장들'을 의미한다. 이 지역은 동서문화교류사나 북방유목민족사를 전공하는 국내외 학자들에게 중시되었던 지역으로서, 국내 대표적인 연구로는 강인욱, 「中國 오르도스 青銅器의 概念과 初期研究에 대한 檢討」『中國史研究』 48(2007), 박원길, 「오르도스의 역사」『몽골학』 2(1994)가 있다. 동북아시아의 변경 지대 가운데 오르도스 지역은 황하가 몽골고원을 향해 굽이쳐 흘러가는 지대의 중원 안쪽 지역을 지칭한다. 이곳은 일찍이 중원의 한족과 북방 유목민족들이 충돌하고 교류했던 터전으로, 흉노에서부터 몽골에 이르기까지 북방민족들이 거점으로 삼아 유목을 하거나, 중원왕조와의 교섭 속에서 정주화가 발생했던 지역이었다.

3 和田清, 『明代蒙古史論集(上·下)』商務印書館, 1984.

4 達力扎布, 『明代漠南蒙古歷史研究』, 內蒙古文化出版社, 1998; 達力扎布, 『明清蒙古史論稿』, 民族出版社, 2003.

자 한 연구[5]와 명(明)의 북변 방어정책의 변화를 탐색한 연구가 있다.[6] 두 세력 간의 경제 관계에 초점을 맞추어 16세기 장성 일대에서 이루어진 몽골과 명의 호시(互市)의 양상을 분석하여 기존의 조공 체제만으로 설명할 수 없는 동북아시아의 교역 시스템을 밝히고자 한 연구가 있으며,[7] 그 연장선상에서 명 후기 장성 일대의 변경사회에 초점을 변경 지대를 넘나들었던 한인(漢人)과 양자 간의 호시 교역에 관한 연구들이 발표되었다.[8] 이외에도 명조를 중심으로 하는 동아시아 질서가 쇠퇴하는 시점인 16세기 변경 지대에 주목하여, 동아시아 변경 지대에서부터 새로운 상업-군사 세력들이 등장하고 그것이 이후 동아시아 질서 재편으로 이어지는 전반적인 변화상에 주목한 연구가 있다.[9] 기존의 연구들은 양자 간의 관계에 초점을 맞추어 15세기 말 명의 북방정책의 전환과 몽골과의 교역에 주목하고 있지만, 당시 몽골 각 부족 내부의 상황과 사회의 변화상을 면밀하게 밝혀주고 있지는 못하다. 그러한 점에서 『북로풍속』은 외부자에 의해 작성된 기록임에도 불구하고, 막남 몽골 사회와 그 풍속을 이해하고, 주변 민족들과의 관계 속에서 변화해가는 몽골 사회의 변화상을 파악하는 데 유용한 자료라고 할 수 있겠다.

『북로풍속』은 그 사료적 가치로 말미암아 일찍이 학자들의 주목을 받아왔다. 헨리 세뤼(Henry Serruys)는 『북로풍속』의 프랑스어 역주 작업을 통해 그 사료

5 남의현, 「15세기 북방정세와 明의 邊境政策의 再檢討」 『인문과학연구』 29(2011)

6 남의현, 「明代 '土木의 變'과 北邊 防禦戰略의 變化」 『中國學報』 56(2007)

7 홍성구, 「明代 北邊의 互市와 朝貢」 『中國史硏究』 72(2011)

8 민경준, 「16세기 明蒙 변경의 몽골 漢人」 『역사와 세계』 36(2009); 민경준 「明 후기의 對蒙 通貢互市와 변경사회」 『역사와 세계』 40(2011)

9 岩井茂樹, 「十六·十七世紀の中國邊境社會」 『明末淸初の社會と文化』 京都大學人文科學硏究所(1996). 관련된 최근 연구들은, 모모키 시로, 최연식 역 『해역아시아사 연구 입문』, 민속원(2012), 132~140쪽 참조.

적 가치를 구미학계에 소개하였다.[10] 16세기 몽골법은 투메트부의 수장이었던 알탄 칸에 의해 그 내용과 성격의 측면에서 변화가 발생했다. 소위 "알탄 칸 법전"으로 명명된 법전을 중심으로 그 성격과 의미에 관해 연구들이 있는데,[11] 그 가운데서도 시마다 마사오(島田正郎)은 『북로풍속』에 나온 관련 기록을 바탕으로 명대 몽골 법제도를 분석한 바 있다.[12] 이외에도 중국에서는 최춘화(崔春華)가 『이속기(夷俗記)』의 교주본을 발표한 바 있다.[13]

본고에서는 『북로풍속』을 중심으로 명인(明人) 소대형의 시선에서 바라본 16세기 오르도스 지역 몽골 사회의 변화를 고찰해보고, 이를 통해 그것이 이후 17세기 동아시아 세계의 질서 재편과 어떠한 관련성을 갖는지 함께 검토해보고자 한다. 이를 위해 먼저 소댜행이 『북로풍속』을 저술한 배경과 의도를 분석함으로써, 소대형이 어떠한 문제의식으로 이 기록을 작성하였는지를 검토할 것이다. 다음으로 『북로풍속』에 반영된 당시 막남 몽골 사회 풍속과 사회 변화상을 비롯하여 몽골 투메트부, 티베트 겔룩파 및 명조 사이에서 전개된 정치·문화·경제·사상적 측면의 다양한 교류를 검토할 것이다. 마지막으로 16세기 외부세계와의 교류를 통해 나타난 투메트부 몽골인들의 물질생활과 정신세계의 변화를 함께 검토함으로써 그것이 이후 막남 몽골의 정체성에 어떠한 영향을 미쳤는지 고찰해볼 것이다. 15세기 말부터 전개된 명 체제의 해체와 맞물려 막남 몽골 사

10 Henry Serruys, "*Pei-lou fong-sou*. Les coutumes des esclaves septentrionaux de Siao Ta-heng", *The Mongols and Ming China: Customs and History*, Variorum Reprints, 1987. 이외에도 『北虜世系』에 대한 註釋 작업을 통해, 그 사료적 가치를 소개했다. Henry Serruys. "Genealogical tables of the descendants of Dayan-Qan", *Central Asiatic Studies*, (Mouton & Co. 1958) 참조.

11 이평래, 「〈알탄칸법전〉연구」 『東洋史學硏究』 79(2002)

12 島田正郎, 『北方ユ_ラシア法系的硏究』, 創文社, 1981.

13 崔春華, 『夷俗記校注』, 遼寧大學出版社, 1987 참조. 이외에도, 『北虜風俗』의 내용에 에 반영된 16세기 몽골 사회 변화상을 다룬 논문 趙阮, 『蕭大亨〈北虜風俗〉與十六世紀後期蒙古社會生活初探』, 中央民族大學 碩士學位論文(2006)이 있다.

회 내부에서 발생한 변화를 살펴보는 작업은 이후 동북아시아에서 전개된 새로운 정권의 출현과 내륙아시아 체제의 재편을 파악하는 데 유용한 관점을 제시해 줄 것이다.

2. 명대 몽골 관련 기록과 그 성격

몽골제국이 멸망한 이래로 몽골 잔여 세력들은 장성 북부의 초원지대로 북상하여 할거하면서 북원(北元) 정권을 세웠고, 명조가 건립된 초기부터 명의 북변을 침입하며 위협적인 존재로 남아 있었다. 명나라 초기부터 홍무제(洪武帝)는 북변의 방어력을 강화하기 위해 자제들을 북변에 배치시켜 장성 일대에 구변(九邊)을 형성했으며, 몽골 친정(親征)을 통해 몽골 세력을 일소하고자 했다. 그러나 친정의 실패를 비롯하여 막대하게 지출되는 군비(軍費)와 변방 둔전군의 도망, 과도한 부역 등으로 변방의 위기가 심화되어 갔다. 1435년 명(明) 영종(英宗)이 즉위한 직후, 강성해진 오이라트 세력이 대동(大同)을 침략하자 영종은 친정을 나갔고, 결국 오이라트의 지도자 에센에게 포로로 잡히게 되는 '토목보의 변'이 발생했다. 이 사건은 명나라 북방정책의 문제점을 그대로 보여준 상징적인 사건으로서 수세적이고 수동적인 명나라 북방정책의 한계와 무력한 군사력, 몽골군에 대한 정보의 부재를 여실히 드러내준 사건으로 평가된다.[14]

'토목보의 변'을 계기로 명의 북방정책의 한계가 부각되면서 명의 북방 방어시설은 축소되었다. 한편 이 시기 몽골 초원에서는 통일의 움직임이 일어났다. 오이라트의 에센에 이어 타타르의 다얀칸이 오이라트를 제압하고 몽골 부족을 통

---

14 남의현, 「15세기 북방정세와 明의 邊境政策의 再檢討」, 167쪽.

합하였으며, 명의 북변(北邊) 방어시설이 취약한 틈을 타서 남하하여 장성 북변을 장악했다.[15] 명은 몽골의 약탈을 막기 위해 오르도스 지역의 초원을 모두 불태우거나, 대규모 군사를 파견하여 오르도스를 회복하고자 했지만 실효를 거두지 못했다.[16] 명조 내부에서 재정적인 위기가 가속화되었고 조정 내부의 부패가 심화되면서 명조의 변방정책은 수세적 방어로 접어들게 되었다. 이를 계기로 몽골은 군사적 위협을 통해 지속적으로 교역을 요구하였다. 명조의 소극적 대외정책으로의 전환은 변방 지대의 동요로 이어졌다. 북방에서는 동몽골 세력이 남하하여 명의 북변인 선부(宣府), 대동(大同), 산서(山西), 연수(延綏) 등을 수시로 침탈하였으며, 남방에서는 왜구(倭寇)가 절강(浙江), 복건(福建) 연해를 동요시켰다. 명 후기 '북로남왜(北虜南倭)' 세력의 위협은 명 중기 이후의 쇠퇴를 반영하였으며 아울러 명의 쇠락을 가속화했다.

당시 몽골 세력들은 명에 의해 크게 동몽골 세력으로 불리는 달단(韃靼), 서몽골 세력으로 불리웠던 오이라트, 올량합(兀良哈) 삼위(三衛)와 서번(西番)으로 불리웠던 차가타이 칸국의 잔여 세력으로 파악되었다. 명조는 몽골 서부의 오이라트 부와 동부의 타타르부의 지속적인 침략을 받았는데, 그들을 위협하였던 몽골의 군사적 동태를 파악하고 대처하기 위한 목적으로 명 조정에서는 몽골에 관한 보고서를 작성하게 했다. 이러한 연유로 명대 몽골에 의한 기록은 몽골인 자신들이 아닌 명인(明人)에 의한 기록들이 적지 않게 남아 있다. 명의 몽골에 관한 기록들은 몽골의 침략을 대비하기 위한 군사 보고서의 성격을 지닌 문건들이 주를 이

15 명대 몽골 부족들의 남하와 관련하여, 명나라 변방의 시장에 보다 가까이 근접하려는 욕구의 측면에서 파악한 견해와 15세기 '북부 초원의 한랭화'라는 기후변동과 목초지의 상실 및 초원의 사막화가 몽골 부족들의 남하를 야기했다고 보는 견해가 있다. 본인은 양자가 복합적으로 작용하여 15세기 몽골의 남하가 전개되었다고 보고 있으나, 자연의 생태 환경에 민감한 유목민들의 삶을 고려해볼 때, 기후 환경의 변화라는 요인도 크게 작용했을 것이라고 본다.

16 남의현, 「明代 '土木의 變'과 北邊 防禦戰略의 變化」, 291-302쪽; 達力扎布, 『蒙古史綱要』, 中央民族大學出版社(2006), 131~189쪽 참조.

루며 몽골과 관련된 업무에 참여했던 관원들이 남겨놓은 문서[장주(章奏)]들이 일차 사료로서 남아 있다. 이외에도 몽골의 역사와 사회 정세에 주목한 관원들과 지식인들이 남겨놓은 기록들이 있다. 몽골에 관한 한문 저작들은 몽골을 적국으로 간주하고 있으며 대부분 명과 몽골의 외교관계에 중점을 두어 기술하고 있다.

관련 한문 사료를 유형별로 살펴보면, 먼저『명실록(明實錄)』,『명사(明史)』,『명사고(明史稿)』등 정사류(正史類)의 서적들이 주목되며,[17] 그 가운데『명실록(明實錄)』은 명대 몽골과 관련된 기록들을 풍부하게 담고 있다.[18]『명회전(明會典)』의 예부(禮部)에는 몽골에서 보낸 '공물(貢物)'과 '상사(賞賜)'에 관한 기록들이 남겨져 있고, 병부(兵部)에는 변량(邊糧), 도법(盜法), 역사(驛使), 마정(馬政), 진술(鎭戍) 등 몽골의 군사적 정세와 관련된 다양한 항목들이 기재되어 있다. 이러한 정사류(正史類)의 서적들 외에 군사 방위의 목적에서 기록된 변방류(邊防類)의 서적과 지리지류(地理志類)[19]의 서적들이 적지 않게 남아 있어 명대 막남 몽골의 정세를 이해하는 데 자료를 제공하고 있다. 명 왕조에게 지속적으로 위협이 되었던 몽골은 명의 조정 안과 밖에서 한인 문사들의 논의의 대상이 되었으며, 이로 말미암아 관방에서뿐 아니라, 장성 북변에서 관직을 역임했던 자들이 그들의 경력을 바탕으로 몽골에 관한 개인적인 저작들을 저술했다. 우선 몽골인 화원길(火源洁)에 의해 저술되어 명나라의 사이관(四夷館)에서 교재로 사용되었던『화이역어(華夷譯語)』는 중세 몽골어 연구에 있어서 귀중한 사료로서, 명과 몽골의 밀접한 관계를 반영하고

---

17 명대 몽골사 사료에 관해서는, 王雄,『古代蒙古及北方民族史』, 內蒙古大學出版社(2007) 참조. 漢文으로 된 명대 몽골 사료집은 薄音湖에 의해 정리된『明代蒙古漢籍史料彙編』(內蒙古大學出版社, 2000)가 있다.

18 內藤虎次郎에 의해 몽골관련 기록들이『明實錄抄 · 蒙古編』으로 정리된 바 있다.

19 명대 北邊 지역에서 편찬된 지방지들 가운데, 몽골에 관한 기록들이 직접, 간접적으로 수록되어 있어 당시 몽골의 정세를 파악하는데 유용한 자료가 되고 있다. 이와 관련하여, 요동 지역의 지방지인『嘉靖遼東志』『嘉靖全遼志』등이 있으며, 산서, 섬서 일대의 지방지인『正德宣府鎮志』,『嘉靖宣府鎮志』,『三關志』,『嘉靖山西通志』,『萬曆山西通志』,『正德大同府志』,『萬曆陝西通志』,『萬曆延綏鎮志』등에 각 인접 지역에 분포한 漢南 몽골부들에 관련 기록들이 있다. 王雄,『古代蒙古及北方民族史』, 206~216쪽.

있다. 이 외에 산서(山西) 순무(巡撫)를 역임했던 조시춘(趙時春)의 『북로기략(北虜紀略)』은 요동 일대 몽골 부락들의 분포 상황과 그 수령들에 관해 상세히 기록하여 소개하고 있고, 요동(遼東) 순무(巡撫)를 역임했던 소지고(蘇志皐)은 선부(宣府), 섬서(陝西), 산서(山西) 등 변방의 군사 전략적 요충지역에서 몽골과의 교섭을 몸소 담당했던 경험을 바탕으로 『역어(譯語)』를 집필했다. 여기에는 몽골 내부의 상황과 자연 지세에 관해 소개하고 있는데, 특히 몽골 각부의 명칭·지도자·전술·풍속을 비롯하여 수공업 및 광물 자원 등의 경제적인 측면에 이르기까지 몽골의 내부 정세에 관해 비교적 상세한 내용을 담고 있다. 이외에도 명나라 사인(士人)들의 문집 혹은 조정에 올리는 주의(奏議)에도 명인(明人)들의 대몽골 인식과 몽골의 정세를 엿볼 수 있는 기록들이 적지 않게 남아 있다.

명과 알탄 칸 사이에 맺어진 '융경화의(隆慶和議)'를 계기로 몽골에 관한 기술 방식과 내용의 측면에 있어서 변화가 발생했다. 이러한 사료들은 몽골에 대한 인식과 대몽골 정책의 변화를 반영한 사료들, 알탄 칸의 주도하에 전개된 명조와의 '통공(通貢)' 및 '융경화의'를 주된 내용으로 하는 사료들, '융경화의'로부터 반세기가 지난 이후 명과 몽골의 교류 상황을 상세히 기술한 사료들[20]로 분류할 수 있겠다. 이 저작들은 몽골 투메트부와 명조가 화의(和議)를 체결했던 시기에 명조의 북변(北邊)에서 몽골과 명의 화의 과정을 친히 목도했던 관원 출신들이 그 과정을 상세하게 기술해 놓은 것들이다. 1570년 '융경화의'를 계기로 명조와 막남 몽골간의 인적·물적 교류가 활발히 전개되자 명은 몽골 부족 내부의 상황을 보다 상세히 파악하게 되었다. 이 시기부터 이전의 명조 전기 군사전략적인 목적에서 집필되었던 변방류(邊防類)와는 다른, 몽골 사회에 관한 보다 풍부한 내용을 담은 저작들이 다수 출현하게 되었다. 그 대표적인 예가 진무상(愼懋賞)에 의해 저술

20 관련 사료로는 「萬曆八年俺答貢表」, 『撫夷紀略』, 『俺答前志』등이 있다. 王雄, 『古代蒙古及北方民族史』, 237~247쪽.

된 『사이광기(四夷廣記)』와 소대형의 『북로풍속』이다. 『사이광기』에는 조선(朝鮮), 안남(安南), 북적(北狄), 서번(西番)의 주변 민족의 상황이 상세히 기술되어 있는데, 그 가운데서도 「북적광기(北狄廣記)」에는 달단(韃靼), 올량합(兀良哈)에 관한 내용이 지리, 제도, 풍속, 전술, 생산, 공물(貢物), 예문(藝文) 등의 항목별로 기술되어 있다. 『북로풍속』은 명조의 몽골에 대한 인식과 정책이 전환된 이후에 집필된 것으로, 명과 몽골의 관계가 호전된 이후에 나타난 투메트 부의 경제, 풍속, 법제 및 사회의 변화상을 자세하게 기술하고 있다. 명인(明人)의 몽골에 관한 기술 방식 및 내용의 변화는 명조 말기 명의 주변 민족들과의 대치국면이 화의(和議)의 방식으로 전환되었던 상황하에 명조의 대몽골 인식 변화를 반영하고 있다.[21]

명나라 사람들에 의한 이와 같은 기록들은 내용적인 측면에 있어서도 몽골의 실상에 접근했다고 보기에는 불완전한 측면이 있다. 이러한 한문사료들은 그 출처가 통역관들의 전언이나 밀사들의 보고로 이루어졌다. 그러한 점에서 각 사료마다 개개인의 상이한 시각이 반영되어 있음을 간과할 수 없을 것이다. 무엇보다 사료마다 각 서술자가 지니고 있는 종족적·문화적 편견을 배제할 수 없을 것이다. 그럼에도 15~16세기 몽골 부족의 정세를 이해하는 데 있어서, 외부의 관찰자들에 의해 쓰여진 몽골에 관한 기록들은 그 나름의 사료적 가치를 지니고 있다고 볼 수 있겠다. 나아가 당대 몽골에 대한 한족들의 시선이 어떠한 것이었는가를 파악하는 데 유용한 자료라고 할 수 있겠다.

21 王雄, 『古代蒙古及北方民族史史料概述』, 160~161쪽

3. 소대형의 관직 생애와 『북로풍속』 저술

『북로풍속』의 저자 소대형은 명 후기 가정(嘉靖) 융경(隆慶), 만력(萬歷) 삼대에 걸친 중신(重臣)이었다. 그는 명의 북변(北邊)에서 20여 년간 재임하는 동안, 북방의 몽골과 여진 각 부족의 정세를 감독 · 관찰하고 조사했으며, 임기 말년에 『이속기(夷俗記)』[22]를 집필했다. 그의 자(字)는 하경(夏卿), 호(號)는 악봉(岳峰)으로 가정(嘉靖) 11년(1532) 산동 제남(濟南) 태안주(泰安州)에서 출생했고, 만력(萬歷) 40년(1612)에 사망했다. 가정(嘉靖) 41년(1562)에 진사(進士) 급제하여 태원부유차(太原府楡次) 현령(縣令)을 제수 받아 관직 생애를 시작했으며, 가정(嘉靖) 44년(1565)에 호부주사(戶部主事)에 임명되었다. 산서참정(山西參政)을 거쳐 영하(寧夏) 순무(巡撫)직을 맡으며 섬서(陝西) 화마지(花馬池)에 주재하며 병사를 감독하는 임무를 담당했다. 그가 산서(山西), 섬서(陝西)의 변방(邊方) 지역에서 10여 년간 임직했던 기간 동안 명 · 몽 관계는 역사적 전환점을 맞이했다. 1570년 몽골과 명조는 '융경화의'를 통해 호시 조약을 맺음으로써 대동(大同), 선부(宣府), 연수(延綏), 영하(寧夏), 감숙(甘肅) 등 장성 이남 지역에 열한 곳에 마시(馬市)를 개설했는데, 당시 소대형은 섬서(陝西) 안찰검사(按察檢事)직을 맡으며 몽골과 명이 화친조약을 맺는 것을 직접 목도했다. 이 시기부터 명조와 막남 몽골세력 간의 장기간의 전쟁 국면이 비로소 종식되고 활발한 경제교류가 전개되었다.

만력(萬歷) 8년(1580) 소대형은 산서(山西) 병부시랑우도어사(兵部侍郎右都御使)에 임명되었는데, 그가 임관한 선부(宣府)는 막남 몽골의 정치 중심과 접경한 지역으로서 명조와 몽골 간의 교역이 활발이 이루어졌으며 몽골과 한족을 비롯한

---

22 『夷俗記』는 몽골의 풍속을 기술한 『北虜風俗』과 막남 몽골의 계보를 정리한 『北虜世系』를 포함하고 있다. 본 논문은 『北京圖書館古籍珍本叢刊』에 수록된 明萬曆二十二年(1594)自刻本『夷俗記』의 『北虜風俗』편을 중심으로 연구를 진행하였다.

다양한 종족들이 잡거했다. 몽골과 명조 간의 호시(互市)의 평화 국면이 전개되었음에도 불구하고, 몽골 기마부대의 침입이 빈번이 발생하는 등 산서(山西)와 섬서(陝西) 변방 지역은 긴장이 끊이지 않았다. 만력(萬歷) 10년(1582) 투메트부의 수장이자 막남 몽골에서 위세를 떨쳤던 알탄 칸이 사망하고 몽골 부족 내부의 분쟁이 끊이지 않자, 소대형은 알탄 칸의 적장자인 황타이지가 칸의 지위에 오르도록 지원했으며, 명 조정에서는 긴급히 황타이지를 '순의왕(順義王)'으로 책봉함으로써 북변의 정세를 안정시켰다. 이를 계기로 만력(萬歷) 11년(1583) 소대형은 선부(宣府)와 대동(大同)의 호시 총괄을 담당하게 되었으며, 은폐(銀幣)를 하사 받았다. 이후 만력(萬歷) 17년(1589), 선화(宣化), 대동(大同), 산서(山西)의 총독(總督)직에 올랐다.

만력(萬歷) 18년(1590), '순의왕(順義王)'으로 책봉을 받은 철력(扯力克)이 예불(禮佛)을 명목으로 청해에 들어가 청해 지역에서 유목을 하는 호르치(火落赤)부 등과 모반을 꾀하며 명조와의 화의를 파기하는 움직임을 보였다. 북방의 정세가 불안정한 가운데 조정 내부에서는 북방 정책을 둘러싸고 신시행(申時行)을 중심으로 하는 지중파(持重派)와 만국철(萬國鐵) 등을 중심으로 하는 주전파(主戰派)의 대립 국면이 전개되었다. 이때 명조와 몽골의 통공(通貢)은 일시적으로 중단되었고, 명조는 투메트부의 수장이었던 철력의 귀환을 촉구하였다. 당시 북방의 주요 삼진(三鎮)의 총독(總督)이었던 소대형은 지중파(持重派)의 일원으로서 철력의 귀환을 촉구했으며, 결국 그의 외교적 노력으로 철력이 포로로 잡은 한인들을 돌려보내고 투메트 부로 귀환할 것을 명 측에 통보하면서 일촉즉발의 위기가 해소되었다. 또한 명조에서는 순의왕(順義王)으로 책봉된 투메트부의 수령 이외의 몽골 귀족들에게도 호시를 통한 교역을 허락했고, 동시에 변방의 군사력을 강화하는 현실주의적 변방정책을 추진했다. 한편 철력이 청해로부터 귀환하지 않자 소대형은 그에게 여러 차례 서신을 보내 투메트부로 귀환할 것을 촉구했으며, 선부(宣府) 부근의 카라친부로 하여금 명조의 변방을 침입하지 못하도록 경고함으로써 막남 몽골 세력들을 압박했다. 소대형의 전략이 주효하여, 철락은 청해로부터 오르도스 지역으로 귀환했고 북방의 정세는 다시 안정의 국면으로 접어들었다.[23] 변방을 위협했던 몽골 세력을 진압하고 탁월한 외교 전략을 통해 몽골과 명조의 관계를 안정시켰다는 공을 인정받아, 소대형은 만력(萬歷) 23년(1595)에 형부상서(刑部尙書) 지위에 올랐으며, 만력(萬歷) 30년(1605) 병부상서(兵部尙書)직을 역임하고 만력(萬歷) 36년(1608)에 치사(致仕)했다.

소대형은 우익(右翼) 몽골 부족들이 집결한 북변 지역의 임관 경험을 바탕으로 만력(萬曆) 22년(1594)년에 우익 몽골 부족들의 내부 정세를 상세히 기록한 『북로풍속』을 집필했다. 몽골 부족 내부의 상황을 소상히 파악하고 있다는 점과 그 내용이 방대하다는 사실로 미루어, 다양한 정보의 출처가 존재하고 있었음을 짐작케 한다. 몽골과 명조의 화친 전후에 변경 지대를 중심으로 상업 활동이 활발하게 전개되었던 집필 당시의 변경 지역의 상황을 고려해볼 때, 월경(越境)하여 몽골 지역으로 유입되었던 한인(漢人)들, 변경을 넘나들었을 섬서(陝西)와 산서(山西) 지역 상인들, 통역관들 혹은 이들을 가장한 명 측의 첩자들이 정보원이 되었을 것으로 추정된다.

『북로풍속』에는 몽골인들의 의식주 문화뿐 아니라 몽골인들의 경제활동, 전쟁, 교역 등에 관해서도 상세하게 기술되어 있어 16세기 몽골의 역사·사회·경제·문화·풍속을 파악하는 데 유용하다. 이뿐 아니라 명대 몽골 사회 내부의 계급 관계를 비롯하여 몽골과 명나라, 몽골과 티베트의 관계를 파악하는 데도 귀중한 정보를 제공하고 있다. 『북로풍속』에 등장하는 오르도스 지역의 우익 몽골 세력은 티베트과 중원에 가까운 지리적 이점을 활용하여 일찍이 티베트 불교의 겔룩파와 손을 잡았고, 몽골 부족들 가운데 먼저 명과의 호시 협정을 맺었다. 또한

23 周郢, 「蕭大享之籌邊政策及軍事思想」『周郢文史論文集』, 泰山歷史研究, 1997, 179-184쪽.

명과 화친을 맺기에 앞서 16세기 중엽부터, 백련교도로 추정되는 한인들이 명조의 탄압을 피해 몽골 투메트부로 피난을 왔으며, 이 지역에서 농사를 짓고 알탄 칸을 도와 '반승(板升)'이라 불리는 도시를 건설하는 데 협조했다. 이러한 주변 종족, 외부세계와의 교류는 물질생활을 비롯하여 정신세계와 가치관 등의 측면에서 우익 몽골 사회의 변화를 가져왔으며 이러한 변화는 점진적인 과정을 통해 이후 동방과 북방의 몽골 부족들에게도 확산되었다. 우익 몽골을 중심으로 기록한 『북로풍속』에서는 잔존하고 있는 몽골 특유의 유목적 삶의 방식과 주변 종족들과의 교류로 말미암은 삶의 변화상을 함께 엿볼 수 있다.

저자는 『북로풍속』의 서론에서 저술목적을 다음과 같이 밝히고 있다. 전통시대 관방에서 저술된 북방 유목민족에 대한 기록이 군사전략적인 목적에서 서술되었듯이, 첫째로 '로정(虜情)', 즉 몽골의 내부 정세와 종족적 기질 등을 파악함으로써 적에 대한 방비를 하자는 것이다. 그들의 유형, 기호, 도망할 때의 움직임, 장단을 잘 파악하지 않으면, 그들을 방비할 수가 없다는 것이다. 그는 명 중기 이래로 몽골의 침략을 탁월한 전술과 전략을 막아내지 못했던 것은 그들의 '정(情)'을 파악하지 못했기 때문이라고 지적했다.[24]

두번째로 몽골의 강점인 군사력을 배워 명군(明軍)의 전투력을 제고하자는 것이다. 흥미롭게도 소대형은 명나라 군사들의 문란한 기강과 잃어버린 상호부조의 정신을 날카롭게 비판하면서 "우리의 단점을 버리고, 로(虜)의 강점을 취하자"[25] 고 역설하고 있다. 이는 내우외환(內憂外患)의 상황 속에서 약체화된 명의 군사력에 대한 우려와 저자 개인의 위기감을 반영한 것이라 볼 수 있겠다. 그는 몽골군의 집단의식과 결속력에 관해 소개하면서, "몽골 병사들이 한번 집결하면 위

---

24 『北虜風俗 · 序』: "北虜世爲邊患, 非不侵不叛之臣耶 …… 彼之種類, 嗜惡, 趣避, 短長, 態度不諳, 而我直以無算當之, 鮮不憤矣."

25 『北虜風俗 · 戰陣』: "棄我所短 , 習虜所長"

기를 만났을 때 그 위험에 함께 대처한다"[26] 라고 기술하고 있는 반면, 명군에 대해서는 "위기에 처한 자가 있을 때 누가 서로를 돕겠는가?"[27] 라고 지적하며 명의 해이해진 기강과 느슨한 군율을 비판하고 있다.

명 말, 호시(互市)가 전개됨에도 불구하고 북변을 수시로 약탈하는 몽골의 위협적인 상황 속에서 명 조정은 주화파와 주전파가 첨예하게 대립하였다. 소대형은 장기간 북변에서 임관했던 경력을 바탕으로 실리주의적인 주화파의 입장에 서서 호시를 주장했다. 그는 "통공은 통공을 해야 할 때가 있고, 전쟁은 전쟁을 해야 할 기회가 왔을 때가 있으니, 때를 살펴 계기를 만들면 그들을 얻을 수 있다"[28] 고 언급하며 대몽골 정책에 있어서 시기를 분별하여 대처하는 신중한 입장을 취할 것을 주장하였다. 호시 통공(通貢)과 전쟁은 모두 몽골 세력을 통제하기 위해 시의적절하게 사용해야 할 전략으로서, 호시와 전시(戰時)를 잘 파악하여 몽골의 위협에 대처할 것을 주장하면서 이러한 시세를 판단하기 위한 자료로서 『북로풍속』을 저술했다고 밝히고 있다. 그는 당시 몽골과 명의 관계는 '호시'를 통한 평화를 유지해야 할 시점임을 역설함으로써 주전파의 논리에 대응했다.

이상의 내용을 미루어 『북로풍속』의 독자는 대몽골 정책에 혼선을 빚고 있는 명나라 조정의 대신들이었을 것으로 판단된다. 조정의 대신들이 대몽골 정책을 입안하는 데 탁상공론에서만 그칠 것이 아니라 몽골의 '정(情)'을 잘 파악하여 현실주의적인 대외정책을 마련할 것을 저술을 통해 역설하였던 것이다. 아울러 몽골의 군사력과 정신 상태를 본받고 명군의 군사 기강을 바로 잡을 것을 주장하고 있다. 나아가 주전파와 주화파가 첨예하게 대립하는 현실 속에서 몽골의 내부 정세를 알림으로써 호시를 통한 평화체제 속에서 내실을 다져야 할 때임을 밝

---

26 『北虜風俗 · 戰陣』: "群夷之於黨侶也, 危則同其害"

27 『北虜風俗 · 戰陣』: "被危者肯越侶相援乎."

28 『北虜風俗 · 貢市』: "顧款有款之時, 戰有戰之會, 審時投會, 乃得之矣."

히고 있는 것이다. 이러한 저술의도를 바탕으로 본문에서는 몽골의 '정(情)'과 군사력, 그리고 우익 몽골 부족을 둘러싼 당시의 북방의 정세가 전반적으로 상세히 기술되어 있다.

4. 『북로풍속』에 나타난 16세기 막남 몽골 사회의 변화

1) 16세기 변경의 몽골 도시 풍주(豊州): 한인(漢人)의 유입과 반승(板升)의 건축

사마천은 「흉노열전」에서 흉노인들이 "물과 풀을 따라 옮겨 다녀서 성곽이나 일정한 주거지가 없고 농사를 짓지도 않았다"고 묘사하고 있다. 또한 그들의 풍속에 대해 "한가할 때는 가축을 기르면서 새나 짐승을 사냥하는 것을 생업으로 삼고, 위급할 때는 전원이 싸움에 참여하여 침략하고 공격하는데, 이것이 그들의 천성이다"[29] 라고 기술하였다. 이는 목축·수렵·약탈을 통해 생존 문제를 해결하며 일정한 거처가 없이 수로를 따라 이동하는 유목민들의 삶에 대한 묘사로서, 유목민들에 대한 정주민들의 고정적인 인식을 만들어내는 데 일조했다. 10여 세기가 지난 후 송나라 사람인 팽대아(彭大雅)는 『흑달사략(黑韃事略)』에서 몽골인들의 삶의 방식에 대해 "천막에서 살며, 성벽이나 집채는 없으며, 물과 풀을 따라 옮겨 다는 것이 일정치가 않다"[30] 고 기술하고 있는데, 이는 10여 세기가 지난 이후에 등장한 몽골인들이 흉노와 크게 다르지 않은 유목의 삶을 실제적으로 영위하고 있을 뿐 아니라, 유목민에 대한 중원의 고정된 시각을 반영하고 있는 것으로도 보여진다.

---

29 사마천, 『사기열전』(하), 을유문화사, 2002.

30 彭大雅, 徐庭疏, 「黑韃事略」『黑韃事略箋証』(上海古籍書店, 1983): "其居穹廬 , 無城壁棟宇 , 遷就水草 , 無常."

흥미롭게도 16세기 말에 쓰여진 『북로풍속』에서는 순수 유목을 하던 몽골인들의 삶의 변화상이 기술되어 있는데, 유목과 농경이 혼합되어 나타나고 있는 16세기 막남 몽골 사회가 반영되어 있다. 『북로풍속』의 '목양(牧養)'과 '경렵(耕獵)'에서는 각각 투메트 부민들의 유목적 삶과 농경의 시작에 관해 상세히 기술하고 있다. 소대형은 '목양'이라는 항목에서 유목민들이 기본적으로 "유목을 생업으로 하는 몽골인들에게 가축들은 매우 소중하다"고 기술하면서, 유목민으로서의 막남 몽골인들을 소개하고 있다. 한편 명 중기 이래로 몽골 부족들이 남하하여 장성 일대에 거주하고 있었는데, 이에 관해 당시 막남 몽골인들 가운데 초원지대에 거주하며 수렵을 하는 몽골인들의 수는 적은 반면, 장성 일대의 '선부(宣府)'와 '대동(大同)' 의 바깥 지역에 수십만이 밀집해서 거주하고 있다고 기술했다.[31] 당시 이 지역들은 명나라가 몽골을 방어하기 위한 군사 거점 도시로서, 명나라 후기에는 몽골과 한족의 호시 무역이 융성했던 곳이다. 위의 기록을 통해 몽골인들이 대거 남하하여 명나라의 북변인 장성 일대에 거주하고 있었음을 알 수 있다.

'경렵(耕獵)'의 항목에 따르면, 16세기 막남 몽골 사회에서 반농 반목의 혼합된 생산양식이 나타나고 있다. 그는 "현재 몽골인들을 보면 농사를 짓는 것이 우리 변경의 한인들과 별 다르지 않다. 농구는 소·쟁기이며, 종자는 보리·곡식·콩·기장 등으로 모두 일찍이 전해진 것으로 최근에 경작되기 시작한 것은 아니다. 단지 오이·표주박·가지·갓·파·부추만이 통공 이후에 전해진 것들이다"라고 기술하였는데, 이는 16세기 막남 몽골인들의 식생활의 변화를 반영하고 있다. 1570년 '융경화의' 이후에는 중원으로부터 각종 채소들이 몽골에 전해졌으며, 그것이 막남 몽골 사회의 경제생활의 변화를 비롯하여 몽골인들의 식생활에 변화를 가져왔던 것으로 보여진다. 그렇다면 몽골에 농경이 전해진 것은 언제부

---

31 『北虜風俗·牧養』: "宣大以外, 恒聚數十萬虜於此"

터였으며, 어떻게 전해지게 되었을까?

13세기 초 몽골제국 시기에 씌여진 『흑달사략』에 따르면, 몽골인들은 주로 육식을 하고 곡식을 먹지 않았으며 수렵활동을 했다. 아울러 마유주와 소·양의 젖으로 만든 치즈를 주식으로 했다.[32] 잘 알려져 왔듯이 몽골은 수렵과 목축을 통한 육식과 유제품을 주식으로 삼아왔다. 이러한 몽골의 식문화는 몽골의 유라시아 지배가 안정화되면서 점차 다양화되었다. 『흑달사략』으로부터 반세기가 지난 1283년의 기록에 따르면, 몽골 대칸의 궁정에서도 몽골인들이 곡류를 섭취하기 시작했다.[33] '야채와 과일, 양과 생선, 만두, 죽' 등이 궁정 제사에 올려졌으며,[34] 몽골 통치자들이 군량미로 충당하기 위해 각지에 농경을 장려했다. 몽골제국의 수도였던 카라코름 부근에서도 농업을 했다는 기록이 남아 있으며, 쿠빌라이가 칸의 지위에 오른 이래로 각 지역에 농업을 장려하는 정책을 전개하고 둔전(屯田)을 널리 시행했다. 이렇듯 원대 몽골인들이 장기간 중원 지역의 한족을 비롯하여 서역의 무슬림들과 교류하고 함께 거주하는 가운데, 몽골 상층 귀족들을 중심으로 식생활의 변화가 발생했음을 알 수 있다. 이는 몽골인들이 주변 민족들과의 긴밀한 접촉 가운데 나타난 삶의 변화가 식문화에 반영된 것이다.

명대 막남 몽골 사회의 경제 생활의 변화에 있어서 투메트부 수장이었던 알탄 칸이 중요한 역할을 담당했다. 알탄 칸은 1570년에 명나라와의 '호시(互市)'를 주 내용으로 하는 '융경화의(隆慶和議)'를 달성했던 인물로서 일찍이 가정(嘉靖), 융경(隆慶), 만력(萬曆) 연간에 명에서 반란을 일으키고 몽골 지역으로 도피해온 한

---

32 「黑韃事略」: "其食肉而不粒 , 獵而得者曰兎´曰鹿´曰野彘´曰黃鼠´曰頑羊´曰黃鬬´曰野馬´曰河源之魚. 牧而庖者以羊爲常 …… 其飮 , 食馬乳與牛羊酪"

33 『元史』卷125「鐵哥傳」,中華書局, 1975.

34 『元史』卷75「祭祀四」

인들을 수용하여 정착시켰다. 이들의 주도하에 농업이 시행되었고, 풍주(豊州)[35] 일대에 성을 건설했다. 이렇듯 풍주 일대는 몽골과 소수의 한족이 함께 살아가는 다종족으로 구성된 혼종적인 사회의 성격을 보여주고 있는데, 관련 기록에 따르면 "명(明) 가정(嘉靖) 36년(1557)에 다섯 개의 탑과 여덟 개의 대규모 반승(板升)을 축조했고, 오늘날에는 각종 곡식과 감자 및 각양의 과목을 심었다."[36]

여기에서 반승(板升)은 16세기 중엽 한인(漢人)들이 대거 몽골 지역으로 이주한 이후에 출현한 건축양식으로 여러 개의 방으로 이루어진 건축물로 추정된다. 한어(漢語) '백성(百姓)'에서 유래했다고 보기도 하고 '성(城)'[37] 에서 유래했다는 견해도 있는데,[38] 헨리 세뤼(Henry Serruys)는 '반승'이 알탄 칸의 저택과 다른 주거지를 모두 포괄하여 투메트 지역 전체를 통칭하는 것으로 보았다. 여러 곳에 반승이 세워졌다는 기록으로 미루어 알탄 칸의 궁전과 그 주변의 건축물들을 포함하는 '대반승(大板升)'이 있고, 이외에 '소반승(小板升)'과 '동반승(東板升)', '서반승(西板升)' 등도 존재했으며, 그 가운데 대반승(大板升)이 이후 막남 몽골 지역의 정치·종교 중심지였던 귀화성(歸化城, 현재 후허호트)으로 변모했다.[39] 이 지역에는 성벽과 궁전을 갖춘 시가지가 조성되었으며, 주변에 거대한 농경지가 조성되었다. 목축과 농경이 함께 이루어졌으며 생산과 종족 구성, 식생활 등의 측면에서 문화의

---

35 豊州는 大同 너머에 있는 투메트 부족이 駐牧하던 지역으로서 오늘날 내몽골 자치구의 首府인 후허호트 지역을 지칭한다.

36 『阿勒坦汗傳』, 內蒙古人民出版社(1991), 55쪽.

37 方孔炤, 『全邊略記』卷2「大同略」

38 몽골어 байшин(baising)은 平房, 주거용 건물을 의미한다. 심사자 가운데 한분께서 몽골어 байшин과 板升이 모두 게르가 아닌 주거용 건물의 집을 지칭한다는 점을 지적하며, 양자의 연관관계에 관해 의문을 제기해주셨다. 16세기 귀화성을 중심으로 몽골 사회에 건축 형태의 주거양식이 출현하면서 정주 지역의 개념이 몽골어에 들어와 'baising'이라는 어휘가 몽골어에 처음 등장했고, 그것이 한문사료에는 板升으로 표기되었다고 생각되나 관련하여 추후 보다 면밀한 고찰이 필요하겠다.

39 Henry Serruys, 「板升」『蒙古學信息』, 1998-1.

다양한 혼합 형태가 나타났다. 이후 반승을 중심으로 조성된 초원의 새로운 도시 곳곳에 티베트 불교 사원이 건축되어 더욱더 다채로운 문화를 연출하게 된다. 그렇다면 변경 사회에 변화를 가져온 한인들은 누구였을까?

명대 변경의 몽골 사회로 유입된 한인들은 크게 비자발적으로 몽골군에게 납치당한 자들과 자발적으로 몽골에 투항해온 자들로 나뉜다. 몽골과 명의 관계가 안정되기 전까지 알탄 칸은 여러 차례 명의 북변을 침입하여 한인들을 포로로 잡아갔으며 명나라 측의 기록에 따르면 그 수는 20여 만에 달했다.[40] 한편 명조의 북변 정책의 실패는 변경 주민의 삶을 도탄에 빠뜨렸고, 이들은 생계의 곤란과 관리의 착취 등을 피해 월경하여 몽골 지역으로 이주했다. 반승의 건축을 주도했던 세력들은 조전(趙全), 구부(丘富), 이자성(李自聲)을 중심으로 한 백련교도들이었다. 이들은 명나라를 등지고 몽골에 투항하여 알탄 칸으로부터 수령의 지위를 인정받으며 충성했다. 이자성(李自聲)은 1557년 몽골군이 명의 변경을 침입할 때 몽골군을 인도했으며, 몽골어로 서기를 의미하는 '필사기(筆寫氣[bicheqi])'로 불리웠는데, 이는 그가 중국과의 교섭에서 필요한 문서작업을 담당했을 것을 추정케 한다.[41] 이렇게 군인, 농민, 수공업자 등으로 구성된 한인들을 주체로 건축된 반승과 이들을 지배하는 몽골인들의 농목(農牧)이 결합된 사회체제를 '목농왕국(牧農王國)'으로 보는 견해가 있다. 한인들이 몽골인들의 거주 지역에 유입되면서, 종족과 언어적 한계를 넘어 하나의 공동체적인 사회가 형성되었다는 것이다. 흥미롭게도 명 중기 이후의 이러한 현상은 장성 북변의 변경사회뿐 아니라, 동남 연해 지역과 요동 지역에서도 나타나고 있다. 당시 동북 변경 지역에서는 한인, 여진, 조선, 몽골이 착종하는 상황이 전개되었으며, 동남 연해에서도 일본과 한인들이 함께 '왜구(倭寇)'라는 이름으로 변경 지대를 요동시키는 상황이 전개되

40 『萬曆武功錄』卷7, 「俺答列傳上」

41 민경준, 「16세기 明蒙 변경의 몽골 漢人」, 64~74쪽.

었다. 이러한 '변경 지대의 동요'가 17세기 중엽 명·청 사회의 교체라는 거대한 정치적 변동으로 이어졌다는 견해가 근래 제기되고 있다.[42]

『북로풍속』에는 막남 몽골 사회에 주변 민족들과 접촉하는 가운데 발생한 물질문화의 변화를 기술되어 있다. 유목과 수렵, 약탈 경제에 주력하던 몽골 사회에 한인들이 다양한 경로를 통해 유입되면서 농업기술과 건축술이 몽골 사회에 전해졌다. 이러한 기술은 몽골인들의 의식주를 비롯한 다양한 물질 생활의 변화를 가져왔다. 1570년 몽골과 명나라의 교역이 개시되자 몽골 칸과 상층 귀족들의 물질 생활에 변화가 먼저 찾아왔다. 『북로풍속』에는 명나라와의 교역으로 말미암은 복식과 유행을 중심으로 몽골 사회의 변화에 관해 기술하고 있는데, "최근 교역이 이루어진 이래로, 명조에서는 아름다운 무늬의 비단을 하사하였고, 몽골 각부 사람들 가운데 비단 옷과 같이 아름다운 옷을 입는 사람들이 생겨났으며, 몽골 왕 또한 점차 비단으로 영화로움을 삼게 되었다."[43] 이를 통해 투메트부 수령과 귀족들이 명으로부터 유입된 사치품들을 향유했을 것으로 보인다. 명으로부터 전해진 사치품들은 몽골인들의 의식에도 영향을 미치기 시작했다. "몽골인들은 성격은 단순하면서 매우 강하다. 식기와 의복 외에는 다른 물건을 숭상하지 않고, 사치하지 않는다. 이는 그들의 습속에 의한 것이다. 그러나 최근에 매우 화려한 것과 사치스러운 것을 추구하게 되었다. …… 최근 금자색 장식품을 매우 좋아하게 되었고, 꽃무늬의 비단, 그리고 차와 설탕의 맛을 좋아하게 되었다."[44] 이러한 기술은 소대형이 지중파 측에 서서 호시를 통해 몽골인들을 통어(統御)할 것을 주장했던 화의(和議) 정책의 성공적인 효과를 가시적으로 드러내기

---

42 岩井茂樹,「十六·十七世紀の中國邊境社會」, 627-628쪽.

43 『北虜風俗 · 帽衣』: "近奉貢惟謹, 我恒賜之金段文綺, 故其部夷亦或有衣錦服繡者, 其酋首愈以爲榮也."

44 『北虜風俗 · 習尙』: "夷性椏魯木强, 自服食器用以外, 不貴異物, 賤用物, 固其習俗然也. 乃今尤趨華靡哉 …… 近雖貴金紫之飾, 悅錦繡之文."

위한 저자의 의도가 농후하게 반영되어 있다.

기원전 몽골 초원에서 활약했던 흉노에서부터 13세기 몽골에 이르기까지 북방의 유목민들은 '순수 유목'에 종사했던 이들로 묘사되어왔다. 그러나 16세기 소대형에 의해 묘사된 몽골 사회는 유목과 농경, 이동과 정주의 방식이 혼재된 양상이 나타난다. 몽골과 명조가 호시를 개설한 이후 수십 년이 지난 상황하에서 중원의 물자 유입은 몽골 사회에 적지 않은 변화를 가져왔다. 하자노프는 일찍이 유목민들이 외부세계에 적응하는 방식으로서 '교역'에 주목했다. 교역은 유목귀족이나 대가축 소유자에게 자신들의 사회경제적 지위를 강화·안정 시켜주는 매개 역할을 했다고 지적했다. 특히 교역상품 가운데 사치품이 상당수였다는 사실은 이를 반증한다.[45] 관련 기사에서 소대형이 '사치품'에 관해 주로 언급했다는 점도 이러한 하자노프의 주장에 부합한다.

유목은 환경조건에 따라 나타난 삶의 형태로서, 외부세계와의 긴밀하고 다양한 접촉은 유목민 사회의 분화를 비롯하여 '정주화'와 같은 다양한 변화로 이어지기도 했다. 정주화는 농경에 알맞은 생태지역으로의 이주를 통해서 이루어지며, 정주사회와의 상호 관계에서 나타나는 현상이었다. 유목민 사회에서는 정주화 과정에서 농업생산이 이루어지고 수공업 발전의 증대하는 양상이 나타나는데, 그 과정에서 유목적 사고와 행동은 물론, 전통적 가치체계와 생활양식의 변화까지 발생했다.[46] 『북로풍속』에 기술된 오르도스 지역 몽골 부족으로 한인들의 유입, 반승의 건축, 농경과 유목의 혼재, 식생활의 변화 및 몽골 귀족을 중심으로 한 정주 지역 사치품의 유통 등은 급변하는 16세기 명나라 북방의 정세 속에서 나타났던 투메트 몽골 사회 변화의 흔적을 보여준다. 이와 같은 기술은 당시 몽골 사회의 변화상을 실제적으로 반영하고 있는 측면이 있겠지만, 대몽골 정

---

45 『遊牧社會의 構造』, 281쪽.

46 『遊牧社會의 構造』, 276~277쪽.

책에 있어서 통공 호시의 성과를 조정에 알리고자 했던 소대형의 의도가 투영되었던 측면도 있었다고 보여진다.

2) 막남(漠南) 몽골인들의 종교의식의 변화

몽골인들이 초원에서 흥기한 이래로 샤머니즘은 몽골인들의 의식을 지배했으며, 몽골제국이 붕괴된 이후 16세기에 이르기까지 몽골인들의 삶을 지배했다. 소대형의 보고서에 따르면, 16세기 막남 몽골 사회에서는 여전히 점복(占卜)활동이 행해졌다[47]는 기록을 미루어 볼 때 샤머니즘의 뿌리가 몽골인들의 삶과 의식 속에 깊이 박혀 있었던 것으로 보인다. 한편, 16세기 투메트부에 유입된 티베트 불교는 막남 몽골 사회에 급속도로 확산되었으며, 몽골 사회에 미친 영향력은 상당했다.

몽골-중국 국경지대의 몽골인들에게 티베트 승려가 찾아왔다는 기록은 1547년부터 나타나며, 이 시기부터 울드, 오이라트 등 서몽골 부민들이 티베트 불교의 통제하에 들어가게 되었던 것으로 보인다. 티베트 불교가 막남 몽골 지역에 영향력을 미치게 된 것은 알탄 칸이 겔룩파의 지도자인 소남갸초를 초청하면서부터였다. 알탄 칸은 막남 몽골의 여러 부족들 가운데 그의 정치적 지위와 영향력을 공고히 하기 위해 명나라와 화의(和議)를 맺고 통공을 개시했다. 당시 알탄 칸은 명나라 조정에 티베트 승려와 불경을 보내달라고 요청하였으며, 명은 이를 흔쾌히 수락하였는데, 여기에는 몽골인들을 불교도로 개종시킴으로써 북변의 안정을 꾀하고자 하는 명의 정치적인 의도가 숨어 있었다. 한편, 겔룩파 역시 티베트의 다양한 불교 종파들이 경쟁하는 가운데 자신들의 위상을 공고히 하기 위해 당시 막남 몽골 지역에서 상당한 영향력을 발휘하고 있던 알탄 칸과 손

---

47 『北虜風俗 · 禁忌』: “有持羊膊骨火灼之 , 以驗吉凶者 ; 有以上弦之弓 , 用兩指平擧之 , 口念一咒 , 俟弓微動而知吉凶者.”

을 잡았다. 1576년 알탄 칸과 소남갸초의 후흐노르 회견을 계기로 오르도스 지역의 상당수 몽골인이 티베트 불교로 개종했다. 이때 신법(新法)이 만들어졌는데, 그 주된 내용은 몽골인들이 라마교의 절대적인 지위를 보장하며 포교를 할 수 있도록 보증하는 동시에 샤먼들의 활동을 금하는 것이었다.[48]

몽골과 티베트의 정치·종교적 관계는 명나라가 북방정세를 파악하고 정책을 수립하는 중요한 정보였다. 따라서 소대형은 막남 몽골에 관한 '정(情)'의 일환으로서 몽골 사회의 티베트화에 관해 상세히 기술하고 있다. 알탄 칸과 티베트 불교 겔룩파의 수장인 소남갸초가 회견을 한 이래로, 샤먼들이 담당하던 치병, 제사, 교육, 장례 등을 티베트 승려들이 주도하게 되었다. 장례의식으로 불교의 화장법이 유목사회에 들어와 상층부의 몽골 귀족들을 중심으로 행해졌으며, 몽골인들은 종교적 의례를 주관하는 티베트 승려들을 의지하게 되었다.[49] 몽골 사회에서 티베트 승려들의 권위는 상당했다. 그들은 샤먼들의 역할을 대신하여, 몽골인들을 계도하는 역할을 담당했다. 소대형의 기록에 따르면 "불교를 믿게 된 이후, 금기가 더욱 엄격해졌다. 매사에 승려가 내린 계율을 지켜야 하며, 하나라도 어겨서는 안 된다." 만약 "승려가 불길하다고 하면, 함부로 집 밖에 나갈 수 없을 정도였다."[50] 치병에 있어서도 티베트 승려들은 영력을 발휘하여 샤먼들의 지위를 대신하고 "병을 치료할 때에 라마를 불러 경을 읊으며 기도하게 했다."[51]

오르도스 지역에 티베트 불교가 유입된 이래로, 각 가정에서는 집안을 보호

---

48 하이시히, 이평래 역, 『몽골의 종교』, 소나무, 2003, 55-60쪽.

49 『北虜風俗·葬埋』: "今奉貢惟謹, 信佛甚專, 諸俗雖仍其舊, 獨葬埋殺傷之慘, 頗改易焉° 蓋西方之僧, 彼號曰喇嘛者, 教以火葬之法° 凡死者盡以火焚之, 拾其餘燼爲細末, 和以泥, 塑爲小像, 像外以金或銀裹之, 置之廟中. 近年大興廟宇, 召喇嘛誦經四十九日, 雖部落中諸夷, 亦召喇嘛誦經至七日而止. 盡以死者所愛良馬衣甲爲喇嘛謝."

50 『北虜風俗·禁忌』: "近奉佛教 , 禁忌猶甚, 凡事皆守僧之戒, 毫不敢違. 一舉動, 僧曰不吉, 則戶限不敢越也."

51 『北虜風俗·敬上』: "近奉佛教, 或有疾病, 輒召僧誦經祈禱."

하는 '옹고드'라는 우상의 자리를 불상이 대체하게 되었다. 옹고드는 장막 안에 모셔진 수호신으로서 가신상과 함께 가축, 말, 땅을 보호하는 것으로 알려졌다. 그러나 『북로풍속』의 기록에 따르면 옹고드는 불상으로 대체되기 시작했다. 몽골인들이 "거주하는 장막에다 항상 불상을 두고 제사를 드리는데, 밥 먹을 때에도 제사를 드리고, 출입 시에도 반드시 절을 했는데, 이러한 몽골 지역의 불상들은 변경 지역에 유통되던 은으로 주조된 것들이었다."[52] 티베트 불교의 종교적 권위가 공고해지는 가운데, 샤머니즘은 소멸되지 않고 티베트 불교에 저항하거나 티베트 불교의 외피를 입는 방식으로 생존을 모색했다. 샤머니즘의 의식과 권위는 약화되었지만 여전히 몽골인들의 삶을 지배하였다.

한편, 몽골의 각 지역에는 절이 세워졌다. 『북로풍속』의 관련 기록에 따르면, "불교에 대한 신앙이 깊어지고 난 후, 절을 만들기 시작하고, 단청을 팔아 불상과 절을 장식하고자 하였다."[53] 티베트 불교의 유입에 따른 몽골 사회의 변화는 가시적인 측면에서뿐 아니라 몽골인들의 내면에도 영향을 주기 시작했다. 소대형은 티베트 불교의 유입으로 말미암은 몽골인들의 기질과 의식의 변화에도 주목하였는데, "몽골인들은 사나워서, 교화시키기가 어려우나 명조와의 통공 이후, 불교를 숭상하기 시작했으며,"[54] 북방으로 전해진 불교가 야만인들을 인자한 사람으로 교화시켰다[55] 고 기술하였다.

몽골이 급속도로 티베트 불교화 될 수 있었던 데는 앞서 살펴보았듯이, 명나라의 정치적·경제적 후원이 있었다. 명의 주화파들은 변방의 안정을 위한 전

52 『北虜風俗 · 崇佛』: "比款貢以來, 頗尚佛教. 其幕中居恒祀一佛像, 飮食必祭, 出入必拜.富者每特廟祀之, 請僧諷經, 捧香瞻拜, 無日不然也. 所得市銀, 皆以鑄佛´鑄浮圖"

53 『北虜風俗 · 習尙』: "近甚敬佛. 嘗特建廟宇.乞買丹青, 爲莊嚴之故也."

54 『北虜風俗 · 崇佛』: "夷俗獷悍, 不可化誨久矣° 比款貢以來, 頗尙佛教."

55 『北虜風俗 · 葬埋』: "夫像教之設, 肇於西方, 流於北土, 化悍厲爲仁慈"

략으로서 몽골인들에게 중원의 물자를 제공하고, 티베트 불교의 몽골 사회 포교를 지지함으로써 몽골인들의 호전성을 약화시킬 것을 주장했다. 티베트과 몽골의 유대관계는 알탄 칸의 증손자가 4대 달라이 라마로 추대되었던 사건을 통해 더욱 견고해졌는데. 그 내막에는 명나라의 적극적인 지원이 있었다. 만력(萬曆) 20년(1592) 명 황제는 달라이 라마로 지목된 알탄 칸의 증손에게 '집금강(執金剛)'이라는 이름을 하사했고, 몽골 출신 라마들에게는 하사품을 내림으로써 몽골의 티베트 불교화에 적극적인 지원을 아끼지 않았다.[56] 이 시기부터 알탄 칸이 반승을 건설했던 풍주(豊州) 지역은 귀화성(歸化城)으로 불리며 막남 몽골의 정치적 중심지이자, 티베트 승려들의 종교 활동과 경전 번역 작업이 활발하게 전개되는 종교적 중심지로서 자리매김하게 되었다.

명의 적극적인 지원하에 이루어진 티베트 불교의 몽골 사회로의 전파는 사회·경제적인 측면에서도 몽골 사회의 구조 변화를 가져왔다. 독립적인 경제 단위를 형성한 사원 공동체가 등장했으며, 사원을 중심으로 부가 축적되어 이후 몽골 귀족층과도 대립하는 상황이 전개되었다. 또한 학당을 갖춘 사원을 중심으로 사원 교육이 몽골 사회로 확산되기 시작했다. 이는 몽골인들에게 적지 않은 지적 자극을 주었다. 1587년에는 알탄 칸의 손자의 지시로 라마교의 기본 경전인 『금강명경(金剛明經)』이 번역되었으며, 1579년부터 1629년 50년 사이에 티베트 불교 경전 번역 작업이 활발하게 전개되었다. 이 시기 몽골 문학이 르네상스를 맞이하여 티베트 불교 문학 작품들이 몽골어로 번역되었으며 티베트 불교의 세계관을 바탕으로 한 몽골 역사(歷史)의 집필이 활발하게 이루어졌다.[57] 17세기부터 19세기 사이에 『백사(白史)』와 같은 몽골의 괄목할만한 역사서들은 이 시기의 지적 자

---

56 『北虜風俗 · 崇佛』: "萬曆二十年, 奉旨升松木之子爲朶兒只昌, 異其事也, 以故夷人愈益崇佛不倦, 而喇 嘛之在虜中者, 我歲有所賜以獎異之."

57 『몽골의 종교』, 61쪽.

극을 바탕으로 저술된 것들이었다. 『북로풍속』에서 드러난 몽골 사회의 변화들은 16세기 말 알탄 칸의 주도하에 이루어졌던 티베트 불교의 적극적인 수용과 티베트 내부의 정치·종교적 상황, 명의 전략적인 후원이 서로 맞물려 전개된 것이었다. 이는 17세기 이후 티베트 불교를 구심점으로 하는 내륙아시아의 새로운 질서 재편을 이해하는 데 중요한 밑거름을 제시해주고 있다.

5. 맺음말

15세기 말 명 체제가 붕괴되면서 명의 변방 방어선이 동요되는 가운데, 교역의 시대가 도래했다. 명의 정치·군사적 약세를 틈타 군사력을 기반으로 일어난 신흥 세력들은 명을 위협하여 교역관계를 맺게 되었고, 경제적 교역권에 대한 독점을 통해 부를 축적했다. 16세기 오르도스 지역에서 활약했던 몽골 투메트부의 수장 알탄 칸은 그 대표적인 인물로서, 몽골과 명, 몽골과 티베트의 정치·경제·문화적 유대를 공고히 함으로써 자신의 입지를 다졌다. 그는 막남 몽골 사회의 변화를 주도하였으며 이것은 이후 내륙아시아의 전환을 가져오는 데 결정적인 역할을 했다. 16세기 변방 사회의 동요와 새로운 유형의 상업-군사 세력의 등장은 비단 장성 일대의 북변에서만 발생했던 것이 아니라, 요동 지역과 동남 연해에서 동시다발적으로 일어났다는 점이 주목된다. 이는 명나라가 쇠퇴해 가는 가운데, 다음 시대를 여는 변화의 움직임이 '중심'의 관점에서 '주변'으로 간주되어왔던 변방의 지역에서 태동되었던 것이다. 이 시기 변방사회는 다종족·다문화·다경제체제로 파악될 수 있는 혼종의 공간이었다. 천막에서만 거주하던 유목민들이 성을 건축하고, 도시를 조성했으며, 교역을 통해 중원의 물질문화를 적극적으로 받아들였다. 또한 장기간의 전란으로 정신적인 기갈에 시달렸던 몽골인들은 티베트 불교를 통해 심리적 위안을 얻었을 뿐 아니라, 문화와 사상적인 측면에서 자극을 받아 건축, 미술, 문학, 경전 번역, 역사 서술 등 다방면에서 몽골의 문화적인 성장을 이루었다. 아울러 티베트 불교는 몽골의 사회 경제적 구조를 변모시키기도 했다. 사원을 중심으로 이루어진 경제체제는 점차 몽골 사회를 해체시켰고, 사원을 중심으로 이루어진 교육체제의 조성은 몽골 귀족 자제들을 비롯하여 많은 몽골 청년들이 라마 승려가 되는 데 일조했다.

명나라 말기 조정은 주전파와 주화파를 비롯하여 소모적인 당쟁으로 국론이 분열되어 있었다. 급변하는 북방의 정세를 목도한 소대형은 북변에서 일어나고 몽골 내부의 변화와 북방의 정세를 알려야 한다는 위기의식에서 속에서 『북로풍속』을 저술했다. 그의 저작은 '이방인의 시선에서 바라본 몽골'이라는 한계에도 불구하고, 다종족 · 다문화 사회의 복합사회를 기반으로 새로운 역사가 전개되고 있는 오르도스의 몽골 사회상을 드러내고 있다는 점에서 주목된다. 나아가 '교역과 교류의 시대', 17세기 티베트 불교를 중심으로 하는 내륙아시아의 새로운 시기로의 전환의 과정을 생생하게 보여주고 있다는 점에서 귀중한 사료라고 평가할 수 있겠다.

참고문헌

〈사료〉

『明實錄』(臺灣中央硏究院校勘本, 1962)
薄音湖, 『明代蒙古漢籍史料彙編』第一輯 (內蒙古大學出版社, 2000)
______, 『明代蒙古漢籍史料彙編』第二輯 (內蒙古大學出版社, 2000)
『萬曆武功錄』(瞿九思, 中華書局影印本, 1993)
『北虜風俗』(蕭大亨, 『北京圖書館古籍珍本叢刊』, 第11冊)
『阿勒坦汗傳』(珠榮嘎譯注, 內蒙古人民出版社, 1991)
『元史』(中華書局, 1975)
『夷俗記校注』(崔春華, 遼寧大學出版社 , 1987)
『黑韃事略』(彭大雅, 徐庭疏, 『黑韃事略箋証』, 上海古籍書店, 1983)

〈단행본〉

達力扎布(2006) 『蒙古史綱要』, 中央民族大學出版社.
______(1998) 『明代漠南蒙古歷史硏究』, 內蒙古文化出版社.
______(2003) 『明淸蒙古史論稿』, 民族出版社.
島田正郎(1981) 『北方ユ__ラシア法系的硏究』, 創文社.
모모키 시로, 최연식 역(2012) 『해역아시아사 연구 입문』, 민속원.
王雄(2007) 『古代蒙古及北方民族史史料概述』, 內蒙古大學出版社.
하자노프, 김호동 역(1990) 『遊牧社會의 構造』, 지식산업사.
하이시히, 이평래 역(2003) 『몽골의 종교』, 소나무.
和田淸(1984) 『明代蒙古史論集(上·下)』商務印書館.
Henry Serruys(1987) *The Mongols and Ming China: customs and history*, Variorum Reprints.

〈논문〉

강인욱(2007) 「中國 오르도스 靑銅器의 槪念과 初期硏究에 대한 檢討」 『中國史硏究』 48, 중국사학회.

남의현(2011) 「15세기 북방정세와 明의 邊境政策의 再檢討」『인문과학연구』 29, 인문과학연구소.
________(2007) 「明代 '土木의 變'과 北邊 防禦戰略의 變化」『中國學報』 56, 한국중국학회.
민경준(2009) 「16세기 明蒙 변경의 몽골 漢人」『역사와 세계』 36, 효원사학회.
________(2011) 「明 후기의 對蒙通貢互市와 변경사회」『역사와 세계』 40, 효원사학회.
박원길(1994) 「오르도스의 역사」『몽골학』 2,1994, 한국몽골학회.
岩井茂樹(1996) 「十六·十七世紀の中國邊境社會」『明末淸初の社會と文化』京都大學人文科學研究所.
이평래(2002) 「〈알탄칸법전〉연구」『東洋史學研究』 79, 동양사학회.
趙阮(2006) 『蕭大亨〈北虜風俗〉與十六世紀後期蒙古社會生活初探』, 中央民族大學碩士學位論文.
周郢(1997) 「蕭大亨之籌邊政策及軍事思想」『周郢文史論文集』, 泰山歷史研究.
홍성구(2011) 「明代 北邊의 互市와 朝貢」『中國史研究』 72, 중국사학회.
Henry Serruys(1958) "Genealogical tables of the descendants of Dayan-Qan", Central Asiatic Studies , Mouton & Co.
________(1998) 「板升」『蒙古學信息』 1,內蒙古社會科學院.

제2부

트랜스어틀랜틱 지역의 트랜스내셔널 역사

5

크레올 민족주의와 서인도 문화정치
: C. L. R. 제임스의 초기 사상을 중심으로

하영준

1. 영국과 서인도 식민지, 상호 변형적 관계

'크레올 민족주의(Creole nationalism)'는 서인도 식민지의 독립을 이끌었던 흑인 중간계급의 주류 민족주의를 지칭한다.[1] 1962년 독립 이후에도 크레올 민족주의는 거의 30년 동안 서인도에서 자신의 담론적인 헤게모니를 유지했다. 자메이카와 트리니다드 토바고에서 흑인 중간계급의 지지를 기반으로 독립을 이끌었던 맨리(Norman Manley)와 윌리엄스(Eric Williams)는 크레올 민족주의를 대표하는 인물이었다. 크레올 민족주의는 영국식 의회민주주의를 서인도의 정치체제로 삼고 그 문화적 토대로 개인과 민족의 '위신(respectability)'을 강조했다.[2] 위신이 한

---

1 Ivar Oxaal, *Black Intellectuals Come to Power; The Rise of Creole Nationalism in Trinidad & Tobago*, Cambridge: Schenkman Pub. Co., 1968, 참조.

2 Anthony Bogues, "Politics, Nation and PostColony: Caribbean Inflections," *Small Axe*, No.

개인에게 '시민'으로서의 자격을 부여할 뿐 아니라, 한 민족에게 '자결'을 할 수 있는 문화적 토대를 제공한다는 것이다. 이러한 문화적 관념은 밀(J. S. Mill)과 관련된 영국 중간계급의 자유주의적 전통에서 비롯되었다.

위신은 빅토리아 시기의 영국 중간계급이 자신들의 문화적 우월성을 확보하려는 노력 속에 출현했다.[3] 이들은 자신의 '검약과 의무에 대한 헌신' 그리고 정념의 억제에 기초한 생활 방식을 '게으른' 하층계급과 '방탕한' 귀족계급에 대한 우월성의 증거로 삼아 중간계급의 정체성을 구성했다. 그러나 위신은 영국 중간계급이 자신의 사회적 지위를 확보하는 데만 한정된 것이 아니었다. 위신 담론은 '문명화 사명'과 연관되면서 민족적·제국적 정체성을 창출하는 데 중요한 문화적 기제가 되었다. 영국 정부와 영국 중간계급은 식민지 주체를 위신 있는 주체로 문명화하는 것에서 자신의 제국 지배를 정당화했다. 흔히 '자유주의적 제국주의(liberal imperialism)'로 간주되는 이러한 시도는 서인도에서 흑인 중간계급과 크레올 민족주의가 등장하게 되는 배경을 제공했고, 나아가 영국 중간계급의 계급적·민족적·젠더적 정체성의 새로운 변형을 불러온 중요한 계기가 되었다.[4] 자신과 동등한 위신을 주장하면서 서인도의 자결을 요구하는 흑인 중간계급의 등장은 영국 중간계급의 정체성과 제국적 질서에 중요한 위협이 되었기 때문이다.[5]

11, March 2002, pp. 14~16, Deborah A. Thomas, *Modern Blackness: Nationalism, Globalization, and the Politics of Culture in Jamaica*, Durham & London: Duke University Press, 2004, pp, 29~57. Viranjini Munasinghe, *Callaloo or Tossed Salad? East Indians and the Cultural Polities of Identity in Trinidad*, Ithaca and London: Cornell University Press, 2001, pp. 182~227.

3 George L. Mosse, "Nationalism and Respectability: Normal and Abnormal Sexuality in the Nineteenth Century," *Journal of Contemporary History*, Vol. 17, No. 2, Apri., 1982, pp. 221~246. '위신(respectability)'은 '고결함' '체통' '체면' 등으로 변역되기도 한다. 이 글은 'respectability'가 지는 계급적 특성을 강조하기 위해서 '위신'으로 번역 한다.

4 Catherine Hall, "The Economy of Intellectual Prestige: Carlyle, John Stuart Mill, and the Case of Governor Eyre," *Cultural Critique*, No 12, Spring, 1989, p. 168.

5 '자유주의적 제국주의'는 '차이'와 '동일성'을 함께 주장했다는 점에서 '양가성(ambivalence)'을 처음부

이 연구는 이러한 영국과 서인도, 제국과 식민지 사이의 상호 변형적 관계 속에서 크레올 민족주의의 등장을 이해하는 데 일차적 목적이 있다. 지금까지 연구는 영국의 사상과 문화에 종속된 측면을 강조하면서 크레올 민족주의를 유럽 공식 민족주의의 '파생 담론(Derivate Discourse)'으로 간주하는 경향이 지배적이었다.[6] "유럽 자유주의적 민족주의의 카리브적인 형태"라는 것이다.[7] 그러나 이러한 접근은 모방에 지나치게 주목하면서 모방이 빚어낸 긴장과 차이를 보지 못한다. 서인도 흑인 중간계급의 '앵글로색슨적인 경향(Anglo-Saxon tendencies)'에 초점을 맞추면서 이들의 등장이 영국 중간계급의 정체성과 제국적 질서에 불러온 위기를 간과하는 것이다. 그리고 이러한 지금까지의 연구는 흑인 중간계급의 개방적이고 유연한 정체성, 즉 서인도 정체성을 축으로 영국적·흑인적 정체성이 공존하고 있는 양상을 적절히 설명하지 못한다. 흑인 중간계급에게 '영국다움(Englishness)'과 '흑인다움(Blackness)'은 양자택일해야만 하는 상호 배타적인 정체성이 아니었다.[8] 이들은 영국과의 식민적 관계에 대응하면서 상대적으로 개방적이고 유연한 '서인도 정체성'을 창출할 수 있었다. 영국 중간계급의 위신 담론을 지역적·인종적으로 변형했던 것이다. 이 연구는 C. L. R. 제임스의 초기 사상을 통해

터 가졌다. 영국의 중간계급은 자신의 문화를 통해서 '영국적 정체성'의 우월성을 유지·과시하고자 했을 뿐 아니라 대영제국의 문화적 동일성을 확보하고자 시도했다. 노예제 폐지론이 영국 중간계급 사이에서 헤게모니를 획득하게 되었던 것은 이러한 분위기에서였다. 영국 중간계급의 다수는 흑인 노예들을 잠재적으로나마 자신들과 동등해 질 수 있는 '형제·자매'로 간주하면서, 교육을 통해서 이들을 문명화된 공동체의 일원으로 만들 수 있다고 생각했다. 그러나 그들이 원했던 문명화된 식민지 주체의 등장은 역설적으로 자유주의적 제국주의의 위기를 불러왔다.

6 Anthony Bogues, "Politics, Nation and PostColony," p. 6, 15.

7 F. S. J. Ledgister, "C. L. R. James as a Creole Nationalist," Georgia Political Science Association, Conference Proceedings, 2006, p. 1.

8 이러한 서인도 정체성과 관련된 논의는 Belinda Edmondson, *Making Men: Gender, Literary Authority, and Women's Writing in Caribbean Narrative*, Durham & London: Duke University Press, 1999, pp. 19~57.

서 이와 같은 크레올 민족주의와 서인도 정체성의 특징을 보여주고자 한다.

사이드(Edward W. Said)가 "그의 삶 자체가 근대의 존재방식을 상징했던 20세기의 매우 중요한 인물"이라고 평가했던 제임스(1901~89)는 '서인도 정체성'을 창출하는 데 중요한 역할을 했던 흑인 지식인이다. 그는 영국령 트리니다드의 흑인 중간계급 가정에서 태어나 그 삶의 대부분을 '신세계와 구세계', '서구와 비서구'를 가로지르며 이단적인 마르크스주의 혁명가이자 범아프리카주의자로 살았다.[9] 제임스의 초기 사상은 그가 1932년에 영국으로 떠나기 이전의 트리니다드 시기를 대상으로 한다. 이 시기는 흔히 『블랙 자코뱅(1938)』이나 『경계를 넘어서(1962)』를 출간했던 성숙기의 준비단계로 간주되면서 상대적으로 소홀히 다루어져 왔다.[10] 그러나 청년 제임스는 서인도 사회와 관련된 중요한 정치적 저작과 문학 작품을 생산했다. 이 시기의 정치적 저작으로 『시프리아니 대령의 생애(1932)』와 그 축약본인 『서인도 자결의 옹호(1933)』가 있으며, 문학 작품으로 단편소설 「승리(1929)」와 장편소설 『민티 엘리(1936)』 등이 존재한다.[11] 트리니다드에서 썼지만 영국 이주 후에 출간된 이 저작들은 그가 앞으로 발전시키게 될 급진적 정치

---

9 제임스의 정치적 전기는 Paul Buhle, *C. L. R. James: The Artist as Revolutionary*, New York: Verso, 1988; Kent Worcester, *C. L. R. James: A Political Biography*, New York: State University of New York Press, 1996; Farrukh Dhondy, *C. L. R. James: A Life*, New York: Pantheon Books, 2001; Dave Renton, *C. L. R. James: Cricket's Philosopher King*, London: Haus Books, 2007 등을 참조.

10 C. L. R. James, *The Black Jacobins: Toussaint L'Ouverture and The San Domingo Revolution*, rev. 2nd., New York: Vintage Books, 1989[1963]; *Beyond A Boundary*, Durham: Duke University Press, 1993[1963]. 『블랙 자코뱅』은 1938년에 런던에서 초판이 출간되었고, 1963년에 수정판이 출간되었다.

11 C. L. R. James, *The Life of Captain Cipriani: An Account of British Government in the West Indies*, Nelson: Coulton, 1932; *The Case for West Indian Self-government*, New York: Facing Reality Publishing Co., 1967[1933]; "Triumph(1929)," Anna Grimshaw ed., *The C. L. R James Reader*, Oxford UK & Cambridge USA, Blackwell, 1992, pp. 29~40; *Minty Alley*, University Press of Mississippi, 1997[1936], 이 시기의 다른 문학 작품들로는 "La Divina Pastora(1927)," "Turner's Prosperity(1929)," "Revolution(1931)," "The Star That Would Not Shine(1931)" 등이 있다.

사상의 기본적인 틀을 보여줄 뿐 아니라, 그를 "크레올 민족주의의 선두 주자로 만들었다."[12]

이 연구의 두 번째 목적은 이와 같은 청년 제임스의 저작들을 통해서 크레올 민족주의의 한계와 문제점을 보여주는 데 있다. 서인도의 역사 서술에서 제임스의 초기 저작들은 크레올 민족주의의 형성에 기여한 것으로 간주된다. 그의 정치적 저작은 '서인도의 자결'을 주장하면서 '정치적 민족주의'를, 그의 문학 작품은 하층계급을 민족 문학의 주요한 대상으로 다루면서 '문화적 민족주의'의 발전을 가져왔다는 것이다. 그러나 '정치적 독립을 위한 투쟁과 민족 문학의 창출이 손을 맞잡고 나아갔다'는 식의 이러한 접근 방식은 제임스의 저작들 사이에 존재하는 긴장을 간과하고 있다.[13] 정치적 저작에서 영국 식민지 통치 체제를 공격하고 서인도 정체성을 구성하는 데 중요한 무기였던 흑인 중간계급의 위신은, 그의 문학 작품 속에서 오히려 '가식(pretence)'으로 비판받았다. 청년 제임스가 가졌던 이러한 지적 긴장은 흑인 중간계급의 '지배적 소수 문화'와 하층 계급의 '종속적 대중문화' 사이에, 또는 '크리켓'과 '카니발'로 상징화될 수 있는 서인도의 서로 다른 문화 기제들 사이에 존재하는 갈등을 반영하는 것이다.[14] 그는 문학 작품을 통해서 흑인 중간계급이 민족적 헤게모니를 창출하는 과정에서 억압하

---

12 제임스의 미간행 자서전 초고에 따르면, 그는 1932년에 영국으로 떠날 때 『민티 엘리』와 『시프리아니』를 이미 완성된 원고로 가지고 있었다. 제임스는 『민티 엘리』를 1929년에 자신의 체험을 바탕으로 썼다고 기억했다. C. L. R. James, No 333 & No 340, Box 16, The C. L. R. James Collection, The West Indiana and Special Collections Division, The University of the West Indies, St. Augustine, Trinidad and Tobago.

13 Leah Rosenberg, *Nationalism and the formation of Caribbean literature*, Palgrave Macmillan, 2007, p. 125, Patricia Joan Saunders, *Alien-Nation and Repatriation: Translating Identity in Anglophone Caribbean Literature*, New York: Lexington Books, 2007, p. 14, Franklin W. Knight, *The Caribbean: The Genesis of a Fragmented Nationalism*, New York: Oxford University Press, 1990, pp. 289~290.

14 Bridget Brereton, *Race Relations in Colonial Trinidad: 1870-1900*, London: Cambridge University Press, 2002, p. 6.

고 배제하였던, 보다 정확히 말하면 '부인(disavowal)'하여 왔던 하층계급 문화의 이질성과 다양성을 새롭게 드러냈다.[15] 청년 제임스가 가졌던 지적 독창성은 여기에 있었다.

2. '위신의 정치'와 민족적 헤게모니

"서인도에 살면서, 대영제국의 종속민(subjects)이 아니라 시민(citizens)으로서 자신의 지위를 요구하는 이들은 도대체 어떤 사람들인가?"[16] 청년 제임스가 던진 이 질문에 서인도 식민지는 쉽게 답하기 어려운 역사적 특성을 지녔다. 서인도는 선주민 인디언 공동체가 파괴된 이후 유럽계 백인들과 아프리카계 노예들, 그리고 인도계와 중국계 채무 노동자들이 순차적으로 이주하게 되었던 '정착 식민지'이자, 동시에 '착취 식민지'였다.[17] 식민지 초기에 서인도인은 현지의 '크레올 백인' 및 이들과 혈연적·사업적으로 연관을 지닌 영국의 백인들을 지칭했다면,

---

15 '부인의 전략(the strategy of disavowal)'은 '인정(acknowledgement)'과 '거부(denial)'라는 이중의 몸짓을 취한다. 여기서 하층계급의 문화는 망각과 배제를 통해서 '침묵(silence)'되기보다는, 오히려 전략적으로 특정한 방식에서 위치 지워지면서 그것이 원래 가졌던 가치와 의미가 변형되게 된다. 이러한 '부인의 전략'은 망각과 배제보다 훨씬 지속적이고 효과적인 결과를 생산한다. Neil Roberts, "The Concept of Disavowal in Sibylle Fischer's Political Imaginary: A Review Essay," *C. L. R. James Journal*, Vol. 12, No. 1, Spring, 2006, pp. 146~148.

16 James, *The Life of Captain Cipriani*, p. 10.

17 이 연구의 주요한 대상이 되는 트리니다드 토바고의 경우, 1946년의 인종 구성은 흑인 46.9퍼센트, 동인도인 35.1퍼센트, 혼혈 14.1퍼센트, 백인 2.7퍼센트, 중국인 1퍼센트를 각각 차지했다. Ralph Premdas, *Trinidad and Tobago: Ethnic Conflict, Inequality, and Public Sector Governance*, New York: Palgrave Macmillan, 2007, p. 44. 2000년 현재, 인종 구성은 전체 주민 약 100만 명 가운데 인도계가 가장 많은 40퍼센트, 아프리카계가 37.5퍼센트, 혼혈이 20.5퍼센트, 유럽계 백인과 중국인이 각각 1.2퍼센트를 차지한다. 종교는 가톨릭교(26퍼센트), 힌두교(22.5퍼센트), 성공회(7.8퍼센트), 침례교(7.2퍼센트), 오순절교회(6.8퍼센트), 이슬람교(5.8퍼센트), 그 외 그리스도교(5.8퍼센트)로 다양하다. http://100.naver.com/100.nhn?docid=156498; internet참조.

노예제의 폐지 이후에 점차 '크레올 니그로'가 되었다. 이때부터 식민주의 담론은 서인도 지역을 '흑인'의 인종적 특성과 관련시켰고, '자결'이 불가능한 야만적이고 후진적인 사회로 간주했다.[18] 그리고 이러한 역사적 맥락에서 위신 담론은 흑인 중간계급에게 중요한 정치적 의미를 지니게 되었다. 위신은 흑인을 '게으르고, 더럽고, 무식하고, 도덕적으로 해이하고, 성적으로 탐욕스러운' 이미지로 구성해왔던 식민주의의 담론을 허물 수 있는 중요한 도구였다. 흑인 중간계급은 위신 담론을 통해서 식민주의 담론에 도전하면서 자신의 계급적·민족적 헤게모니를 창출하고자 시도했다.

트리니다드 흑인 중간계급은 '식민지 통치성(colonial governmentality)'을 배경으로 등장했다. 1834년 노예제의 폐지와 함께, 서인도의 식민지 정부와 영국 선교사들의 중요한 과제는 흑인들을 대영제국의 문명화된 신민으로 만드는 것이었다.[19] 노예제의 철폐가 노예노동으로부터 육체적 해방을 의미했다면, 그 다음 단계로 원시적인 아프리카적 기원과 노예제의 퇴행적 효과로부터 흑인들의 정신적 해방과 도덕적 개선이 요구되었다. 식민지 정부는 게으름, 태만, 욕정, 방종, 부랑 같은 해방된 흑인 노예의 도덕적 무질서를 최소화하고, 백인 농장주 계급의 두려움과 공포를 감소시킬 수 있는 질서 있고 통합된 식민지 사회를 창출하고자 했다. 보통 교육은 이러한 문명화된 신민과 사회를 창출하기 위한 중요한 수단으로 간주되었다.[20] 교육의 목표는 해방된 흑인 노예들을 근면하고 정직하며, 하나님

---

18 Catherine Hall, "What is a West Indian?" Bill Schward ed., *West Indan Intellectuals in Britain*, New York: Manchester University Press, 2003, pp. 31~50.

19 서인도의 해방된 흑인 노예들을 문명화하고자 했던 영국 선교사들의 노력을 조사하면서, 영국적 정체성과 서인도적 정체성이 상호적으로 구성되었던 역사적 과정을 탐구한 중요한 연구서는 Catherine Hall, *Civilising Subjects: Metropole and Colony in the English Imagination*, 1830~1867, Chicago: University of Chicago, 2002를 참조.

20 Stephen K. Scott, "Through the Diameter of Respectability: The Politics of Historical Representation in Postemancipation colonial Trinidad," *New Indian Guide/Nieuwe West-Indische Gids*,

을 두려워하는 정원사, 목수, 하인, 가정부로 만드는 것이었다. 그러나 식민지 교육의 제도화는 해방된 흑인 노예들이 중간계급으로 도약할 수 있는 기회를 제공했다.

"총괄적인 교육 방안"의 수립은 트리니다드 사회의 언어적·문화적 이질성과 다양성 때문에 식민지 정부의 중요한 과제였다.[21] 약 300년 동안 진행된 스페인 제국의 통치와 프랑스계 크레올 백인들의 경제적 지배는 트리니다드 흑인 노예들의 문화에 큰 영향을 미쳤다. 1797년에 영국 식민지로 편입된 이후에도 트리니다드 식민지는 프랑스어 또는 스페인어 방언을 사용하는 가톨릭 신자들이 인구의 다수를 차지했다. 따라서 식민지 교육은 영어 교육을 필요로 했을 뿐 아니라 "영국적인 원칙(English principles)"을 담고 있어야 했다.[22] 학습을 위한 정전과 함께, 빅토리아적 생활방식이 메트로폴리탄 영국으로부터 트리니다드 식민지로 이식되어야 했다. 이러한 빅토리아적 생활방식은 기독교와 교육, 법의 존중, 바른 행동, 도덕적 개선과 바람직한 언어 사용 등을 강조했다.[23] 1880년 말에, 인구 20만 명의 트리니다드 사회는 96개 학교를 가지게 되었고, 이 가운데 중등학교가 3개,

---

No. 76, 2002, pp. 277~278.

21 1841년 10월 13일에 트리니다드 총독 매클라우드(Sir Henry MacLeod)은 식민성 장관에게 다음과 같은 공문을 보냈다. "내가 이전에 언급했듯, 그 거주자들의 혼합된 성격 때문에, 총괄적인 교육 방안이 트리니다드에서보다 더 요구되는 영국 식민지는 없을 것입니다 …… 현지인의 삼분의 이가 여전히 스페인어나 프랑스어로만 말하고 있습니다. 영국의 지배 아래 살고 있고, 영국 신민의 혜택을 요구하는 사람들이, 자신들이 통치 받고 있는 법을 읽을 수 있어야 한다는 것은 절대적으로 필수적입니다." 여기서 흥미로운 점은 아일랜드와 트리니다드 사회의 유사성이 인식되면서, 아일랜드 식민지의 교육 체제와 교재를 도입될 필요성이 제기되었다는 것이다. Eric Williams, *History of the People of Trinidad & Tobago*, New York: A&B Books Publishers, 1963, pp. 196~197.

22 1869년 2월 10일에 키넌(Patrick Keenan)은 트리니다드의 교육 상황에 대한 보고서를 제출하면서, 학교 교육이 "영국적 원칙으로 간주되는 것에 기초해서 수행되어야 한다. 다시 말해 학교의 언어, 어조, 사회적 분위기가 영국적이 되어야 한다"는 점을 강조했다. *Ibid.*, p. 205.

23 Stephen K. Scott, "Through the Diameter of Respectability", pp. 280~281.

사범학교가 2개가 있었다.[24]

식민지 교육체제 특히 사범학교는 트리니다드 흑인 중간계급의 등장에서 매우 중요했다. 제임스는 자신의 미간행 자서전에서 "흑인 교사 집단"을 흑인 중간계급의 특성을 대표하는 존재로서 기억했다. 흑인 교사 집단이 트리니다드 식민지가 독립을 쟁취할 수 있는 교육적 토대를 마련했고, 나아가 오늘날의 트리니다드 토바고 사회를 있게 했다는 것이다.[25] 플랜테이션 농장 보일러공의 아들로 태어나 학교 교장으로 계급적 상승을 이룰 수 있었던 제임스의 아버지처럼 흑인 중간계급은 '자수성가한 사람들(self-made men)'이었다. 영국계 백인들이 식민지의 정치권력을, 프랑스계 백인들이 플랜테이션 농장을 통한 경제 권력을 장악하고 있는 상황에서, 교육과 전문직의 획득은 흑인이 중간계급으로 도약할 수 있는 유일한 수단이었다. 청년 제임스도 트리니다드 최고의 명문 중등학교였던 '퀸즈 로얄 칼리지(Queen's Royal College)'의 졸업과 교사직의 획득을 통해서 자신의 중간계급적인 지위를 유지할 수 있었다. 흑인 교사 집단은 식민지의 백인 지배계급과 달리 부유하지 않았고, 빈약한 월급으로 근근이 생활을 유지했다. 그러나 이들은 트리니다드 사회의 교양 계급으로서 자부심을 가지고 있었다.

'위신'은 영국 중간계급과 마찬가지로 트리니다드 흑인 중간계급에게도 중요한 개념이었다. 19세기 트리니다드 식민지 사회의 가장 중요한 경계는 백인과 비백인 사이에서가 아니라, 존중받는 사람과 그렇지 않은 사람으로 나누어졌다.[26] 식민지 백인들은 당연히 위신을 가졌지만, 비백인들 특히 흑인과 인도계에게 위신은 증명되어야 할 것이었다. 만약 그들이 교육, 성취, 직업, 생활방식에서 자신의 위신을 보여주지 못한다면, 그들은 존중받을 수 없었다. 위신은 하층계급으로

---

24 Williams, *History of the People of Trinidad & Tobago*, p. 207.

25 James, No 339, Box 16.

26 Brereton, *Race Relations in Colonial Trinidad*, p. 211.

부터 중간계급을 구분 짓는 기준이었다. 영어의 세련된 구사와 근면·절제 같은 빅토리아식 생활방식은 특히 중요했다. 제임스는 흑인 중간계급의 위신과 관련해서 다음과 같이 기억했다. 흑인 교사들은 "바르게 읽고 쓰는 것뿐 아니라 빅토리아 시대에 어울리는 매너에 따라 행동해야 하는 것에 매우 관심이 있었다 …… 빅토리아적 규범(Victorian standards)에 따른 처신은 매우 중요했다. 그들은 그것을 바람직한 처신이라고 생각했을 뿐 아니라, 그에 따른 행동이 일반 대중(hoi-polloi)의 처신과 혼동되지 않기 위해서 무엇보다도 필수적이고 생각했다."[27]

그러나 위신은 흑인 중간계급이 자신의 계급적 지위를 확보하는 데만 한정된 것이 아니었다. 하층계급이 식민지 공적 무대에서 자신의 목소리를 내기 시작함에 따라 위신의 담론은 더욱더 중요한 정치·문화적 의미를 가지게 되었다. 1919~20년에 파업 물결은 트리니다드의 노동계급이 식민지의 공적 무대에 새로운 정치 세력으로 등장했음을 알리는 신호탄이었다. 부두·철도·전기·전신 노동자들은 임금 인상과 노동조건의 개선을 요구하며 연대 파업을 전개했다. 이들을 이끌었던 것은 프랑스계 크레올 백인이었던 시프리아니 대령과 〈트리니다드 노동자협회(Trinidad Workingmen's Association)〉이었다. '가난한 사람들의 옹호자'라고 칭송받았던 시프리아니는 이후 식민지 의회의 의원으로 선출되었고, 서인도 연방과 자치를 옹호하는 활동을 전개했다.[28] 이 같은 노동계급의 사회·정치적 진출에 흑인 중간계급은 위협을 느꼈고, 이에 대응해서 민족적 헤게모니를 창출해야 할 필요성을 강하게 느꼈다. '위신'은 하층계급을 자신의 헤게모니 아래에 포섭하는 동시에, 식민지 당국에게 스스로를 국민의 대표자 또는 협상의 파트너로

---

27 James, No 339, Box 16. 여기서 흥미로운 것은 "일반 대중(hoi-polloi)"이라는 용어의 사용이다. 그리스어에서 유래한 이 단어는 그리스어와 라틴어에 익숙해야 훌륭히 교육받은 것으로 평가되었던 빅토리아 시기에 영어로 편입되었다. 이 용어를 사용한다는 것 자체가 교육받지 못한 하층계급으로부터 화자인 제임스와 흑인 교사를 구분시키는 것이다.

28 James, *The Life of Captain Cipriani*, pp. 40~49.

내세울 수 있는 중요한 정치·문화적 수단이었다.

흑인 중간계급이 국민의 대표자로 식민지 당국의 "부정의, 폭정, 반역"에 저항했던 과정은, 한편으로 하층계급의 불법, 무질서, 외설적 행위 등을 제거해나가는 데 식민지 당국과 협력하는 과정이기도 했다. "영국 식민지 체제의 특수성 가운데 하나는 19세기 말부터 크레올 중간계급이 통치 과정에 높은 수준의 연루를 보여준다는 점이었다."[29] 흑인 중간계급은 위신 담론을 통해서 하층계급의 폭력적이고 외설적인 문화를 정화하고, 이를 식민지 당국과 백인 지배층이 인정할 수 있는 민족 문화로 재구성하고자 시도했다. 이러한 문화적 재구성에서 19세기 말부터 새롭게 형성되기 시작했던 식민지 공론장은 중요한 역할을 했다. 흑인 중간계급은 학교 위원회와 각종 문학 및 사회단체를 결성했고, 여러 신문과 잡지를 운영할 수 있게 되었다.[30] 제임스나 그의 아버지와 같은 교사 출신의 흑인 중간계급은 학교의 교육과 운영을 통해서, 각종 문학 및 사회 단체의 참여를 통해서, 신문 기고와 문학 작품의 창작을 통해서, 자수성가한 지역 유지(有志)로서의 사회활동을 통해서, 식민지 공론장의 형성·발전에 적극적으로 기여했다. 이러한 식민지 공론장의 등장은 식민지 당국 및 백인 지배층의 인종주의에 도전하면서 민족적 헤게모니를 창출할 수 있는 공적 공간을 제공했다.[31]

흑인 중간계급은 자신의 계급적·민족적 헤게모니를 위해서 영국 중간계급의 위신 문화를 기꺼이 받아들였지만, 나이폴(Vidiadhar S. Naipaul)의 냉소적 어조처럼 '흉내 내는 사람들(the mimic men)'은 아니었다. 영국 중간계급과 동등한 위신을 주장하는 서인도 흑인 중간계급의 등장 자체가 제국과 식민지 정부에 위협이

---

29 Jocelyne Guilbault, *Governing Sound: The Cultural Politics of Trinidad's Carnival Musics*, Chicago & London, The University of Chicago Press, 2007, p. 43

30 Stephen K. Scott, "Through the Diameter of Respectability," p. 282.

31 Brereton, *Race Relations in Colonial Trinidad*, p. 204.

되었다. 자메이카의 '모란트 베이 반란(Morant Bay rebellion, 1865)'은 이러한 위협을 현실적으로 보여주는 것으로, 이후 '자유주의적 제국주의'는 극적인 변화를 경험했다.[32] 모란트 베이 반란은 자메이카의 총독 에어(Edward Eyre)가 반란의 진압 과정에서 공권력을 남용했는가와 관련된 밀과 칼라일(Thomas Carlyle) 사이의 논쟁을 불러왔다.[33] '서인도 흑인은 법적 평등의 대상이 될 수 있는가'에 대한 이들의 논쟁은 '서인도 흑인은 어떤 사람인가'라는 문제뿐 아니라 '영국적·제국적 정체성은 무엇이 되어야하는가'라는 문제와도 암묵적으로 관련이 있었다. 새로운 태도 변화를 상징했던 것은 에어를 공권력의 남용으로 기소하기를 원했던 밀이 아니라 그의 정당성을 변호했던 칼라일이었다. 칼라일과 프루드(James A. Froude)로부터 제2차 세계대전 이전까지 식민주의 담론은 서인도의 자결은 불가능하다고 주장했다.[34] 흑인은 본성적으로 게으르고 무질서하기 때문에 백인의 지도와 통제가 없다면, 서인도는 언제든지 아프리카적 야만상태로 다시 되돌아갈 수 있다는 논리였다. 제임스의 『시프리아니의 생애』와 『서인도 자결의 옹호』는 위신 담론의 지역적·인종적 변형을 통해서 이러한 식민주의 담론에 도전하고, 서인도의 정체성을 새롭게 규정하려 했던 흑인 중간계급의 중요한 시도 가운데 하나였다.

---

32 Karuna Mantena, "The Crisis of Liberal Imperialism," Duncan Bell, ed, *Victorian Visions of Global Order: Empire and International Relations in Nineteenth-Century Political Though*, New York: Cambridge University Press, 2007, pp. 113~135.

33 모란트 베이 반란은 1865년 10월에 일어났다. 이 반란에 대한 보복으로 주모자였던 고든(George W. Gordon)이 교수형을 당했고, 흑인과 유색인 439명이 살해되었다. 600명의 남녀가 태형에 처해졌으며, 천여 채가 넘는 가옥이 불탔다. Hall, "The Economy of Intellectual Prestige," p. 167.

34 칼라일의 동료이자, 옥스퍼드의 근대사 교수였던 프루드는 *The English in the West Indies; Or, the Bow of Ulysses*(1888)라는 책을 썼다. 칼라일와 프루드로부터 제2차 세계대전 이전까지의 식민주의 담론에 대해서는 Eric Williams, *British Historians and the West Indies*, New York: Africana Publishing Corporation, 1966, pp. 59~189를 참조.

3. '서인도 정체성'과 위신의 지역적·인종적 변형

제임스가 1930년대 초 '서인도인은 누구인가'라는 질문에 다음과 같이 답했을 때 그가 서인도 정체성의 전형으로서 트리니다드 흑인 중간계급을 마음속에 두었던 것은 명확했다. "팔십 퍼센트가 넘는 서인도 주민의 대부분은 니그로 또는 니그로 기원을 가진 사람들이다. 그들은 아프리카 노예들의 후손으로 …… 노예무역이 중단된 1807년 이후, 약 125년 동안 아프리카와 모든 접촉이 단절된 채 언어·사회관습·종교·교육·태도에서 본질적으로 서구적인, 그리고 유럽 공동체들보다 훨씬 더 서구문화에서 발전된 사람들이다."[35] 제임스는 서인도 흑인들이 야만적이고 열등한 인종이기 때문에, 자결을 성취할 수 없다는 식민주의 담론의 주장에 대해서 다음과 같이 반박했다. "이들은 야만인이 아니다. 영어 이외에 어떤 다른 언어로 말하지 않으며, 기독교 이외에 어떤 다른 종교도 가지고 있지 않다. 사실상 이들의 전체적인 견해(whole outlook)는 서구 문명이 특수한 환경에 따라 수정되고 적응된 산물이다."[36]

제임스는 식민지 통치 체제의 "부정의, 폭정, 반역"뿐 아니라 "나쁜 매너(bad manners)"를 공격했다. 서인도 자결의 부정이 식민지에서 영국(관료)의 위신 실추를 불러왔다는 것이다. 서인도 식민지에서 영국 관료들은 "물질적 복지와 자부심"을 갖게 하는 특권을 부여받지만, 이들은 서인도의 "완전히 문명화된 공동체"에 직면해서 자신들의 우월성을 보여줄 수 없었다. 영국 관료들은 식민지 통치제제에 의존해서 자신의 권력독점을 유지할 수밖에 없으며, 자신들의 무능력함을 감추려는 노력으로 "속물근성(snobbishness)"을 드러냈다. 이들은 "자신이 지배하는 사람들에게 존중받고자 하는 병적인 욕망"을 갖게 되며, 이로 인해 서인도 사

---

35 James, *The Case for West Indian Self-government*, p. 5.

36 James, *The Life of Captain Cipriani*, p. 10.

람들에게 "가장 추악한 결례(the most frightful solecisms)"을 범하게 되었다.[37] 여기서 제임스가 식민지 영국 관료들을 비판하면서 '결례(solecisms)'라는 단어를 사용했다는 점은 중요하다. 이 단어는 원래 식민지 방언을 변질된 언어로 간주했던 그리스어에서 유래한 것으로 '문법적 실수'를 의미하기도 한다. 영어의 "문법 훈련이 말하는 사람에게 자기 수양과 도덕을 강화하는 효과를 불러오는 그 자체로 좋은 것"이라는 인식이 식민지 교육에서 팽배했다는 점을 고려했을 때, 이 용어가 위신과 관련해서 갖는 의미는 분명했다.[38] 영국 관료들이 서인도 식민지에서 위신을 상실했음을 강조하는 것이자, 영어의 세련된 구사가 위신을 얻기 위한 필수적 조건이었던 흑인 중간계급의 자의식을 반영하는 것이다.

제임스는 자신의 위신을 상실한 영국 관료들이 식민지에서 완전히 "반영국적(un-English)"이 된다고 비판했다. 이들이 '의견의 자유' 같은 "본국에서 가장 중요한 덕목을 식민지에서 가장 큰 범죄"로 간주한다는 것이다. "식민지에서 자기 나라를 대변하고자 하는 모든 사람들, 자신을 지배하는 사람들의 권위에 의문을 제기하는 모든 사람들은 …… 식민지 영국인들의 눈에 기회가 있을 때 진압되어야 할 매우 위험한 사람이 된다."[39] 제임스는 영국 관료들의 손에 권력이 독점된 것이 식민지에서 후원(patronage)에 기초한 독재 체제를 형성하게 했다고 주장했다. 권력의 독점은 흑인 중간계급이 서인도 국민이 아니라 백인 지배층의 후원을 얻고자 서로 다투게 되는 요인이자, 식민지 국민의 뜻을 무시하는 자의적인 권력 행사의 주범이었다. 제임스는 식민지 정부가 이러한 자의적인 권력의 행사를 통해서 서인도 국민 전체에게 이익이 되기보다는 소수의 백인 지배층과 이들이 지

---

37 Ibid, pp. 4~6. James, *The Case for West Indian Self-government*, pp 10~11.

38 Stephen K. Scott, "Through the Diameter of Respectability," p. 283

39 James, *The Case for West Indian Self-government*, p. 12.

배하는 기업들에 이익이 되는 정책을 펴고 있다고 비판했다.[40]

제임스는 식민지 영국 관료들과 마찬가지로 서인도의 자결을 반대해왔던 크레올 백인들을 비판했다. 이들 크레올 백인들은 서인도인들이 가진 뛰어난 능력에 대해서 잘 알고 있지만, 이들을 종속 상태에 두고자 한 영국 관료들과 협력했다. 노예 해방 이후 발전하고 있는 유색 인종에 대한 두려움은 크레올 백인들이 대의정부 체제를 거부하게 했던 주된 이유였다. 제임스가 보기에 이들 크레올 백인들은 서인도에 대한 주권을 주장할 수 있는 자격을 갖고 있지 못했다. 크레올 백인들의 초기 세대와 시프리아니 대령 같은 동시대의 예외적인 인물은 현재의 서인도를 만드는 데 상당한 기여를 했지만, 대다수는 두 가지 약점 때문에 그렇지 못했다. 하나는 기후와 관련된 것으로, 크레올 백인들은 인종적 특성으로 인해 서인도의 열대성 기후를 극복하지 못하고 "정신적 · 육체적 퇴보(physical and mental deterioration)"를 겪었다. 다른 하나는 태어나면서 피부색에 따라 부여된 인종적 특권과 관련된 것으로, 이들은 공동체에 대한 어떤 책임감도 갖지 못했고 자기 계발을 위해 어떠한 노력도 할 필요가 없다는 태도를 갖게 되었다는 것이다.[41]

식민지의 영국 관료들과 크레올 백인들에 대한 제임스의 비판에서 중요했던 것은 '진보(progress)'와 '자기 계발(self-advancement)'의 관념이었다. 서인도는 세계의 어느 곳보다도 진보와 자기 계발의 가능성이 높은 곳이었다. 이러한 서인도의 독특성은 노예제의 역사와 관련이 있었다. 노예제는 흑인 노예들의 반란을 막기 위해서 부족 심지어 가족을 분리시키는 정책을 폈고, 이로 인해 이들은 언어나 종교 같은 자신들의 문화를 보존하지 못했다. 이러한 전통의 부재는 양면적인 결과를 가져왔다. 부정적인 측면에서 서인도 사람들은 민주주의 운동에 동력을 제

40 *Ibid.*, pp 13~17.

41 James, *The Life of Captain Cipriani*, pp. 8~10.

공할 수 있는 민족적 감정이나 문화적 토대를 갖고 있지 못했다. 그러나 긍정적인 측면에서 카스트 제도와 같은 "전통의 방해 효과"가 없는 서인도는 "신속하게 변화하는 오늘날의 세계"에서 진보와 발전의 높은 가능성을 제공했다.[42] 이러한 서인도의 긍정적인 측면을 잘 보여주는 것이 노예 해방 이후 "매우 놀랄만한 진보"를 이룩한 흑인 중간계급이라면, 부정적인 측면을 드러내는 것은 "가치 있는 교육의 토대가 부족"한 하층계급이었다. 이들은 기후에서 비롯된 "태평함"과 함께, "자제심이 부족하고 불안정하며 신뢰하기가 힘든" 특성을 지녔다. 서인도에 진보와 자기 계발을 가져왔다는 점에서, 제임스의 아버지로 상징될 수 있는 '자수성가'한 흑인 중간계급은 서인도의 주권을 주장할 수 있는 충분한 자격을 가지고 있었다. 식민지의 영국 관료들이나 크레올 백인들은 서인도에 어떠한 진보도 가져오지 못했을 뿐 아니라 자기 계발에서 흑인 중간계급을 따라올 수 없었다.

제임스는 영국이 "적절한 때가 오면 자결"을 줄 것이라는 그들의 약속을 지킬 때가 되었다고 주장했다. 문명화된 서인도 국민들은 자신의 성공과 실패를 통해서 정치적 경험과 지혜를 얻을 수 있도록 자유롭게 되어야 했다. "그렇지 않으면, 우리는 어떠한 공동의 목적에 의해서도 고무되지 못하고 어떠한 공동의 목표를 향해서도 나아가지 못하는, 국제적으로 신용 없고 국내적으로 자기존중 없는, 잡종의 무기력한, 개인들의 집합체로 남아 있을 것이다."[43] 제임스는 흑인 중간계급의 리더십 아래 서인도 국민이 영국으로부터 자결을 획득할 수 있을 때만이 서인도 사회의 진정한 발전과 하층계급이 지닌 교육과 문화의 부족을 해결할 수 있을 것이라고 생각했다.

그러나 한편으로 제임스는 단결할 수 있기 위한 지도자를 제공해야 할 서인도의 중간계급이 오히려 피부색에 기초해서 분열되어 있고, 대중과 견고한 접촉

42 James, *The Case for West Indian Self-government*, p. 7.

43 *Ibid*, P. 32.

이 부족한 문제를 갖고 있다고 지적했다. 피부색에 기초한 분열은 순수 흑인들과 자신을 구별하고자 했던 혼혈 중간계급에 의해서 비롯되었다. 이들은 피부색에 기초한 세밀한 위계관계를 형성했고, 서인도의 하층계급뿐 아니라 흑인 중간계급과도 자신을 구별하고자 했다. 이러한 피부색에 대한 집착은 대중과의 접촉을 막는 거대한 장벽이 되었다. 그러나 제임스는 이러한 약점이 인종적 특성의 문제가 아니라 식민지 통치 체제의 산물이라고 인식했다. 서인도에 "민주적 헌정"이 도입되면 해결될 수 있는 문제였다. 식민지 통치 체제에서 백인들의 후원이 정치적·경제적 특권을 획득하는 유일한 수단이기 때문에, 이들의 후원을 받고자 혼혈 중간계급이 피부색에 따른 구별에 목을 맨다는 것이다. 제임스는 "모든 혼혈 니그로들(all fair-skinned Negroes)이 스스로를 존중할 수 있어야 존중을 받을 수도 있다는 점을 깨닫게 되는 그 날이, 바로 백인에 의한 유색 인종의 지배가 끝나는 날"이라고 강조했다.[44]

제임스가 서인도 정체성을 규정하는 데 결정적 역할을 했던 흑인 중간계급의 위신 담론은 공시성과 통시성이라는 두 축을 기반하고 있었다. 공시적으로 위신은 영국의 문화, 즉 영국의 언어·규범·매너에 가까운 정도를 표현했다. 흑인 중간계급은 영국의 식민지라는 역사적 조건 때문에 위신의 공시적 차원에 강박적이고 편집증적으로 매달렸다. 이러한 공시적 차원은 흑인 중간계급에게 아프리카의 '야만성'으로부터 서인도의 '문명화된 공동체'를 구분 짓는 중요한 기준이었다. 통시적으로 위신은 노예 해방 이후 흑인이 성취한 진보와 자기 계발의 정도를 의미했다. 식민지 통치 체제와 인종적 특권에 기대고 있는 식민지 영국 관료들이나 크레올 백인들은 진보나 자기 계발을 자랑할 수 없었다. 서인도의 흑인은 게으르고 무책임하며 야만적이고 어리석다는 식민주의 담론의 공격에 통시적 차

44 *Ibid.*, p. 23.

원은 중요한 지역적·인종적 의미를 가지게 되었다. 서인도의 흑인 중간계급은 노예제가 창출한 전통의 부재로부터 자수성가한 집단으로서, 자신들에게 위신의 문화를 전파한 영국 중간계급보다도 스스로가 더 세련되고 더 위신이 있다고 믿었다. 이러한 위신의 공시성과 통시성의 축을 통해서, 청년 제임스는 아프리카와 영국으로부터 구분되는 '서인도다움(WestIndianess)'을 구성할 수 있었다.

청년 제임스가 재규정한 서인도적 정체성은 '문명화' 담론에 기초한 것이었다. 이 당시 그는 아프리카가 야만적이라는 식민주의 담론을 수용하면서, 서인도가 아프리카와는 구별되는 '문명화된 공동체'라고 주장했다. 그러나 제임스는 흑인으로서 인종적 열등감을 가지고 있지 않았다. 오히려 흑인은 백인에 비해서 서인도의 열대성 기후에 적응할 수 있는 신체적으로 더 우월한 특성을 갖고 있을 뿐 아니라, 노예해방 이후 흑인 중간계급의 놀라운 진보와 자기 계발에서 증명되듯 정신적으로도 백인에 못지않았다.[45] '흑인다움(Blackness)'은 노예제의 참혹한 경험에 기초한 '희생자 의식(victimhood)'이 아니라 진보와 자기 성취의 경험을 강조하는 것으로 재규정되었다. 물론 흑인의 진보와 자기 성취를 측정할 수 있는 기준은 영국 문화였다. 청년 제임스는 영국의 문화를 문명사적 보편성을 지닌 것으로 간주했다. 그러나 그는 대영제국을 메트로폴리탄 영국과 동일시하지 않았다. 비백인 식민지, 특히 서인도는 메트로폴리탄 영국보다 대영제국의 문화를 더욱 더 발전시킬 잠재력을 가지고 있다고 간주되었다. 그리고 이러한 점에서 청년 제임스는 '흑인다움'뿐 아니라 '영국다움'을 새롭게 규정했다.

---

45 James, *The Life of Captain Cipriani*, p. 14.

4. 억압과 배제의 흔적들, '민티 엘리 2번지'

"그는 집으로 걸어오면서 달빛 속에 빛나는 별무리를 올려다보았다. 사람들이 거기에 살고 있을까? 살고 있다면, 그들은 어떤 삶을 살까?"[46] 제임스의 문학작품들은 그의 정치적 저작들과 마찬가지로 '서인도인은 누구인가'라는 문제의식에 기반을 하고 있었다. 그러나 그의 정치적 저작들이 트리니다드 흑인 중간계급을 기반으로 구성되었던 것과는 달리, 문학작품들의 주요한 대상은 트리니다드 빈민굴의 하층계급이었다. 제임스는 자신이 속한 흑인 중간계급으로부터 밤하늘의 별만큼 멀리 떨어져 있었던 수도 '포트오브스페인(Port of Spain)'에 위치한 '막사촌(barracks yards)' 거주자들의 삶에 큰 흥미를 가졌다.[47] 그는 흑인 중간계급의 위신 담론에 기초해서 '서인도 정체성'을 구성하고자 시도하면서 스스로가 '부인(disavowal)'할 수밖에 없었던, 트리니다드 하층계급 문화의 이질성과 다양성을 문학 작품들을 통해서 드러냈다. 그의 장편 소설인 『민티 엘리』는 특히 중요한 의미를 가졌다.

『민티 엘리』의 주인공 헤인즈(Haynes)는 이십 대의 교육받은 흑인 중간계급 남성이다. 소설의 발단은 여학교 교장이었던 어머니가 죽은 후 경제적 어려움에 처하게 된 헤인즈가, 하녀 엘라(Ella)의 권유로 '민티 엘리 2번지'에 하숙을 하게 되면서 시작된다. '2번지'는 '포트오브스페인'에 위치한 하층계급의 주거공간이다. 하숙집 주인은 흑인과 인도계 혼혈 베누아(Benoit)와 로우스 부인(Mrs. Rouse)

---

46 James, *Minty Alley*, P. 232.

47 "영국이나 미국 사람들이 슬럼이라고 부르는 곳을 트리니다드에서는 막사촌이라고 부른다. 아마 이 말은 영국이 설탕 생산지인 소중한 식민지를 지키기 위해 함대와 수비대에 의존했던 시대의 유물일 것이다. 포트오브스페인의 모든 거리에는 수많은 막사촌들이 있다. 큰 마당으로 이어지는 좁은 통로 양쪽으로 십이 평방피트의 방들이 네 개에서 열여덟 개까지 들어찬 낮은 건물들이 길게 늘어서 있다. 이곳에 이 도시의 짐꾼과 창녀, 마부와 세탁부, 파출부들이 살고 있다." James, "Triumph," p. 29.

으로 이들 부부는 하숙과 제빵으로 생계를 유지하고 있다. 2번지에 하숙을 하는 다른 사람들로 로우스 부인의 조카인 17세의 흑인 여성 메이지(Maisie), "거의 백인에 가까운 피부색을 가진" 여성 간호사 잭슨(Jackson)과 그녀의 아들 선니(Sonny), 오십 대의 흑인 여성 에트웰(Atwell)이 있다. 그리고 주인 부부의 일을 돕는 사람들로 인도계 하녀 필로멘(Philomen)와 윌헬미나(Wilhelmina) 등이 있다. 소설은 하숙집 주인인 베누아의 바람기 때문에 일어나는 부부 갈등과, 로우스 부인과 조카 메이지 사이의 세대 갈등을 중심축으로 전개된다.

이 소설은 '제한적 작가 시점'이라 할 수 있는 서술방식을 취하고 있다. 독자는 헤인즈라는 흑인 중간계급 남성 주인공의 시선을 통해서만 '2번지'에 사는 거주자들의 삶에 접근할 수 있으며, 이들이 무엇을 생각하고 무엇을 원하는지 정확히 알 수 없다. 독자들은 헤인즈가 이들 거주자들에게 가지는 의심과 오해, 그리고 잘못된 판단을 똑같이 경험하게 된다. 이러한 시점의 선택은 하층계급의 삶에 깊은 관심을 가지고 그들을 묘사하고자 했지만, 하층계급과 제임스 사이에 존재하는 좁힐 수 없는 거리를 암시한다. 그러나 한편으로 주인공이 '나'가 아니고 '3인칭'인 것은 제임스가 헤인즈와 자신을 동일시하기를 원하지 않았다는 것을 또한 의미한다. 상대적으로 객관적인 위치에 서고자 했던 것은 흑인 중간계급의 협소한 틀에서 벗어나고자 했던 그의 욕망을 표현하는 것이다.

청년 제임스는 하층계급의 "역동적이고 독립된 삶"을 동경했다. 흑인 중간계급의 삶을 단조롭고 억압적인 것으로 느꼈던 그는 문학과 크리켓에서 자신의 정신적·신체적 탈출구를 찾았다. 특히 문학은 그가 "열정, 욕망, 사랑, 복수, 우정의 충돌"로 가득 차 있는 하층계급의 삶에 관심을 갖게 되는 가교를 제공했다. 그는 하층계급 사람들이 가난과 무지에도 불구하고 자신들이 원하는 것을 얻기 위해서 다양한 책략과 기교를 부리는 방식에 큰 경의를 가졌다. 제임스는 자신의 미간행 자서전에서 다음과 같이 말했다. "명백한 진실은 내가 중간계급에 속했고, 이들과 관계를 맺으며 살았다는 것이다. 이들은 영국적인 처신과 원칙에 따라 사는 데 급급했다. 그들은 (나에게) 별로 흥미롭지 않았다." 반면 하층계급은 "가식으로부터 자유로운, 가식은 아닐지라도 영국적 규범에 따라 살고자 노력하는 것으로부터 벗어나 자유롭게 자신의 삶을 살았다. 어떻게 내가 알지 못했던 (하층계급의 삶에 대해) 알게 되었을까? 내가 그들의 삶에 관심을 가졌기 때문이었고, 활력이 넘치는 집단적인 삶을 그들이 살았기 때문이다."[48] 『민티 엘리』는 흑인 중간계급 속에서 자라고 교육받았지만, 하층계급의 삶을 열망했던 제임스의 내적 긴장을 잘 보여주는 작품이었다.

청년 제임스가 묘사했던 하층계급의 삶은 위신 담론으로부터 벗어나 있었다. 흑인 중간계급이 이상적으로 생각했던 빅토리아식 가족 모델로부터 '2번지' 거주자들은 매우 동떨어져 있었다. 이들은 법적 결혼을 하지 않고 자식이 없는 사실혼 관계(베누아와 로우스 부인)에 있거나, 미혼모(간호사 잭슨과 그 아들 선니)와 미혼녀(50대의 에트웰), 그리고 아직 결혼을 하지 않은 독신 남녀였다. 이러한 하층계급의 특성은 그의 다른 단편 소설 「승리」에서도 잘 나타난다. 이 소설에서 주인공 마미츠(Mamitz)는 남자들에게 자신의 성을 팔아 살림살이를 유지하는 막사촌의 하층계급 여성이었다. 제임스는 하층계급의 '외설적이고 비정상적인' 삶을 보여줄 뿐 아니라, 이들이 사용하는 구어체 언어, 문법이나 단어에서 부정확한 방언을 소설에서 그대로 사용했다. 이러한 제임스의 시도는 영어의 세련된 구사와 빅토리아식 생활방식을 강조했던 동시대의 흑인 중간계급에게 매우 충격적인 것으로 받아들였다. 그의 문학 작품은 '아름다운 우리 섬의 명성에 부당한 비방을 가하고 있다'는 평가받았고, 이를 외설적이고 역겨운 것으로 비난하는 항의 편지가 쇄도했다.

이러한 제임스의 문학적 시도는 그가 참여했던 문학 집단인 '봉홧불 그룹

---

48 James, No. 340, Box 16.

(Beacon group)'의 특성과 관련이 있었다.[49] 봉홧불 그룹을 이끌었던 맨데즈(Alfred Mendes)와 고메스(Albert Gomes)는 백인 지배층의 가장 밑바닥에 있던 포르투갈계 백인이었다. 포르투갈계 백인은 트리니다드 식민지에서 상점 주인으로 정착할 수 있었지만, 백인 지배층에게 더럽고 부도덕한 직종에 종사하는 것으로 간주되면서 문화적으로 경멸당했다. 이러한 문화적 차별에 경험했던 맨데즈와 고메즈는 정치·경제적 불평등보다는 백인 지배층의 도덕적·성적 위선을 드러내는 것을 통해서 식민지 권력 구조에 도전하고자 했다. 이들은 '봉홧불 그룹'이 성적으로 자유분방한 하층계급의 삶을 문학적 대상으로 다루도록 고무했고, 하층계급을 민족적 정체성의 상징으로 만들고자 시도했다. 백인 지배층과 동등한 위신을 주장하기보다는 오히려 위신의 문화를 공격했던 봉홧불 그룹의 시도를 흑인 중간계급은 "역효과를 낳는 위험한 것으로 간주했다."[50]

제임스의 소설에 등장하는 공간은 전체적으로 트리니다드 식민지 사회를 상징하면서 크게 세 개로 분리되어 있었다. 헤인즈가 점원으로 일하고 있는 크레올 백인의 서점은 공적 공간으로 소설의 중심 무대는 아니지만 메트로폴리탄과 식민지, 또는 백인 지배층과 흑인 중간계급 사이의 관계를 상징했다. '민티 엘리 2번지'는 트리니다드 하층계급의 공동체를, 그리고 헤인즈와 다른 하숙집 거주자들의 관계는 흑인 중간계급과 하층계급의 관계를 상징했다. '2번지'의 내부는 두 개의 공간으로 나눠질 수 있는데, 하나는 헤인즈가 거주하는 하숙방이고, 다른 하나는 헤인즈를 제외한 다른 거주자들이 식사를 하고 여가를 즐기며, 일을

---

49 제임스는 맨디즈와 함께 잡지 『트리니다드(*Trinidad*, 1929~30)』를 창간했으나, 이 잡지는 2회 발행하고 단명했다. 이후 제임스는 고메스가 창간했던 『봉홧불(*Beacon*, 1931~33)』에 편집진으로 참여하게 되고, 이 잡지에 다수의 문학과 비문학 작품을 기고했다. 총 28회 발행된 이 잡지를 중심으로 형성된 '봉홧불 그룹'은 다양한 정치적 신념과 인종적 배경을 갖고 있었다. 가지각색의 이들을 단결시켰던 것은 영국령 서인도의 토착적인 문화와 예술을 수립하겠다는 욕망이었다.

50 Rosenberg, *Nationalism and the formation of Caribbean literature*, pp. 156~157.

하는 식당과 주방이다. 하숙을 하면서도 하녀 엘라가 차린 음식으로 따로 식사를 하는 헤인즈는 공간적으로 '2번지'의 다른 거주자들로부터 분리/고립되어 있으며, 이는 흑인 중간계급이 하층계급 공동체로부터 분리/고립되어 있다는 점을 암시했다.

제임스는 '2번지'에 사는 거주자들의 인종적 특성에 대한 묘사를 통해서 트리니다드 식민지 사회의 인종적 이질성과 혼종성을 잘 보여준다. 주요 인물이 등장할 때면 종종 피부색, 이목구비, 머리카락 순으로 검토해 가면서, 혼혈 유무와 혼혈 정도에 대한 상세한 정보를 제공한다. 예를 들어 헤인즈가 하숙집 여주인 로우스 부인을 처음 대면하는 장면은 다음과 같이 묘사되고 있다. "그녀의 얼굴은 훌륭한 갈고리 같은 코와 잘 만들어진 탄탄한 입술을 가진 부드럽게 밝은 갈색이었다. 백인 선조의 혈통이 그 코에 책임이 있지만, 최근은 아닌 것 같은데, 그녀의 머리카락은 결이 거칠고, 본질상 니그로적이었기 때문이다."[51] 이러한 인종 묘사는 주인공의 관찰자적인 시선일 뿐 아니라, 인종을 세밀하게 구분하고 위계를 설정하고자 하는 식민지 사회의 시선을 반영하는 것이기도 했다. 이러한 시선은 그의 다른 소설 「승리」에서도 잘 나타난다. "흑인이지만 순수 흑인이라고 하기에는 피부색이 너무 까매서 마드라스(인도 남동부 주)인의 피가 섞여 있는 것처럼 보였는데, 길고 굵게 땋아 내린 풍성한 머리채가 이를 증명해주고 있었다."[52]

제임스는 하층계급의 인종적 혼종성에 대해서 세밀하게 묘사하고 있는 반면, 주인공 헤인즈에 대해서는 흑인이라는 정보만을 단순히 제시하고, 그가 속한 계급적 특성에 보다 더 초점을 맞추고 있다. 이는 헤인즈의 어머니가 한 말을 통해서 잘 드러난다. "너는 흑인이란다, 애야. 나는 네가 자립할 수 있었으면 좋겠다.

---

51 James, *Minty Alley*, p. 26.

52 James, "Triumph," p. 30.

이 작은 섬에서 흑인이 자립할 수 있으려면 돈이 많거나 전문직을 가져야 해."[53] '자립(independence)'은 영국 중간계급과 마찬가지로 흑인 중간계급에게도 위신의 획득하기 위한 중요한 토대였다. 자립은 주체적 개인, 한 가족의 가장, 투표권을 가진 시민이 된다는 것을 의미했다. 그러나 흑인 중간계급의 자립은 영국 중간계급보다 정치·경제적으로 훨씬 취약했다. 헤인즈가 트리니다드 식민지에서 얻을 수 있는 일자리는 고작 크레올 백인이 경영하는 서점에서 휴가도 없이 일해야 하는 점원 직뿐이었다. 이러한 헤인즈의 상황은 흑인 중간계급이 식민지의 공적 영역에서 차지하는 불안정한 위치를 잘 보여준다. 이러한 불안정한 위치로부터 벗어날 수 있는 유일한 길은 영국 유학을 통해서 '법학'이나 '의학'을 공부하고 전문직을 획득하는 것이었다.

헤인즈는 전문직을 획득하지 못했지만, '2번지'에서 누구에게나 존중받는 "젠틀맨"이었고, 곧 실질적인 "가장(master of the house)" 역할을 하게 되었다.[54] 하숙집 주인 로우스 부인과 다른 거주자들은 이제 갓 스물 나이가 된 헤인즈를 항상 '미스터 헤인즈(Mr. Haynes)'라고 부르며, '2번지'와 관련된 모든 일을 그와 상의했다. 헤인즈가 이들부터 존중받는 이유는 그가 받은 교육 때문이었다. 정치·경제적 토대가 취약한 식민지의 흑인 중간계급에게 교육이라는 '문화자본'은 계급적 구별 짓기를 위해서 매우 중요했다. '2번지'의 하층계급 거주자들 사이에서 유일하게 정확하고 세련된 영어를 구사하는 인물은 헤인즈뿐이었다. 제임스는 그의 하숙방에 쌓여 있는 많은 책들과 그가 책을 읽는 모습을 반복적으로 보여주면서 그가 받는 존중이 어디에서 비롯된 것인가를 분명히 한다.

이러한 헤인즈의 계급적 특성은 하숙집 주인 남성 베누아와 비교해 보면 보다 선명하게 된다. 베누아가 속한 하층계급의 남성문화는 식욕과 성욕이 지배하

---

53 James, *Minty Alley*, p. 22

54 *Ibid.*, P. 70, 173.

는 세계였다. 이 세계에서 과도한 식욕과 성욕은 남성다움의 상징이었다. 이것은 베누아가 헤인즈를 처음 만나는 장면에서 잘 드러난다. 베누아는 헤인즈의 방에 있는 많은 책들을 보고 자신은 일찍이 공부를 접었으며 그 이후로 책을 읽은 적이 없다고 말한다. 그런 대화를 나누는 가운데 베누아는 끊임없이 자신의 주머니에서 콩을 꺼내 먹고 있으며, 곧이어 하루에 자신이 얼마나 많이 음식을 먹는지 자랑한다.[55] 베누아는 놀고먹으면서 생계를 로우스 부인에게 전적으로 의존하는 '한량(sweetman)'이었다. 그는 자신의 여자를 다루는 법을 잘 알고 있다고 자부하며, 2번지에 거주자인 여성 간호사 잭슨과 그리고 인도계 하녀 윌헬미나와도 바람을 피운다. 그의 바람기는 '2번지'에 분란을 일으키는 주요한 요인이었다. 베누아의 삶은 절제와 금욕을 강조하는 헤인즈의 삶과 분명한 대조를 이룬다.

베누아의 삶과 가치관은 트리니다드 하층계급의 남성문화를 대표했던 카니발의 '칼립소 가수들(Calypsonians)'을 많이 닮아 있었다. 원래 프랑스계 백인들의 고급 문화였던 카니발은 노예제 폐지 이후 흑인 하층계급의 거리 문화로 점차 변화하게 되었고, 칼립소는 카니발에서 중심적인 요소가 되었다.[56] 칼립소는 서아프리카의 노동요에서 유래한 것으로, 하층계급의 카니발과 함께 발전하게 되었다.[57] 칼립소 가수들은 흔히 역사적 사건이나 일상에서 일어난 사소한 사건을 즉흥적으로 스페인어나 프랑스어 방언으로, 그리고 19세기 말부터는 영어 방언으로 노래했다. 칼립소 가수들은 베누아와 마찬가지로 일정한 직업이 없는 한량인 경우가 많았으며, 성적 매력과 자유를 남성다움의 상징으로 간주했다. 제임스는 이들 칼립소 가수들에 대해서 다음과 같이 표현했다. "그 시절에는 일상에서 월

---

55 *Ibid.*, p. 30~31

56 Bridget Brereton, "The Trinidad Carnival in the Late Nineteenth Century," Milla Cozart Riggio ed., *Carnival Culture in Action: The Trinidad Experience*, New York: Routledge, 2004, pp. 53~69.

57 Michael Anthony, *Historical Dictionary of Trinidad and Tobago Latin American Historical Dictionaries*, Lanham, Md., & London: Scarecrow Press, 1997, pp. 87~93.

리, 진, 프레디, 짐꾼총각, 부두 하역꾼이나 백수 총각 등으로 불리던 이들이 카니발을 준비하면서 가수 노릇을 했고, 사람들은 노르망디 공작이나 무적 나리 같은 멋진 별명으로 이들을 부르면서 젊은 문학도들이 키플링이나 버나드 쇼에게 존경을 표하듯 떠받들곤 했다. 그들은 청중의 박수갈채와 질 좋은 럼주의 술기운에 고무되어 저녁 일곱 시부터 다음날 이른 아침까지 경쟁적으로 노래를 했다."[58]

흑인 중간계급이 백인 지배층과 동등한 '위신'을 획득하고자 노력했던 것과 달리, 칼립소 가수들은 백인 지배층의 위신을 풍자하고 조롱하면서 트리니다드의 하층계급 사이에서 높은 '평판(reputation)'을 향유했다. '평판'은 '위신'의 중요한 가치들을 정확히 뒤집은 형태를 취했다.[59] 하층계급의 남녀들은 카니발 시기에 집단을 이루어 거리를 돌아다니면서 외설적인 가장행렬(masquerades), 불법적인 막대 싸움(stickfighting), 아프리카 문화를 떠올리게 하는 북치기와 춤추기를 했다. 또한 칼립소 가수들은 식민지 백인 지배층의 위선적이고 가식적인 도덕을 성적인 풍자와 조롱의 대상으로 삼았다. 이들은 백인 지배층과 흑인 중간계급이 교육과 문명화의 대가로 자신의 남성성을 상실했다고 여겼다.[60] 이들에게 흑인 중간계급의 진보와 자기 계발의 역사는 '거세'의 과정과 다름이 없었다. 이러한 칼립소 가수들의 인식은 절제와 품위를 강조하는 헤인즈를 성적 무능력과 연결시키는 베누아의 말투와 연결된다. 성적 욕망을 억제하기를 원하는 헤인즈는 베누아가 보기에 어디가 좀 잘못된, 아픈 인간이었다.[61] 칼립소 가수들의 풍자와 조롱은 체제에 매우 위협적인 것으로 간주되었고, 식민지 정부는 백인 지배층을

58 James, "Triumph," p. 29.

59 Scott, "Trough the Diameter of Respectability," p. 295.

60 *Ibid.*, p. 300.

61 James, *Minty Alley*, p. 79.

보호하기 위해 노래에 실명을 사용하는 것을 금지하는 법을 제정하기도 했다.[62]

흑인 중간계급 특히 제임스의 부모는 칼립소를 '지옥으로 가는 여러 지름길 가운데 하나'로 간주했지만, 제임스는 이로부터 많은 영향을 받았다. 그가 흑인 중간계급의 무능력과 위선을 묘사했던 방식은 칼립소 가수들의 풍자와 많이 닮아 있었다. 헤인즈는 '2번지'의 거주자들에게 존중을 받지만, '2번지'에서 일어나는 일들에 관여를 꺼리는 모습을 자주 보여준다. 그의 소심함은 스캔들에 휘말려 자신의 '위신'이 손상되면 직장을 잃을 수도 있다는 두려움에서 비롯된 것이었다. 제임스는 헤인즈가 설사 개입하더라도 문제를 해결하기보다는 언제나 속수무책으로 당하는 모습으로 묘사했다.[63] 헤인즈는 '2번지'의 거주자들이 자신의 위신에 손상을 줄 수 있다고 우려해서 새로운 하숙집을 구하고자 했지만, 특별한 사건을 계기로 계속 남아 있기를 결정한다. 그가 우연히 방벽에 난 구멍으로 베누아가 하녀인 윌헬미나와 그리고 간호사 잭슨과 바람피우는 것을 훔쳐보게 된 것이다. 헤인즈는 '2번지'에 계속 남아서 베누아가 바람피우는 것을 몰래 볼 수 있기를 원했다. 제임스는 이처럼 위신을 추구하는 헤인즈의 행동 밑에 숨겨진 성적 욕망을 들춰내면서, 흑인 중간계급의 '가식'을 풍자했다.[64]

제임스가 흑인 중간계급의 '위신'을 진정성이 없는 가식적인 것으로 조롱했지만, 그렇다고 하층계급의 남성문화에 손을 들어준 것은 아니었다. 오히려 헤인즈가 추구했던 '자립'뿐 아니라 베누아가 찬양했던 '자유'가 무엇에 의존하고 있는 것인가를 보여준다. "이 집에 살기 시작한 후 거의 일 년이 되었지만, 그는 처음으로 부엌에 들어갔다. 안으로 꽤 들어가게 되자 그는 자신이 지옥의 입구에 서

62 Rosenberg, *Nationalism and the formation of Caribbean literature*, p. 139

63 James, *Minty Alley*, pp. 46~47.

64 *Ibid*., pp. 36~40.

있는 것처럼 느꼈다."[65] 헤인즈는 여성들이 주방 화덕의 "지옥과 같은 열기" 속에서 빵을 만들고 있는 모습을 보고 큰 충격을 받게 된다. 자신의 일상적으로 먹었던 음식이 어디에서 나온 것인지 깨닫게 된 것이다. 제임스는 헤인즈와 베누아로 상징되는, '위신'과 '평판'의 두 남성문화가 하층계급 여성들의 가혹한 노동에 의존하고 있다는 점을 명확히 했다.[66] 그리고 가혹한 노동을 속에서 '2번지'의 살림살이를 묵묵히 꾸려나갔던 로우스 부인에게 "호감과 찬양 그리고 존중"을 보냈다.

제임스는 '2번지'에 등장하는 하층계급 여성들에게 큰 관심을 가졌는데, 특히 가장 중요하게 생각했던 것은 메이지였다.[67] 메이지는 소설에서 이중적 위치를 차지했다. 그녀는 건강한 하층계급 여성의 전형이자 동시에, 헤인즈와는 구분되는 제임스의 또 다른 자아를 의미했다.[68] 메이지는 로우스 부인이 보여주는 순교자적인 여성상에서 벗어나 있었다. 메이지는 베누아의 마초적인 남성성의 본질을 잘 알고 있었으며, 이모에게 베누아에 대한 집착을 버릴 것을 충고했다. 그녀는 헤인즈와 연인관계를 맺게 되었지만 흑인 중간계급의 문화에 대한 어떠한 맹목적 동경도 가지고 있지 않았다. 헤인즈가 '2번지'에서 "자신의 지적 우월성에 확신을 갖고" 크리스마스 축사를 했을 때, "지나치게 길다"고 핀잔을 준 것은 그녀였다.[69] 또한 헤인즈에게 용기를 갖고 서점의 주인인 크레올 백인 캐리트(Car-

---

65 *Ibid.*, p. 187.

66 식민지 저항의 중요한 두 문화적 기제였던 '위신'과 '평판'이 젠더 문제와 관련해서 가지는 문제점은 Shalini Puri, *The Caribbean Postcolonial: Social Equality, Post-Nationalism, and Cultural Hybridity*, Palgrave Macmillan, 2004, pp 112~114. 를 참조.

67 James, No. 340, Box 16.

68 로젠베르그(Frank Rosengarten)는 이러한 주장의 근거로 세 가지를 들고 있다. 우선, 메이지의 생일이 제임스의 생일과 같은 1월 4일이라는 점, 둘째 메이지의 성격이 어린 시절 제임스가 가졌던 반항적인 기질과 많이 비슷하다는 점, 셋째 각각 미국과 영국이라는 지역적 차이는 있지만 메트로폴리탄으로의 이주라는 이후 행적이 유사하다는 점 등을 제시하고 있다. Frank Rosengarten, *Urbane Revolutionary: C. L. R. James and the Struggle for a New Society*, Jackson: University Prss of Mississippi, 2008, pp. 167~168.

69 James, *Minty Alley*, p. 150~151.

ritt)에게 임금의 인상을 요구하도록 격려한 것도 그녀였다. 헤인즈는 그녀의 충고를 따른 덕분에 "늙은 캐리트보다 스스로가 더 강한 남성이라고 느낄 수 있게 되었다. 헤인즈는 그것을 항상 마음속에 명심했고 중요한 순간에 그 사실을 기억하곤 했다."[70] 메이지가 헤인즈와 맺었던 연인 관계는 신분 상승을 목적으로 한 것이 아니었는데, 자신의 독립적이고 주체적인 삶을 위해서 그와의 연인 관계를 끝낸 것도 그녀였기 때문이다. 메이지는 자신을 억압하는 숙모에 맞서 다음과 같이 말했다. "노예제의 시대는 지나갔어요. 내 혀는 내가 원하는 것을 말할 수 있는 내 것이에요."[71]

헤인즈는 점차 "책임감과 확신을 갖고" '2번지'의 사안에 개입하게 되었지만, 그의 개입은 아무런 효과를 발휘하지 못했다. '2번지'는 결국 해체되었다. 이러한 해체는 계급·인종·젠더적 권력관계로 분열되어 있는 하층계급 공동체의 취약성을 암시한다. 간호사 잭슨은 베누아와의 간통이 들통나서 쫓겨나게 되었고, 그녀를 따라 '2번지'를 나간 베누아도 이후 심장마비로 죽게 된다. 메이지는 로우스 부인과 싸우고 미국으로 자신의 새로운 삶을 찾아 떠난다. 로우스 부인은 인도계로부터 "기대할 수 있는 것은 배신 이외에 아무것도 없다"는 부두교 주술사의 말에 영향을 받아 인도계 하녀 필로메를 못살게 굴고 집에서 쫓아내게 된다. '2번지'는 빚보증 때문에 다른 사람의 손에 넘어가게 되고, 로우스 부인과 다른 거주자들도 그 집을 떠나야 했다. 소설은 중간계급 가족의 주거공간으로 변모한 '2번지'에서 헤인즈가 옛날을 회상하는 장면으로 끝이 난다. "남편과 아내 그리고 세 명의 아이들이 거기에 살고 있었다. 아이 가운데 하나가 …… 귀에 익은 곡조를 피아노로 치고 있었다. 여자 아이가 피아노를 치고 또 치는 동안, 그는 밖에 서 있

---

70 *Ibid.*, p. 199.

71 *Ibid.*, p. 217.

었고, 창문을 통해서 옛 시절을 생각했다."[72]

청년 제임스는 『민티 엘리』를 통해서 점차 사라져가고 있는 하층계급의 공동체에 강한 향수를 표현했다. 이는 그의 다른 소설 「승리」에서도 잘 나타난다.

> 지금 그런 삶은 사라지고 없다. 이제 모든 카니발 행사는 열 시 전에 끝나야 한다. 경찰관들은 막대싸움꾼(stick-fighter)과 '피에로(pierrot)' 다루기를 위생설비 검사관이 구더기 다루듯 한다. 밤의 거리는 전기불로 훤하고 법의 손길을 더 멀리 더 강하게 뻗친다. 예전의 무법과 즐거움은 사라지고 막사촌의 삶은 재미를 잃어버렸다.[73]

식민지 통치성은 경찰력, 위생검사관, 과학기술 같은 다양한 기제를 통해서 침투하게 되었고, 하층계급의 문화는 점차 권력의 통제 아래 놓이게 되었다. 제임스는 식민지 통치성이 작동했던 방식을 생생하게 묘사했지만, 그가 분명히 말하지 않았던 것이 있었다. 그것은 식민지 통치성에 공모했던 흑인 중간계급의 역할이었다.

이는 하층계급의 카니발이 민족문화로 재구성되는 과정에서 가장 잘 드러났다. 흑인 중간계급은 1890년대부터 식민지 공론장을 통해서 하층계급의 카니발을 '폐지(abolish)'시키는 것이 아니라, '개선(improve)'하기를 추구했다.[74] 흑인 중간계급은 흔히 반정부 시위와 폭동이라는 무익한 결과만을 낳았던 식민지 당국의 물리적 억압 조치에 제동을 거는 동시에, 다른 한편으로 하층계급의 카니발을 성적·도덕적으로 정화하고자 시도했다. 특히 1919년에 흑인 지식인들이 주도

---

72 *Ibid.*, p. 244.

73 James, "Triumph," p. 30.

74 Richard D. E. Burton, *Afro-Creole: Power, Opposition, and Play in the Caribbean*, Ithaca and London: Cornell University Press, 1997, pp. 203~205, Guilbault, *Governing Sound*, pp, 39~63, Rosenberg, *Nationalism and the formation of Caribbean literature*, pp. 129~133.

했던 석간신문 『아르고스(Argos)』의 카니발의 개선을 위한 청원 운동과, 1938년에 만들어진 '상설 카니발 개선 위원회(Permanent Carnival Improvement Committee)'는 중요한 역할을 했다. 카니발을 지배했던 폭력과 외설, 그리고 무질서는 점차 사라지게 되었고, 자체 통제와 규칙에 기초한 경연(競演)으로 바뀌면서 카니발은 "존중받을 수 있는(respectable)" 유럽적 문화 구조를 가지게 되었다. 그리고 이를 통해서 흑인 중간계급은 스스로를 국민의 대표자로서 하층계급과 식민지 당국에게 내세울 수 있게 되었다. 카니발은 1950년대 말에 민족문화로서 공식적으로 수용되게 되었다. 청년 제임스가 자신의 소설을 통해서 연민을 가지고 보여주었던 것은 이러한 민족적 헤게모니의 창출 과정에서 '부인'되었던 하층계급의 이질적이고 다양한 막사촌 문화였다.

5. 크레올 민족주의를 넘어서

근대적 산업 규범과 관련된 위신 담론은 식민주의 담론이 창출한 게으르고 탐욕스러운 '흑인'의 인종적 이미지를 허물 수 있는 효과적인 도구였다. '자유주의 유럽의 이상한 죽음'을 불러온 '20세기 초의 문화 혁명'과 함께 미국 대중 소비사회의 영향으로 일정한 변형을 겪었음에도, 서인도에서 위신 담론이 크레올 민족주의의 문화적 토대가 될 수 있었던 것은 이 때문이었다.[75] 물론 20세기 전반까지 서인도의 식민지를 지배했던 빅토리아식 교육도 중요한 역할을 했다. 서인도

75 Norman Stone, *Europe Transformed, 1879~1919*, London: Fontana, 1983, pp. 389~411, Martin A. Summers, *Manliness and Its Discontents: the Black Middle Class and the Transformation of Masculinity, 1900~1930*, Chapel Hill & London: The University of North Carolina Press, 2004, pp. 287~290.

에서 위신은 20세기 말까지 지배적인 담론으로 남아 있을 수 있었다. 그러나 다른 한편으로 인종적 스테레오 타입과 맞서 싸우기 위해서 "주인의 도구를 사용(using the Master's Tools)"한 것은 지배 문화의 헤게모니에 스스로가 포박 당한다는 것을 의미했다. 크레올 민족주의가 지녔던 계급적 · 문화적 특성은 흑인 하층계급의 이질적이고 다양한 문화를 억압하고 서인도 인구의 중요한 부분을 차지했던 인도계 주민들을 망각하게 했던 주요한 원인이었다. 오늘날 서인도에서 크레올 민족주의가 위기 상태에 있다고 간주되는 이유는 이같이 민족국가의 창출 과정에서 은폐되어 왔던 것들이 정치적으로 가시화되고 있기 때문이다.

청년 제임스는 자신의 문학적 재현을 통해서 이와 같이 억압되고 배제되었던 하층계급의 문화를 드러내고, 서인도 식민지에서 작동했던 서로 다른 문화적 기제들을 인식할 수 있는 가능성을 제공했다. 서인도 식민지는 '크리켓'과 '카니발'으로 상징화될 수 있는 서로 다른 두 가지 문화 기제가 경합했던 역동적 사회였다. 크리켓 문화 기제가 영국적 기원, 중간계급적 토대, 규칙 준수, 보편성 추구, 위신 담론 등과 같은 담론적 틀에 따라 구성되어 있었다면, 카니발 문화 기제는 프랑스와 아프리카적 기원, 하층계급적 토대, 규칙 전복, 고유성 추구, 평판 담론 등과 같은 그와 대립되는 틀로 구성되어 있었다. 이와 같은 두 문화는 계급적으로 대립하면서 식민지 지배 체제에 대한 서로 다른 저항의 방식을 함축하였다. 제임스는 전자가 후자를 정복하는 민족적 헤게모니의 창출 과정을 유감스럽게 생각했지만, 흑인 중간계급의 일원으로서 이를 어쩔 수 없는 역사적 과정으로 이해했던 것 같다. 청년 제임스의 정치 저작들은 19세기 말의 토머스(John J. Thomas)로부터 20세기 중반의 맨리와 윌리엄스로 이어지는 크레올 민족주의의 형성 과정에 가교 역할을 했다.[76]

---

76 토마스는 대영제국의 역사학자인 프루드의 *The English in the West Indies(1888)*를 반박하는 *Froudacity: West Indian Fables(1889)*라는 책을 썼던 서인도의 흑인 지식인이다.(주 34, 참조) 그는 프루드의 책

그러나 이와 같은 크레올 민족주의의 궤적과 달리, 청년 제임스는 1932년 영국 이주 후, 이단적 마르크스주의자가 되었고 범아프리카주의 운동에도 적극적으로 참여하게 되었다. "의회민주주의와 품위 있는 처신"이라는 영국 중간계급의 자유주의 전통이 영국에서조차 정치적으로 타당하지 않다는 사실을 깨닫게 된 것이다.[77] 제임스는 '문명화' 담론 같은 자신의 초기 사상의 많은 부분을 포기하게 되었지만, 위신의 지역적·인종적 변형에서 얻게 된 두 가지 사상적 특징은 계속해서 유지했다. 하나는 '흑인다움'을 착취와 억압에서 비롯된 '희생자 의식'이 아니라 진보와 자기 계발의 경험에서 찾았던 인식이다. 그는 "착취받고 억압받는 것 이외에 다른 어떤 것이 서인도인들에게 있음"을 확신했고, "흑인이 역사의 진보를 가져올 수 있고 …… 역사라는 책에 새로운 페이지를 쓸 수 있다는 것을 보여주고자" 했다.[78] 또 다른 하나는 오늘날 '제국적 전환(Imperial Turn)'이라고 불리는 역사적 시각을 가질 수 있게 되었다는 점이다. 제임스는 비대칭적 권력관계에도 불구하고, 메트로폴리탄 영국과 서인도 식민지가 상호 변형적 관계를 맺고 있다고 인식했다. 제임스의 사상이 가졌던 이러한 두 가지 특징은 그가 『블랙 자코뱅』과 같은 중심부와 주변부 사이의 혁명적 상호작용과 관련된 중요한 역사서를 쓸 수 있는 배경이 되었고, 그가 정치적 상상력을 통해서 "메트로폴리탄 브리튼 자체를 탈식민화"하는 데도 중요한 기여를 할 수 있게 했다.[79]

이 서인도 사회에 대한 부정확한 사실과 흑인에 대한 인종적 편견에 기초하고 있다고 비판했다. Faith Smith, *Creole Recitations: John Jacob Thomas and Colonial Formation in the Late Nineteenth-Century Caribbean*, Charlottesville and London: University of Virginia Press, 2002, pp, 128~172.

77 Stuart Hall, "A Conversation with C. L. R. James," Grant Farred, *Rethinking C. L. R. James*, Blackwell Publishers, 1997, p. 20.

78 하영준 「아이티 혁명과 근대성의 구성적 외부 – C. L. R. 제임스의 탈식민적 상상력」, 『프랑스사 연구』 23, 2010, 20~21쪽 참조.

79 Bill Schwarz, "Introduction: Crossing the Seas," Bill Schward ed., *West Indian Intellectuals in Britain*, New York: Manchester University Press, 2003, p. 3.

:: 6 ::

20세기 초 미국 서부의 반일본운동과 아시아인 이민 배제 주장에서 드러나는 초국적 반아시아 인종주의
: 발렌타인 맥클래치(Valentine Stuart McClatchy)의 소책자, 『아시아의 독일』을 중심으로

권은혜

1. 서론

발렌타인 맥클래치는 20세기 초 캘리포니아 반아시아운동의 중심 조직이었던 일본인 배제 연맹(the Japanese Exclusion League of California)을 이끈 유력한 언론인이었다. 1905년 샌프란시스코에서 시작된 일본인 배제 연맹은 아시아 배제 연맹(the Asiatic Exclusion League)이라고도 불리며 태평양 북서부 미국 주들뿐 아니라 국경을 넘어 캐나다의 브리티시 컬럼비아에도 그 지부가 결성되었다. 아시아 배제 연맹은 반아시아 백인 노동 조직과 백인 우월주의 정치인 및 선동가들을 결집시켜 1907년 태평양 연안 지역 주요 도시들에서 중국인, 일본인, 인도인 노동자들을 겨냥한 인종 폭동을 주도하기도 했다.[1] 아시아 배제 연맹과 반아시아 선

---

1 1907년 태평양 연안의 반아시아 인종 폭동에 관해서는 다음을 참고하라. Kornel Chang, "Circulating Race and Empire: Transnational Labor Activism and the Politics of Anti-Asian Agitation in the

동가들의 반아시아운동은 1910년대에도 지속되었고 그 목표는 1882년 중국인 배제법과 같은 이민 배제 정책을 일본인과 인도인에게까지 확대하는 것이었다. 미국의 경우, 제1차 세계대전 중이던 1917년 이민법으로 인도인 이민이 배제되었고 민족기원법(the National Origins Act)라고 불리는 1924년 이민법을 통해 일본인을 포함한 모든 아시아 국적 소지자들의 이민이 배제되면서 반아시아운동의 목표는 달성되었다. 본고에서 중점적으로 살펴 볼 맥클래치의 1919년 반일본 및 아시아인 이민 배제 주장은 19세기 말과 20세기 초 반아시아운동의 논리가 제1차 세계대전을 경과하면서 어떻게 변화했는지를 잘 보여준다.

1919년 초 일본, 중국, 조선 및 만주를 방문한 후 맥클래치는 자신이 발행하던 신문 '새크라멘토 비(*The Sacramento Bee*)'에 기고했던 글을 모아 같은 해에 『아시아의 독일(*The Germany of Asia*)』이라는 제목의 소책자를 간행했다. 여기서 그는 "일본인이 서양 문명을 모델로 삼아 진보를 이루고 세계 강국의 하나로 등장했다"고 칭찬하며 그 원인을 일본인의 "검소, 근면, 훈육"에서 찾았다.[2] 그러나 일본인의 우월함은 다른 나라들에게는 위협으로 작용한다고 그는 주장했다. 그에 따르면 일본은 군국주의 국가 독일을 그 성장 모델로 참조했고 이는 조선, 중국, 만주에서 보인 일본의 침략 야욕이 일본의 위험을 증명해주었다. 일본인의 우수한 민족성을 고스란히 가진 미국의 일본인 이민자들은 미국 백인들의 생존을 위협한다고 그는 경고했다. 일본의 "황색 위협"으로부터 미국을 보호하기 위해 일본인 이민의 전면 금지를 요구했다.

Anglo-American Pacific World, 1880-1910," *Journal of American History* 96:3 (December 2009): 678-701.

2 V.S. McClatchy, "The Germany of Asia: Japan's Policy in the Far East; Her "Peaceful" Penetration of the United States; How American Commercial and National Interests are Affected, Sacramento, California, April, 1919" in *Four Anti-Japanese Pamphlets*, ed. V.S. McClatchy (New York: Arno Press, 1978), p. 3.

맥클래치의 궁극적 목표는 1917년 이민법 개정 이후로 아시아에서는 유일하게 이민이 가능했던 일본인 배제를 통해 아시아인 배제를 달성하는 것이었다. "황색 위협"에 맞서 맥클래치가 제시한 구체적 정책 제안은 다음과 같다. "첫째, 일본과 미국 사이의 '신사협정' 취소. 둘째, '사진 신부들'의 배제. 셋째, 다른 아시아인들이 배제되듯이 일본인을 이민자로서 완전히 배제할 것. 넷째, 아시아인들에게 미국 시민권 취득 자격이 영구히 금지된다는 원칙을 확인하고 법으로 만들 것. 다섯째, 연방 헌법 수정조항 14조 1항을 개정하여 미국 시민권을 취득할 수 없는 외국인 부모로부터 미국에서 태어난 자녀에게 미국 시민권을 부여하지 말 것."[3]

결과적으로 말하자면 마지막 두 개의 제안을 제외한 신사협정 취소, '사진 신부' 관행 금지, 일본인 이민 배제를 통한 아시아인 배제는 1920년대 초에 현실화되었다. 1908년 미국과의 신사협정을 통해 일본은 노동자 계급의 이민을 자체적으로 제한할 것을 미국 정부에 약속했다. 신사협정을 통해 일본 정부는 당시 미국에 거주하고 있거나 이후 이민을 갈 일본인들이 배우자와 가족을 초청할 수 있는 권리를 확보했다. 당시 미국으로 이민했던 일본인은 이민 당시 대개 독신 남성인 경우가 많았고 미국을 떠나지 않은 상태에서 사진 교환을 통해 일본에서 배우자를 찾아 미국으로 초청했다. 1910년대 들어 맥클래치를 비롯한 미국의 반아시아운동가들은 일본인 이민자 집단 내 인구 증가율이 높은 것은 바로 이 '사진 신부' 관행이라고 비난했다. 이 비난의 압력에 대응하기 위해 1921년 일본 정부는 배우자의 송출을 규제했다. 그러나 1924년 이민법을 통해 아시아인 배제가 미국의 법이 되면서 일본인의 미국 이민은 완전히 제한되었다.

흥미로운 것은 맥클래치가 일본인과 아시아인 이민 제한이 이민 수용국인 미국의 이해관계와 미국인의 생존을 위한 것이기 때문에 특정 인종과 민족에 대

---

3 *Ibid.*, p. 36.

한 차별이 아니라고 주장한다는 점이다. 그는 "우리의 이 나라가 우리 백인 후손들에 의해 유지될 것인가 아니면 일본인에게 넘어가 일본인이 오늘날 조선인을 지배하듯이 백인 후손들을 이 나라에서 지배할 것인가?"라고 질문을 던지며 그의 우려가 "인종 평등을 의문시하거나 일본인에 대한 고려를 전혀 할 필요가 없다고 말하려는 것이 아님을 기억"하라고 강변한다. 일본인 배제를 정당화하는 그의 논리는 다음과 같다. "이들의 우월한 특질들이 그들의 낮은 생활수준과 결합할 경우, 열린 경쟁에서 이들은 백인 인종을 벽으로 몰아붙일 것이고 일본인이 계속 이 나라로 들어오게 되면 이런 재앙이 필연적으로 일어날 것이다."[4] 마지막 인용문에서 말하는 일본인의 "낮은 생활수준"이 주로 가리키는 것은 일본인이 저임금과 열악한 생활 조건에도 불만을 가지지 않는다는 것을 의미한다. 즉 일본인의 우수한 특질에도 불구하고 다른 아시아인처럼 "낮은 생활수준"에 타협하는 순종적 인종이기 때문에 자유로운 노동 조건과 높은 생활수준을 지향하는 백인과 공존할 수 없다는 것이다.

맥클래치는 일본인 배제가 "경제적 근거"를 가진 것이기 때문에 그의 제안이 일본인에 대한 인종적 반감에 근거한 것이 아니라고 재차 강조하며 다음의 두 가지 이유를 추가로 들며 자신의 입장을 정당화한다. 첫째, 1919년 당시 일본인을 제외한 다른 아시아인들의 미국 이민이 이미 제한되었다. "이 제안들(맥클래치의 5가지 제안)은 (일본인과 같은) 황인종인 중국인과 조선인들에게도 같은 이유로(미국의 이해관계를 보호한다는 경제적 근거로) 적용되고" 있다고 그는 지적한다. 일본인 배제가 인종에 근거한 차별이 아닌 또 다른 이유로 맥클래치는 다른 백인 정착지 국가들의 일본 이민 제한 조치들을 언급했다. 그에 따르면, "일본과 동맹 관계에 있는 영국 연방의 일원임에도 불구하고 캐나다와 호주에서도 일본 이민 제한적 조치를

4 *Ibid.*, p. 43.

실행하고 있기 때문에 일본의 자존심을 건드릴까 우려할 필요가 없다."[5]

본고의 분석 대상은 『아시아의 독일』에서 맥클래치가 미국의 경제적 이해관계와 백인 정착지 국가들의 관행을 참조하며 일본인을 포함한 아시아인 배제가 가지는 인종 차별적 성격을 소거하고 중립적으로 들리는 경제와 국제 관행의 논리로 포장하는 방식이다. 20세기 초 미국, 캐나다 등 백인 정착지 국가들이 아시아인 배제 정책을 선도적으로 추진했고 이는 남아메리카의 브라질, 멕시코, 페루에도 도입되었다. 이런 역사적 배경을 고려할 때 맥클래치의 반아시아주의는 단순한 개인의 주장이 아니라 북미 지역에서 공유되던 반아시아운동의 수사와 논리를 답습한 것이라고 할 수 있다.

1870년대 후반부터 1940년대 초반까지 거의 60년간 지속된 캘리포니아의 반아시아운동에 관한 기존 연구에서는 맥클래치는 미국 안의 아시아 이민 반대 선동가들 중 하나로만 스치듯이 언급될 뿐 그의 아시아인 배제 입법 주장이 가지는 함의를 분석한 글은 거의 찾아보기 어렵다.[6] 이는 아시아계 미국인 역사 서술에서 19세기 말 20세기 초의 반아시아운동의 변화하는 목표와 시기상의 연속성을 강조하는 연구 경향 때문이다. 역사가 게리 오키히로(Gary Okihiro)가 정리한 아시아계 미국인 역사 서술의 역사에 따르면, 아시아계 미국인 역사가들 사이에는 다음과 같은 합의가 존재한다. 즉 1882년 중국인 배제법(the Chinese Exclusion

---

5 *Ibid*.,p. 36.

6 일본인의 우월성, 백인에게 일본인이 제기하는 위협, 그리고 일본인 이민 배제를 연결하는 맥클래치의 논리는 1960년대 후반에 출판된 일본계 미국인의 역사 관련 서적에서 잠시 소개된 적이 있다. Audrie Girdner and Anne Loftis, *The Great Betrayal: The Evacuation of the Japanese-Americans During World War II* (London: The Macmillan Company, 1969), 66; Bill Hosokawa, Nisei: The Quiet Americans (New York: William Morrow & Co., 1969), 45. 이 두 저서에 나오는 맥클래치에 대한 언급은 일본계 미국인 강제 수용으로 일본계 미국인들이 입은 피해와 고통을 교정하고 보상받기 위해 1980년에 구성된 전시 민간인 재이주와 구금에 관한 위원회(the Commission on Wartime Relocation and Internment of Civilians)가 출간한 보고서를 참고했다. Commission on Wartime Relocation and Internment of Civilians, *Personal Justice Denied* (Washington D.C.: U.S. Government Printing Office, 1982), 36, 44.

Act)을 가능하게 했던 반중국인운동 세력이 20세기 초의 반일본인운동 세력으로 이어져 동일한 목표를 추구했다는 것이다.[7]

본 논문은 트랜스내셔널리즘과 지구사적 전환의 방법론을 아시아인 이주와 배제의 역사 연구에 적용하는 최근 연구의 흐름에 영향을 받았다. 역사가 에리카 리(Erika Lee)는 1990년대 미국 인류학계에서 시작해 빠르게 다른 분과에 영향을 준 트랜스내셔널 전환(the transnational turn)이 오리엔탈리즘과 아시아인 배제의 초국적이고 비교적인 역사 서술의 가능성을 열어준다고 지적했다.[8] 기존의 아시아계 미국인 역사 연구는 1882년의 중국인 배제법, 1900년대 초 러일전쟁 승리 후 군사강국으로 등장한 일본의 위협을 가리키는 황화론의 등장과 반일본운동, 1924년 아시아인 배제법, 그리고 1942년 일본계 미국인 강제 수용으로 이어지는 일련의 반아시아운동을 아시아 이민에 대한 미국 내부의 인종주의와 백인 토착주의의 대응으로 보는 경향이 있었다. 이와 달리 리는 19세기 중반부터 20세기 초반까지 아메리카 대륙 내 국가들에서 도입된 반아시아운동과 아시아인 배제 정책이 "일종의 트랜스내셔널 반아시아 인종주의"에 기인했다고 주장한다.[9] 리가 미국·캐나다·멕시코의 아시아인 배제 정책의 비교사를 시도했다면, 역사가 아담 맥큐언(Adam McKeown)은 그의 최근작 『*Melancholy Order: Asian Migration and the Globalization of Borders*』에서 "1880년대부터 1910년대까지 백인 정착지 국가들로부터 아시아인들을 몰아내면서 국경 통제의 기본 원리

---

7 Gary Okihiro, *The Columbia Guide to Asian American History* (New York: Columbia University Press, 2001), 75.

8 Erika Lee, "Orientalisms in the Americas: A Hemispheric Approach to Asian American History," *Journal of Asian American Studies* 8:3 (2005): 235-256; "The 'Yellow Peril' and Asian Exclusion in the Americas," *Pacific Historial Review* 76:4 (2007): 537-562.

9 Lee, "The 'Yellow Peril' and Asian Exclusion in the Americas," 538.

와 개인의 지위를 증명하는 기술들의 대부분이 발전했다"고 지적한다.[10] 즉 아시아인 배제 정책의 초국적 확대로부터 오늘날 보편적으로 받아들여지는 이민 수용국의 국경 통제 권리가 정착되었던 것이다. 트랜스내셔널 전환과 지구사적 시각의 중요성을 강조한다고 해서 리와 맥큐언이 개별 국민국가로서 미국의 아시아인 배제 정책이 가지는 특징을 간과하는 것은 아니다. 리가 강조하듯이 중요한 것은 "초국적인 것, 국가적인 것, 국제적인 것이 서로 상호작용하는 과정"을 살펴보는 것이다.[11]

맥클래치의 황화론과 반아시아주의을 역사적 맥락 속에 위치시키기 위해 본문의 첫 번째 장에서는 19세기 중반부터 1920년대까지 미국과 아메리카 대륙으로의 아시아인 이주와 아시아인 배제 정책에 관한 연구사와 쟁점을 검토한다. 두 번째 장에서는 맥클래치의 반일본인 수사와 논리가 반아시아인운동으로 확장되는 과정을 구체적으로 살펴본다. 얼핏 그는 중국인보다 일본인의 위협이 더 심각하다고 주장하는 것 같지만 그의 반일본인 수사는 선행하던 반중국인운동의 수사를 차용했다. 그는 중국인이 미국과 백인 문명에 '동화할 수 없는' 인종이라는 논리를 일본인에게도 적용하여 일본인 배제를 정당화한다. 그의 황화론은 캐나다의 브리티시 컬럼비아의 반아시아 세력으로부터 지지를 확보하기도 했다.

본문의 두 번째 장에서 살펴볼 또 다른 주제는 맥클래치의 이민법 개혁 요구가 태평양 주변의 백인 정착지 국가들로부터 아시아인을 몰아내려던 당시의 국제적 논의를 배경으로 하고 있다는 것이다.[12] 그는 일본인을 포함한 아시아인을 이민과 미국 시민권으로부터 영구히 배제하는 방향으로 이민, 귀화, 시민권 관련

---

10 Adam McKeown, *Melancholy Order: Asian Migration and the Globalization of Borders* (New York: Columbia University Press, 2008).

11 Lee, "The 'Yellow Peril' and Asian Exclusion in the Americas," 540.

12 McKeown, *Melancholy Order*, 331.

법안을 개정하자고 제안했다. 그의 아시아인 배제론은 당시 자유주의 이민 개혁가들로부터 인종적 편견에 근거한 것이라고 비판받았고 이에 대한 반론으로 그는 이들의 이민 개혁안을 비판했다. 맥클래치의 논박 대상은 당시 친일본 세력으로 분류되기도 했던 선교사 시드니 굴릭(Sidney Gulick)이 주장했던 아시아 이민의 선택적 제한론이었다. 소위 자유주의적 이민 개혁을 주장하던 굴릭은 의회에서 논의 중이던 국적별 이민 할당제에서 아시아 국가들이 완전히 제외된다면 이는 인종과 국적에 따른 차별이며 모든 아시아인이 서양 문명에 동화할 수 없다고 보아서는 안 된다고 주장했다. 맥클래치는 일본인을 포함한 모든 아시아인의 백인 문명으로의 동화불가능성이 이미 증명되었고 다른 국가들의 예를 들며 아시아인 배제가 결코 인종과 국적에 근거한 차별이 아니라고 강변했다.

20세기 초의 시각에서 보아도 다분히 인종차별적인 맥클래치의 황화론과 아시아인 배제론은 1924년의 아시아인 배제법으로 구체화되었다. 제2차 세계대전을 거치면서 미국 내에서는 인종과 국적에 따른 이민 할당제의 차별적 성격에 대한 문제 제기가 등장했고 1965년 이민법 개정을 통해 국적별 할당제가 폐지되었다. 그렇다고 해서 아시아인 차별이 과거의 문제로 끝나는 것은 아니다. 본고의 중심 문제는 무엇이 맥클래치로 하여금 황화론과 아시아인 배제론이 인종적 차별이 아니라고 주장할 수 있게 만들었는가이다. 이는 어떻게 1882년부터 1945년까지의 수십 년 동안 아시아인 배제 정책이 유지될 수 있었는가라는 문제와도 상통한다.

2. 미국의 반아시아운동에서 아시아인 이주와 아시아인 배제 정책의 초국적 역사로

반아시아주의와 운동은 미국의 아시아계 미국인 역사와 이민사 연구의 중심 주제이다. 1990년대 초까지의 반아시아주의의 연구경향에서 도출된 합의 중

하나는 미국에 최초로 도착한 아시아인 집단인 중국인이 반아시아운동의 공격 대상이 되었고 19세기 후반 반중국인운동의 원인과 성격은 이후 20세기 전반기 반일본인 운동의 패턴을 규정했다는 것이다. 반중국인운동의 중심지였던 캘리포니아를 중심으로 한 연구에 따르면, 캘리포니아 백인들의 토착주의와 인종주의가 중국인을 대상으로 발현되었고 이들의 반중국인 정서에는 경제적 토대가 존재했다. 계약에 의해 미국으로 들어온 중국인 노동은 소위 '쿨리 노동'이라고도 불렸다. 값싼 중국인 노동과 경쟁해야 하는 백인 노동자들의 불안이 비등했고 정치인들은 백인 노동자 세력의 반중국인 정서에 편승하여 중국인 배제 정책 실행을 요구했으며 이는 1882년의 중국인 배제법으로 귀결되었다. 캘리포니아의 반중국인운동에서 인종과 계급의 측면을 강조한 알렉산더 색스턴(Alexander Saxton)에 따르면, 반중국인운동은 유럽 이주민에 대한 토착주의적 편견보다는 흑인에 대한 인종적 편견에 더 가까웠다.[13]

1870년대 들어 미국 전역에 걸쳐 중국인은 백인에 비해 생물학적으로나 사회적으로 열등한 인종으로 전형화되었다. 존 쿠오 첸(John Kuo Tchen)과 로버트 리(Robert Lee)에 따르면 중국인 공동체의 규모가 확대되던 1870년대 이전에도 중국인을 위험한 "동양인"으로 인종화하는 논리는 이미 존재했다.[14] 중국인을 열등한 인종으로 구성하는 논리의 근거는 중국인의 계약적 '노예' 노동, "쌀과 쥐"를 먹는다고 여겨지는 중국인의 낮은 생활수준, 독신 남성으로 구성된 중국인 공동체가 미국 사회에 야기할 성적이고 도덕적인 위협 등이었다. 미국에 온 중국인들은 대개 독신 남성이거나 본국에 가족을 두고 홀로 온 경우가 많아 중국인 공동체

---

13 Alexander Saxton, *The Indispensible Enemy: Labor and the Anti-Chinese Movement in California* (Berkeley: University of California Press, 1971).

14 Robert G. Lee, *Orientals: Asian Americans in Popular Culture* (Philadelphia: Temple University Press, 1999); John Kuo Tchen, *New York before Chinatown: Orientalism and the Shaping of American Culture, 1776-1882* (Baltimore: The Johns Hopkins University Press, 1999).

는 사실상 독신 남성집단이었다. 여성과 가족 없이 함께 모여 사는 중국인 이민자 공동체는 백인 미국인들에게 충격적으로 다가왔고 중국인 거주지는 매춘과 마약이 범람하는 비도덕적인 공간으로, 그리고 중국인 남성은 백인 여성의 잠재적인 성적 위협으로 인식되었다. 1875년에 페이지 법(the Page Act of 1875)이 통과되어 중국인을 비롯한 모든 "동양" 독신 여성의 이민이 도덕적인 이유로 금지되었다. 매춘를 단속한다는 구실 아래 페이지 법은 중국인 남성 이민자들이 가족을 이루어 미국에 정착하는 것을 방지하는 역할을 했다.[15]

1882년의 중국인 배제법은 중국인을 미국 사회에 영원한 이방인로 규정했고 중국인의 인종화는 이후에 미국에 도착한 다른 아시아인들에게 동일한 방식으로 적용되었다. 반아시아운동 진영은 남아시아의 '힌두'와 일본인은 모두 중국인과 같은 황인종에 속하므로 모든 아시아인이 배제되어야 한다고 밀어붙였다. 본고에서 중점적으로 다루는 맥클래치를 포함한 반아시아운동가들은 중국인과 마찬가지로 일본인의 값싼 노동과 낮은 생활수준으로 백인들의 생존이 위협받고 있다고 주장했다. 미국 내 일본인 인구의 "빠른" 성장과 경제적 성공으로 인해 일본인 이민의 위협은 중국인 이민의 위협과 비교할 때 더 위험한 것으로 간주되었다. 캘리포니아를 위시한 서부의 주들은 1913년에 외국인 토지법(the Alien Land Act)를 도입해 "미국 시민으로 귀화할 자격이 없는" 아시아 이민자들의 토지 소유를 불허했다. 외국인 토지법의 공격 대상은 당시 농업 분야에서 괄목할만한 성공을 거두던 일본인 이민자들이었다.

1910년대 들어서 반아시아운동가들과 이민 제한을 주창하는 이들은 남동유럽으로부터의 이민을 제한하고 비백인 아시아인의 이민을 배제하여 미국을 백인의 나라로 만들려는 기획을 본격적으로 진행시켰다. 인도 및 남아시아 지역

---

15 Anthony George Peffer, *If They Don't Bring Their Women Here: Chinese Female Immigration Before Exclusion* (Urbana: University of Illinois Press, 1999).

의 이민은 1917년 이민법에서 "아시아 제한 지역(Asiatic Barred Zone)"이 도입되면서 제한되기 시작했다. 민족 기원법(the National Origins Act)라고 불리는 1924년의 이민법은 아시아인 전체를 "미국 시민이 될 자격이 없다"고 규정하고 일본인을 포함한 아시아 지역 국적 소지자들의 이민 자격을 부인했다. "미국 시민이 될 자격이 없는"이라는 중립적 언어로 표현되었지만 아시아 이민 배제의 법적 근거는 명백히 인종적이었다. 그 대표적인 예는 일본인 타카오 오자와(Takao Ozawa)의 귀화 신청에 대한 미 연방대법원의 1922년 판결이다. 여기서 대법원은 일본인이 아시아인에 속하며 백인이 아니기 때문에 미국 시민으로 귀화할 자격이 없다고 선언했다.[16]

아시아계 미국인 역사가들이 1882년 중국인 배제법 시행과 1924년 이민법은 반아시아운동의 영향 아래 함께 놓여 있고 중국인 배제법을 이민 제한 역사의 중요한 사건으로 간주하는 것과 달리, 미국의 이민사 연구자들은 1920년대의 이민과 인종 논쟁, 그리고 민족 기원에 따라 이민 할당을 지정한 1924년 이민법에 미국 이민사의 이민 제한 시대의 서막을 연 사건으로서 의미를 부여한다.[17] 에리카 리에 따르면, 기존 연구자들이 중국인 배제법을 "20세기 미국의 토착주의 혹은 반이민 정서라는 보다 큰 패턴과 '간접적으로만 연관이 있다'고 특징짓"지만 중국인 배제 시기는 "이민법의 역사에서 중요한 선례이자 미국인들이 인종, 이민, 그리고 이민에 의해 만들어진 나라로서 미국의 정체성에 대해 생각하는 방식

---

16 *Ozawa v. United States* (1922). 당시 백인이 아니어도 미국 시민으로 귀화할 수 있는 인종은 흑인이었다. 1790년부터 1870년까지 미국의 국적법에서 "자유로운 백인(free white persons)"만이 귀화 가능했으나 재건기에 흑인의 시민권이 인정되면서 아프리카 출신의 흑인도 귀화자격이 인정된 것이다.

17 Matthew Frye Jacobson, *Whiteness of a Different Color: European Immigrants and the Alchemy of Race* (Cambridge: Harvard University Press, 1998); Mae Ngai, *Impossible Subjects: Illegal Aliens and the Making of Modern America* (Princeton: Princeton University Press, 2004); Aristide Zolberg, *A Nation by Design: Immigration Policy in the Fashioning of America* (Cambridge: Harvard University Press, 2006).

을 바꾸었다."[18]

중국인 배제 시기인 1882년 사이에서 1943년 사이의 중국인 이민에 관한 리의 연구서에서 특히 주목할 부분은 중국인 배제법의 시행을 통해 이민정책에 관한 연방정부의 권한이 증대하고 이민국 설립과 여권 및 비자 등의 서류상 절차 확립을 통해 합법과 불법 이민을 가려내는 방식으로 이민행정이 체계화되고 관료화되는 과정이다. 이 과정은 중국인 배제법이 상인, 학생, 선교사, 외교관 등 해외 주재 공무원들을 법의 적용으로부터 면제시켰다는 사실과 연관이 있다. 이민국 관리들은 면제의 자격을 주장하는 중국인 신청자들의 신원 증명이 사실과 같은지를 확인하기 위해 지난하고 까다로운 심문 절차를 만들었다. 이와 관련하여 루시 샐리어(Lucy Salyer)의 연구도 언급할 만하다. 샐리어는 중국인 배제법에 도전하는 중국인들의 소송을 처리하는 과정에서 중국인 소송자들의 권리를 중시하던 사법부가 이민국의 행정 권력과 처음에는 대립하다가 1905년에서 1924년 사이 이민국이 이민 제한 정책을 주도적으로 제안하고 시행하는 과정을 분석했다.[19]

중국인 배제법과 이민제한정책을 둘러싼 논쟁이 미국 이민기관 및 이민법의 형성에 미친 영향을 조명하는 리와 샐리어의 연구는 근대 미국이 특정 인종이나 국적의 배제를 이민법과 이민행정기관의 제도화를 통해 확립하는 과정을 보여준다고도 할 수 있을 것이다. 리는 서부에서 시작된 중국인 배제가 "미국적 게이트키핑(American gatekeeping)을 형성"했다고 기술한다.[20] 그러나 리와 샐리어의 연구에서 명확하게 드러나지 않는 부분은 미국의 이민정책 입안자들과 이해집단들이 어떤 논리로 아시아인 배제를 정당화했는가이다. 이 질문에 대한 부분적

---

18 Erika Lee, *At America's Gate: Chinese Immigration during the Exclusion Era, 1882-1943* (Chapel Hill: The University of North Carolina Press, 2003), 9-10.

19 Lucy E. Salyer, *Laws Harsh as Tigers: Chinese Immigrants and the Shaping of Modern Immigration Law* (Chapel Hill: The Univeristy of North Carolina Press, 1995).

20 Lee, *At America's Gate*, 10.

답변은 아담 맥큐언의 최근 연구에서 찾아 볼 수 있다. 다소 길지만 맥큐언의 글을 인용해 본다.

> 1880년대에 백인 정착지 국가들로의 아시아인의 이주를 제한하기 위해 "새로운 통제"가 등장했다. 이전의 통제와 달리 이 새로운 통제는 출(出)보다는 입(入)에 초점을 두었고 통제 실행의 주요 장소로 국경에 집중했으며 개인의 정체성들을 구별하기 위한 광범위한 기제들을 발달시켰다. 개인의 정체성을 구별하는 것은 때로는 인종들을 구별하는 것보다 더 어렵다는 것이 증명되었다. 확실한 것은 이 통제들이 태평양 주변의 백인 정착지 국가들에 의해서 창조되었으며 이 국가들은 스스로를 19세기의 자유주의적 자유들의 최전선에 있다고 보았다는 것이다. 이 국가들은 비밀투표, 여성참정권, 보통교육, 진보적인 노동 입법 등의 민주주의적 통치와 자치를 위한 다양한 혁신을 시도한 장소였다. 자치의 이상과 실행은 배타적 정책들의 토대이기도 했다. ……
>
> 국경 통제의 확립은 국가들 사이의 경계뿐 아니라 세계를 동양과 서양, 문명과 비문명으로 구분하는 문화적 거시 범주들을 외형적으로 존재하게 만들었다. 이 거시적 구분들은 국경 통제를 정당화했다. …… 태평양 주변의 행정적 비상경계선은 진보적인 민주주의들과 "정체된" 아시아 정치체들 사이에, 그리고 자유로운 이주민들과 쿨리들 사이에 구분선을 그었다. 아시아의 자유롭지 못한 조건은 배제, 선택, 감시를 요구했다.[21]

맥큐언에 따르면, 태평양 주변의 백인 정착지 국가들은 아시아인의 배제와 통제를 이민 수용국의 문명 상태에 적합한 이민자를 선택할 권리로 정당화했고

---

21 McKeown, *Melancholy Order*, 7-8

아시아인이 속한 문명의 퇴행성은 이들의 배제를 당연한 것으로 만들었다. 백인 정착지 국가의 자유주의적 이상이 아시아인 배제 정책의 근거라는 그의 통찰은 왜 맥클래치가 그토록 일본인을 포함한 아시아인 배제가 인종적 편견에 기반한 것이 아니라 미국의 이해관계와 선진 백인 문명의 수호를 위한 것이라고 강변하는지를 이해할 수 있게 해준다.

마지막으로 아시아 배제 역사의 초국적 성격에 대해 살펴보자. 아시아계 미국인 역사에 대한 "반구적 접근(a hemispheric approah)"을 제안하면서 에리카 리는 중국인들이 이주해간 아메리카 대륙 내 국가들 사이에서 중국인을 백인 문명에 대한 사회·경제·문화적 위협으로 표상하는 오리엔탈리즘이 공유되고 있었다고 지적한다.[22] 캐나다와 멕시코의 반중국인운동에 관한 기존 연구사를 미국의 반중국인운동 연구사와 병치하면서 리는 미국의 중국인 배제 정책과 시행이 캐나다와 멕시코에 중요한 선례를 제공했음을 확인한다. 리에 따르면, 아메리카 대륙 내에서 19세기 말의 중국인 이민 논쟁이 "인종에 관한 초국적 담론에 의해 서로 연결되었다면 일본인 이민자 배제 운동은 수사의 공유 차원을 넘어서" 정책 공유와 협조로 구체화되었다.[23] 1924년 이민법 시행으로 미국이 주도한 아시아인 배제는 1920년대와 1930년대에 캐나다, 브라질과 페루로부터 유사한 정책을 이끌어냈다. 리의 연구는 아메리카 대륙 국경을 넘나들어 공유된 반아시아운동과 아시아인 배제 정책이 가지는 초국적 성격을 효과적으로 보여주고 있다.

리가 지적했듯이 미국을 비롯한 백인 정착지 국가들의 반아시아운동과 아시아인 배제 정책의 초국적 성격은 지역적이고 국가적 상황과 연동했다. 코넬 창(Kornel Chang)의 연구는 1880년부터 1910년 사이에 미국과 캐나다 각국에서 백인 노동 운동 세력이 비슷한 시기에 비슷한 방식으로 반아시아주의 수사를 차용

22 Lee, "Orientalisms in the Americas": 238.

23 Lee, "The 'Yellow Peril'":550.

하여 반아시아 인종 폭동을 주도했음에 착목한다. 창에 따르면, 태평양 북서부의 백인 노동 지도자들은 국경을 넘어서 반아시아운동을 중심으로 결집했고 반아시아주의 수사를 서로 참조했다. 창에 따르면, 태평양 북서부 반아시아주의는 태평양을 넘어 호주, 뉴질랜드, 남아프리카 등의 백인 정착지 국가들로 확산했던 "지식 생산의 제국적 순회"로부터 왔으며 "북아메리카 서부의 지역적 요구에 맞추어 수정"되었다.[24] 20세기 초 미국과 캐나다 북서부 지역 백인 노동과 백인 우월주의 정치 세력이 주도했던 반아시아운동은 양 국가를 자유롭게 오가던 아시아인의 이주를 제한하는 국경 통제 및 이민 제한 정책으로 이어졌다. 이 과정에서 확립된 것은 백인과 황인의 이분법이었고 서로 다른 국적과 민족적 소속을 가졌던 유럽 이주민들이 "초국적인 백인 연대"를 형성했다고 창은 주장한다.[25]

앞서 소개한 에리카 리, 코넬 창의 연구가 중점적으로 살펴보는 시기는 1880년부터 1910년까지이다. 이들의 연구는 아시아인 배제라는 극단적인 인종차별적 이민 정책이 1924년에 미국의 법이 되기 이전에 반세기에 걸친 백인우월주의와 반아시아운동의 지역적·국가적·초국적 결합이 선행했음을 잘 보여준다. 이 글에서는 제1차 세계대전의 경험과 결과가 태평양 북서부 지역의 반아시아운동 진영의 반일본, 아시아인 배제 주장에 어떻게 영향을 주었는지를 중점적으로 살펴본다. 캘리포니아의 아시아 배제 연맹의 중심인물이던 맥클래치가 1919년에 펼친 황화론과 아시아인 배제론은 1910년대 이후 황화론이 초국적인 아시아인 배제 정책으로 확장되는 한 예를 보여준다고 할 수 있다.

---

24 Chang, "Circulating Race and Empire": 681.

25 Kornel Chang, "Enforcing Transnational White Solidarity: Asian Migration and the Formation of the U.S.-Canadian Boundary," *American Quarterly* 60:3 (Sep., 2008): 671-696.

3. 맥클래치의 황화론과 아시아인 배제론에서 드러나는 초국적 반아시아 인종주의

『아시아의 독일』에서 맥클래치는 1870년대부터 미국에서 발전한 중국인 반대 논리를 일본인 반대의 근거로 적용했다. 그의 아시아인 배제론은 1910년대에 태평양 주변의 백인 정착지 국가들 사이에서 공유되던 반일본과 반아시아 정서를 적극적으로 참조했다. 황화론과 아시아인 배제론에 입각하여 그가 제시한 구체적 정책 대안은 당시 미국에서 논의 중이던 국적별 이민 할당 법안에서 아시아인 배제가 실현되어야 한다는 것이었다.

맥클래치의 황화론은 19세기 말 반중국인운동의 수사를 차용하면서 변형시킨다. 1870년대의 반중국인운동이 내세운 소위 "중국인 문제"에서 중국인은 다음과 같은 이유로 열등한 인종이기 때문에 장차 미국에 정착하게 될 이민자로 바람직하지 않다고 여겨졌다. 중국인의 저임금 계약 노동, 쌀을 주식으로 하는 중국인의 이질적 식습관, 중국인 게토의 열악한 주거환경에서 드러나는 낮은 생활수준 등이 그 이유였다. 『아시아의 독일』에서 맥클래치는 일본인이 "바람직하지 않은 이민자"인 이유로 이들의 저임금 노동과 낮은 생활수준을 들고 있다. "그(일본인)의 생활수준은 우리의 생활수준보다 낮아서 그는 돈을 덜 받고 더 오래 일한다"고 맥클래치는 개탄한다. 일본인의 저임금 수용과 낮은 생활수준이라는 점에서 "일본인 문제"는 "중국인 문제"와 거의 유사하지만 전자의 문제가 더욱 미국의 백인들에게 위협적이라고 그는 주장한다. 그에 따르면, 일본인의 특징인 "근면함, 성실함, 그리고 야심"이 이들의 "낮은 생활수준"과 결합하여 결국 미국인 노동자들을 밀어낼 것이었다.[26]

거대한 규모의 중국 인구는 반중국인운동가들로 하여금 중국인들이 미국

---

26 McClatchy, "The Germany of Asia," 25.

에 정착하여 가족을 꾸릴 경우 그 인구가 걷잡을 수 없이 늘어날 것이라는 공포를 불러 일으켰다. 역사가 존 쿠오 첸에 따르면, 중국의 거대한 영토와 인구는 태생주의자들에게 "중국으로부터의 침략(The Chinese Invasion)" 공포를 불러일으켰고 19세기 후반기 뉴욕의 희화작가들은 중국인을 왕성하고 빠른 번식력을 특징으로 하는 쥐(rats)로 묘사하면서 도시가 곧 중국인으로 넘쳐날 것이라는 인식을 의심 없이 받아들였다.[27] 비슷한 맥락에서 맥클래치는 미국 내 일본인의 "높은 출생률"과 일본인 인구의 급속한 성장을 "황색 위협"의 결정적 요소라고 보았다. 신사협정 이후 미국에 "사진 신부"로 입국한 일본 여성들과 본래 미국에 거주하고 있던 그녀들의 남편들은 미국 영토 안에서 일본인 인구를 늘리고 공동체를 정착시키는 데 기여하며 점차 백인들의 자리를 빼앗을 것이라고 맥클래치는 예상했다. 이런 현상은 하와이에서 이미 일어나고 있었고 "미국인과 미국은 이미 사실상 하와이를 상실"했다고 그는 단언했다.[28] 그가 제시하는 관련 통계는 다음과 같다. 일본 정부가 노동자의 미국 이민 규제를 약속했던 신사협정이 체결된 이후 7년간 추가 노동 이민이 없는 상황에서 1910년에 하와이의 일본인 수는 7만 9674명으로 전체 하와이 인구(19만 1909명)의 약 42퍼센트를 차지했다. 1910년 통계에서 일본인 인구 중 여성의 비율은 약 31퍼센트로 성비가 불균형했다. 8년 뒤인 1918년에는 일본인 수가 10만 3000명에 달해 전체 하와이 인구의 거의 절반에 달했고 학교에 등록한 아동 중 40퍼센트가 일본인 자녀였다.[29]

일본이 "조용한 침투"를 시도하는 다음 장소는 캘리포니아였고 맥클래치가 보기에 "하와이에서 일어난 일은 현재 캘리포니아에서 어떤 일이 일어나고 있는지를 보여주고" 있었다. 캘리포니아에서 일본인들은 "가장 비옥한 땅과 최적의 환

---

27 John Kuo Wei Tchen, *New York before Chinatown*, 214-218.

28 McClatchy, "The Germany of Asia," 28.

29 *Ibid.*, 27.

경을 골라서 백인들을 몰아내고" 있었다. 그는 미국 본토의 일본인 중 3분의 2가 캘리포니아에 거주하고 있다는 것이 일본의 캘리포니아 선호를 입증할 증거라고 내세웠다. 신사협정의 체결과 "사진 신부"의 도래로 인해 종래에 7대 1 혹은 6대 1이던 캘리포니아 일본인의 남녀 성비는 4대 1로 좁혀졌다. 협정 이전인 1907년과 비교할 때 1917년의 일본인 출생률은 20배로 증가했다. 이와 대조적으로 캘리포니아에서 백인의 출생률은 점진적으로 낮아져서 캘리포니아의 전체 출생률에서 백인이 차지하는 비중은 1906년의 98.4퍼센트에서 1917년의 90.6퍼센트로 내려왔다.[30]

하와이와 캘리포니아에서 일본인의 출생률에 대한 맥클래치의 서술은 맥락을 제거한 채 일본인 출생률 변화라는 단일한 요소만 비교하는 오류를 범하고 있다. 하와이의 경우 1900년 미국의 준주로 편입되기 50년 전부터 플랜테이션 농업 기지로 개발되면서 아시아로부터의, 특히 일본으로부터 노동 인구 유입이 계속되었고 백인은 주로 플랜테이션 소유주로서 하와이 전체 인구에서 차지하는 비중은 늘 낮았다. 1853년에는 하와이 원주민(Hawaiians) 혹은 부분적으로 하와이 원주민(part-Hawaiians)은 하와이 전체 인구의 97퍼센트, 백인은 2퍼센트에 불과했고 중국인은 0.5퍼센트였다. 1923년에는 하와이 원주민 혹은 부분적으로 하와이 원주민의 비율은 전체 인구의 16.3퍼센트, 백인(Caucasians)은 7.7퍼센트, 일본인은 42.7퍼센트, 중국인은 9.2퍼센트, 필리핀인 8.2퍼센트, 한국인 1.9퍼센트였다.[31] 1924년 이민법으로 일본인 이민이 종식되자 1925년과 1929년 사이에 미국 여권을 소지할 수 있는 "국민(nationals)"의 자격을 갖춘 필리핀인들의 하와이

---

30 *Ibid.*, 28-29.

31 1923년의 통계에서 포르투갈인(Portuguese) 10.6퍼센트, 푸에르토리코인 2.2퍼센트을 차지했다. Ronald Takaki, *Strangers from a Different Shore: A History of Asian Americans*, 2nd ed. (Boston: Little, Brown and Company, 1998), 132.

이주가 급격히 늘어났고 일본인 노동력을 대체하였다.[32]

마찬가지로 맥클래치와 다른 반일본 선동가들은 1908년 이후 캘리포니아에서 일본인의 출생률을 과대평가했다. 맥클래치처럼 캘리포니아 주지사 윌리엄 스티븐스(William Stephens)는 백인 캘리포니아인에게 가장 큰 위협은 일본인의 "높은 출생률"에서 온다고 주장했다. 1913년에 처음 도입되어 귀화할 수 없는 외국인의 토지 소유를 금지하는 1920년 외국인 토지법을 준비하는 과정에서 캘리포니아 의회가 발표한 한 보고서는 캘리포니아에서 일본인의 출생률이 백인의 세 배라는 것을 보여주려고 했다. 그러나 1945년 이후의 연구에 따르면, 1920년의 보고서는 일본 이민의 형태상 남편과 아내 사이의 연령 차이가 많았다는 점, 그리고 조사가 실시될 당시 결혼한 지 얼마 되지 않았고 어렸던 신부들은 가임기의 절정에 있었다는 사실을 고려하지 않았다.[33] 장기적으로 보면 1920년대와 1930년대 일본인 이민자 세대의 출생률은 당대의 유럽인 이민자 집단들보다 낮고 태생 백인들보다 조금 더 높을 뿐이었다. 1940년경 서부 해안의 모든 주에서 일본계 미국인의 출생률은 인구 전체의 출생률보다 낮았다. 1945년 이후의 연구자들은 반일본운동 진영에서 주장했던 일본인의 "높은 출생률"은 "신화"였다고 결론짓는다.[34]

---

32 1907년과 1919년 사이 하와이로 이주한 필리핀인의 수는 2만 9200명이었고 1924년과 1929년 사이에는 4만 4400명으로 늘어난다. Sucheng Chan, *Asian Americans: An Interpretitive History* (Boston: Twayne Publishers, 1992), 18.

33 맥클래치의 반일본 선전이 왜곡하고 있는 사실을 알리기 위해 시드니 굴릭은 1920년에 팸플릿을 출간하고 여기서 비슷한 내용을 언급했다. Sydney Lewis Gulick, *The New Anti-Japanese Agitation* (New York: Commission on Relations with the Orient of the Federal Council of the Churches of Christ in America, 1920?), 10, http://nrs.harvard.edu/urn-3:FHCL:929132 [accessed on October 1, 2013].

34 Carey McWilliams, *Prejudice* (Boston: Little, Brown and Co., 1945), 90-91; Jacobus tenBroek, Edward N. Barnhart and Floyd Matson, *Prejudice, War and the Constitution* (Berkeley: University of California Press, 1954), 67; quoted in Commission on Wartime Relocation and Internment of Civilians, *Personal Justice Denied*, 38.

한 마디로 맥클래치가 말하는 일본인의 "높은 출생률"은 과장이며 사실과 다름에도 불구하고 그는 일본인이 미국에 들어온 이민자들 중 토착 백인들을 가장 심각하게 위협하는 이민자 집단이기 때문에 이들을 배제해야 한다고 우긴다. "우리가 이민을 통해 다루어야 했던 민족들 중에서 일본인이 가장 번식력이 왕성하다는 것을 기억하라"고 외치면서 그는 다음과 같이 호소한다. "우리가 이 나라를 그들에게 내어주기를 바라는가? 아니면 우리는 백인종을 위해 이 나라를 보전할 것인가? 이 문제는 지금 바로 우리 앞에 있고 우리는 이 문제를 회피하거나 협상할 여유가 없다."[35] 일본인 이민이 이미 미국 영토의 일부인 하와이와 캘리포니아에 심각한 위협을 제기하고 있음을 제시한 후 맥클래치는 일본인 배제를 통한 아시아인 배제가 당시 진행 중이던 이민법 개정안에 포함되어야 한다고 주장했다.

구체적으로 일본인과 아시아인 배제를 내세우기 전에 그는 이민자의 선택, 제한, 배제가 제1차 세계대전을 거치면서 미국인들 사이에서 보편적인 요구가 되었다는 점을 지적했다. "지난 4년간의 경험은 대부분의 미국인들로 하여금 우리의 이민과 귀화 관련법들이 너무 관대했다는 것을 납득시켰고 만약 우리가 미국 시민권의 높은 수준을 보전하려고 한다면 우리는 어떤 물질을 선택하여 그로부터 시민권을 주조할지에 더 신경 써야 한다. 일반적 정서는 이민이 몇 년간 중단될 수 없다면 제한되거나 세심하게 선택되어야 한다는 것이다."[36] 여기서 언급할 것은 제1차 세계대전을 거치면서 등장한 외국인을 통한 볼셰비즘 및 미국의 국익에 해로운 요소의 침입에 대한 공포가 확산되면서 남동유럽 지역으로부터 이민 제한과 아시아인 배제 주장이 주요한 이민법 개혁요구로 등장했다는 것이다. 아리스티드 졸버그의 지적처럼, "제1차 세계대전의 결과 미국은 더 이상 이민자

---

35 McClatchy, "The Germany of Asia," 26.

36 *Ibid.*, 22. 필자의 강조.

의 나라로 존재하지 않겠다고 세계에 크게 선언했다."[37]

"미국 시민권의 높은 수준을 보전"한다는 명목 아래 맥클래치는 이민자 수용국이자 발달된 서구 문명국으로서 미국이 이민자를 선별할 권리를 확신하며 백인 문명과 미국 시민권의 정신에 동화할 수 없는 일본인은 이민자로서나 시민으로 "바람직하지 않다"고 그는 강조했다. 코넬 창의 연구가 밝혔듯이 일본인 이주자를 백인 정착지 국가의 위협으로 보는 논리는 1907년에 태평양 연안 지역에서 일어난 인종 폭동에서 등장했다.[38] 1907년의 반아시아운동을 이끈 세력은 중국, 일본, 인도에서 온 이주 노동자들을 배척하던 백인 노동자 세력이었다. 태평양 연안 지역의 반아시아 정서에 호응해 미국과 캐나다 정부는 일본 정부에 의한 노동 이민의 선별적 배제를 골자로 하는 신사협정을 체결하게 된다. 그러나 맥클래치가 보기에 신사협정의 결과는 캘리포니아의 백인 정착민들에게 치명적이었고 선별되어 들어온 일본인들조차 이민자로서 전혀 바람직하지 않았다.

일본인이 "바람직하지 않은 이민자"인 이유를 맥클래치는 다음과 같이 설명했다. 일본인들은 저임금과 낮은 생활수준에 타협하기 때문에 이들과의 경쟁에서 백인들이 밀려나거나 아니면 이들의 낮은 생활수준에 맞추어야 한다는 것이다. 한때 백인들만의 정착지였던 캘리포니아의 플로린이라는 작은 농업 도시를 1910년대 초가 되면 일본인 딸기 재배업자들이 지배하고 있다는 예를 들면서 맥클래치는 "일본인의 경쟁력과 방법에 압박을 받아 (미국인) 가정과 가족 생활이 파괴되고 미국인 공동체가 사라져 버렸다"고 개탄했다.[39] 백인들의 입장에서 보자면 일본인의 생존력과 경쟁력은 이민자의 장점과 성과가 아닌 백인 공동체에 대한 더 나아가 백인 문명에 대한 위협이 된다고 맥클래치는 확신했다. 그에 따르

---

37 Zolberg, *A Nation by Design*, 243

38 Chang, "Circulating Race and Empire": 687.

39 McClatchy, "The Germany of Asia," 30.

면, "우리 문명은 그들(일본인 문명)과 열린 경쟁에서 생존하지 못하고 우리가 그들의 생활수준을 수용하지 않는 한 생존이 불가능하다."[40]

맥클래치에 따르면 미국에서 태어난 일본인조차도 "동화할 수 없는" 존재이기 때문에 "바람직한 미국 시민"이 될 수 없다. 그는 일본인이 동화불가능한 존재인 이유를 일본인이 타 인종이나 민족과 결혼하려고 하지 않는다는 점, 그리고 미국에서 태어나 미국의 공교육을 받아도 일본어학교를 다녀 "미국인이 되지 않고 일본인으로 남기" 때문이라고 설명했다. 일본어학교 교육이 미국에서 태어난 일본인 학생들을 일본인으로 교육하는 과정을 그는 다음과 같이 기술한다. 공립학교 수업 시간 이외에는 일본어학교를 다니는 일본인 학생들은 "영어를 말하지 못하고 미국 정부와 시민권의 원리를 알지도 못하고 동조하지도 않는" 일본인 선생에게 교육을 받고 "일본의 이상과 애국주의, 그리고 다른 민족에 대한 경멸을 흡수"한다.[41]

백인 문명과 일본인 문명의 이항 대립을 근거로 맥클래치는 일본인을 포함한 모든 아시아인 배제를 내세웠다. 여기서 문명들의 대립과 차이는 아시아인 이민 배제가 가지는 인종차별적 성격을 희석시키기 위해 동원된다. 맥클래치가 말하는 문명이란 결국 인종을 가리키는 일종의 암호이다. 이것이 바로 아시아인 배제 주장이 "인종 평등을 의문시하거나 일본인에 대한 고려를 전혀 할 필요가 없다고 말하려는 것이 아니라고" 그가 애써 강조하는 이유였다.[42] 맥클래치가 가까스로 둘러쓴 문명론이라는 외피는 아시아인에 대해 그가 가졌던 인종주의적 혐오를 가릴 수 없었다.

"건설적 이민법안을 위한 모임(The National League for Constructive Immigration

---

40 *Ibid.*, 25.

41 *Ibid.*, 25.

42 *Ibid.*, p. 43.

Legislation)"의 주요 일원이었던 시드니 굴릭(Sydney Gulick)은 맥클래치와 미국 서부의 반아시아운동 진영의 아시아인 배제 제안이 가지는 인종차별적 함의에 대해 비판적 입장을 취했다. 반아시아운동 진영에 맞서 굴릭과 "건설적 이민법안을 위한 모임"이 1919년 6월에 의회에 제출했던 "건설적 이민법안"은 국가별 할당을 설정해 이민 제한을 도입한다는 원칙에는 동의했고 할당 설정 방식으로 1920년 센서스를 기준으로 미국 시민으로 귀화한 사람들과 미국에서 태어난 그들의 자녀가 대표하는 국적 비율에 따를 것을 제안했다.[43] 이 제안에 따르면 아시아 국가에도 이민 할당이 부여되며 특정 인종과 국적 소지를 근거로 이민 신청 자격이 박탈되지 않을 것이었다. 일본에서 선교사와 대학교수로 활동한 경력을 가졌던 굴릭은 캘리포니아의 반일본운동이 가지는 차별적 성격을 개탄하는 저서들을 1919년 이후에도 꾸준히 발표했다. 1921년에 굴릭은 "영구한 이민 정책"이라는 팸플릿을 출간해 맥클래치가 주도하는 일본인 배제연맹의 일본인 및 아시아인 배제 요구에 반대하며 "건설적 이민법안"의 의미를 부각시켰다. 여기서 그는 미국의 이민 정책이 "보편적"일 것을 강조하면서 "모든 민족의 이민에 대해 규제와 선택의 일반적 원칙을 적용"해야 할 것, 그리고 이민 정책이 "인종 편견이나 임의적인 인종 차별에 의해 통제되지 않아야" 할 것을 촉구했다.[44]

굴릭과 "건설적 이민법안"의 지지자들이 일본인과 아시아인 배제를 반대한 주요한 이유는 이 정책이 인종에 근거한 차별로 보일 수 있고 보편적 자유 이민을 지향하는 미국의 전통에서 벗어나기 때문이었다. 이 지지자들도 부분적으로 중국인과 일본인의 이민 할당을 설정할 필요성을 지적했다. 그러나 맥클래치가

43 Zolberg, *A Nation by Design*, 253.

44 Sydney Lewis Gulick, *A Permanent Immigration Policy* (New York City: National Committee for Constructive Immigration Legislation, 1921), 4, http://nrs.harvard.edu/urn-3:FHCL:908005 [accessed on October 1, 2013].

보기에 이 법안의 문제점은 아시아인의 존재와 동화가능성을 인정하는 데 있었다.[45] 이 법안이 시행된다면, "모든 아시아인(Asiatics)에게 여기(미국)에 올 자격을 주거나 오도록 고무할 것"이기 때문이었다.[46] 맥클래치는 굴릭을 지목해 "굴릭 자신도 당시 성인으로서 미국에 와 있는 일본인이 시민으로 바람직하지 않은 상태"라고 인정하면서 동화가능성을 근거로 소수라도 이들의 이민을 허용하자는 것은 이해할 수 없다고 덧붙였다.[47]

일본인 배제 정책 도입이 일본인에 대한 인종적 차별로 보일 수 있고 일본과 미국의 외교관계에 손상을 줄 것이라는 굴릭과 "건설적 이민법안" 제안자들의 우려에 대항해 맥클래치는 이민 수용국의 입장에서 제한과 배제를 결정할 수 있으며 수용국 입장 중시가 국제적 관행이 되고 있다고 지적했다. 그에 따르면, "인종적 근거가 아니라 경제적 근거에서 (일본 이민 제한을) 주장하는 것이라서 그들(일본)의 자존심에 상처를 주지 않는다." 그리고 일본인 배제 정책이 미국 국경을 넘어 서양 국가들 사이에서 국제적으로 지지받고 있었다. 그는 "일본과 동맹관계에 있는 영연방에 속함에도 캐나다와 호주가 일본인에 대해 이민 제한 방침을 펼치고 있다"고 썼다. 또한 "파리강화회의가 '인종 차별'이라는 머리글 아래 기술한 제 문제를 인정해 달라는 일본의 요구를 거절했는데 그 이유는 호주가 강력히 반발했고 일본의 주장이 일관적이지도 않고 옹호될 수 없었기 때문"이었다고 그는 기술했다.[48]

위의 마지막 인용문은 제1차 세계대전의 승전국이었던 일본이 1919년 파리강화회의에서 국제연맹헌장에 "인종 평등" 조항 삽입을 요구했던 것을 가리킨다.

---

45 McClathcy, "The Germany of Asia," 24.

46 *Ibid.*, 34.

47 *Ibid.*, 35.

48 *Ibid.*, 36.

중국에서 독일이 이전에 가졌던 치외법권을 포기하는 대가로 일본은 그들의 요구를 철회했다고 알려져 있다. 여기서 흥미로운 것은 맥클래치가 "인종 평등" 조항을 "인종 차별"이라는 표현으로 바꾸었다는 점이다. 이 문제에 대해 그가 별도의 추가 설명을 하지 않았지만 그가 다음의 내용을 주장하려는 것으로 해석할 수 있을 것이다. 즉 일본은 서양 국가들의 일본인 이민 제한정책이 인종 차별적이라고 주장했지만 회의에 참석한 서양의 국가들은 이 주장을 지지하지 않았다. 맥클래치가 보기에 일본인 이민 제한과 배제 정책이 인종에 근거한 차별이 아니라는 견해가 미국 이외의 백인 국가들 사이에서 인정되고 있었던 것이다.

인종에 근거한 이민 제한과 배제 정책이 인종차별적이지 않다는 맥클래치의 주장은 명백히 궤변이지만 필자의 흥미를 자극하는 것은 왜 그가 이런 무리한 주장을 반복하는가이다. 파리강화회담에서 일본의 인종 평등 조항 삽입 요구에 대한 호주 및 기타 백인 정착지 국가들의 반대는 아시아인과 아시아 주권국에 대한 차별을 그 바탕에 두고 있었다. 아담 맥큐언에 따르면, 일본의 인종 평등 조항 삽입 요구를 백인 정착지 국가들이 반대한 이유는 이 조항이 포함될 경우 향후 이들 국가들이 원하는 대로 이민을 통제할 힘을 약화시킬지도 모르기 때문이었다.[49]

캐나다와 호주의 예를 들어 맥클래치가 미국의 아시아 이민 제한 정책을 정당화하는 논리를 통해 알 수 있는 것은 태평양을 면한 백인 정착 국가들이 1910년대와 1920년대에 비슷한 정책을 도입했다는 점, 그리고 각국의 이해관계가 우연히 일치한 것이 아니라는 점이다. 사실 이 국가들에서 반일본, 반아시아 이민 정책을 동시 다발적으로 추구한 것은 1910년대 말이 처음이 아니었다. 19세기 말 미국에서 중국인 배제 논의가 진행될 때 캐나다, 멕시코, 카리브 지역, 라틴

---

49 McKeown, *Melancholy Order*, 331.

아메리카의 일부 국가에서도 같은 논의가 벌어졌다. 이 현상을 두고 에리카 리는 "이 국가들의 정책을 분리된 현상으로 보기보다는 국가의 경계를 가로질러 번성했던 트랜스내셔널 반아시아 인종주의(a transnational anti-Asian racism)의 결과"라고 보아야 한다고 기술했다.[50]

캐나다와 호주도 황화론에 근거해 일본인 배제 정책을 실시하기 때문에 미국도 동일 정책을 도입할 수 있다는 맥클래치의 주장은 20세기 초 북미와 남미에서 아시아 배제 운동의 성격 변화에 관한 리의 논의를 뒷받침해준다. 리에 따르면, 일본과 일본인을 "황색 위협"으로 규정하는 20세기 초의 상황은 "북미와 남미의 아시아 배제가 가지는 초국적 특징에 일어난 중요한 변화"를 표시했다. 19세기 후반기의 반중국인 수사는 중국인·일본인·조선인·필리핀인을 "동화불가능한 동양인들"로 묶어버렸고, 중국인 배제 이후에 미국에 들어온 다른 아시아인들이 중국인과 같은 종류의 차별을 대면하게 되었다. "중국인 이민에 관한 트랜스내셔널 논쟁이 인종에 관한 트랜스내셔널 담론에 의해 서로 연결되었다면 이와 달리 일본인 이민자 배제 운동은 수사의 공유 차원을 넘어섰다"고 리는 관찰한다. 20세기 초 황화론의 초국적 교환 과정을 리는 다음과 같이 설명한다. "일본인 이민자 배제 운동은 실제 협력과 정책적 조율을 아울렀고 내가 '백인 태평양(the White Pacific)'이라고 부르는 인종 지리적 상상(a racial and geographic imaginary)을 도모했다. 이 상상 속에서 태평양 지역에 있는 백인 정착자 사회들 사이에서 오리엔탈리즘과 반아시아 정책들은 공유되었고 베껴졌다."[51]

맥클래치와 캐나다 브리티시 컬럼비아의 반아시아 정치인들 사이의 교류는 태평양 주변의 백인 정착지 국가들 사이에서 일어난 오리엔탈리즘과 반아시아 정책 공유를 보여준다. 캐나다 역사가 패트리샤 로이(Patricia Roy)의 연구에 따

50 Erika Lee, "The 'Yellow Peril'": 538.

51 *Ibid.*: 550.

르면, 맥클래치와 캘리포니아의 일본인 배제 연맹은 일본인과 아시아인 배제 정책의 수사와 관련 정보를 캐나다의 브리티시 컬럼비아의 관료와 정치인들에게 전달했다. 미국에서 제1차 세계대전 이후 진행된 이민할당법안 논쟁의 결과 아시아인 배제를 특징으로 하는 1924년 이민법안의 내용이 논의되고 있었고 1923년에 캐나다 의회는 미국의 중국인 배제법과 같은 효력을 지닌 중국인 이민법(the Chinese Immigration Act)을 도입했다. 중국인 이민법에 일본인 이민 제한의 효과는 없다면서 법의 명칭에서 '중국인'을 '동양인(Oriental)'로 바꾸어야 한다는 여론이 등장하기도 했다. 일본인 이민 제한 문제가 캐나다 의회에서 더 이상 중요하게 거론되지 않던 1924년에도 브리티시 컬럼비아의 의원 닐(A.W. Neill)은 일본과 캐나다 사이의 신사협정이 일본 이민 규제의 효력을 가지지 못하기 때문에 신사협정을 폐지하여 캐나다가 일본 이민에 대한 완전한 통제권을 가져 백인만이 캐나다의 시민이 될 수 있어야 한다고 주장했다. 닐은 미국의 1924년 이민법과 캘리포니아의 외국인 토지법으로 미국에서 밀려난 일본인들이 캐나다로 와 미국과 같은 "일본인 문제"를 일으킬 것을 우려했다. 로이에 따르면, 맥클래치는 브리티시 컬럼비아의 수상 존 올리버(John Oliver)와 오타와의 이민국에 캘리포니아의 상황에 관한 정보를 보냈고 올리버도 브리티시 컬럼비아 지역의 "동양인 토지 소유" 상황에 관한 조사 사본을 보냈다.[52]

아시아인 이민 배제를 넘어서 맥클래치는 아시아인의 귀화 자격과 아시아인을 부모로 미국에서 태어난 자녀들의 생득시민권까지 부인해야 한다고 주장했다. 아시아인 배제에 관한 맥클래치의 다섯 가지 제안 중 "연방 헌법 수정조항 14조 1항을 개정하여 미국 시민권을 취득할 수 없는 외국인 부모로부터 미국에서 태어난 자녀에게 미국 시민권을 부여하지 말자"는 제안이 의도하는 바는 아시

---

52 Patricia E. Roy, *The Oriental Question: Consolidating a White Man's Province, 1914-1941* (Vancouver: UBC Press, 2003), 78-79.

아 이민자들과 그들의 미국 태생 자녀들이 정착할 근거를 애초에 없애려는 것이었다. 미국 시민권의 속지주의 원칙을 부인하는 그의 제안이 법적으로 실현된 적은 없다. 그러나 미국 시민의 인종적 균일성을 도모하기 위해 수정조항 14조 1항의 속지주의 원칙을 수정하자는 맥클래치의 입장은 오늘날에도 반이민 정치인들의 생득시민권 법안(the Birthright Citizenship Act)을 통해 그 명맥을 유지하고 있다.[53] 이 법안의 골자는 부모 중 하나가 미국 시민이거나 영주권자, 혹은 미군에 종사하는 외국인일 경우에만 생득시민권을 인정하자는 방식으로 미국의 이민과 국적에 관한 법을 수정하자는 것이다. 20세기 초 맥클래치가 당시 막 미국 서부에 서서히 정착하기 시작하던 일본인과 다른 아시아인 공동체의 성장을 저지하려고 했다면 21세기 초 반이민 정치인들은 가까운 미래에 미국 내 가장 규모가 큰 에스닉 집단이 될 것이라고 예상되는 라틴아메리카 이민자 공동체를 겨냥하고 있다. 시기와 공격 대상의 차이에도 불구하고 이들 모두 공통적으로 인종과 국적에 근거한 이민과 시민권 자격 제한을 지지하고 있는 것이다.

4. 결론

이 글은 20세기 초 캘리포니아의 대표적 반일본 선동가였던 맥클래치의 소책자 『아시아의 독일』 분석을 통해 20세기 초 반일본인 담론이 이전의 반중국인 담론과 비슷하면서도 다른 방식으로 아시아 이민 배제 논리를 구성하는 과정을 보여주려 했다. 기존의 반중국인 담론은 중국인의 열등성을 동화불가능성과 배제의 근거로 당연시했다. 이와 달리 맥클래치의 황화론은 백인과 일본인 사이의

53 H.R. 1868, The Birthright Citizenship Act of 2009; H.R. 140, The Birthright Citizenship Act of 2011 & 2013.

인종적 위계가 아닌 백인 문명과 일본인 문명 사이의 공존불가능성을 그 특징으로 삼았다. 그에 따르면, 일본인과 아시아인 이민 배제는 미국을 백인들의 나라로 유지하고 백인 문명과 미국 시민권의 수준을 유지하기 위한 불가피한 선택이었다.

맥클래치의 주장에는 두 가지 상반되는 요소가 엉켜 있다. 한편으로 그는 반아시아 인종주의에 경도되어 있지만, 다른 한편으로는 아시아 이민 배제의 근거를 경제와 외교 차원의 국익 추구라는 수사로 포장했다. 이를 위해 맥클래치는 제1차 세계대전 이후 태평양 주변의 백인 정착지 국가들 사이에서 공유되던 반아시아 정서를 동원했다. 그는 아시아인 이민 제한과 배제 정책이 가진 인종차별적 성격을 부인하고 이를 이민 수용국인 백인 국가들 사이의 정책적 연대라는 이름으로 정당화했다. 맥클래치는 아시아인 배제를 백인 정착지 국가들의 이민자 취사선택의 권리라는 외피로 덮으려고 했으나 백인 문명에 속하는 미국 시민권의 "높은 수준"을 유지하기 위해 아시아인 배제가 필연적이라는 그의 주장은 초국적 반아시아 인종주의의 명백한 한 예였다.

:: 7 ::

홀로코스트 기억과 '법을 통한 과거 청산'의 아포리아 : 소설『책 읽어주는 남자』에 대한 법문학 비평

이소영

1. 들어가며

문학은 기억되는 것 혹은 기억하고 싶은 것을 반영하는 동시에 — 의식적으로든 무의식적으로든, 창작자에 의해서건 수용자에 의해서건 — "표상할 수 있는 현실의 바깥으로 흘러넘치는 것들"[1]을 포착하여 문화적 공동체의 기억공간(memory space) 안으로 들여 넣는다. 사회적 기억의 지배적인 재현이 문학텍스트 안에서 이루어지는 한편[기억의 문학 구성], 문학텍스트가 바로 그 과거가 사유되고 상상되는 조건들을 (재)구성하기도 하는 것이다[문학의 기억 구성]. 베른하르트 슐링크(Bernhard Schlink)의 장편소설『책 읽어주는 남자(Der Vorleser)』(1995)[2]

1 Mari Oka, 김병구 역,『기억 · 서사』(서울: 소명출판, 2003), 68쪽.

2 이 글의 페이지 인용은 국내에 번역 · 출간된『책 읽어주는 남자(Der Vorleser)』(서울: 시공사, 2013)에 의거하였다. 부분적으로는 원서(Zürich : Diogenes Verlag, 1995)와 비교 · 대조하면서 번역을 바꾸어 옮기기도 하였

와 이를 둘러싸고 벌어진 다양한 논란들은 문학텍스트와 사회적 기억의 상호 구성을 읽어내어 볼 수 있는 좋은 예시가 된다.

우리에게는 2008년에 개봉하였던 영화 '더 리더(The Reader)'[3]의 원작으로 더 잘 알려진 이 작품은, 현재 37여 개국 언어로 번역되어 읽히고 있으며 독일 및 세계 각국의 학부 수업에서 홀로코스트 문학 교재로 채택되기도 해왔다.[4] 소설은 중년의 화자 미하엘 베르크가 15살이던 1950년대 후반을 회상하는 데서 시작된다. 황달을 앓으며 길가에서 구토하던 소년 미하엘은 한나 슈미츠라는 36세의 여성에게서 도움을 받는데, 감사 인사를 전하러 그녀의 집에 찾아간 것을 계기로 둘은 격렬한 관계를 갖게 된다. 사랑을 나누기 전마다 미하엘이 책을 소리내어 읽어주는 그들만의 '의식'을 비롯하여 미하엘로서는 이해하기 어려운 태도를 종종 보이곤 하였던 한나는 어느 여름날, 작별 인사도 없이 사라진다. 배신감과 자책감과 상실감이 뒤섞인 채 성장한 미하엘은 8여 년이 지나, 법대생으로서 참관하게 된 전범재판에서 뜻밖에도 피고인석의 한나를 재회한다. 나치 강제수용소의 감시원으로 복무하였던 전거로 인하여 기소된 한나의 재판 과정을 지켜보면서 미하엘은 수치심과 죄책감, 공감과 단죄의식의 모순감정으로 혼란스러워하고 괴로워한다. 그만이 알고 있는, 정상참작과 형량감경의 결정적 단서가 될 한나의 문맹(illiteracy)에 관해서도 끝내 증언하지 않는다. 대신 한나의 긴 수감생활 동안 미하엘은 책을 소리 내어 낭독하고 그것을 녹음하여 교도소로 보낸다. 녹음테이프들을 들으며 그녀는 독학으로 글을 익히고, 책을 구하여 읽고, 편지를 보

음을 밝혀둔다.

3 스티브 달드리(Stephen Daldry)가 연출하고 케이트 윈슬렛(Kate Winslet), 랄프 파인즈(Ralph Fiennes) 등이 주연을 맡은 영화 「더 리더(The Reader)」는 원작소설의 내용을 비교적 큰 각색 없이 옮겨내었다는 평을 받고 있다. 한나 역을 연기하였던 케이트 윈슬렛은 이 작품으로 아카데미 여우주연상을 수상하기도 하였다.

4 William Donahue, "Illusions of Subtlety : Beyond Schlink's Der Vorleser and the Moral Limits of Holocaust Fiction", *German Life and Letters*, 54:1(2001), p.62.

내오지만, 미하엘은 한 번도 답장을 쓰지는 않는다. 석방을 앞둔 한나는 감방에서 스스로 목숨을 끊고, 미하엘이 뉴욕에 거주하는 수용소 생존자를 방문하여 그녀의 부탁을 전하는 것으로 이야기는 끝을 맺는다.

독일 한스 펠라다(Hans Fallada)상과 하인리히 하이네(Heinrich Heine)상, 남아프리카 공화국 부케(Boeke)상, 일본 마이니치신문 특별문화상 등을 수상하기도 하였던 이 소설은 대체로 독일 전후세대가 부모세대의 '죄'로 인하여 겪는 심리적 곤경을 세밀하게 묘사한, 홀로코스트 문학에의 고유한 기여라는 호평을 받았다.[5] 하지만 동시에 비판도 제기되었는데, 무엇보다 책이 번역·출간되어 미국에서 대중적인 호응을 얻게 되면서[6] 여러 유대계 작가들과 연구자들은 작중인물 한나의 피해자적인 위상을 윤리적으로 문제화하였다.[7] 작중 내러티브에서 가해자세대와 후속세대를 '체제의 희생자'로 위치 짓고자 하는 욕망이 엿보이며,[8] 독일인들이 역사적 부채에서 감정적으로 쉽게 빠져나갈 길을 찾으려는 의도가 감지된다는 것이다.[9] 일례로 아들러(Adler)는 이 책이 '단일하고 균질화된 피해자주의'를 강요한다고 비난하였고,[10] 윙클러(Winker)는 "의도적으로 홀로-키치(Ho-

5 이에 대해서는 Toby Mundy, *New Statesman*(1998/01/09) 및 Stan Persky, "Yes, There is Something New and Vivid to Real about Nazism", *The Vancouver Sun*(1998/05/29) 참조.

6 1997년에 번역되어 영미권에 출간된 이 책은, 독일 문학작품으로서는 최초로 뉴욕 타임스 베스트셀러 1위를 기록하였다.

7 William Donahue, "Illusions of Subtlety : Beyond Schlink's Der Vorleser and the Moral Limits of Holocaust Fiction", *German Life and Letters,* 54:1(2001), p.63.

8 Omer Bartov, "German As Victim", *New German Critique*, 80(2000), p.29.

9 Bill Niven, "Bernhard Schlink's *Der Vorleser* and the Problem of Shame", *The Modern Language Review,* 98:2(2003), p.381.

10 Jeremy Adler, "Die Kunst Mitleid mit den Mördern zu erzwingen," *Süddeutsche Zeitung* (2002/04/21).

lo-Kitsch)[11]를 구현한 작품"이라 혹평하기도 하였다.[12]

특히 1980년대부터 '유대적인 것'의 유일성과 비교불가능성을 강조하는 작품들을 내어놓으며 강한 유대성향의 작가로 활동해온 신시아 오직(Cynthia Ozick)은 「역사의 권리와 상상할 권리(The Rights of History and the Rights of Imagination)」라는 논문에서 "소설 안에서 혹은 바깥에서 우리는 과연 나치살인의 직접적인 공범자를 가엾이 여기도록 정서적으로 요청받았던 적이 있었던가?"라는 질문을 던지며, "공범자 한나를 연민하는 화자 미하엘에 공감하도록 유도하는" 소설의 윤리적 입장을 강력히 비난하였다.[13] 오직은 역사적 사실과 문학적 창작을 구분하면서, 후자에서는 작중 인물들이 "다만 자아를 구현할 따름이며 이는 상상의 권리에 속한다"[14]는 전제를 둔다. 그러나 역사와 창작 사이에 구분선이 명확히 그어지지 못하는 영역들이 존재하는데 "의식적으로 역사를 겨냥한 요구들을 갖고서 발화하는, 역사와 상상이 의도적인 연결고리를 갖는, 그리고 그 연결고리가 바로 작품의 중추인, 기억의 재현을 역사의 선분에 그려넣고자 하는 것이 소설의 기획이 되는"[15] 경우에 그러하다는 것이다.

이러한 영역들에서 저자는 사회적 기억을 지우거나 혹은 왜곡하는 변칙을 삼가야 할 의무를 갖는다고 오직은 강변한다. 만일 그럼에도 저자가 변칙적인 관점을 채택하였을 경우에는 그 변칙의 의도에 대하여 독자들이 더 민감한 윤리적

---

11 이는 만화가 Art Spiegelman이 자신의 그래픽소설 Maus에서 사용한 신조어로, 홀로코스트가 자본에 의하여 과도하게 상업화됨에 따른 문화적 피로감을 '홀로코스트의 키치(Kitsch)문화화'라 풍자화한 것이다; Available : http://googlingtheholocaust.wordpress. com/2011/08/05/holo -kitsch-and-holocaust-fatigue/.

12 Willi Winker, "Vorlesen, Duschen, Durcharbeiten," *Süddeutsche Zeitung* (2002/03/30).

13 Cynthia Ozick, "The Rights of History and the Rights of Imagination," *Quarrel&Quandary*, New York : Alfred A. Knopf, 2000, p.118.

14 Ibid., p.118.

15 Ibid., p.112.

감각을 가져야만 한다는 것이다.[16] 그런 의미에서 "의식적으로 역사를 겨냥한 요구들을 갖는" 이 소설에서 왜 저자가 문맹(illiteracy)이라는 변칙을 채택하였는지 독자들은 의문을 품어야만 한다는 것이 그의 주장이다. 즉 문맹률이 대단히 낮으며 초급교육이 보편적으로 이루어지는 독일 사회를 배경으로 하면서도 여주인공을 문맹으로 설정한 의도가 과연 무엇인가에 질문이 던져져야 한다는 것이다. 오직은 여기서 작가가 독자의 관심을 '책임이 명백한 일반 나치 범죄'로부터 유리시켜, 공모에 대한 죄의식보다는 공모로 인한 공감대에 더 관심을 갖게 함으로써 나치 범죄에 대한 절대적 단죄의 요청을 흐릿하게 만들려는 의도를 가졌을 거라 비판한다.[17]

본고의 목적은 이러한 비판들에 논거를 보태어 힘을 싣거나, 혹은 반비판을 가하며 소설을 옹호하는 데 있지 않다. 또한 실제로 작중에서 애매모호하게 다가오는 저자의 입장과 태도를 명료하게 만들거나, 그것이 문학적으로 적절하게 형상화되었는가를 평하는 데 있지도 않다. 그보다는 소설 텍스트와 그것의 담론화 양상들에 드러난 이른바 홀로코스트 후속세대 내지 포스트기억세대[18]의 과거와의 조우(coming to terms with the past; Vergangenheitsbewaltigung)의 면면들, 특히 '법을 통한 과거 청산'의 문제점들을 들여다보는 것에 있다. 과거 청산과 기억하기(remembrance)의 다양한 쟁점들에 닿아 있는 이 작품에서, 그 주요한 고리가 되는 것이 바로 '법'이기 때문이다. 단지 저자가 법학자여서이거나[19] 작중 화자인 미하

---

16 Jeffrey Roth, "Reading and Misreading The Reader," Law and Literature 16:2(2004), p.165.

17 Cynthia Ozick, "The Rights of History and the Rights of Imagination," *Quarrel&Quandary*, New York : Alfred A. Knopf, 2000, p.116.

18 이 개념에 대해서는 Marianne Hirsch, *The Generation of Postmemory : Writing and Visual Culture after the Holocaust*, Columbia University Press, 2012 참조.

19 슐링크는 하이델베르크 대학과 베를린 자유대학에서 법학을 전공하였고, 베를린 훔볼트대학 법대 교수로 재직하였다. 1988년에서 2006년 사이에는 노르트라인-베스트팔렌 주 헌법재판소 재판관을 겸임하기도 하였는데, 『책 읽어주는 남자』를 저술 · 출간한 것도 이 시기였다.

엘이 법학도로 설정되어 있어서, 혹은 작품에서 전범재판 장면이 핵심을 이루고 있다는 측면에서 그렇다는 것이 아니다. 소설은 대중적이고 다분히 선정적인 어법으로 소년과 20세 연상 여인의 관계를 그려내면서, 사실은 가해자 처벌, 피해자 배상, 기념의 제도화, 그리고 기억의 규제라는 '법을 통한 과거 청산'의 네 가지 쟁점들[20]을 전부 건드리고 있다. 더 나아가 어린 소년과 성인 여성 사이의 관계의 역사를 통하여 독일 민중과 나치체제 사이, 혹은 나치 독일과 전후 독일 사이의 그것을 알레고리적으로 그려내었다는 해석은 이 소설을 러브스토리이자 법정드라마인 동시에 우화로 읽혀지게도 한다.[21]

실제로 『책 읽어주는 남자』는 소포클레스(Sophocles)의 『안티고네(Antigone)』, 멜빌(Melville)의 『빌리 버드(Billy Budd)』, 카프카(Kafka)의 『법 앞에서(Vor dem Gesetz)』 등과 더불어 미국 로스쿨의 법과 인문학(law and humanities) 관련 커리큘럼에 자주 등장하는 레퍼토리 가운데 하나로, "법과 문학" 학술지 특집호 주제가 이 한 작품에 오롯이 할애되기도 하였다.[22] 그러한 선행연구들이 주로 작중 전범재판에서의 법률불소급원칙의 적용 여부, 무지에 의한 책임 감경, 후견주의적 개입의 상당성 등 법리적 쟁점들을 검토하는 데 초점을 맞추었다면, 본고는 이 작품에서 논란과 비판의 대상이 되어온, 이른바 윤리적 애매모호함에 천착하여 거기서 이제껏 다루어지지 않았던 쟁점으로서 법을 통한 과거 청산이 갖는 아포리

---

20 이에 관하여 자세히는 이소영, 「기억의 규제와 '규제를 통한 기억하기?' : 홀로코스트 부정의 규제 법제와 사회적 기억의 구성」, 『법학연구』 제21권 제4호(2013), 409~412쪽 참조.

21 Melodie Slabbert, "Memory, History and Guilt in Bernhard Schlink's Der Vorleser", *Fundamina*, 15:2(2009), p.137.

22 Benjamin N. Cardozo School of Law에서 발간하는 학술지 "Law and Literature"의 2004년 여름호(제16권 제2호)에는 "Reading and Misreading *The Reader*"(Jeffrey Roth), "Law and Tenderness in Bernhard Schlink's *The Reader*"(John McKinnon), "Judging and Understanding"(Pedro Tabensky), "A Sympathy That Does Not Condone"(Richard Weisberg) 등 4편의 특집호 논문들과 Daniel Stern의 토론문 "Some Notes towards a Response to *The Reader*"가 게재되었다.

아들을 찾아내고자 한다. 문학적인 이야기하기(storytelling)를 통해 우리가 피해자와 가해자 양편 모두의 다층적인 경험과 기억에 귀 기울일 수 있다고 할 때,[23] 그 경험과 기억은 텍스트에 내재해 있는 것만이 아니라 비평 과정에서 형성되는 것이기도 하다. 메츠(Metz)가 지적한 바대로[24] 대단히 쉽게 읽히는 대중소설의 외양을 띤 이 소설에서도 상이한 얼굴을 한 이야기들이 수동적으로 들려지는 차원을 넘어 능동적으로 쓰여진다고 할 수 있는데,[25] 본고가 『책 읽어주는 남자』에 대한 법문학 비평을 통하여 찾아내고자 하는 것은 법을 통한 과거 청산의 상이한 얼굴'들'이다. 비평에 들어가기에 앞서, 아래 두 번째 장에서는 먼저 법문학 비평이 무엇이며, 이를 통해 법과 기억의 상호 구성을 읽어낸다는 것이 어떤 함의를 갖는지 간략하게 살펴보겠다.

---

23 Melodie Slabbert, "Memory, History and Guilt in Bernhard Schlink's *Der Vorleser*," *Fundamina*, 15:2(2009), p.137.

24 Joseph Metz, "'Truth is a Woman': Post-Holocaust Narrative, Postmodernism and the Gender of Fascism in Der Vorleser," *The German Quarterly*, 77:3(2004), p.300.

25 그런 측면에서, 'The Reader'라는 영어 번역어에서 'Der Vorleser'라는 독일어 단어가 원래 가졌던 '소리내어 읽는 자'의 뉘앙스가 누락되어 청자로서의 한나, 청자로서의 마이클, 청자로서의 독자(관람자)라는 다중성이 오롯이 살아나지 못한다는 지적도 주목해볼 만하다; Joseph Metz, "'Truth is a Woman': Post-Holocaust Narrative, Postmodernism and the Gender of Fascism in Der Vorleser," *The German Quarterly*, 77:3 (2004), p.313.

2. 분석도구로서 법문학 비평

1) '법문학-'은 무엇이며, 왜 '-비평'인가

법문학의 형식대상은 크게 네 가지로 나누어진다.[26] 첫 번째는 '문학 속의 법(law in literature)'이다. 이는 '문학이 사회라는 텍스트를 해독한다'[27]는 전제에서 문학 안에서 공동체의 법인식과 법문화를 읽어내고, 사회적 정의와 인권 감수성의 변화를 감지하며, '발굴되지 않은 인권'을 문학적 서사 안에서 길어 올리는 작업들이다. 한편 두 번째는 '법의 문학 통제'로서, 문학적 창작물에 대한 검열이나 지적 재산권화 등과 관련된 쟁점들이 여기에 속한다. 또한 세 번째는 법텍스트를 일종의 문학텍스트로 읽어내는 '문학으로서의 법(law as literature)' 혹은 '문학적 수사(rhetoric)로서의 법'이다.[28] 마지막으로 네 번째는 '문학이론의 법적 수용' 혹은 '법학과 문학의 방법론 교환'으로, 가령 문학의 낯설게하기 기법을 통하여 판결문에서 사용되는 정상인/평균인/통상적으로/사회상규 등 자동화된 개념들을 낯설게하여 그 안에 감추어진 선이해의 형성계보를 거슬러 올라가는 작업이 그러한 예시가 된다.

그렇다면 왜 '-비평'인가? 비평이란 작품을 이해하기 위하여 해석·분류·평가하는 일체의 활동을 가리킨다.[29] 비평가는 텍스트를 읽으며 수동적 관심만이

---

26 이 분류에 대해 자세히는 이상돈·이소영, 『법문학』(서울: 신영사, 2005), 30~31쪽 참조; 한편 상이한 분류도 존재하는데, [문학 속의 법(law in literature)/법 속의 문학(literature in law)]으로 이분화한 경우(Gary Minda)나 [법적 주제를 다루는 문학(literature on legal themes)/문학에 대한 규제(regulation of literature)/문학의 한 형식으로서 법(law as a form of literature)]의 셋으로 나눈 경우(Richard Posner) 등이 그러하다.

27 노명우, 『계몽의 변증법을 넘어서-아도르노와 쇤베르크』(서울: 문학과지성사, 2002), 77쪽.

28 Costas Douzinas & Peter Goodlich & Yifat Hachmovitch(eds), *Politics, Postmodernity and Critical Legal Studies*, London : Routeledge, 1994, p.27.

29 이상우·이기한·김순식, 『문학비평의 이론과 실제』(서울: 집문당, 2002), 9쪽.

아니라 능동적 관점(perspective) 또한 갖는다.[30] 그렇기에 비평은 어떻게 읽을지에 관한 방식의 제시가 될 것이다. 문학비평을 통해 작품이 독자에게 다양한 모습과 목소리로 가닿게 된다고 할 때, 비평은 문학텍스트라는 악보의 연주자(performer)라 할 수 있다.[31] 법학에서 이러한 비평 기능을 담당해오던 것은 전통적으로 법해석학이었다. 말하자면 법해석은 법텍스트의 연주자인 셈인데, 법문학 비평은 직접적인 규문해석이 아닌 문학비평이라는 우회적 방법으로써 법텍스트를 어떻게 읽을지에 관한 해석방식들을 제시한다. 또한 법이 문학을 형성하고 동시에 문학도 법의 생성연원이 되는 상호형성관계는 법문학의 위 네 형식대상 모두에서 맺어질 수 있는데, 법문학 비평은 그러한 상호형성을 수행하는 행위이자 법문학이 독자적인 학문으로서 현존할 수 있게끔 하는 방법론이 되어준다.

2) 법문학 비평과 사회적 기억

본고에서 법문학 비평이라는 분석도구를 통하여 다루어볼 분석대상은 사회적 기억의 구성이다. 기억에 대한 법의 개입은 보통 진실 규명과 정의 회복, 상처 치유와 기념하기를 목적으로 이루어진다. 과거 청산의 이름으로 수행되는 이러한 개입은 공식기억의 흠결을 드러내어 교정하고 개인적·사회적 트라우마를 치유하는 공적 과정으로 이해된다.[32] 그리고 그 노력은 가해자 처벌과 피해자 배상, 기념의 제도화, 역사왜곡에 대한 처벌 등 사법적 장치들의 도움을 받아 행하여진다. 법은 '청산'의 이름으로 기억을 교정하고, 교정된 기억을 공고화하는 한

---

30 Francis Sparshott, Paul Hernadi(편), 최상규 역, 「비평의 문제의 문제성(The Problem of the Problem of Criticism)」, 『비평이란 무엇인가(What is Criticism?)』(서울: 정음사, 1984), 24쪽.

31 이상돈·이소영, 「법문학 비평의 개념, 방법, 이론, 실천」, 『안암법학』 통권 제25호(2007), 394~395쪽.

32 이재승, 「과거 청산과 인권」, 『민주법학』 제24호(2003), 16쪽.

편, 공고화한 기억의 왜곡을 규제하는 데 개입하는 것이다.[33]

이 공적 과정을 추동하는 동인이 되는 것이 인권 감수성에서 발로하는 공감(empathy)이다. 공감은 우리로 하여금 과거로 들어가, 어두운 시간 안에 묻혀 있던 문제들에 분노하고 연민하여 '진상을 규명하고 가해자를 처벌하며 피해자에게 배상'하도록 요청하게 할 것이다. 이는 과거와의 조우를 가능하게 하는 사회적 기억의 "두터운 현재"를 구성한다. 기억의 문화적 재현에서 강조된 혹은 지워진 것들을 포착하고, 그것이 당시와 이후에 어떻게 재현되는지 추적함으로써 그 내면의 균열과 빈틈을 찾아낼 수 있다면, 법문학 비평은 단지 재판을 다룬 역사소설을 소개하거나, 문학적 감수성을 자극하여 과거 청산 특별법 제정을 정서적으로 추동해내는 이상의 역할을 과거와의 조우를 통해 구성되는 "두터운 현재"에서 수행하게 될 것이다.

이제 아래의 세 번째 장과 네 번째 장에서는 소설 『책 읽어주는 남자』에 대한 법문학 비평을 통하여, 홀로코스트 가해자 처벌과 피해생존자 배상을 둘러싼 문제들에서 드러나는 '정의 회복'의 아포리아, 그리고 작중 전후 2세대의 홀로코스트 기억하기에 관련된 논쟁점들에서 나타나는 '기억의 규제'의 아포리아를 각각 들여다보도록 한다.

3. 처벌/배상을 통한 '정의 회복'의 아포리아

"이해와 유죄판결, 이 두 가지에 대해 나름대로 입장을 취해보려 하였다. 그러나 그 두 가지를 동시에 할 수는 없었다."(200쪽)

33 이소영, 「기억의 규제와 '규제를 통한 기억하기'? : 홀로코스트 부정 규제 법제와 사회적 기억의 구성」, 『법학연구』 제21권 제4호(2013), 406쪽.

"이 돈을 홀로코스트와 관련된 곳에 쓰는 것은 정말로 내가 해줄 수도 없고 또 해주고 싶지 않은 사면과 같다는 생각이 들거든요."(269쪽)

1) '초법률적 법'이 '법률적 불법'을 치유하는가

전체 3부로 구성된 소설에서 '법을 통한 과거 청산'과 관련된 핵심적인 부분은 아마도 2부의 전범재판 장면들일 것이다. 15세의 중학생 미하엘 베르크(Michael Berg)와 36세의 전차 차장 한나 슈미트(Hanna Schmitz)가 사랑을 나누었던 1958년 봄과 여름의 두 계절, 몸을 섞기 전 미하엘이 한나에게 책을 읽어주곤 하였던 그들만의 의례(ritual), 그리고 한나가 삶에서 사라지면서 미하엘이 떠안게 되는 죄의식과 상처가 1부의 주된 내용이었다면, 2부는 그로부터 수년이 흘러 미하엘이 대학에 진학하여 법학도가 된 1966년을 배경으로 한다. 미하엘은 나치 과거에 대한 형사법적 개입 문제를 연구하는 교수의 세미나 팀에 합류하여 이웃 도시 법정에서 열리는 전범재판에 참관하게 된다. 강제수용소와 관련하여 역사상 처음 열리는 재판도, 지휘관 급의 학살주동자들이 연루된 재판도 아니었지만, 제2차 세계대전 이후에 나고 자란 세대인 미하엘에게 이 재판은 홀로코스트 과거와의 조우의 결정적인 순간이 된다. 여기 회부된, 나치체제 말기 아우슈비츠 외곽 크라카우의 강제수용소에서 여성감시원으로 복무하였던 5명의 친위대원들 가운데 한 사람이 바로 한나였던 것이다.

재판에서 감시원들에 대한 주요 기소 내용은 두 가지였다. 하나는 가스실 해당자 선별작업과 관련된 것이었다. 매달 아우슈비츠에서 60여 명의 새로운 여성들이 노역을 위해 크라카우로 보내져 왔고 작업에 더 이상 배치될 수 없는 여성들은 아우슈비츠로 다시 후송되어 가스실로 보내어졌는데, 이 후송인원 선별을 친위대원이 하였기 때문이다. 다른 하나는 나치 말기의 서부 행군 도중 경비대와 감시인들이 수백 명의 여성수감자들을 교회 안에 감금시키고 폭격 도중 문을 열어주지 않아 그 안에서 전부 불타 죽게 만든 사실이었다. 수감자들 가운데 한 모녀만이 감금된 교회에서 살아남았었고, 딸이 당시를 회고하여 쓴 책이 출판되어 세간의 화제가 되자, 20여 년이 지난 시점에 그 사건은 반인도적 범죄의 공모자들에 대한 처벌을 통한 정의 회복의 문제로 다시금 소환된 것이다.

여기서 한나의 공모행위를 변호할 법적 근거가 있다면 그중 하나는 '행위 시의 법률을 적용해야 하며 사후입법(事後立法)으로 소급하여 적용할 수 없다'는 법률불소급 원칙이다. 독일의 경우 독일연방기본법(Grundgesetz für die Bundesrepublik Deutschland) 제103조 2항은 "모든 행위는 행위 이전에 범죄성립(Strafbarkeit)이 법률로 규정된 때에 한하여 처벌된다"는 규정을 두고 있는데,[34] 가스실 해당자 선별작업과 수감자 감금은 행위 당시에는 적법한 것이었기 때문이다. 다른 하나는 법령에 의하여 행한 행위는 — 가령 공무집행, 적법한 명령복종, 징계, 체포행위 등은 — 설령 행위결과가 범죄구성요건 해당성을 충족시킨다 할지라도 위법성이 조각되거나 책임이 감경될 수 있다는, 이른바 정당행위의 논거이다.[35] 비록 독일형법전이 정당행위를 총칙의 위법성 조각사유로 따로 두고 있지는 않지만, 각칙 안에 이를 해결할 장치들을 마련해두고 있다. 법률불소급이든 정당행위에 따른 위법성 조각이든, 위의 원칙들은 "불법한 체제의 공모자들은 자기에게 부과된

---

34 "Eine Tat kann nur bestraft werden, wenn die Strafbarkeit gesetzlich bestimmt war, bevor die Tat begangen wurde."(Art 103[2]) ; 우리 현행법도 헌법 제13조 1·2항(① 모든 국민은 행위시의 법률에 의하여 범죄를 구성하지 아니하는 행위로 소추(訴追)되지 아니하며……, ② 모든 국민은 소급입법에 의하여 참정권의 제한 또는 재산권의 박탈을 받지 아니한다)과 형법 제1조 1항(범죄의 성립과 처벌은 행위시의 법률에 의한다)에서 법률불소급의 원칙을 채택하고 있다. 다만 전쟁 후 또는 혁명 후 등, 사회에 근본적인 변동이 있을 때에는 이 원칙이 배제되어 예외적으로 소급입법을 하기도 하는데, 8·15 광복 후 일제강점기에 반민족행위를 한 사람을 특별법을 제정하여 소급처벌한 경우나 4·19 혁명 후 3·15 부정선거 관련자와 반민주행위자 및 부정축재자 등을 특별법에 의하여 소급하여 처벌한 경우 등이 그러하다. 또한 1980. 12. 12.와 1981. 5. 18.을 전후하여 발생한 헌정질서 파괴 범죄행위와 반인도적 범죄에 대한 공소시효 정지등에 관한 사항을 규정한 "518 민주화운동 등에 관한 특별법"도 그러한 예시가 된다.

35 우리 현행법은 형법 제20조에서 사형집행 등 법령에 의한 행위, 의사의 치료행위 등 업무로 인한 행위, 그리고 사회상규에 위배되지 아니하는 행위(사회통념상 비난할 수 없는 행위)는 정당행위로서 벌하지 아니한다고 규정하고 있고, 학설은 이를 '위법성 조각사유'라 한다. 위법성 조각사유에는 정당행위와 함께 정당방위, 긴급피난, 피해자 승낙 등이 있다.

명령과 책임을 — 본인의 의지나 윤리의식과는 무관하게 — 당시의 법질서와 상황조건들 속에서 이행할 수밖에 없었을 것"이라는 불가피성을 전제한다. 심문 과정에서 재판부가 한나에게 던진 "수감자들이 당신들을 제압할까봐 두려웠냐"는 질문 또한 이러한 배후를 갖는 것이었다. 수적으로 다수인 피해자들이 소수의 불가피한 가해자들에게 폭력적인 보복을 할 것에 대한 두려움으로 문을 잠가둘 수밖에 없었다는 답변을 기대하였던 것이다. 그런데 뜻밖에도 한나는 아니라고 답한다. 그리고 덧붙인다.

> "만약 문을 열어주면 어떻게 우리가 다시 질서를 잡을 수 있겠습니까? 그러면 엄청난 혼란이 있었을 것이고, 우리는 그것을 어떻게 해야 할지 몰라 쩔쩔맸을 것입니다."(163쪽)

즉 질서를 수호하기 위한 '목적'을 갖고 의지적으로 그렇게 행동하였다는 것이다. 당황한 재판관은 "수감자들이 도망칠 경우 (나치체제의 법정에서) 체포되어 실형을 언도받고 총살될까봐 두려웠"는지 재차 묻는다. 이 역시 당시의 법체제 안에서 본인의 의지와는 무관하게 명령을 이행할 수밖에 없었는지 파악하기 위한 질문이었다. 이에 대한 한나의 대답은 재판부를 더욱 경악하게 만드는 것이었다.

> "우리는 그들을 그렇게 간단하게 도망치도록 둘 수는 없는 입장이었습니다! 우리는 그들에 대해 책임을 져야 했습니다."(163쪽)

영화텍스트는 이 부분에서 한나가 '책임'을 말하며 격앙되어 주먹으로 책상을 내리치는 것으로 그려내었는데, 재판관과 변호사, 참심원들, 그리고 청중들이 말을 잇지 못하고 재판장의 분위기가 일순간 얼어붙는 장면이 이어진다. "감시원들은 수용소 안에서건 행군할 때건 줄곧 그들을 감시해왔고, 그게 바로 그들을 감시해야 하고 또 도망치도록 두어서는 안 되는 이유였다"는 한나의 설명은 단지 감시와 감금이 그들의 업무였고, 그 업무의 수행이 당시 법질서하에서 불가피했었다는 변명의 의미만을 내포하지 않기 때문이다. "많은 여자들이 죽었고 살아 있는 사람들도 이미 몹시 허약한 상태"(164쪽)라 몇 명이 생존할 수 있을지 모르는 상황에서 죽음이 예정된 자를 죽도록 두는 것에 그녀는 '책임'이라는 어휘를 사용하였던 것이다. 이는 시민사회가 모든 구성원의 합의에 의해 해체된다 하더라도 "감옥에 남아 있는 최후의 사형수는 그에 앞서 처단되어야 한다"는 『윤리형이상학(Die Metaphysik der Sitten)』에서의 칸트(Kant)적 정의관을 연상시키기까지 한다.[36] 여기서 독자들은 혼란스러워질 수밖에 없다. 한나가 따랐던 것은 그렇다면 노모스(nomos)인가 피시스(physis)인가? 한나는 법실증주의자인가 아니면 자연법론자인가?

19세기 중반 이후 역사법학과 실증주의에 의해 대체되어 사실상 사장되었던 자연법이론이 전후 독일 법학계에서 악법에 대한 대항논리로 재발견되었던 것은 익히 알려진 바대로이다.[37] "법률은 법률이다(Gesetz ist Gesetz)"는 확신으로 법의 효력을 근거 짓는 실증주의가 나치의 비인도적 행태 앞에서 속수무책이었던 데 대한 반성에서[38] '법률적 불법'을 넘어설 '초법률적 법'(자연법)의 필요성이 다시금 대두되었던 것이다. 실정법의 전횡을 보충할 규범원리 혹은 고착된 실정법규를 넘어선 실질적 정당성[39]은 자연의 법칙, 즉 피시스(physis)의 성격을 띤다. 피시스는 인간의 명령에 의해 제정된 법인 노모스(nomos)와 구분되는, 선험적이

---

36 심재우, 「칸트의 법철학」, 『법철학연구』 제8권 제2호(2005).

37 이태재, 『법철학사와 자연법론』(서울: 법문사, 1984), 152~179쪽.

38 Gustav Radbruch, "Gesetzliches Unrecht und übergesetzliches Recht", *Süddeutsche Juristenzeitung* 5(1946), p.507.

39 오세혁, 『법철학사』(서울: 세창출판사, 2012), 329~331쪽.

고 보편적이며 자연적인 것이어야 한다.[40] 그런데 글자를 읽고 쓰지 못하는, 그리하여 아버지의 법으로서의 상징계(the Symbol)를 알지 못하는 한나가 '인간 본연의 초실정적 정의감(피시스)'으로서 '세상의 규범(노모스)'을 넘어서는 휴먼드라마의 주인공이 되는 대신 '세상의 규범에 의해 죽을 자들을 죽게 내버려둠=질서 수행=정의'의 논리를 펼쳤다는 것은 상당히 당혹스러운 귀결이며, 자연법이론의 전제를 이탈한 무엇이다. 말하자면 한나는 '법률적 불법'의 압제로 인하여 '초법률적 정의'를 이행하지 못한 것이 아니다. 시민사회의 보편적인 교육과정과 사회화를 거치지 않았기 때문에 우리가 초법률적 정의라 부르는 자연법을 '배우지' 못한 것이다.

2) '무지'에 대해 무지한 처벌은 정의인가

그런 의미에서 한나의 문맹은 단지 글을 읽고 쓰지 못함의 문제만이 아니라, 공동체에 포섭되기 위한 문화적 전제조건의 결여라 할 수 있다.[41] 저자가 당시 독일 사회에서 일반적인 케이스는 아니었던 문맹이라는 소재를 채택한 것은, 나치치하에서 유태인들에게 가하여지는 폭력을 읽어내지 못하였던 (것으로 상정된) 일반대중에 대한 은유[42]로도 해석될 수 있겠지만, 보다 직접적으로는 법정에서 요구되는 적절한 언술과 행동방식을 읽어내지 못하는 상황을 문제화하기 위해서였다고 보인다.[43] 아래 인용구들에서 드러나듯이, 법정에서의 한나의 언행은 기

---

40 이에 대하여 자세히는 Felix Heinimann, *Nomos und Physis*, Darmstadt : Wissenschaftliche Buchgesellschaft, 1978 참조.

41 Bill Niven, "Bernhard Schlink's *Der Volerler* and the Problem of Shame", The Modern Language Review 98:2(2003), p.390.

42 Dominick Lacapra, Writing History, *Writing Trauma*, Baltimore : Johns Hopkins University Press, 2001, p.202.

43 정동란, 「베른하르트 슐링크의 소설 "책 읽어주는 남자"의 법적 담론 연구」, 『열린정신 인문학연구』 제13집 제1호(2012), 128쪽.

소장이나 생존자 회고록에 대한 예비지식의 결여, 문맹임이 드러날 것에 대한 두려움으로 인한 방어심리, 그리고 법정 전략을 구사할 줄 모르는 무지에 기인한 것이다.

> "한나는 모든 것을 곧바로 정정하려고 하였다. 자신이 부당한 취급을 받고 있다는 생각이 들면 반박을 했고, 그녀가 보기에 그녀에 대한 주장과 비난이 옳다고 여겨지면 시인을 했다 … (중략) … 그러나 그녀의 끈질긴 태도가 재판장의 심기를 건드리고 있다는 사실은 알아차리지 못했다. 그녀는 이야기의 맥락에 대해서, 게임의 규칙에 대해서, 그녀의 발언과 다른 사람들의 발언을 유죄와 무죄, 유죄판결과 무죄판결의 실마리로 삼을 수 있는 법칙들에 대해서 아는 것이 아무것도 없었다."(141~142쪽)
>
> "독일의 형사재판에서는 피고인이 재판장에게 질문을 하는 것은 관례가 아니었다 … (중략) … 나는 왜 그(재판장)가 화난 표정을 결정적인 자신의 얼굴 표정으로 택했는지 알게 되었다. 그것은 바로 그의 가면이었다. 그 가면 뒤에 얼굴을 숨기고서 그는 답변을 찾기 위해 잠시 시간을 벌 수 있었다."(144쪽)

재판의 규칙과 관례를 알지 못하며 판사의 심기를 불편하게 만드는 한나에게 재판부가 호의적이지 않을 것임을 감지한 옛 동료들은 주동자 혐의를 한나에게 덮어씌운다. 나치 범죄에 가담할 당시 그녀가 명령권을 쥐고 있었고 주동자가 되어 서류를 작성하였다는 것이다. 증언대에 오른 마을 주민들의 회고 역시 이와 크게 다르지 않았다. 불타는 교회의 문을 열어주지 못하였던 방조자들에게도 "한나의 통솔하에 있는 부대원들로 인해 구조작업을 할 엄두를 내지 못했다"고 하는 편이 불타는 교회 안에 갇힌 여자들을 보고서도 아무 행동도 하지 않았다고 하는 편보다 나아 보이기 때문이다(173쪽). 사악한 통솔자의 존재는 방조에 대한 가책을 덜어주었던 것이다. 명시적으로 죄 지은 자들에게 손가락질함으로써,

공동체는 수치심의 수동적인 고통을 공격심리로 전환하려 하였다고도 볼 수 있다.[44] 그리고 법은 부당하게 '더해진' 혐의들로부터 한나를 구해낼 정도로 한나의 무지에 대해 세심한 관심을 갖지 못한다.[45] 무지가 면책사유로 성립될 수 있는지 여부에 앞서, '벌할 정의'는 무지한 행위자에게 그가 짓지 않은 죄까지 부가한 셈이다.

한나가 글자를 모른다는 사실의 인지는 과거 그녀가 보였던 이해할 수 없는 행동들을 미하엘이 기억하고 이해하게끔 해주었다. "회피하고 방어하고 숨기고 위장하고 또한 남에게 상처를 주는 행동의 근거가 되는 수치심에 대해 스스로도 잘 알고 있"(169쪽)기 때문이다. 그렇지만 그 수치심이 재판과 수감 당시 그녀가 보인 행동들을 우리로 하여금 납득하게끔 해줄 수 있는가의 질문이 여기서 다시금 던져지게 된다. 이 질문에는 두 층위가 존재하는데, 첫 번째는 한나가 문맹이 노출됨이 두려워 스스로 저지르지도 않은 행위까지 저질렀다고 말한 것에 대해 우리가 공감할 수 있는가라면, 두 번째는 글자를 익히게 됨으로써 그녀가 자신의 과거를 참회하여 자살을 택한 것이라고 우리가 이해할 수 있는지이다.

첫 번째 문제에서 한나가 가해자이면서 동시에 자신이 처한 상황과 조건의 피해자임은 자명해 보인다. 문맹임을 숨기면서 외부와 고립된 채 자신의 약점을 감추기 위한 도피를 이어온 그녀는, 고립과 자기방어로 인하여 타인과 공감하고 소통하기 어려운 조건에 놓여 있었다.[46] 그럴 때 본인의 의사에 반하여 그의 이익을 위하여 타인이 '대신' 말하여줄 수 있는가? 즉 한나가 문맹임을 미하엘이 법정에서 대신 밝힐 수 있는가? 미하엘이 이 문제를 아버지와 의논하였을 때, 기성세

---

44 이소영, 「기억의 정치와 '법을 통한 과거 청산' 담론 비판」, 『외법논집』 제35권 제2호(2011), 275쪽.

45 John MacKinnon, "Law and Tenderness in Bernhard Schlink's The Reader", *Law and Literature*, 16:2(2004), pp.188~189.

46 김은정, 「소통과 사유의 무능으로서의 '악의 평범성'」, 『세계문학비교연구』 제35집(2011), 226쪽.

대 지성인으로 설정된 아버지는 "어른들의 경우 내가 그들에게 좋다고 생각하는 것을 그들 스스로가 좋다고 여기고 있는 것보다 더 우위에 두려고 하면 절대로 안 되"(180쪽)지만, 어린아이의 경우에는 무엇이 본인에게 더 좋은지 이야기해줄 수 있다고 조언한다. 미하엘이 그 조언을 듣고서 끝내 한나의 비밀을 법정에서 밝히지 않은 것은, 문맹인 한나를 문화적 미성년으로 위치 짓는 계몽적 후견주의를 거부한 것으로도 이해될 수 있을 것이다.

한편 두 번째 차원은 한층 복잡하고 모호하다. 소설 3부에서 한나는 수감 중에 미하엘이 녹음해서 보내준 테이프를 들으며 홀로 글자를 익힌다. 문맹이라는 문화적 미성년에서 성년으로 가는 걸음을 뗀 것이다. 테이프를 보낸 지 4년째 되던 해에 "꼬마야 지난번 이야기는 정말 멋졌어. 고마워. 한나가"(234쪽)라고 쓰인, 노트에서 찢어낸 종이에 힘을 주어 쓴 어린아이와 같은 글씨의 편지를 미하엘이 읽게 되는 순간은, 소설에서나 영화에서나 가장 감동적인 장면을 만들어낸다. 그렇게 글을 익히자마자 한나는 강제수용소 피해생존자들의 회고록과 이에 대한 학술연구서들을 찾아 읽는다. 프리모 레비, 엘리 비젤, 타데우시 보로프스키, 장 아메리 등 강제수용소 생존자들의 글과 루돌프 회스의 자서전, 한나 아렌트의 『예루살렘의 아이히만』을 주문하여 읽고 "강제수용소의 여자들, 즉 여자 수감자들과 여자 간수들을 다룬 책들을 알려달라며 교도소장에게 부탁"(256~257쪽)하기도 한 것으로 묘사되고 있다.

글을 배우고 문화적 성년으로 걸음을 떼는 것은, 그러나 독자들이 기대하였을 법한 '진정한 참회'로 이어지지 않았다.[47] 오히려 이로써 그녀는 감옥 안에서 다른 사람들에게 존중받으며 어느 정도 이루어가던 기존의 인간관계마저 완전히 차단한다. 이러한 칩잠과 칩거를 우리는 참회의 제스처로 해석할 수 있을까?

---

47 위의 논문, 233쪽.

그러기 어려울 듯하다. 타인과의 소통을 스스로 끊고 내부로 침잠함으로써 타인의 입장에서 자신의 전거를 돌아보는 시선의 회복을 더욱 어렵게 만들었기 때문이다.[48] 그런 의미에서 그녀의 자살은 수많은 사람을 죽음으로 내몬 결과를 방관했던 스스로를 생명을 내어놓음으로써 참회하려는 의도로는 읽히지 않는다. 또한 사춘기 시절 자신에 의해 '버림을 받고, 속임을 당하고 이용당했던', 그로 인해 정상적인 결혼생활을 할 수 없었던 미하엘에 대한 미안함으로도 읽히지 않는다. 미하엘이 석방을 앞둔 한나를 교도소로 방문하였을 때 벤치에 앉은 그녀가 무릎에 책을 올려놓기만 한 채 읽고 있지는 않는 것으로 형상화되었던 점에서도 그러하다.[49] 교도소에서 보낸 기나긴 처벌의 시간에 대하여 한나가 부여하고자 한 "그녀 나름의 의미"(266쪽)는, '법을 통한 과거 청산'이 문자를 통하여 부착해준 그것이 아마도 아니었을 것이다. 인도주의적인 교도소장이 한나의 죽음으로 충격을 받았을 뿐 아니라 그녀와 미하엘에게 "무척 화가 나 있"(261쪽)다 말한 것도 아마 이 때문일 듯하다.

초학 법학도인 미하엘은 한나를 '벌할 정의'와 한나를 '구해줄 정의'를 동시에 원하였다.[50] 그러나 '벌할 정의'는 그녀의 무지에 대하여 무지한 채 과도한 처벌을 그녀의 어깨에 더하여 얹었고, 너무 늦게 발송된 '구해줄 정의'는 의도된 바에 부합하는 방식으로 그녀에게 닿지 못하였다. 재판부는 그녀를 이해하지 못하였고, 판결은 그녀가 누구인지 그리고 그 무엇이 그녀로 하여금 이 일 또는 저 일을 하게 만들었는지 알지 못하였다 그러했기에 한나는 "법정 역시 나에게 해명을 요구할 수 없었"(247쪽)다고 말하였던 것이다.

---

48 같은 논문, 234쪽.

49 Bill Niven, ""Bernhard Schlink's *Der Vorleser* and the Problem of Shame", *The Modern Language Review*, 98:2(2003), p.395.

50 John MacKinnon, "Law and Tenderness in Bernhard Schlink's The Reader," Law&Literature 제16권 제2호, 2004, 189쪽.

3) 배상으로 상처가 회복될 수 있는가

한편 이 소설에 가해지는 비판 가운데 하나는 피해자 내러티브가 거의 다루어지지 않았다는 점이다. 피해자는 작중에서 이름조차 주어지지 않은 채 다만 한 명의 유태인 생존자로, "딸"로만 호명된다. 일례로 홀로코스트 역사가인 바르토프(Bartov)는 『책 읽어주는 남자』가 홀로코스트와 전범재판을 소재로 택하였으면서도 유대인 희생자의 목소리는 거의 다루지 않았음을 제기하며, 그것이 한나를 상황의 희생자로 조명하고 미하엘 역시 '희생자의 희생자'로 부각시키기 위한 전략이라 비판한 바 있었다.[51] 가해자인 한나를 문맹으로, 피해자인 딸은 책의 저자로 대척점에 위치 지은 것이나,[52] 법정에서 한나는 답변할 기회를 부여받지 못하거나 잘못 이해되는 데 반해 피해생존자인 딸은 재판 도중 하고자 하는 이야기를 정확히 전하는 것 또한[53] 피해자와 가해자의 위치 바꾸기를 위한 수법이라는 것이다.

하지만 소설에서 주되게 다루고자 했던 것이 피해자의 내러티브가 아닌 가해자와 그 후속세대의 내러티브라면, '왜 피해자 목소리가 충분히 다루어지지 않느냐'는 비판은 이 맥락에서는 적절하지 못한 것이라 판단된다. 작품의 관심은 실제로 나치희생자인 유대인들의 고난사가 아니라 전쟁과 나치 범죄의 역사에 휘말린 혹은 휘둘린 독일인들의 이야기이며,[54] 특히 아래 네 번째 장에서 다룰 포스트 홀로코스트 세대 독일인들의 '기억하기'이기 때문이다. 더 나아가 — 여기서 저자의 의도가 실제 그러했는지 여부를 떠나 독자반응비평(reader response the-

---

51 Omer Bartov, "Germany as Victim", *New German Critique* 80(2000), pp.19~30.

52 Ibid., p.32.

53 Jane Alison, "The Third Victim in Bernhard Schlink's *Der Vorleser*", *The German Review*, 81:2, pp.173~174.

54 장은수, 「세대담론으로 읽는 슐링크의 "책 읽어주는 남자"」, 『브레이트와 현대연극』 제26권(2012), 131쪽.

ory)에 입각하여 읽어내어 본다면 — 이는 '법적 피해자 배상을 통해 상처가 회복될 수 있는가'에 대한 의도된 문제화로도 상정할 수 있을 듯하다.

넓은 의미에서의 피해자 배상(reparation)은 피해가 발생하기 이전의 상태로 되돌리는 복원(restitution), 경제적인 보상(compensation), 법률적·의료적·심리적 치료를 통한 재활(rehabilitation), 사죄 등을 통한 피해자의 심리적 충족(satisfaction) 등을 포괄하는 개념이다. 홀로코스트의 경우, 1951년 9월 '독일에 대한 유대인들의 배상청구 논의를 위한 회의(Conference on Jewish Material Claims against Germany)'가 개최되면서 이 문제가 처음 대두되었다.[55] 피해자 배상은 협의과정부터 피해생존자집단 안팎에서 다양한 논란을 야기하였는데, 피해자 집단연대성이 상상적 단일정체성이 아닌 이해관계의 타협이라는 지적[56]부터 금전적 배상과 명시적 사죄가 갖는 개별적이며 물리적 피해 중심의 특성으로 인해 배상조건을 충족시키지 못하는 기억들은 배제된다는 문제[57]가 제기되었다. 특히 사법적 과거 청산은 '사실'을 담보해줄 증거에 천착할 수밖에 없기에, 특정집단 혹은 특정한 피해의 기억만 강조되는 결과를 가져오기도 한다.[58] 법적 배상을 요구하는 기억들이 공적 기억의 장으로 들어가면 갈수록, 요구할 수 없거나 증명할 수 없는

---

55 1952년 서독 정부와 이스라엘 대표단은 8억 450만 달러의 배상금에 합의하였고, 1988년에는 1억 250만 달러가 홀로코스트 피해생존자들의 종신연금을 위해 재차 지급되었다. 또 1999년에는 나치 시기 부역의 전거를 지닌 독일계 기업들이 마련한 기금으로 유태계 및 비유태계 수용소 강제노역자들을 위한 배상금을 지급하는 법안이 마련되었다. 이에 대해 자세히는 http://www.jewishvirtuallibrary.org/jsource/Holocaust/reparations.html 참조.

56 Andrew Woolford & Stephan Wolejszo, "Collective on Moral Debts : Reparations for the Holocaust and Pořajmos," *Law and Society Review*, 40:4(2006), p.873.

57 최정기, 「과거 청산에서의 기억전쟁과 이행기정의의 난점들」, 『지역사회연구』 제14권 제2호(2006), 10쪽.

58 홀로코스트 피해생존자 중 유태인이 아닌 로마(Roma)와 신티(Sinti) 등 집시에 대한 배상은 상대적으로 미비했다는 지적으로 Andrew Woolford & Stephan Wolejszo, "Collecting on Moral Debts : Reparations for the Holocaust and Pořajmos," *Law and Society Review*, 40:4(2006), pp.879~880 참조.

기억들은 피해의 기억으로서 갖는 입지점이 약화된다는 것이다.

소설 말미에 미하엘이 피해생존자에게 한나의 유산과 유언을 전하기 위해 뉴욕을 방문하였을 때, 뒤늦은 속죄의 제스처를 그녀는 받아들이지 않는다. 한나가 남긴 돈을 홀로코스트와 관련된 곳에 쓰는 것은 "해줄 수도 없고 또 해주고 싶지도 않은 사면과 같"(269쪽)기에, 피해생존자의 대표로서만이 아니라 개인으로서도 거부한다는 것이다. 그 돈을 전함으로써 한나는 자신의 자살이 속죄의 의미로 피해생존자에게 닿기를 의도하였겠지만, 그녀는 돈은 거부하는 대신 그 돈을 담았던 차 캔은 받는다. 차 캔을 받는 것은 어쩌면 캔 안에 자신만의 보물 넣어두곤 하였던 피해자의 고유한 유년기에 대한 기억을 상기함으로써 '문화적 미성년' 한나의 유아성에 공감한다는 의미일 수 있을 것이다. 사과를 전한 가해자의 의도를 전유하여, 피해자가 자신의 해석대로 이를 수용하였던 것이다.[59] 이는 법적 배상을 통한 상처의 회복이 아닌 다른 형태의 화해 가능성을 시사한다.

이는 법철학자이자 법문학자인 너스바움(Nussbaum)의 아가멤논(Agamemnon) 해석을 상기시키기도 한다.[60] 아이스킬로스(Aeschylus)의 이 비극에서 코러스는 왕이 자신의 딸을 희생시킨 것은 정황상 불가피했다고 이해하면서도 여전히 그를 윤리적으로 비난하는데, 너스바움은 코러스의 그러한 모순된 태도가 일관되었다고 본다. 이해하면서도 용서하지 않는, 혹은 용서하지만 이해하지는 못하는 모순성이 피해자와 독자(청자)에게 허락되기 때문이다. 슐링크의 『책 읽어주는 남자』 역시 그러한 모순된 일관성을 보이고 있다.[61] 소설은 때로는 의도적으

---

59 Bill Niven, "Bernhard Schlink's *Der Vorleser* and the Problem of Shame", *The Modern Language Review*, 98:2(2003), p.395.

60 Martha Nussbaum, *The Fragility of Goodness : Luck and Ethics in Greek Tragedy and Philosophy*, Cambridge : Cambridge University Press, 1986, pp.35~42.

61 John MacKinnon, "Law and Tenderness in Bernhard Schlink's *The Reader*", *Law and Literature*, 16:2(2004), p.190.

로, 그리고 때로는 저자의 애매모호함과 부주의함의 의도치 않은 결과로서, 가해자 처벌과 피해자 배상의 정형화를 해체하고 '정의 회복'의 복잡성을 드러내어 보인다.

4. 트랜스세대적 홀로코스트 기억하기와 '기억의 규제' 아포리아

"몇몇 사람이 판결을 받고 형을 살고, 제2세대인 우리들은
경악과 수치감과 죄책감으로 입을 다무는 것,
그것이 지금 할 수 있는 전부인가?"(135쪽)

"가장 고약한 것은 엄하고 명령조의 잔인한 표정을 한 한나가
나를 성적으로 흥분시키는 꿈들이었다. 나는 그리움과 수치와 분노로 가득 찬 채
그런 꿈에서 깨어나곤 했다
도대체 나는 누구인가 하는 불안감으로 가득 찬 채."(187쪽)

1) 홀로코스트 기억과 트랜스세대적(transgenerational)[62] 기억하기

위에서 검토하였던 가해자 처벌과 피해자 배상의 문제보다 사실 책에서 더 강조된 쟁점은 전후세대의 홀로코스트 기억하기이다. 80년대 중반에 들어서면서 홀로코스트 기억은 증언문학의 확산과 문화산업을 통해 본격적으로 대중화

---

62 이 개념은 Anna Szörenyi의 논문 "Giving an Account of Myself : Transgenerational Holocaust Guilt in the Company of Bernhard Schlink and Judith Butler"(Australian Feminist Law Journal 33, 2010)에서 착안한 것이다. 전후 2세대 기억이 1세대 기억에 의해 지배받는 것만이 아니라 이전과 이후 세대의 기억을 구성하기도 한다는 점에서, 포스트세대적(postgenerational) 대신 트랜스세대적(transgenerational)이라는 개념을 사용하였다.

되었다. 사건에 대한 기억은 문자화되지 않는 이상 한 세대를 넘기기 어려우며, 성인 나이에 이를 경험한 생존자들이 죽기 전에 기억을 기록으로 남기려하기 때문에 통상적으로도 사건 발생 후 30~40여 년에 이르면 증언이 쏟아져 나오게 된다.[63] 이에 가해자들과 피해생존자들의 생물학적 죽음 이후, 홀로코스트를 경험하지 못한 세대가 어떻게 사건을 반성적으로 기억하게 할 것인가의 논의가 활발하게 이루어지면서[64] 홀로코스트 기념을 법제화하는 움직임도 독일과 유럽 전반으로 확산되었다. 2000년에는 이탈리아에서 1월 27일을 "홀로코스트와 인종주의적 법제들, 그리고 야만성에 맞선 모든 이들"을 기억하는 날로 제정하였고,[65] 같은 해 프랑스에서도 '과거 프랑스 정권이 행한 인종주의적이고 반유대주의적인 범죄와 이에 저항하여 정의를 위해 싸운 프랑스인들'의 기념일을 법으로 마련하였다.[66] 유엔총회 역시 2005년 결의문(60/A/7)을 통해 매년 1월 27일을 홀로코스트 희생자 추모기념일로 지정하여 추모기념식, 영화 상영, 도서사인회, 음악회, 교육행사 등을 진행하도록 하고 있다. 『책 읽어주는 남자』도 그러한 일련의 흐름 속에서 — 특히 1990년대 후반과 2000년대 초반에 쏟아져 나온 — 독일 포스트 홀로코스트 세대의 기억하기를 주제로 한 작품들[67] 가운데 하나이다.

화자 미하엘은 전후 독일의 역사의식과 저항정신이 불붙기 시작하던 60년

---

63 최호근, 「부담스러운 과거와의 대면-독일에서의 홀로코스트 기억」, 『서양사론』 제84권(2005), 291쪽.

64 Aleida Assmann, "The Holocaust-a Global History? : Extension of Limits of a New Memory Community," Aleida Assman & Sebastian Conrad(eds.), *Memory of a Global Age*, Palgrave Macmillan, 2010, p.104.

65 2000. 7. 20 법 제211호(Legge 20 July 2000 n.211) ; 전문은 http://www.parlamento.it/leggi/ elelenum.htm 참조.

66 2000. 7. 10 법 제2000-644호, Journal Officiel de la République Français(2000), p.10483.

67 그 예로 Dieter Forte의 『피 묻은 신발의 소년(Der Junge mit den blutigen Schuhen)』(1995), Christoph Ransmayr의 『죽음의 키타라(Morbus Kitahara)』(1995), Günter Grass의 『게걸음으로 가다(Im Krebsgang)』(2002) 등이 있다.

대 후반에 대학을 다닌, 이른바 68세대에 속한다. 실제 1944년에 태어나 60년대 학생운동을 통하여 부모세대의 전거에 도전하면서 과거 청산의 문제의식을 키웠던 작가 본인처럼, 미하엘은 전형적인 전후 2세대라 할 수 있다.[68] 그렇지만 여기서 미하엘은 '나치과거와의 대결이 68세대 학생운동의 근본적인 동기는 아니었으며 학생운동의 기본적인 추진력을 형성한 세대 간 갈등의 한 표현에 지나지 않았다'는 회의적이고 중간자적인 태도를 보이고 있다. 포스트 홀로코스트 세대의 과거 청산 요구에는 죄를 저지른 부모세대를 손가락질함으로써 기성세대에 대한 반발감과 살부욕구를 표출하려는 의도도 숨어 있다는 것이다.

처음에는 여타 세미나 참가생들과 다름없이 1세대에 대한 단죄자의 위치에 섰던 미하엘이 이처럼 태도를 달리하게 된 것은 물론 재판에서 한나를 조우하면서였다. 부모에게 수치의 판결을 내렸던 자신 또한 한나와의 육체적·심정적 연루로 인해 그 수치에서 자유롭지 못함을 자각하면서, 전쟁세대를 향한 단죄로부터 전후세대인 스스로에 대한 죄의식과 자기연민으로 감정의 회로를 변경하게 된 것이다. 아버지를 죽이고 어머니와 동침한 오이디푸스(Oedipus)처럼, 미하엘은 아버지 세대와의 단절을 갈망하는 한편 한나와의 '육체적 관계'의 흔적으로 인하여 문제 안으로 연루되어 들어간다.

> "우리 2세대들은 유태인 박멸과 관련한 끔찍한 정보들을 실제로 어떻게 대해야 했으며 또 어떻게 대해야 하는가? 우리는 이해할 수 없는 것들을 이해할 수 있다고 해서도 안 되고, 비교의 대상이 될 수 없는 것을 비교할 수 있다고 생각해서도 안 되며 자꾸만 물어봐서도 안 된다. 왜냐하면 질문자는 그 끔찍한 사건들 자체를 문제로 삼지는 않는다고 하더라고 그 앞에 다만 경악과 수치와 죄책감으로 침묵할

68 서길완, 「〈더 리더 - 책 읽어주는 남자〉: 홀로코스트와 사후기억세대」, 『문학과 영상』 봄호(2011), 116쪽.

수밖에 없는 것들을 의사소통의 대상으로 삼기 때문이다."(135쪽)

그리하여 미하엘은 "경악과 죄책감으로 침묵할 수밖에 없"음을 느끼면서도, 재판에서 변호인의 이해 결여와 미숙함을 지켜보며 부지불식간에 한나를 변론하고 싶은 모순된 충동을 갖게 된다. 재판관이 변호사를 향해 피고인에게 질문할 것이 더 있는지 묻자, 미하엘은 '그녀가 연약한 소녀들을 선발한 것이 그들이 어차피 힘든 일을 이겨낼 수 없기 때문이었는지, 그들이 어차피 다음번 수송 때 아우슈비츠로 후송될 수밖에 없기 때문이었는지, 그래서 그들에게 마지막 한 달을 견딜 만하게 해주기 위해서였는지 당사자에게 직접 물어야 한다'고 생각한다. 한나는 소녀들이 마지막 달을 견딜 수 있게 해주려고, 그래서 연약한 소녀들을 선발하였던 거라고, "그 밖에 다른 이유는 없었다고, 그리고 있을 수도 없었다고"(151쪽) 그는 대신 말해주고 싶어 한다. 그러면서도 끝내 그 이해와 공감을 드러내어 표현하지도, 스스로 인정하지도 않는다.

> "그러나 내가 그녀를 쫓아버린 것은 아니라는 사실이 내가 그녀를 배반했다는 사실을 바꾸어놓지 못했다. 그렇기 때문에 나는 여전히 유죄였다. 그리고 범죄자를 배반하는 것이 죄가 되지 않으므로 내가 유죄가 아니라고 해도, 나는 범죄자를 사랑한 까닭에 유죄였다."(171쪽)

요컨대 그는 독자에게도, 작중 인물들에게도, 그리고 스스로에게도 혼란스러울, 위와 같은 자기모순적 입장을 견지하는 것이다. 이러한 모순과 애매모호함 안에서 읽어낼 수 있는 포스트 홀로코스트 세대의 제도화된 기억하기와 '기억에 대한 규제'의 문제들은 그렇다면 무엇일까?

2) 집단 죄책감과 무감각 사이에서

소설의 출간 후 10여 년이 지나, 슐링크는 법을 통한 과거 청산을 다룬 학술 논문 「집단 죄책감(Collective Guilt)」에서 가해자들을 용인·묵인하거나 감싸주었던 공동체에 있어 어떻게 죄책감이 한 세대에서 다음 세대로 전이되는지 다룬 바 있었다. 그는 '죄책감이 한 세대에서 다음 세대로 전해지는 과정을 추적하여, 어느 지점에서 그러한 죄책감이 소멸한 것으로 간주되는지 밝히고자 한다'고 술회한다.[69] 죄책감은 개별 범죄자만이 아닌 공동체 전체에 밀착되어 있으며 공동체가 그 범죄자를 추방하고 책임으로부터 놓여나는 시점에 이르기까지 그러하다고 보는 고대 게르만법 전통에 착안하여, 집단책임은 연대성에 종속된다는 논지를 편 것이다.[70] 그런 의미에서 집단책임은 한나와 같이 불의에 저항하기를 거부하였던 자들과 미하엘처럼 가해자 공동체에서 스스로를 심정적으로 분리해내는 데 실패한 자들에게 남겨지게 된다는 것이다. 그리하여 포스트 홀로코스트 세대의 집단죄책감은 (한나와 심정적으로 결속된 미하엘처럼) 실재하는 관계망에 결속된 자들만을 구속한다는 것이다.[71] 하지만 이는 기억하기가 일방향으로만 이루어진다고 보는 단순화된 사유이며, 사회적 기억의 구성을 개개인의 의지적 선택의 문제로만 환원하는 오류를 가진다. 각 주체가 공동체로부터 심정적으로 떨어져나옴으로써 집단기억으로부터 놓여난다면, 기억이 갖는 상호적이고 관계적인 측면은 드러나지 않는다. 그런 점에서 더욱, 『책 읽어주는 남자』에서 작가 본인이 원래 제기하고자 하였던 바보다 복잡하고 다층적인 기억하기의 문제들을 우리는 찾아낼 수 있을 것으로 보인다.

---

69 Bernhard Schlink, "Collective Guilt," *Guilt About the Past*, St Lucia : University of Queensland Press, 2009, p.10.

70 Ibid., p.12.

71 Ibid., p.19.

여러 연구들이 지적하고 있듯이[72] 한나와 미하엘의 육체적 결합은 죄와 상처로 얼룩진 과거 독일과 새롭게 성장하는 2세대 독일이 하나로 결합하는 모습을 상징한다고도 해석될 수 있다. '역사적 트라우마를 통속적인 사랑이야기로 포장하여 가볍게 다루었다'[73]는 비판을 받기도 하는 이 같은 설정은 소설의 고유한 전략이기도 하다. 홀로코스트에 대한 집단죄책감이라는 무겁고 큰 주제를 몸을 섞은 연인관계로 형상화함으로써 사회역사의식을 사적이고 실존적인 시각에서 바라볼 수 있게 하는 것이다.[74] 소설 1부의 선정적인 장면 배치는 단지 대중소설의 관성이 아니라, 두 세대 간의 밀착과 애증을 육신에 각인된 관계의 기억을 통하여 보여주기 위한 장치로도 읽힐 수 있다. 미하엘 세대가 부모세대의 범죄에 반성해야 하는 책임을 갖는 동시에 그런 죄의식을 유산으로 물려받은 피해자인 것처럼, 미하엘은 한나와의 트라우마로 인해 결혼에 실패한 희생자이면서 동시에 한나를 외면한 가해자이기도 하다. 그러한 혼란과 이율배반성이 이 소설에서 강박적으로 반복되는 '무감각(numbness)' 증세를 만들어내었을 것이다.

무감각의 증세는 먼저 재판부에서 감지된다. 판사들과 참심원들은 재판이 시작된 첫 몇 주 동안에는 때로는 눈물과 함께, 때로는 힘겨운 목소리로, 때로는 흥분과 당혹감이 배인 말투로 소상히 밝혀지고 있는 끔찍한 사실들을, 누가 봐도 알아차릴 수 있는 놀라움이나 혹은 힘겹게 평정을 유지하려는 얼굴빛으로 경청했다. 하지만 시간이 지나면서 그들은 정상적인 얼굴빛을 되찾았고, 증인이 증

---

72 William Donahue, *Holocaust Lite : Bernhard Schlinks "NS-Romane" und ihre Verfilmungen*, Bielefeld : Aisthesis Verlag, 2011 ; Joseph Metz, "'Truth is a Woman' : Post-Holocaust Narrative, Post-modernism and the Gender of Fascism in Der Vorleser," *The German Quarterly*, 77:3(2004) ; Agnes Müller, "Forgiving the Jews for Auschwitz?" German Quarterly 80:4(2007).

73 William Donahue, *Holocaust Lite ; Bernhard Schlinks "NS-Romane" und ihre Verfilmungen*, Bielefeld : Aisthesis Verlag, 2011.

74 장은수, 「세대담론으로 읽는 슐링크의 "책 읽어주는 남자"」, 『브레이트와 현대연극』 제26권(2012), 129쪽.

언을 하다가 이야기의 맥락을 놓치면 안타까워하는 기색을 보이기도 한다. 심지어 "재판 중에 이스라엘로 가서 한 여자 증인의 말을 들어보자는 의견이 나오자, 그들은 여행에 대한 기대감으로 들뜬 표정을 짓기도 했다"(133쪽)고 미하엘은 회상한다. 미하엘 역시 무감각을 경험한다. 재판부의 무감각이 직업적 관성에서 오는 마비에 가까운 것이라면, 미하엘이 경험하는 무감각은 이와는 결을 달리하는 것으로 이해된다.

> "몇 주 동안 계속된 재판 내내 나는 아무런 감정도 느끼지 못했다. 나의 감각은 마비된 것 같았다. 나는 가끔 나의 감각에 자극을 주면서, 지금 기소된 내용에 해당하는 행위를 하는 한나의 모습을 될 수 있는 대로 뚜렷하게 떠올려보았고, 또한 그녀의 목덜미의 머리카락과 어깨의 배내 점이 나의 기억 속에 불러일으킨 행위를 하는 한나의 모습을 떠올려보았다. 그것은 마치 주사를 맞아 마비된 팔을 손으로 꼬집는 것과 같았다 … (중략) … 누가 나에게 주사를 놓았는가? 마취를 당하지 않고는 견딜 수가 없기 때문에 내가 나 자신에게 주사를 놓은 것인가?"

이 마취는 법정 안에서만 작용하는 것이 아니었다. 미하엘은 마치 한나를 사랑하고 열망한 사람은 자신이 아닌 다른 사람이었던 것처럼 느끼며, 피해생존자 딸의 회고록을 읽으면서도 재판 중에 홀로 강제수용소를 방문해서도, 계속 그런 류의 무감각한 상태에 놓인다. 도나휴(Donahue)는 '무감각한 상태'라는 석연치 않은 장치는 나치 범죄자에 대한 일종의 신비화 전략이며, 이는 형사책임에 대한 뚜렷하고 명백한 감각을 잃어버리는 것을 대가로 하는 것이라고 비판한다.[75] 기억 의무에 맞서서 '홀로코스트는 이제 그만!'이라 반발하는 류의 무감각함과도

---

75 William Donahue, "Illusions of Subtlety : Beyond Schlink's Der Vorleser and the Moral Limits of Holocaust Fiction", *German Life and Letters*, 54:1(2001), p.62.

궤를 같이 한다는 것이다. 하지만 무감각이 반드시 그가 문제시했던 것처럼 "정상화(nomalization) 혹은 망각의 전주곡"[76] 인 것인지는 의문이다. 홀로코스트 생존작가 프레모 레비(Primo Levi)는 홀로코스트의 재현불가능성을 토로한 바 있었다. 홀로코스트는 언어화할 수 없는 경험이어서 다만 '경건한 침묵'을 필요로 할 따름이며, 이를 재현하려는 시도 자체가 그것을 왜곡하거나 왜소화시킬 우려가 있다는 것이다.[77] 직접 경험하지 못한 사건들의 기억 앞에서 "다만 경악과 수치와 죄책감을 느끼면서 침묵해야 하는" 홀로코스트 2세대에게, 오히려 그러한 무감각한 상태란 제도화된 기념과 사적인 기억 사이에서 채택된 기억하기의 한 방식일 수도 있지 않을까?

3) 파시즘에 대한 선망 논란과 '기억의 규제'

더 나아가 메츠(Metz)는 이 소설이 한나를 나치체제로, 소년 미하엘을 파시즘에 매료된 허약하고 지친 제1차 세계대전 이후 독일로 상징화함으로써, 파시즘을 기만적이고 위험한 여인의 상으로 그려내는 젠더적인 편향성을 보이고 있다고 문제화하기도 하였다.[78] 여기서 21살 연상의 여인 한나에게 이끌리고 유혹당하는 어린 미하엘은 남성의 주체 위치를 침식시키기 위한 여성 권력이나 여성 섹슈얼리티 앞에서의 남성 비체(abjection)의 형상을 갖는다는 것이다. 전형적인 인용구들과 수사적인 제스처들의 총체적인 배열에서, 젠더화된 파시즘 이미지는 미하엘을 파시즘에 매혹당한 희생자로 그려내는 문제적 개념화를 꾀하고 있

---

76 Ann Perry, "The Caesura of the Holocaust in Martin Amis's *Time's Arrow* and Bernhard Schlink's *The Reader*", Journal of European Studies 29(1999), p.262.

77 Sanford Pinsker, *Jewish American Fiction 1917-1987*, New York : Macmillan, 1992, p.150.

78 Metz, "'Truth is a Woman' : Post-Holocaust Narrative, Postmodernism and the Gender of Fascism in Der Vorleser," *The German Quarterly*, 77:3(2004), p.301.

다고 그는 분석한다.[79] 또한 미하엘이 한나에 대한 딜레마적인 애착관계에서 해방되면 될수록 한 인간으로서의 한나는 점점 미하엘의 관심에서 사라지며, 그녀는 탈인격화되어 단지 정신적 고향에의 동경을 촉발하는 매개체가 될 뿐이라는 것이다.

그러한 성녀-창녀 이항대립이나 고착화된 젠더이미지는 본 논문의 주된 관심은 아니다. 그렇지만 한나와의 관계를 통하여 미하엘이 허약한 체질과 긴 병가로 인한 심리적 위축감을 떨쳐내고 "힘이 넘치고 남보다 우월하다"고 느끼는 설정, 그리고 "언젠가는 멋지고 영리하고 남보다 우월한 경탄의 대상이 되리라는 자신감과 새로운 사람들과 상황을 맞이하게 되리라는 엄청난 기대감"(53~54쪽)을 가지면서도 한편으로는 누가 알게 될까봐 양심의 가책을 느끼며 잠을 깨게 되는 상황은 포스트 홀로코스트 독일인에게 부여된 '반성의 의무'와 기억의 규제로 인한 저자의 자기검열로 인하여 억눌린 욕망으로 읽힐 여지가 존재한다.

> "나는 매일 아침 양심의 가책을 느끼면서 잠에서 깼다. 어떤 때는 잠옷 바지가 축축하게 젖어 있거나 더럽혀져 있었다. 내가 꿈에서 본 형상들과 장면들은 옳지 못한 것들이었다. 나는 엄마와 내게 견진성사를 해주신 존경하는 신부님, 그리고 내가 어린 시절의 비밀을 고백했던 누나가 나를 꾸짖지 않으리라는 것을 알고 있었다. 하지만 그들은 애정이 듬뿍 담긴 걱정스러운 말투로 나를 타이를 것 같았다. 그러나 사실 이것이 꾸짖는 것보다 더 고약한 것이다. 특히 올바르지 못했던 것은, 꿈속에서 그 형상들과 장면들이 저절로 꾸어지지 않으면 내가 그것들을 적극적으로 상상했다는 데 있었다."(29쪽)

---

79 Ibid.

1부의 끝으로 향할수록 사도마조히즘적인 성격을 띠는 이들의 관계가 만일 파시즘에 대한 은밀한 동경과 그로 인한 수치와 분노로 해석될 여지를 가진 무엇이라면, 그 윤리적 타당성이나 미학적 완성도, 혹은 젠더적 형상화의 '정치적 올바름'에 대한 판단을 떠나, 그러한 압축과 분유를 만들어낸 저자의 억눌린 내면과 자기검열이 법문학 비평을 통하여 발견되고 읽혀질 수 있을 것이다. 물론 실제 화자에게 그런 은밀한 이끌림과 충동이 내재한 것으로 저자가 그려내고자 하였는지는 작품비평을 통하여 가늠하고 단정 짓기에 조심스러운 문제이다. 이는 저자의 다른 작품들 및 홀로코스트 후세대 기억을 다룬 다른 작가들의 작품에 대한 분석을 지속적으로 수행해가는 과정에서 고민하며 다루어볼 추후의 연구과제로 남겨져 있다.

참고문헌

1. 단행본

노명우, 『계몽의 변증법을 넘어서 - 아도르노와 쇤베르크』, 서울 : 문학과지성사, 2002

오세혁, 『법철학사』, 서울 : 세창출판사, 2012

이상돈 · 이소영, 『법문학』, 서울 : 신영사, 2005

이상우 · 이기한 · 김순식, 『문학비평의 이론과 실제』, 서울 : 집문당, 2002

이태재, 『법철학사와 자연법론』, 서울 : 법문사, 1984.

Douzinas, Costas & Goodlich, Peter & Hachmovitch, Yifat(eds), *Politics, Postmodernity and Critical Legal Studies*, London : Routeledge, 1994.

Heinimann, Felix, *Nomos und Physis*, Darmstadt : Wissenschaftliche Buchgesellschaft, 1978.

Hirsch, Marianne, *The Generation of Postmemory : Writing and Visual Culture after the Holocaust*, Columbia University Press, 2012.

Lacapra, Dominick, *Writing History, Writing Trauma*, Baltimore : Johns Hopkins University Press, 2001.

Nussbaum, Martha, *The Fragility of Goodness-Luck and Ethics in Greek Tragedy and Philosophy*, Cambridge : Cambridge University Press, 1986.

Oka, Mari, 『기억 · 서사』(김병구 역), 서울 : 소명출판, 2003.

Schlink, Bernhard, 『책 읽어주는 남자(Der Vorleser)』, 서울 : 시공사, 2013.

2. 논문

김은정, 「소통과 사유의 무능으로서의 '악의 평범성'」, 『세계문학비교연구』 제35집(2011)

서길완, 「더 리더 - 책 읽어주는 남자 : 홀로코스트와 사후기억세대」, 『문학과 영상』 봄호(2011)

심재우, 「칸트의 법철학」, 『법철학연구』 제8권 제2호(2005).

이상돈 · 이소영, 「법문학 비평의 개념, 방법, 이론, 실천」, 『안암법학』 통권 제25호(2007).

이소영, 「기억의 규제와 '규제를 통한 기억하기'? : 홀로코스트 부정 규제 법제와 사회적 기억의 구성」, 『법학연구』 제21권 제4호(2013).

———, 「식민지 검열에서 법과 문학의 상호형성 - 식민지 말기 최정희 소설에서의 중층적 검열을 중심으로」, 『법철학연구』 제15권 제2호(2012)

———, 「포스트모던 법문학의 가능성들」, 『법철학연구』, 제12권 제2호(2009)
이재승, 「과거 청산과 인권」, 『민주법학』 제24호(2003).
장은수, 「세대담론으로 읽는 슐링크의 "책 읽어주는 남자"」, 『브레이트와 현대연극』 제26권 (2012).
정동란, 「베른하르트 슐링크의 소설 "책 읽어주는 남자"의 법적 담론 연구」, 『열린정신 인문학연구』 제13집 제1호(2012).
최정기, 「과거 청산에서의 기억전쟁과 이행기정의의 난점들」, 『지역사회연구』 제14권 제2호 (2006).
Alison, Jane, "The Third Victim in Bernhard Schlink's Der Vorleser", *The German Review*, 81:2(2010).
Assmann, Aleida, "The Holocaust-a Global History? : Extension of Limits of a New Memory Community," Aleida Assman & Sebastian Conrad(eds.), *Memory of a Global Age*, Palgrave Macmillan, 2010.
Bartov, Omer, "German As Victim", *New German Critique*, 80(2000).
Donahue, William "Illusions of Subtlety : Beyond Schlink's Der Vorleser and the Moral Limits of Holocaust Fiction", *German Life and Letters*, 54:1(2001).
Iser, Wolfgang, 「텍스트와 독자의 상호작용(Interaction between Text and Reader)」(차봉희 역), 차봉희(편), 『독자반응비평』, 서울 : 고려원, 1993.
Laclau, Ernesto, "Metaphor and Social Antagonism", Cary Nelson & Lawrence Grossberg(eds.), *Marxism and the Intepretation of Culture*, Champaign : University of Illinois Press, 1988.
MacKinnon, John, "Law and Tenderness in Bernhard Schlink's The Reader", *Law and Literature*, 16:2(2004).
Metz, Joseph, "'Truth is a Woman' : Post-Holocaust Narrative, Postmodernism and the Gender of Fascism in Der Vorleser", *The German Quarterly*, 77:3(2004).
Müller, Agnes, "Forgiving the Jews for Auschwitz?" *German Quarterly* 80:4(2007).
Niven, Bill, "Bernhard Schlink's Der Volerler and the Problem of Shame", The Modern Language Review 98:2(2003).
Ozick, Cynthia, "The Rights of History and the Rights of Imagination," *Quarrel&Quandary*, New York : Alfred A. Knopf, 2000.
Perry, Ann, "The Caesura of the Holocaust in Martin Amis's Time's Arrow and Bernhard Schlink's The Reader", *Journal of European Studies* 29(1999).
Radbruch, Gustav, "Gesetzliches Unrecht und übergesetzliches Recht", *Süddeutsche Juristenzeitung* 5(1946).
Roth, Jeffrey, "Reading and Misreading The Reader", *Law and Literature* 16:2(2004).

Schlink, Bernhard, "Collective Guilt," *Guilt About the Past*, St Lucia : University of Queensland Press, 2009.
Slabbert, Melodie, "Memory, History and Guilt in Bernhard Schlink's *Der Vorleser*", *Fundamina*, 15:2(2009).
Woolford, Andrew & Wolejszo, Stephan, "Collective on Moral Debts : Reparations for the Holocaust and Pořajmos," *Law and Society Review*, 40:4(2006).

3. 신문 및 잡지기사

Adler, Jeremy, "Die Kunst Mitleid mit den Mördern zu erzwingen," *Süddeutsche Zeitung* (2002/04/21).
Mundy, Toby, New Statesman(1998/01/09).
Persky, Stan, "Yes, There is Something New and Vivid to Real about Nazism", *The Vancouver Sun*(1998/05/29).
Winker, Willi, "Vorlesen, Duschen, Durcharbeiten," *Süddeutsche Zeitung* (2002/03/30).

4. 인터넷 자료

http://googlingtheholocaust.wordpress.com/2011/08/05/holo-kitsch-and-holocaust-fatigue/
http://www. jewishvirtuallibrary.org/jsource/Holocaust/reparations.html
http://www.parlamento.it/leggi/ elelenum.htm

제3부

트랜스내셔널 한국과 근대

:: 8 ::

'은자(隱者) 나라' 조선 사대부의 미국 문명 견문록 : 출품사무대원 정경원과 1893년 시카고 콜롬비아 세계박람회[1]

육영수

1. 1893년 시카고 세계박람회와 동아시아: 누구를 위한 세계박람회인가?

1851년 영국 런던 수정궁 세계박람회를 시작으로 19세기 말과 20세기 초에 전성기를 구가했던 세계박람회는 서구가 주도했던 근대화·국제화·문명화 사명의 도구이며 결정판이었다. 대부분 서유럽과 미국에서 개최되었던 세계박람회는 첨단의 과학기술제품이 데뷔하는 흥업(興業)무대였고, 피부색깔이 다른 나라들이 상호 교류했던 국제 사교장이었으며, 만국공법과 같은 보편지식을 배우는 계몽의 교육장이었다.[1] 에펠탑과 회전식 관람기구(Ferris Wheel), 인종 전시장과 세계종교집회 등으로 대변되는 19세기 후반의 세계박람회는 근대적 구경꾼과 시

---

1 세계박람회의 역사적 성격에 관한 종합적인 소개서는 Paul Greenhalgh, *Ephemeral Vistas: The Expositions Universelles, Great Exhibitions and World's Fairs, 1851-1939* (Manchester, UK: Manchester University Press, 1988) 참조.

각문화의 요람이었으며,[2] 상업적 소비사회와 사회진화론적 민족주의가 경쟁하는 아레나(arena)였다. 말하자면 거대한 영토적 점령, 규모의 경제와 집약적인 노동력, 인위이며 멋진 도회지 풍경(landscape) 등으로 특징 지워지는 '고체근대', '무거운 근대', 혹은 '하드웨어 근대'[3]의 총체적인 표상물이 19세기 후반에서 20세기 전반 사이에 개최되었던 세계박람회의 역사적 성격이었다.

1893년 미국 시카고에서 개최되었던 '콜럼버스 세계박람회'(World's Columbian Exposition, 이하 '시카고박람회'로 약칭)도 예외가 아니었다. 1876년 필라델피아 세계박람회가 흑인노예 문제로 분열되었던 미국이 남북전쟁(1856~65) 후 통일국가로 성장했음을 공표하는 국제행사였다면, 1893년 시카고박람회는 미국이 세계제국으로 발돋움하려는 도약대였다.[4] '아메리카주의(Americanism)' 혹은 '미국 예외주의'를 구성하는 도덕적 개인주의, 자민족 중심주의, 문명적 우월주의 등의 이데올로기가 시카고박람회를 통해 선전·전파·강화되었다.[5] '콜럼버스 신대륙 발견 400주년'을 기념한다는 박람회의 공식 명분에도 이런 야망이 묻어 있다. '아메리카합중국(United States of America)'은 1492년 10월 12일에 발생했던 '카스티야 사람들의 바하마 침략'이라는 하찮은 사건을 '신대륙 발견'이라는 거창한 이름으로 포장해 '콜럼버스 기념일' 국가공휴일로 지정했다. '제노아 출신의 모험가'에

---

2 바네사 슈와르츠·노명우 외 옮김, 『구경꾼의 탄생: 세기말 파리, 시각문화의 폭발』(마티, 2006) 참조. 세계박람회가 근대적 시각-전시문화의 탄생과 성장에 기여했다는 사실은 박물관과 백화점에 끼친 영향력에서 잘 드러난다. 예를 들면, 1851년 런던 수정궁 세계박람회의 전시물들이 1856년에 설립된 사우스 켄싱턴 박물관(South Kensington Museum: 이후에 Victoria and Albert Museum으로 개칭)에 보관되었고, 시카고박람회의 인류학건물이 필드박물관(Field Museum)으로 전용되었고 현재는 자연사 박물관으로 사용되고 있다.

3 지그문트 바우만·이일수 옮김, 『액체근대』(강, 2009), pp. 94-95 & pp. 184-186 참조.

4 미국이 주최한 여러 세계박람회들에 대한 소개는 Robert W. Rydell, *All the World's a Fair: Visions of Empire at American International Expositions, 1876-1916* (Chicago: University of Chicago Press, 1984) 참조.

5 '미국 예외주의'(American Exceptionalism)에 대해서는 세이뮤어 마틴 립셋·문지영 외 옮김, 『미국 예외주의: 미국에는 왜 사회주의 정당이 없는가』(후마니타스, 2006) 참조.

불과한 콜럼버스를 데카르트가 규정한 '생각하는 자아(ego cogito)'가 코르테스(Hernán Cortés)가 대변하는 '정복하는 자아(ego conquiro)'로 이행하는 결정적인 전환점에 선 역사적 위인으로 홍보함으로써 19세기 말에 진행되는 미국의 제국주의적 정복과 팽창에 합법성을 부여하려는 것이 시카고박람회의 또 다른 목표였다.[6]

콜럼버스의 신화를 '발명'함으로써 세계 강국으로 발돋움하려는 시카고박람회의 의도는 여러 형식으로 실천되었다. 애국주의를 고양하기 위해 고안된 '국기에 대한 맹세'가 시카고박람회 개최에 맞춰 특별히 제정된 것은 우연이 아니었다.[7] 또 유명한 '프런티어 테제'(Frontier Thesis)가 시카고박람회장에서 발표되었음에 주목해야 한다. 당시 소장역사가 터너(Frederick Jackson Turner, 1861~1932)는 1893년 미국역사학회 연례학술대회에서 프런티어는 "야만과 문명의 접촉지점"이며 "가장 신속하고도 효과적인 미국화(Americanization)의 경계선"이라고 선언했다.[8] 미국이 지향하는 개인주의·개척정신·진보주의는 서부개척으로 완료된 것이 아니라 태평양 저 너머 미지의 영토로 확장되어야 할 미완의 과제라고 그는 강조했다. 미국 인류학자들도 프런티어 테제에 맞장구쳤다. 시카고박람회에서는 '인류학 건물(Anthropology Building)'로 명명된 전시관이 처음으로 선보였는데, 이곳은 미국인종의 우월함을 과학적으로 과시하는 장소였다. 하버드 대학교 민족(인종)학과(Department of Ethnology) 푸트남(Frederic Ward Putnam) 교수는 2만

---

6 '콜럼버스 신화'에 대한 비판적 시각으로는 엔리케 두셀·박병규 옮김, 『1492년 타자의 은폐: '근대성 신화'의 기원을 찾아서』(그린비, 2011), pp. 39-40; 미셸 롤프-트루요·김명혜 옮김, 『과거 침묵시키기: 권력과 역사의 생산』(그린비, 2001), "시카고 박람회를 통해서 쓰여진 콜럼버스 이야기는 미국 권력이 미 대륙 영토들 내부에서 바쁘게 쓰고 있었던 당시의 정복서사와 중첩되는 것이었다. 1492년에 어떤 일이 일어났었다고 이야기되는 것은 1890년대 초에 실제로 일어나고 있었던 것을 합법화하였다." pp. 242-243.

7 '국기에 대한 맹세(Pledge of Allegiance)' 탄생에 관여한 인물들과 그 의례가 시카고박람회에서 공식적으로 채택된 상세한 과정에 대해서는 Robert W. Rydell & Rob Kroes, *Buffalo Bill in Bologna: The Americanization of the World, 1869-1922* (Chicago: University of Chicago Press, 2005), pp. 55-62 참조.

8 F. J. 터너·이주형 옮김, 『프론티어와 미국사』(박문사, 1978), pp. 13-14. 원제는 Frederick Jackson Turner, The Frontier in American History (1920).

5000명에 달하는 백인 남녀의 체형을 채집하여 '오리지널 조상에 가장 완벽하게 부합되는 가장 완전한 타입의 미국 남성과 여성'으로 조합하여 각각 '아담'과 '이브'로 명명했다.[9] 더 이상 유럽 국가들을 모방하거나 뒤쫓는 대신, 새로운 원조(元朝)로 뽑힌 아담과 이브를 중심으로 이제부터는 미국이 인류 문명을 선도할 것임을 선언한 것이다. 시카고박람회 공식모토인 "예루살렘이 이곳[시카고]에 건설되었는가?(And Was Jerusalem Builded Here?)"라는 질문에 대답한 것이다.

아메리카니즘으로 구현된 새로운 예루살렘을 '지구 끝까지' 전파하려는 시카고박람회의 초대에 아시아 여러 국가들이 응했다. 1893년 세계박람회는 "서구의 모든 식민지 국가들이 전시대를 마련한 최초의 세계박람회"[10] 라고 홍보하였는데, 아시아에서는 영국 식민지였던 실론과 인디아 등이 이 경우에 해당한다. 독립된 동아시아와 동남아시아 국가들 중에서는 샴(Siam, 오늘날의 Thailand), 조선, 일본 등 3개국이 공식적으로 대표단을 파견했다. 일본은 일찌감치 1867년 파리세계박람회에 최초로 참가한 이래, 1873년 비엔나세계박람회, 1876년 필라델피아세계박람회 등에 연속으로 참가했다. 아편전쟁 이후 서양 열국에 시달리던 중국은 세계박람회에 기웃거릴 여력이 없었다. 시카고박람회에는 1882년 '중국인 이민금지법(Chinese Exclusion Act)'보다 더 엄격한 '기어리 법(Geary Act)'이 1892년에 미국에서 통과되자 항의 표시로 불참했다. 중국은 공식적으로는 처음으로 1900년 파리세계박람회에 참석했다. 조선은 1876년 일본과의 수교 이후 1882년에 미국과 수교한 것을 신호탄 삼아 독일, 프랑스, 러시아, 이탈리아 등 서양 여러 나라들에게 문호를 개방했다. 시카고박람회는 국제사회의 새내기 조선이 참석

---

9 John Joseph Flinn, *Official Guide to the World's Columbian Exposition* (Chicago, 1893), p. 38; John Joseph Flinn, *The Best Things To Be Seen at the World's Fair* (Chicago, 1893), pp. 69-70.

10 Flinn, *Official Guide to the World's Columbian Exposition*, p. 15.

하는 첫 세계박람회였다.[11]

조선(한국)의 세계박람회 참석에 관한 국내외 선행연구들은 양적·질적으로 다소 빈약하다. 1893년 시카고박람회 참가 100주년을 기념하여 개최된 1993년 대전 세계박람회를 계기로 과거 조선의 세계박람회 참여 배경을 탐구하려는 논문들이 뒤늦게 선보였다. 그리고 2012년 여수 해양세계박람회 개최를 전후로 세계박람회의 이모저모를 소개하는 서적들이 활발하게 출간되었다.[12] 1893년 시카고박람회와 1900년 파리 세계박람회에 한정해서 분석하면, 국제정치적인 이해관계와 조선 문화예술의 첫 해외 나들이라는 관점에 초점을 맞춘 연구들이 주류였다. 말하자면 만국공법에 근거한 독립국가로서 주권을 전 세계에서 인정받으려는 외교적인 게임으로 평가하거나,[13] 전시관과 전시물품에 대한 실증적인 추적과 복원 등 박물관학적인 주제로 접근하려는 경향[14]이 지배적이었다. 최근에는 세계박람회에 각인된 서구중심주의와 오리엔탈리즘이 조선의 박람회 참석에 어떻게 투영되었는지를 관찰한 논문들도 이어졌다.[15]

---

11 아시아 국가들의 세계박람회 참석 약사(略史)와 각국 전시관 소개는 Christiane Demeulenaere-Douyère, *Exotiques Expositions: Les Expositions Univerrselles et Les Cultures Extra-Européennes France, 1855-1937* (Paris: Archives Nationales, 2000), pp. 186-211 참조.

12 예를 들면 이민식, 『세계박람회란 무엇인가』(한국학술정보, 2010); 이각규, 『한국의 근대박람회』(커뮤니케이션북스, 2010); 주강현, 『세계박람회, 1851~2012』(블루&노트, 2012) 등 참조.

13 조선의 세계박람회 참석을 서술한 초기 논문들은 대부분 정치외교적인 이슈에 초점을 맞추었다. Daniel C. Kane, "Korea in the White City: Korean Participation in the Columbian Exhibition of 1893 (Chicago)," *Transactions of the Royal Society, Korea Branch* 77 (2005); "Display at Empire's End. Korea Participation in the 1900 Paris Universal Exposition," *Sungkyun Journal of East Asian Studies* 4-2(2004) 및 Elisabeth Chabanol, "Le pavillon de la Corée a l'Exposition universelle de 1900 à Paris," Ecole Française d'Extreme-Orient & Musée de la Korea University eds. *Souvenirs de Seoul: France/Corée 1886-1905* (Paris-Seoul, 2006) 등이 이런 경우에 해당된다.

14 건축미술사·박물관학 관점의 연구로는 김영나, 「'박람회'라는 전시공간: 1893년 시카고 만국박람회와 조선관 전시」, 『서양미술사학회논문집』 13(2000); 진경돈·박미나, 「1900년 파리만국박람회 한국관의 건축경위 및 건축적 특성에 관한 연구」, 『한국실내디자인학회논문집』 17-3(2008) 등이 있다.

15 박진빈, 「만국박람회에 표현된 미국과 타자, 1876-1904」, 『미국사연구』 Vol. 18. 한국미국사학회

유감스럽게도 대부분의 선행연구들은 세계박람회에 참석한 개인들의 감상(感想)과 목소리를 간과·과소평가했던 약점을 가진다. '국가', '문명', '국제화', '근대화', '민족주의' 등과 같은 거대담론적인 키워드로 박람회를 해부하고 수렴함으로써 그 국제행사를 움직인 실질적인 역할은 실명을 가진 개인들이었다는 당연한 사실을 망각한 것이다. 문화적 전통과 역사적 배경이 각기 다른 나라에서 파견된 박람회 대표자들은 타자와 낯선 문명을 어떻게 이해·전유했을까? 세계박람회에서 획득한 지식과 경험은 특정 개인의 세계관을 변화시켰는가? '박람회에 관한 사적인 기억'이라는 미시적 차원에서 재조명한 세계박람회는 국가와 문명이라는 거시적 차원으로 서술된 기존의 역사와 어떻게 다른가? 출품사무대원 자격으로 시카고박람회에 파견되었던 40대 초반의 한 사대부(士大夫) 남자의 사례연구를 통해 이런 물음에 대답해 보려는 것이 이 논문의 목표이다. 한 개인의 언어로 재창출된 세계박람회의 또 다른 모습을 재발견함으로써 기존연구의 한계를 미력하나마 보완하려는 의도이다.

2. 개인과 직업: 출품사무대원 정경원은 누구인가?

시카고박람회 개최를 코앞에 둔 1893년 3월 12일에 고종은 출품사무대원으로 정경원((鄭敬源, 1851~98)을 임명했다. 그는 1890년 사십이라는 늦은 나이에 과거시험을 통과해 홍문관(弘文館) 하급관리로 공직을 시작한 신참이었다.

(2003); YoungSoo Yook, "Fin de Sièle Korea as Exhibited at the World's Columbian Exposition of 1893 in Chicago: Revisited," *Seoul Journal of Korean Studies* 24, no. 1 (June 2011) & 육영수, 「'은자(隱者) 왕국'의 세상 엿보기 혹은 좌절된 접속: 1900년 파리세계박람회에 전시된 '세기말' 조선」, 『大丘史學』 第114輯(2014. 2).

1891년에는 왕세자를 교육하는 겸사서(兼司書)를 걸쳐 1893년에는 정3품 직급에 해당하는 참의내무부사(參議內務府事)로 빠르게 승진했다.[16] 중국 천진의 조선공사관에 짧게 근무한 것을 제외하면 해외 체류경험이 부족하고 영어를 한 마디도 못하는 정경원이 시카고박람회 대표자로 뽑힌 배경은 무엇일까?[17] "민상서(閔尙書)로부터 편지를 받아 미국박람회에 파원으로 파견된다는 사실을 알게 되었다"는 일기 내용으로 미루어 그가 당시 세도가인 민비 가문의 후원을 받은 것으로 짐작된다. 어쩌면 집안 배경도 초라하고 공직경험도 일천한 정경원을 발탁하여 정치적인 편견이나 권력의 이해관계에 영향 받지 않고 미국 문명에 관한 객관적인 보고를 받기 원했던 고종의 의도가 반영된 선택일 수도 있으리라.

정경원은 1893년 3월 23일(이하 양력 날짜 기준) 일본 기선(伊勢丸)에 몸을 싣고 제물포를 출발하여 박람회 개막 3일 전인 4월 28일에 시카고에 도착했다. 공식적인 박람회대표단은 행정사무원 최문현(崔文鉉)과 통역사 안기선(安琪善) 및 축하사절단인 국악단원 10명 등 모두 13명으로 구성되었다. "비록 영어를 할 줄 아나 본래 숙달이 덜 되어 통역하는 일이 심히 소략(疏略)"했던 안기선의 업무는 시카고 현장에서 고용된 영어에 능숙한 미국 유학생 2명(박영규와 서병규)이 대신했다.[18] 고종이 미국 대통령에게 축하의 표시로 특명으로 파견한 '어전법악(御前法樂)의 일부'인 국악단원들은 박람회장 입장과 숙박에 다소 문제가 있었지만, 개막일인 5월 1일에 클리블랜드 대통령이 조선전시관이 소재한 제품전시관을 지나갈 때

---

16 정경원의 가족배경과 공직경력 등에 대해서는 『한국민족문화대백과사전』 19권(한국정신문화연구원, 1991), p. 700 참조.

17 미국 측 인사가 "귀국은 관원을 많이 파견하였는데 영어를 못하는 사람은 어떻게 합니까?"하고 묻자, 현지에서 통역관으로 고용된 박용규는 "우리나라는 교통이 외국과 여러 해 이루어지지 않았던 고로 영어를 이해하는 사람은 다 신진소년입니다. 박람회처럼 중대한 일은 비록 영어를 이해하지 못하더라도 나이든 사람을 파견하였습니다"라고 설명했다. 정경원, 「귀국하려 함에 동행자와의 문답」, 『정경원문서1』, p. 522.

18 「정경원 일기」(5월 3일), 『정경원문서1』, p. 512.

에 맞춰 풍악을 울려 그들의 임무를 완수했다.[19] 그러나 "[박람회] 개회 이후엔 다소 소용되는 것이 아니었"고, "그들의 의관은 이색적인 양식을 하였으며 언어가 불통하며", 단체로 외출 시에 차비가 비싸고 숙박료도 감당하기 어렵다는 이유로 국악단원들은 5월 3일 시카고를 떠나 조선으로 돌아가는 기선에 몸을 실어야만 했다.[20] '조선 전통문화예술의 최초의 해외 선양'[21]은 단 한 차례의 깜짝 공연으로 아쉽게 막을 내렸던 것이다.

정경원은 박람회 개최지인 시카고에서의 4개월 체류를 포함해 총 184일을 미국에 머물렀다. 그의 구체적인 체류 도시와 여행 경로 및 체류 도시와 체류 기간은 아래와 같다.

부산항: 3월 25일 → 일본 적마관(赤馬關): 3월 26일 → 고베(神戶): 3월 27일 → 기차로 이동하여 도쿄 도착 · 체류(3월 28일~4월 5일) → 요코하마: 4월 6일 → 요코하마 출발: 4월 8일 → 미국 샌프란시스코 도착 · 체류: 4월 23일(현지 날짜는 4월 22일)~4월 24일 → 샌프란시스코 출발 시카고 행 열차: 4월 24일 → 시카고 도착 · 체류: 4월 28일~5월 18일 → 워싱턴 D. C 도착 · 체류: 5월 20일~7월 18일 → 시카고 귀환 · 체류: 7월 19일~9월 30일 → 세인트루이스 방문: 10월 1일~10월 4일 → 시카고 귀환 · 체류: 10월 5일~10월30일 → 귀국 후 고종 복명: 12월 18일.

---

19 시카고 현지신문은 국악단원("Native Corean Orchestra")을 다음과 같이 소개했다. "They have with them their curious reed and string musical instruments, and programme which they will offer during the Fair will be distinctly native in its character. They are noted musicians, and in fact are the stars of the corean musical world. In their appearance they resemble the Japanese, though their costume is distinctive alone of the Coreans, and had but little in common with the Japanese habit." *The Chicago Evening Journal*, "From Far Away Corea." April 28, 1893.

20 「정경원 일기」(5월 3일), 「귀국하는 악공 인편으로 고종 어전(御前)에 올리는 서신」이 일기 내용에 포함됨. 『정경원문서1』, pp. 515-156.

21 이민식, 「19세기 콜럼비아 박람기에 비친 정경원의 대비 외교와 문화 활동」, 『근대 한미 관계사』(백산자료원, 2001), p. 579. 원문은 『한국사상과 문화』 3-5(1999) 게재.

□ **그림 8.1** 시카고 세계박람회에 참석한 조선 대표단[23]

KOREAN WORLD'S-FAIR COMMISSIONERS.

미국에서 약 6개월간 머물었던 정경원은 자신이 보고 듣고 직접 체험했던 일상을 여러 형식의 글들로 남겼다. "외국의 정형(情形)을 탐구하고 천하의 시세를 관찰하여 조야에 보고"함으로써 "대소백공(大小百工)을 [조선인들이] 모두 알게 되고 곧 교의(交誼)를 돈독히 하는 것을 좋아하게 되고 인재를 널리 구하여 나라와 백성을 이롭게 하는 데 효과"를 기대했기 때문이었다. 시카고박람회 소개와

---

22 *The Chicago Record's History of The World's Fair. Copiously Illustrated*, (Chicago: The Chicago Daily News Co, 1893), p. 163.

감상소감을 합친 〈박람회약기(博覽會略記)〉, "미국의 정치·풍속·기계 제조 등 일에 대하여 상세히 묻고 널리 방문한 것"을 기록한 〈참호견문록(參互見聞錄)〉, "귀와 눈으로 접(接)하고 마음으로 물(物)과 접촉하여 느끼고 만필(漫筆)"로 서술한 〈잡식(雜識)〉, "고금의 문자 중에서 서국(西國)의 풍속을 기록하여 자료로 인증(認證)된 것"을 종합한 〈봉사기(奉使記)〉 등이 그것이다.[23] 그는 이 자료들이 "들은 바를 모두 통변(通辯)하고 전하였으나 거짓의 잘못된 점이 있을 수밖에 없고 본 바가 피부와 털에 불과하니 심오하게 보고 익힌 것은 아니었다"고 겸손해 했다. 흔히 '정경원문서'로 통칭되는 이 자료들은 한 세기 이상 그 존재조차 확인되지 않고 후손들이 소장해오다가 1998년에야 역사가 이민식에 의해 발굴·번역되었다.[24]

'정경원문서'는 몇 가지 측면에서 사료적 가치와 역사적 중요성을 갖는다. 첫째, '정경원문서'는 조선의 초대 주미공사 박정양(朴定陽)이 쓴 최초의 미국견문록인 『미행일기(美行日記)』, 이범진 주미공사가 남긴 『미사일록(美槎日錄)』, 조선 최초의 미국 유학생 출신 유길준이 쓴 『서유견문(西遊見聞)』 등과 함께 19세기 말 미국의 정치경제와 사회문화를 현장에서 관찰한 주요 사료 중의 하나이다.[25] 미국과의 수교 직후 1883년 7월에 파견된 민영익을 대표로 한 '보빙사(報聘使)' 일행이 미국에 3개월 동안 체류하면서 아무런 기록을 남기지 않았다는 사실을 기억한다

---

23 정경원, 「귀국하려 함에 동행자와의 문답」, 『정경원문서1』, pp. 548-549.

24 정경원이 남긴 시카고박람회 관련 기록과 사료들은 이민식의 두 저서 『근대 한미 관계사』(백산자료원, 2001)와 『콜럼비아 세계박람회와 한국』(백산자료원, 2006)에 나눠 번역·수록되었다. 『근대 한미 관계사』에는 「정경원 일기」, 「귀국하려 함에 동행자와의 문답」, 「會中 각국인사와 交歡 및 定他」, 「博覽會略記」 등이 pp. 489~574에, 『콜럼비아 세계박람회와 한국』에는 「정경원이 일본인 염전진과 나눈 필담」, 「유럽제국과 미국의 유래와 풍속 略記」, 「風俗의 部」, 「店舍의 制」, 「街路之制」, 「船制」 등의 소제목으로 분류된 글이 pp. 170~247에 각각 번역·수록되었다. 편의상 이 글에서는 앞의 사료들을 『정경원문서1』로, 뒤의 사료들을 『정경원문서2』로 각각 통칭하여 표기한다.

25 박정양의 『美行日記』는 한철호 번역(푸른역사, 2015)으로 얼마 전에 출간되었다. 이범진이 남긴 1896년 6월 20일~1897년 1월 31일까지의 기록인 『美槎日錄』의 원본은 현재 단국대 박물관이 소장하고 있다. 김철웅, 「주미공사 李範晉의 미국여정과 활동」, 『역사학보』 205 (2010. 3) 참조. 위 서지정보를 공유해준 익명의 심사위원에게 감사한다.

면,[26] 6개월 체류 기록인 '정경원문서'의 사료적 유용성이 부각된다. 둘째, '정경원문서'는 한국인이 남긴 세계박람회 현장기록물 중에서 지금까지 공개된 유일한 사료이다. 그와 동행했던 통역관들이나 국악단원들이 남긴 시카고박람회 관련 기록들이 아직까지도 발견·공개되지 않았다. 또한 조선이 시카고박람회에 이어 두 번째이자 마지막으로 참석했던 1900년 파리세계박람회에서 조선대표단이 남긴 기록도 전혀 없다.[27] 그러므로 '정경원문서'야말로 조선인의 세계박람회에 대한 인상(印象)과 비평을 담은 생생하고도 매우 귀중한 보물인 것이다. 셋째, '정경원문서'에 등장하는 특정 번역어와 서양 외래어 한자표기법은 당시 조선지식인의 언어세계의 변천과정을 해독할 수 있는 기준이 된다. 근대문물과 서양사상을 표현하는 중국식 혹은 일본식 한자사용범례를 통해서 '에크리튀르(Ecriture)' — 글쓰기의 형식과 전략 및 스타일 등 — 에 각인된 변화된 시대정신을 감지할 수 있는 언어역사학적 가치를 지닌 것이다.[28]

3. 사람과 사람: 정경원은 미국에서 누구를 만났는가?

정경원이 미국에 체류하면서 만났던 인물들을 편의상 세 부류로 나눌 수 있다. 첫 번째 집단은 그가 출품사무대원 신분으로 공무수행을 위해 만났던 사람

---

26 김원모, 『한미수교사: 조선보빙사의 미국사행편(1883)』(철학과현실사, 1999), p. 1.

27 1900년 파리 세계박람회 당시 프랑스 조선영사관이었던 이범진과 사무위원 신분이었던 민영찬 등 주요 인물들이 사행록이나 여행기 등을 전혀 남기지 않은 기이함에 대해서는 육영수, 「'은자(隱者) 왕국'의 세상 엿보기 혹은 좌절된 접속: 1900년 파리세계박람회에 전시된 '세기말' 조선」, 『大丘史學』 第114輯(2014. 2), pp. 23-24 참조.

28 특정 시대의 글쓰기의 형식과 스타일을 총칭하는 '에크리튀르'를 분석하여 한국어 발명과 내셔널리즘의 연관성을 추적한 황호덕, 『근대 네이션과 그 표상들: 타자·교통·번역·에크리튀르』(소명출판, 2005) 참조.

들이다. 고종이 정경원에게 내린 칙서에 따르면, 양국 수교 10년이 경과한 시점에 개최되는 시카고박람회에 그를 파견한 것은 "미국 및 각국과 공히 우의와 화목을 돈독히 할" 목적이었다.[29] 그에게 부여된 이런 공무를 충실히 수행하기 위해 그는 시카고박람회 사무총장 토마스 팔머(Thomas Palmer), 박람회 평가위원 게이지(Lyman J. Gage), 여성부전시관(Woman's Building) 관장 버사 팔머(Bertha Honoré Palmer), 미국 대통령 클리블랜드(Stephane Grover Cleveland), 국무장관 그레샴(Walter Q. Gresham) 등을 만났다. 정경원이 각국 외교사절과 박람회 대표단을 초대하여 9월 5일에 개최한 감사·송별파티 연설[30]에서 밝힌 것처럼, '은자의 나라'였던 조선은 최초로 세계박람회에 대표단을 파견함으로써 "각기 다른 사람들의 언어·문학·종교·과학·예술·공공기관 등에 관한 우애적 화합의 교훈"을 배우려고 노력했다.[31] '조선의 위대한 친구' 미국의 부름에 응하여 시카고박람회 참가국들의 숫자와 규모가 더욱 빛나는 데 미력하나마 기여하려는 의도였다.

정경원이 만난 두 번째 부류는 공무와는 공식적인 연관이 없지만 비공식적으로는 연관된 인물들이다. 일본 출품대원 염전진(鹽田眞)과 미국 주재 청나라 참찬관 팽광예(彭光譽)이 이 경우에 해당한다. 정경원과 염전진의 첫 만남은 요코하마에서 출발하는 샌프란시스코 행 선상(船上)에서 이루어졌다. 염전진은 "나는 21년 전[1873년] 구주(歐洲) 오지리(奧地利) 유납부(維納府, 비엔나) 만국대박람회(萬

---

29 『고종순종실록』, 癸巳 高宗 30年 1月 14日. 이민식, 『근대 한미 관계사』, p. 481. 재인용.

30 정경원의 연설은 공식적으로 미국에서 조선어로 행해진 두 번째 사건이었다. 보빙사 책임자였던 민영익이 1883년 9월 아서(Chester Alam Arthur) 미국 대통령 면담 때 조선어로 인사한 것이 최초 사례이다. 이민식, 『근대 한미 관계사』, p. 482 각주 5번 참조.

31 *The Japan Weekly Mail: A Review of Japanese Commerce, Literature, and Art* (Yokohama, Japan), October 7, 이 신문기사 수집을 도와준 유지아 박사에게 고마움을 표시한다. 아일랜드 출신으로 영국 *The Times* 일본 특파원이었던 브링클린(Frank Brinkley)가 창간한 주요 영자주간지로 친정부적인 논조를 가진 매체이다. 출품대원 정경원이 조선말로 행한 송별 공식만찬 연설 내용이 유일하게 일본에서 발행되는 영자 주간지에 게재되었다는 사실에 유의할 필요가 있다. 1910년 한일합방 이전부터 조선은 스스로 발언하지 못하고 타자에 의해 대변되었던 것이다.

國大博覽會) 일급사무관 및 심사관이 되어 도선(渡船)하였고 18년 전에는 미국 비납특비(費拉特費, 필라델피아)에 미국 독립 100주년 기념회[1876년 필라델피아 세계박람회]가 개최되었을 적에 역시 같은 직책을 띠고 참가한 바 있습니다"라고 자신을 소개했다.[32] 정경원은 4월 14일자 일기에 "이 배에는 양인(洋人)이 많이 타고 있어 언어·문자가 통하지 못하여 미련스럽게도 얻는 것은 없었다. 오로지 일본인 염전진이 박람회 일로 시카고로 가는 중이라 문사(文辭) 사용이 가능하여 만나 많이 술을 마셨다"고 적었다.[33] 서구 문명은 물론 세계박람회에 대한 기초지식마저 빈약했던 정경원은 염전진에게 미국 입국 절차, 환전 및 화물 통관 등에 대한 실용적인 도움을 얻었다.

정경원과 염전진은 박람회 개최 기간에 시카고에서 다시 만나 전시관 준비현황과 전시물품 등에 관한 정보를 교환했다. 정경원은 웅대한 일본 전시관과 질적·양적으로 우월한 일본 전시품과 비교해서 조선의 그것들은 초라하고 볼품이 없다고 부끄러워했다. "아시아 여러 나라 중에서 귀국이 유독 먼저 개항하여 기기제도가 유럽 여러 나라와 겨루고 있으니 어찌 나라가 번성하지 않겠"는가 하며 일본의 재빠른 서양화를 '청출어익(靑出於益)'에 비유했다.[34] 정경원의 칭찬에 염전진은 "일본은 무릇 개국(開國)에 관한 일을 점차적으로 수행하지 않고 급진적으로 수행하고" 있다고 신중하게 응대했다.[35] 친분을 쌓은 두 사람의 대화는 때로

---

32 정경원, 「도미도중 정경원과 일본 염전진과의 필담」, 『정경원문서2』, p. 174. 필자 조사 결과, 염전진은 시카고박람회에 일본 정부가 파견한 10명의 참사관(Councilor) 중의 한 명인 Mr. Shioda Makoto임이 확인되었다. 일본 측의 박람회대표단 공식 명부는 *Official Catalogue of Exhibits: World's Columbian Exposition* (Chicago: W. B. Conkey Co, 1893), p. 131. 일본 이름 해독을 도와준 이승희 박사에게 고마움을 표시한다.

33 「정경원 일기」(4월 14일), 『정경원문서1』, pp. 498-499.

34 정경원은 "日本所陳(Japanese Pavilions)은 조각·회화·수채·기물 등이 구비되어 있지 않은 것이 없고 모두 정교하고 좋으며 그 기묘한 것이 모두 서양식과 비슷하여 …… 서양 여러 나라와 조금도 뒤지지 않게 각 원의 진열장이 준비되어 있지 않은 곳이 없으므로 會院內에서 서양 여러 나라들은 屋事를 일으키려면 일본식을 본 따야 한다고 하였다"고 감탄했다. 「博覽會弱氣」, 『정경원문서1』, p. 563.

35 「정경원이 일본인 염전진과 나눈 필담」, 『정경원문서2』. pp. 180-183.

는 민감한 정치문제로까지 옮겨갔다. 염전진이 조선에 민란이 발생했다는 외신을 언급하자, 정경원은 동학도들이 일으킨 '미치광이 소란'은 다행히 평정되었음을 귀띔해주었다.[36]

정경원은 청나라 외교관 팽광예를 8월 16일에 시카고에서 처음 만났다. 그는 조선이 외교적으로 여전히 청나라 속국임을 주장하면서 주미조선 초대 공사 박정양을 1888년에 강제 귀국시키는 데 앞장섰던 인물이었다. 그는 조선에서 파견된 출품사무대원을 감시하고 청국에 우호적인 인물로 섭외하기 위해 정경원과 자주 만났다. 정경원은 팽광예와 "필담을 나누었다"고 일기에 적었는데 수담(手談) 주제와 토론 내용에 대해서는 생략하고 단편적인 인상(印象)만을 간략히 남겼다.[37] 일본 박람대원 염전진과 나눈 대화를 일기와 다른 별도의 형식으로 남겼다는 것과 대조적이다. 조선 외교관에 대한 집요한 괴롭힘의 나쁜 기억과 '지는 해' 청국에 대한 냉담한 반응이었을까? 사실, 중국·청나라에 대한 부정적인 언급이 '정경원문서'에서 드러난다. 그는 박람회 공사에 동원된 청나라 노동자를 "스러질 듯 위로 쳐다보면서 일하는 것을 상세히 보니 나무로 만든 인형(木偶人)"처럼 보인다고 측은해 했다.[38] 정경원은 또한 "서양인들은 중국을 지나(支那)라고 부르는 것이 오래"임을 환기시킴으로써[39] 조선 사대부들이 오랫동안 사용했던 '중화(中華)'라는 명칭에 묻어 있던 신성한 아우라를 털어버렸다. 요약하자면 정경원이 '필담을 주

---

36 「정경원이 일본인 염전진과 나눈 필담」, 『정경원문서2』, p. 181.

37 예를 들면, "팽광예가 와서 오랫동안 필담을 나누었다."(「정경원 일기」, 8월 20일자 전문). "팽광예가 술을 같이 마시자고 약속하였으나 팽은 돈이 약간 부족하였다."(「정경원 일기」, 9월 3일자 전문). "팽광예가 예방하였다가 기뻐하면서 돌아갔다."(「정경원 일기」, 8월 14일자 전문). "팽광예가 이별하려고 왔다. 팽광예는 한 권의 책을 주었으며 그 논의 내용이 사뭇 순전(수수)하였다."(「정경원 일기」, 9월 30일자 일부). 팽광예가 정경원에게 이별선물로 준 서적이 『조선책략』이 아니었을까 짐작해 본다.

38 정경원, 「博覽會略記」, 『정경원문서1』, p. 562.

39 정경원, 「유럽제국과 미국의 유래와 풍속 略記」, 『정경원문서2』, p. 220. 영어 China의 음차인 '지나'는 원래 일본이 중국의 중화사상을 거부하고 단순히 지리적 이름으로 대체한 경멸적인 명칭이다.

고받으며' 염전진과 팽광예 사이를 왕래했던 것은 중화주의의 원심력과 근대 메이지 일본의 구심력 사이에서 설왕설래 했던 19세기 말 조선의 진면목이었다.

정경원이 만난 세 번째 부류는 일반 미국인들이었다. 그가 워싱턴의 스미소니언 박물관을 방문했을 때 정경원 일행이 입은 낯선 의관을 보고 "고려의 물건이 저기 있다"고 놀랐던 미국 아이들과의 만남도 이에 속한다. 그는 초등학생들이 박물관에 전시된 세계 각국의 의복이나 민속품을 공부하여 낯선 동양인의 정체를 맞추었으니 "박물원 설립이 진정 쓸모 있는 것이군!"이라고 냉소했다.[40] 세인트루이스를 방문했을 때 그가 조선인임을 알고 "미국이 좋습니까?"하고 호기심을 표현했던 13세 미국 소녀와 "많은 번민과 한(恨)은 통하지 못하나 대화하여 보기를 원한다"며 시내 관광을 안내했던 '어떤 유망한 노인'도 정경원이 현지에서 우연히 만난 보통 미국인들이었다.[41]

정경원이 우연히 만났던 일반 미국인들 중에서 가장 기억할 만한 인물은 그리피스(William F. Griffis, 1843~1928)였다. 정경원은 5월 2일자 일기에 "미국인으로 문학(文學)을 하는 사람이 [조선 전시관을] 내방하여 오랫동안 담론하였다"고 기록했는데, 그가 바로 『은자의 나라 한국(*Corea, the Hermit Nation*)』의 저자인 그리피스였다.[42] 이 책은 1882년에 간행된 이후 조선에 관심이 있는 학자, 선교사, 모

---

40 「정경원 일기」(6월 9일), 『정경원문서1』, p. 531.

41 「정경원 일기」(10월 4일). 『정경원문서1』, pp. 545-546.

42 「정경원 일기」(5월 2일), 『정경원문서1』, p. 508. 정경원과 그리피스의 조우(遭遇)에 관한 간략한 스케치는 YoungSoo Yook, "Fin de Sièle Korea as Exhibited at the World's Columbian Exposition of 1893 in Chicago, pp. 19-21 참조. 아마도 정경원은 그리피스가 만난 3번째 조선 관리였을 것이다. 그리피스는 민영익이 보빙사 신분으로 미국 뉴욕 빅토리아 호텔에 체류했던 1883년 11월 27일에 그 일행을 방문했다. 민영익은 "그리피스가 조선 기독교와 네덜란드 출신으로 표류하여 조선에 체류했던 하멜에 대해서 문의했지만 관련 정보를 제공해주지 못하고 그 대신 인삼을 선물로 주었다"고 기록했다. 이민식, 『근대 한미 관계사』, p.482 각주 5번 참조. 그리피스가 만난 두 번째 조선인은 박정양 주미초대공사였다. 당시 보스턴에 거주하던 그리피스는 1888년 10월 4일에 워싱턴 D. C.의 조선공사관을 방문하여 자신의 저서인 *Corea, the Hermit Nation*을 기증했다. 박정양은 고마운 선물이었지만 영문 저서이기 때문에 읽지 못해 서운했다고 기록했다. 이민식, 『근대 한미 관계사』, pp. 334-335. 재인용.

험가, 사업가, 관광객 등에게 인기를 얻었던 '조선의 역사와 문화에 관한 표준 텍스트'였다. 일본 정부 초청으로 1870년부터 3년간 일본 대학에서 과학을 가르쳤던 그는 귀국 후 극동전문가로 변신했다. 그리피스는 환태평양 시대의 도래를 예견하고 미국이 "위대한 태평양 강대국(Great Pacific Power)"으로 성장하기 위해서는 극동에 거점을 확보해야 한다고 확신했다.[43] 사망 직전인 1927년까지 '은자의 나라'를 방문하지 못했던 그리피스는 미국을 방문하는 조선인들과 직접 만나서 조선에 대한 부족한 지식을 벌충하려 뉴욕 주에서 시카고까지 달려와 조선 전시관을 노크했다. 그리피스는 '거인(giant) 중국'과 '강자(athlete) 일본'의 권력다툼으로 "호두깎이에 낀 호두" 신세가 된 '피그미(pigmy) 조선'이야말로 태평양권에서 미국이 강대국으로 도약할 '지레받침(fulcrum)'으로 기능할 지정학적 중요성이 있다고 강조했다.[44]

조선 외교관을 만난 오랜만의 귀한 기회가 헛되지 않도록 그리피스는 정경원에게 조선의 역사문화에 관한 많은 질문을 던졌다. 그리피스가 조선에서 학문적으로 가장 으뜸가는 인물이 누구인가 묻자, 정경원은 퇴계(李滉)와 율곡(李珥)이라고 대답했다. 또 조선이 주자학이라는 학문(文)에 치중하고 군비(軍備)에 소홀함으로써 최근에 국세(國勢)가 위태롭게 되었다는 그리피스의 지적에 정경원도 공감했다. 두 사람이 (박용규의 통역으로) 나눈 대화의 하이라이트는 '조선 나라말'에 관한 논쟁이었다. 그리피스는 조선 정부는 왜 백성들이 배우기 쉬운 '국문(한글)'을 업신여기고 "죽을 때까지 가르쳐도 어려운" 한문(淸國文)을 아직까지도 공식문자로 쓰느냐고 힐난(詰難)했다. 정경원은 한글은 "말(言語)로만 되어 있는 고

43 William Elliot Griffis, "American Relations with the Far East," in *The New England Magazine*, Vol. XI. No. 3 (November 1894), p. 267 & pp. 271-272.

44 William Elliot Griffis, "Korea, the Pigmy Empire," in *The New England Magazine*, Vol. 26 (1902), p. 469.

로 음(音)은 있으되 뜻이 없"다는 약점이 있는 반면에, "한문은 음과 뜻 둘 다 있어 가히 전후(前後)로 막힘이 없고 성현이 이바지한 것은 심법(心法)·정치(政治)가 다 이 한문에 실려 있어" 조선 사대부가 숭상한다고 설명했다.[45] 자기 나라말도 인정하지 않는 조선이 어찌 자주국가임을 자처하느냐는 그리피스의 가시 돋친 비난에 정경원은 같은 논리에 따르면 영어를 쓰는 미국도 아직 영국의 속국(屬國)이 아니냐고 항변했다.

두 사람의 대화는 어수선한 현장 분위기 속에서 마무리 되었지만, '조선 문제 전문가' 그리피스의 활동은 지속되었다.[46] 조선의 시카고박람회 참가로 높아진 학계와 일반 교양인들의 관심을 반영하여 미국지리학회(American Geographical Society)는 『은자의 나라』 저자 그리피스를 공개강연자로 초대했다. 비록 조선을 아직 방문해 보지는 못했지만 '은자의 나라'에 관한 자신의 지식은 "미국이나 일본에서 살고 있는 조선인들로부터 획득한" 생생한 것이라고 자랑했다.[47] 그리피스는 자기 나라말의 중요성조차도 깨닫지 못하는 최근에 만난 무지한 조선 출품사무대원(정경원)을 꾸짖기라도 하듯이, 한 나라의 언어는 역사문화의 거울이며 전통사상의 보물창고라고 역설했다. "조선은 극동에서 진정한 알파벳을 만든 유일한 국가"로서 한글은 "세계에서 가장 완결한 문자의 하나이며 완전히 이성적이며 정확한 음성학적·언어학적 원칙에 입각한 진정한 제 나라 알파벳"이라고 극

---

45 「정경원 일기」(5월 2일), 『정경원문서1』, pp. 509-510.

46 그리피스의 한국학에 활동에 관한 연구는 Sung-hwa Cheong, "William Elliot Griffis and Emerging American Korea," *The Review of Korean Studies*, Vol. 3. No. 2 (2000); 김수태, 「윌리엄 그리피스의 한국 근대사 인식」, 『진단학보』 110 (2010) 등 참조.

47 William Elliot Griffis, "Korea and the Koreans: In the Mirror of Their Language and History," in *Bulletin of the American Geographical Society*, Vol. XXXII No. 1 (1895), p. 1. 이 글에서 그리피스는 자신이 "the Koreans who came to ratify the first treaty"을 만났다고 밝혔는데, 보빙사로 미국을 방문했던 민영익 일행을 지칭하는 것으로 보인다. 그는 정경원과의 만남에 대해서는 이 글에서 언급하지 않았다.

찬했다.[48] 그리고 '은자의 나라' 조선은 서양 문명과 기독교를 영접하기 이전의 '낡고 개혁되지 않았던 일본'과 현재 유사한 문명 단계에 있으며, "새로운 조선은 새로운 일본의 모델을 따라 상승할 것"이라고 그리피스는 전망했다.[49]

4. 유람(遊覽) 혹은 감성교육: 정경원은 미국에서 무엇을 보고 체험했는가?

'은자의 나라'에서 찾아온 정경원은 공무 외에도 미국 문명에 대한 옵서버(observer) 역할을 능동적으로 수행했다. "…… 국교 활동역할이 정하여졌으나 시론(時論)이 분명하기 때문에 박람회 일이 끝나면 문을 닫고 누워서 쉬거나 스스로 유람을 할 수 있었다."[50] 이런 짬과 여유를 활용하여 그는 시카고 외에도 샌프란시스코, 워싱턴 D. C, 세인트루이스 등을 여행하면서 국립묘지와 국회의사당, 스미스소니언 박물관, 우체국과 신문사, 식물원과 동물원, 조지 워싱턴 생가(生家), 퇴역군인 복지관 등 다양한 곳을 견학했다. 영어를 전혀 못함에도 불구하고 그는 미국·영국·프랑스·독일·일본·시암(태국) 등이 주최한 사교 파티에 적극적으로 참석하여 견문을 넓히려고 애썼다. 심지어 박람회 개최 기간 일요일에 상점을 열 것인가 말 것인가를 둘러싼 다섯 시간이 넘는 열띤 시민공청회에도 모습을 드러냈다. 미국 시민들이 자유롭게 갑론을박 하면서 다수결 원칙으로 공청회를 마감하는 광경을 지켜본 그는 "서양 방식에 놀라는 [조선출품사물대원] 정경원(Jueng Kiung Won Marvels at Western Ways)"이라는 캡션과 함께 조선 전통관복을 입은 ("in the full blaze of the Corean court costume") 인물삽화의 주인공으로 시카고 지

48 William Elliot Griffis, "Korea and the Koreans," p. 7.

49 William Elliot Griffis, "Korea and the Koreans," p. 20.

50 정경원, 「귀국하려 함에 동행자와의 문답」, 『정경원문서1』, pp. 547-548.

방신문 독자들에게 선보였다.[51]

□ **그림 8.2** 시카고 시민 공청회를 견학하는 출품사무대원 정경원[53]

서양에 첫발을 디딘 호기심 많은 '초짜 여행객'에게 미국 문명은 놀라움의 연속이었다. '불을 켜서 사다리꼴로 밤새도록 쉬지 않고 빙빙 돌아가는 옥(玉)으로 만든 함(檻)'[네온사인], 바다고기를 '파리방(玻璃房, 어항)에 분류하여 키우는 수족관, 물줄기가 수직으로 길게 위로 올라가는 '신인(神人)', 변소 볼일을 "향긋하고 청결하게" 세척하는 '용수법(用水法)' 등은 정경원이 직접 보고 체험했던 미국 과학기술문명의 산물들이었다.[53] 그는 전문적인 노동 분업에 기초한 생산적인 작업공정과 정확하고 합리적인 시간관념이 미국 산업발전의 원동력이라고 파악했다.[54] 미국이 자랑하는 과학기술문명과 실용주의에 대한 경이로운 호감에도 불구하고, 정경원은 주자학적 세계관의 견고한 갑옷을 탈피하지 못

---

51 *The Chicago Times*, 1893년 5월 24일자.

52 "Jueng Kiung Won Marvels at Western Ways," *The Chicago Times*, May 24, 1893

53 정경원, 「風俗의 部」, 『정경원문서2』, pp. 226-228.

54 "차공(車工)의 경우 바퀴 맡은 자는 바퀴 만드는 일에만 종사하고 수레를 맡은 자는 수레 일에만 종사하여 서로 간섭하지 않고 오로지 교(巧)를 살려 업(業)을 전문화하고 이득이 많이 생기도록 하여 그 복(福)이 많고 영화가 넘치고 있다." 정경원, 「유럽제국과 미국의 유래와 풍속 약기」, 『정경원문서2』, p. 203; "마차[기차]를 탄 사람이 도로의 원근(遠近)을 주지하여 가는 곳이 얼마나 먼 곳이 몇 리(里)나 되느냐고 물어보면 그 곳에 몇 시 몇 분에 도착할 수 있다고 하여 터럭만큼도 어김이 없고 차비를 시각에 맞추어 정하여지는 고로 사람을 방문하거나 유람하는데 방해가 되지 않는다." 정경원, 「가로지체(街路之制)」, 『정경원문서2』, p. 231.

했다.

정경원의 주장에 따르면 동양 유교에도 미국 민주주의와 유사한 전통이 존재했다. "귀천존비의 구분이 없고 자유권이 백성에게 있게 하여 비록 대통령의 존귀함도 백성과 다름이 없"을 정도의 평등권이 미국에서 보장되지만, 자유권은 "우리의 유가(儒家)에도 있는 말"이라고 정경원은 확인했다. 유가에서의 자유권이란 "모두 예를 따라 법을 지키는 것"으로서 "천리인정(天理人情)에 합치되는 것"이라고 그는 해설했다.[55] 동아시아에서 오래전부터 사용되었던 '자유(自由)'라는 한자어를 정경원은 "제멋대로 하기"라는 전통적이며 부정적인 의미로 이해하여 '수신제가치국평천하(修身齊家治國平天下)' 담론에 종속되어야 부품으로 취급했다. 그 연장선상에서 그는 만약 "내행(內行)이 부정한 집의 사람이 자유권을 가지면 몽매와 압력과 핍박의 환(患)이 되어 …… 가족들에게 이로운 것이 없다"고 경계했다.[56] 일본에서 서양 근대정치사상의 핵심어인 'freedom'과 'liberty'가 '자유'라는 긍정적이며 개인적인 권리라는 의미로 새롭게 번역되어 정착된 것이 1880년대 전후 무렵[57] 이었다는 것을 상기한다면, 미국 정치제도에서 작동하는 자유라는 개념을 정경원은 이기적인 개인주의를 조장하는 위험하고 부정적인 단어로 전유(專有)했던 것이다.

미국 문명의 특징을 유교주의로 덧칠해서 전유하려는 정경원의 시각은 구체적인 정치제도에도 적용된다. 만약 서양이 자랑하는 '공화정(共和之政)'이 민의(民意)를 대변하는 의원들의 토론정치(議員之議)에 다름 아니라면, "대신(大臣)이 의정(議政)하고 육조(六曹)가 행정하며 헌부(憲府)가 사법(緝政)을 관장"하는 삼대제도

---

55 정경원, 「유럽제국과 미국의 유래와 풍속 略記」, 『정경원문서2』, p. 135.

56 정경원, 「유럽제국과 미국의 유래와 풍속 略記」, 『정경원문서2』, p. 192

57 근대 일본에서 서구의 주요 개념들이 번역어로 정착하는 과정과 그 언어역사학적 배경에 관해서는 야나부 아키라 · 김옥희 옮김, 『번역어의 성립: 서구어가 일본 근대를 만나 새로운 언어가 되기까지』(마음산책, 2011) 참조. 특히 '자유(自由)' 개념에 관해서는 pp. 175-189.

(三代制度)를 실시하는 조선도 마땅히 공화정 국가에 속한다고 그는 확신했다.[58] 서양 근대 정치체제의 근간을 이루는 공화정과 삼권분리를 조선의 전통적인 통치구조에 억지로 대입하여 이해하려는 정경원의 태도는 유교의 거대한 용광로에 서양과 미국의 정치제도를 용해하려는 또 다른 사례였다.

유교적 세계관으로 무장한 정경원에게 물질우선주의는 미국 문명의 치명적인 약점으로 보였다. 서양풍속이 "재리(財利)에만 치중하여 부를 우러러보고 …… 인품의 고하와 사리의 당부가 다 이해관계에 놓여 있"다고 비판했다.[59] 이런 천박한 손익계산법에 기초한 인간관계는 "제후(諸侯)는 이해관계의 말을 하지 않으며 …… 총명한 관리는 돈을 따르지 않으며 …… 선비라면 이(利)를 부끄럽게 여겨 백성과 같이 업(業)을 다투지 않"아야 한다는 유교의 도덕정치론과 상치(相馳)된다.[60] 유교적 관점에 비춰보면 세계박람회의 바람직한 목표는 "격물치지(格物致知)를 위하여 여는 것이요 장사를 억제하기 위함"이어야 마땅하고, 그러므로 "조선의 이번 [시카고박람회] 출품은 우의를 돈독히 하는 것이지 이익을 얻으려고 하는 것이 아"니라고 정경원은 자신이 맡은 공무의 의의를 스스로 자리매김했다.[61]

국제적 친교와 우애의 무대가 되어야 할 시카고박람회가 물질만능주의로 심각히 오염되었다고 정경원은 지적했다. "인심과 물정이 …… 오로지 화리(貨利)만 알아 사면(事面)을 무시하고 가게 음식점 값이 20달러였으며 멀리 떨어져 있는 집에는 그나마 음식을 배달하여 주지 않으니 이것은 도둑의 심보와 무엇이 다른가!"하며 바가지요금에 분노했다. 특히 시카고박람회의 주인이며 초청자인 미국

---

58 정경원, 「유럽제국과 미국의 유래와 풍속 略記」, 『정경원문서2』, p. 195.

59 정경원, 「유럽제국과 미국의 유래와 풍속 略記」, 『정경원문서2』, p. 190-191.

60 정경원, 「유럽제국과 미국의 유래와 풍속 略記」, 『정경원문서2』, p. 199.

61 「정경원이 일본인 염전진과 나눈 필담」, 『정경원문서2』, p. 180 & p. 182.

이 멀리서 찾아온 손님들을 귀하게 접대하기는커녕 오히려 이들을 돈벌이 대상으로 희롱하고 있다고 호통쳤다. “박람회를 설(設)한 것은 미국인인데 이 미국인이 희원(戱院)에 빠져 먼 데서 온 손님 행세를 하니 이것은 미국이 박람회를 개최한 목적이 사람의 재산을 뺏으려고 하는 것이 아닌가!”[62] ‘희원(戱院)’은 여흥과 볼거리를 위해 만든 특별공간인 ‘미드웨이 프레장스(Midway Plaisance)’를 지칭하는데, 이집트 배꼽 댄서 공연과 자바와 에스키모 원주민 ‘인종 전시관’을 상품화한 일종의 테마 오락공원이었다.[63] 시카고박람회 총무국에서 조선 국악단원들을 ‘희원(戱院)’ 소속 연예인으로 간주하여 숙소 배정을 거부하자, 정경원 일행은 국악단원들은 이익을 바라며 공연하는 싸구려 광대가 아니라 “우리나라의 대 군주께서 …… 특명으로 귀국 대통령에게 축하로 제공하는” 문화사절단이라고 항의했다.[64]

경박한 상업소비주의에 대한 정경원의 비판의 불똥은 조선의 친미주의자들에게도 튀었다. 정경원은 소위 개화파 인사들이 “서학(西學)을 좋아하거나 전공하여 화문(華文)에 통달하지 못하여 그 마음 성정(性情)이 서양 사람과 다름이 없으니 나라에 무슨 이익이 되는가?”라고 반문했다. 젊은이들에게 영어를 교육하여 국가 인재로 쓸 요량으로 1886년에 설립한 육영공원(育英公院)마저도 “교도(教導)의 방향이 없고 상벌을 엄히 하지 않아 녹봉을 허비하니 아무 효과가 없어 애석

---

62 「정경원 일기」(7월 30일), 『정경원문서1』, p. 539. 물질적인 탐욕에 전염된 미국 문명에 대한 정경원의 비난은 필자의 다른 논문에서도 언급되었다. YoungSoo Yook, “Fin de Sièle Korea as Exhibited at the World's Columbian Exposition,” pp. 23-24.

63 ‘미드웨이 프레장스’에 마련된 인간(원주민)전시장의 인종적 상업주의에 관해서는 Curtis M. Hinsley, “The World as Marketplace: Commodification of the Exotic at the World's Columbian Exposition, Chicago, 1893,” in Ivan Karp & Steven D. Lavine ed. *Exhibiting Cultures: The Poetics and Politics of Museum Display* (Washington, D.C: Smithsonian Institution Press, 1991): 344-365 참조.

64 국악단원을 둘러싼 소동에 관해서는 정경원, 「御前에 올리는 서신」, 「정경원 일기」 (5월3일) 참조. 『정경원문서1』, p. 515.

하다"고 했다. 또 "요사이 먼 이역(異域)에 가서 서양 학문을 공부하는 상층계급은 미국을 위하는 일을 더 많이 하고 아래계급은 각 부두 양행에 나라를 파는 일을 할까 염려된다"[65] 고 경계했다. 다시 말하면, 권력층 출신인 미국 유학파는 조선이 아니라 미국의 이익과 가치관을 먼저 앞세우는 친미파가 되고, 서양 언어와 서양 기술을 습득한 하급실무자들은 해관(海關, Custom House) 업무에 종사하면서 국가 재정의 증대가 아니라 서양 고용인들의 사익(私益)을 위해 근무한다고 따졌다. 개화파를 향한 정경원의 신랄한 비판은 시카고박람회 조선관을 방문하여 그에게 면담을 요청했던 미국 유학파이며 친미주의자인 윤치호에 대한 냉대로 표출되었다.[66] 사회진화론과 기독교 문명주의의 전도사임을 자임하며 조선의 근대화를 역설하는 윤치호를 그는 '양복 입고 유창한 영어로 떠드는 미국 앞잡이'로 문전박대했다.

한편 시카고박람회는 '여성의 여성에 의한 여성을 위한' 최초의 국제행사였다. 여성 행정가(Board of Lady Managers)들이 기획하고 여성 건축가(Sophia Hayden)가 설계하여 여성과 관련된 물품만 전시하는 단독 건축물(Woman's Building)이 박람회 역사상 처음으로 선보였다.[67] 프랑스 태생 미국 언론인이며 시카고박람회 명예 커미셔너인 궤르빌(Amédée Baillot de Guerville)이 홍보차 동아시아를 1892년 봄에 방문했을 때 조선과 일본 왕실은 여성전시관에 흥미를 보였다. 궤르빌이 경복궁을 방문해 첨단의 매킨토시 환등기(McIntosh Magic Lantern)로 미국의 사회문화와 시카고박람회 준비상황 등을 보여주자 민비는 여성전시관에 출품할 의향

---

65 정경원, 「유럽제국과 미국의 유래와 풍속 略記」, 『정경원문서2』, pp. 215-216.

66 시카고박람회장에서의 정경원과 윤치호의 만남에 대해서는 YoungSoo Yook, "Fin de Siéle Korea as Exhibited at the World's Columbian Exposition of 1893 in Chicago," p. 18-19 참조.

67 Mary Pepchinski, "Woman's Building at European and American World's Fairs, 1893-1939," in T. J. Boisseau & Abigail M. Markwyn ed. *Gendering the Fair: Histories of Women and Gender at World's Fai*rs (Urbana: University of Illinois Press, 2010), p. 187.

을 내비쳤다.[68] 국내외로 어려운 여건상 실행되지 못했던 조선 여성의 박람회 참여와 달리, 일본은 황후와 황태후의 각별한 후원으로 여성전시관에 동참했다. 일본 여성의 사회경제적 지위와 일상생활상 및 예술적 재능을 외국인에게 자랑할 자료들이 출품되었고, 일본 여성의 가정적·공적 지위, 여성교육과 종교생활 등을 총체적으로 소개하는 영어소책자도 간행되었다.[69]

정경원도 '여공원(女工院)'을 직접 둘러보았다. 그는 "미국의 풍속은 여자는 귀하나 남자는 천하게 여기"므로, 여성들이 "천문·지리·격물치지·산수·정법 등 여러 학문을 남자에게 양보하지 않았"고, "총무 및 출품대원 수가 [다른 전시관들의 남자 출품대원 수자와] 비슷하고 진(陳)의 물건에 모두 여공이 관여하고 있"음을 발견하고 매우 당황했다.[70] 남녀평등교육을 실시하고 여성들의 사회 참여를 독려하는 미국의 개방성과 관용정신이 여성들의 도덕적 타락으로 점화될 것으로 걱정했기 때문이었다. "허리가 가늘고 유방이 볼록하고(腰細乳凸)", "교태롭고 아름다우며 …… 가끔 비단옷 수놓은 치마에 가지런한 어깨를 노출"하고 처음 만난 남자를 부둥켜안고 춤추는 여성 '대무자(對舞者, 춤 상대)' 혹은 '협행자

---

68 Introduction, Amédée Baillot de Guerville, *Au Japon: The Memoirs of a Foreign Correspondent in Japan, Korea, and China, 1892-1894* (West Lafayette. Indiana: Parlor Press, 2009), xix. Tans. by Daniel C. Kane. 궤르빌은 슬라이드 쇼에 대한 민비의 반응을 다음과 같이 묘사했다: "외국인들이 볼 수 없도록 왕비와 궁녀들은 장막 뒤에 자리 잡았다. 그러나 내가 환등기 첫 이미지를 비췄을 때 왕비는 너무 흥분하여 은신처에 숨어 있지 못하고 슬라이드가 쏘아진 흰색 커튼으로 접근했다. 그녀는 그것을 손가락으로 만져보고 나에게 수많은 질문들을 던졌다. 왕비는 예외적인 지성과 의지의 소유자라는 인상을 나에게 남겼다." Guerville, *Au Japon*, 80-81. 필자 번역. 이 에피소드는 케인 논문에서도 언급되었다. Kane, "Korea in the White City," p. 19.

69 Gozo Tateno, "Foreign Nations at the World's Fair: Japan," *The North American Review* 156 (1893), p. 41-42. 일본 정부가 시카고박람회 여성전시관에 사무라이-가부장주의 이미지와 대비되는 전통적인 일본 여성의 신비로운 심미주의를 선전하는 물품과 이미지를 전시함으로써 서양과는 미묘하게 차별화된 '일본적인 근대성의 이중성'을 부각시키는 데 성공했다는 해석에 대해서는 Lisa K. Langlois, "Japan—Modern, Ancient, and Gendered at the 1893 Chicago World's Fair," in *Gendering the Fair*, p. 57.

70 정경원, 「博覽會略記」, 『정경원문서1』, pp. 569-570.

(俠行者, 바짝 껴안고 춤추는 사람)'가 기생이 아니라 유명하고 부유한 집안의 여성이라는 사실에 그는 경악했다.[71] 미국에서는 "여자는 바람을 피워도 남자는 재취(再娶)를 선 듯 결단하지 않았는데" 이는 조선과는 정반대 사회풍속으로 미국인들이 남비여존(男卑女尊)을 추종하는 증거라고 정경원은 생각했다.[72]

한 걸음 더 나아가서, 정경원은 개방적인 남녀평등이 도덕적 타락에 거치지 않고 정치적 위계질서의 붕괴로 이어질 것을 염려했다. 그는 자신이 견학했던 여공원의 책임자가 여자(Bertha Palmer)라는 것을 깨닫자 "하물며 여자 중에 통령(統領)이 된 이도 있다하니 어찌 이보다 더하지 않은 하풍(下風)이 있다고 하겠는가?" 하고 한탄했다.[73] 다른 것은 다 양보하더라도 여성들이 세계박람회와 같은 중요한 국제행사에 감히 감투를 쓰고 공적 영역에 진입했다는 사실을 그는 참을 수 없었던 것이다. 남성의 배타적인 정치권력에 도전하는 건방진 미국 여성들에 대한 전경원의 반발은 남성 전용 멤버십 사교장에 대한 환영으로 나타났다. 워싱턴 체류 때 그는 여자 입장이 금지되고 '벼슬아치'들과 엄격한 입회자격 조회를 통

---

71 정경원, 「유럽제국과 미국의 유래와 풍속 略記」, 『정경원문서2』, p. 218 & 10월 1일자 일기. 『정경원문서1』, p. 545. '춤추며 노는 미국 아녀자'에 대한 정경원의 이런 편견은 초대공사 박정양의 시각과 유사했다. 휘트니(W. C. Whitney) 미국해군장관이 1888년 1월 워싱턴 D. C에서 주최한 연회에 참석했던 박정양 일행은 호사스러운 복장의 여성들이 홀에 운집(雲集)해 있는 것을 보았다. 그들이 기생이라고 오해했다가 '미국에서 가장 저명한 시민들의 부인과 딸'이라는 귀띔에 조선 외교관들은 당혹했다. H. N. Allen · 신복룡 옮김, 『조선견문기』(집문당, 1999), pp. 147-148. 원서는 *Things Korean: A Collection of Sketches and Anecdotes, Missionary and Diplomatic* (New York, 1908). 사족삼아 덧붙인다면, "서양인의 집회에는 꼭 남녀가 모인다"는 정경원의 보고 아닌 보고[정경원, 「유럽제국과 미국의 유래와 풍속 약기」, 『정경원문서2』, p. 221]는 황송하게도(?) 1895년 고종이 경회루에서 주최한 조선왕조 개국기념 '부부동반' 공식연회에서 실천되었다. 황현의 꼼꼼한 기록에 따르면, "각국의 공사가 모두 부인을 동반하여 [고종 부부를] 알현하였고 각부의 칙임관들도 부인을 대동하고 연회에 참석하였다. 구미의 풍속을 따른 것이다." 황현 · 임형택 옮김, 『역주 매천야록』 상권(문학과지성사, 2005), p. 456.

72 정경원, 「유럽제국과 미국의 유래와 풍속 略記」, 『정경원문서2』, p. 193. 미국에서 목도한 여성 상위시대에 대한 정경원의 놀라움과 비탄은 필자의 영어논문에서도 간략히 스케치 되었다. YoungSoo Yook, "Fin de Siéle Korea as Exhibited at the World's Columbian Exposition," pp. 24-25.

73 「정경원 일기」(5월 8일). 『정경원문서1』, p. 518.

과한 남자 선량(善良)들만이 "언제든지 술을 마시며 놀 수 있"는 '신민회사(紳民會社)'에 초대되었다. 이런 가부장적인 신민회사의 존재야말로 "이 나라 문명의 운(運)이 점점 열려 양(陽)이 성하고 음(陰)이 쇄하여 가는 조짐"이라고 그는 환호했다.[74] "미국이 장차 여자 대통령을 세운다고 하니 과연 그렇지 않습니까?"라고 정경원이 워싱턴 정계에서 만나 한 미국 여성에게 문의한 것[75]은 여성상위시대가 미국 미래에 끼친 부정적인 영향에 대한 반의법(反意法) 표현이었으리라.

다른 한편, 특이한 전통복장으로 가는 곳마다 언론과 대중의 주목을 받았던 정경원[76]은 자신이 미국에서 만났거나 지나쳤던 다른 '타자'들을 어떻게 인식했을까? 흥미롭게도 '정경원문서'에는 당시 미국의 대표적인 타자 집단인 흑인에 대한 언급이 전혀 등장하지 않는다. 19세기 말 시카고가 흑인들이 최대로 집결한 대표적인 도시 중의 하나였다는 점을 상기한다면, 그의 철저한 침묵은 기이하다.[77] 혹시 '아프리카 아메리칸'을 자신의 일기와 견문록에 출연시킬 필요조차도 없는 '인간 아닌 인간'으로 취급했던 정경원의 인종차별의식이 무의식적으로 드러난 결과가 아니었을까. 정경원은 아메리카 원주민에 대해서는 매우 간략하게 언급했다. 샌프란시스코에서 대륙횡단 열차를 타고 시카고로 향하는 도중에 그는 "터럭이 흩어져 있고 붉은 얼굴과 오관이 우리들과 비슷"하고 아이를 업고 다니는 한 종족을 보았다. 이들 '토번(土番)'에 대한 자신의 인상을 밝히는 대신 정경

74 「정경원 일기」(6월 1일), 『정경원문서1』, p. 526.

75 정경원, 「博覽會略記」, 『정경원문서1』, pp. 569-570.

76 예를 들면 정경원이 세인트루이스를 방문했을 때 그가 착용한 신기한 조선 의관(衣冠)을 보고 몰려든 시민들의 소동을 통제하려고 8명의 경찰 — 그의 표현으로는 '騎士'와 '巡捕' — 이 동원되었지만 소용이 없었다고 다소 과장스럽게 기록했다. 「정경원 일기」(10월 2일), 『정경원문서1』, pp. 543-544.

77 미국 흑인들의 시카고박람회 참석 찬반논쟁과 역할 및 결과 등에 대해서는 Christopher R. Reed, *"All the World Is Here!": The Black Presence at White City* (Bloomington: Indiana University Press, 2000); Robert W. Rydell ed. *The Reason Why the Colored American Is Not In the World's Columbian Exposition* (Urbana: University of Illinois Press, 1999) 참조.

원은 "성품이 우매하며 믿음이 없고 나태하여 선을 행하지 않는" 어리석은 종족이라는 '차부(車夫)'의 멸시를 그대로 일기장에 옮겨 적었다.[78] '아메리칸 인디언'에 비해 '猶族'(유태인)에 대한 정경원의 인상은 우호적이었다. 유태인들이 자기 나라가 망한 뒤 전 세계로 흩어져 상업에 종사하여 부자가 되었고 종족들 사이의 단결력이 강하다는 측면에서 "우리나라 개성상인들이 조선의 벼슬을 거부하고 상업을 하여 어언 500여 년이나 오래된 것과 비슷하다"고 말했다.[79] 미국 다문화 사회를 구성하는 소수종족들에 대한 정경원의 타자 인식은 피부색깔의 흑백에 정비례하여 호의적이었던 것이다.

그렇다면 극동의 '은자의 나라'에서 온 정경원은 시카고박람회에 동참했던 다른 — 이웃나라 중국과 일본을 제외한 — 아시아 타자를 어떻게 인식했을까? 오랫동안 중화주의 궤도에서 이탈하지 못했던 조선 사대부로서 그는 동남아시아의 역사적인 '차이'에 관해서 무지했다. 정경원은 "샴은 상아 및 동은기(銅銀器)가 주종을 이루고 있었는데 대개 중국과 비슷하고 동기 및 돗자리는 우리나라의 것과 같았다"고 촌평했다.[80] 아시아 국가들 중에서는 일찌감치 1855년에 영국과 수교하여 서구화에 앞장섰고 세계박람회에 참석했던 전력(前歷)이 있고 조선전시관(446평방피트)의 두 배가 넘는 규모의 전시관(1096평방피트)에 선보인 "괄목할만한 장인정신의 제품"을 정경원은 '중국 아니면 우리나라'와 유사하다고 무심하게 폄하(貶下)했던 것이다. 정경원의 이런 견해는 조선관이 위치했던 같은 "제조전시관에서 가장 독창적이며 매력적인 전시관"을 뽐냈다는 샴 전시관에 대한 공식안

---

78 「정경원 일기」(4월 26일). 『정경원문서1』, pp. 502-503. 정경원은 '토번'들이 "실제로는 아시아 인종"이라고 확인했다. 정경원, 「유럽제국과 미국의 유래와 풍속 略記」, 『정경원문서2』, p. 219.

79 정경원, 「유럽제국과 미국의 유래와 풍속 略記」, 『정경원문서2』, p. 221.

80 정경원, 「博覽會略記」, 『정경원문서1』, p. 565.

내책자의 칭찬[81] 과도 어긋났다. 중국 화이론(華夷論)의 시각으로 동남아시아 불교 문화를 깔보는 유교주의자 혹은 소중화주의자의 분별력 없는 몸짓이었거나, 동아시아에서 지리적으로 떨어져 있는 '먼 오랑캐'에 대한 근거 없는 문화적 우월감의 표시였으리라.[82]

5. 따라잡기와 경계사유: 세계박람회가 남긴 흔적과 역사적 과제는 무엇인가?

앞에서 언급했듯이, 20세기 중반까지 서구가 배타적으로 주도했던 세계박람회는 서양에서 발명한 국제공법, 사회진화론, 근대지식(물품)분류체계 등을 세계적으로 전파하기 위한 전쟁터이며 동시에 문명화사명을 고취(鼓吹)하는 '감성교육'의 교실이었다. 세계박람회이 겨냥하는 이런 은밀한 목표는 '역사주의'에 의해 글로벌하게 보급·후원되었다. 다시 말하면 단일하고 보편적인 시간 축에 세계사를 대입하고 "서구가 먼저, 비서구 국가들은 나중에" 근대화와 민주주의로 이행한다는 역사주의적 사고양식[83] 이 세계박람회를 통해 정당화되고 복창(復唱)되었다. 역사주의가 요구하는 '역사적 운명'을 비서구권 국가들이 스스로 내면화하고 복종하여 서구 문명을 모방하여 따라잡으려고 경주한 것이 세계박람회의 또 다른 성격이었다.

---

81 Hubert Howe Bancroft, *The Book of the Fair: An Historical and Descriptive*, Vol. 1 (New York: Bouonty Books, 1893), pp. 219-210.

82 근대 조선(한국)인들이 견지한 인종주의의 역사문화적인 배경과 특징에 대해서는 박노자, 「근대 한국의 인종 및 인종주의 담론: 1890~1910」, 이경구 외, 『개념의 번역과 창조: 개념사로 본 동아시아 근대』(돌베개, 2012), 특히 pp. 41-42.

83 '역사주의'의 세계사적인 담론수행과 그 권력효과에 관해서는 디페시 차크라바르티 · 김태현 외 옮김, 『유럽을 지방화하기: 포스트식민 사상과 역사적 차이』(그린비, 2014), pp. 52-55 & pp. 81-83 참조.

세계박람회를 "근대문명의 성장" 그 자체와 동일시하면서 서구 따라잡기에 열중했던 가장 대표적인 나라가 일본이었다. 일본이 시카고박람회에 성공적으로 참석함으로써 "다른 국가들의 존경과 신뢰를 받은 자격이 있는 위치"에 마침내 도달했음을 전 세계에 과시했던 고조 타테노(建野鄕三, 1842~1908) 당시 미국 주재 일본 대사의 발언[84] 이야말로 역사주의 담론이 동양에서 실천된 좋은 사례이다. 세계박람회가 부추기는 위계질서적인 국가서열과 문명화등급에 맞장구치며 그 상층부에 "일본이 먼저 (다른 아시아 국가들은 나중에!)" 편입하였음을 세계에 공언(公言)했던 것이다. 만약 '문명의 표준'을 한 국가에게 강요되었던 불평등한 치외법권(治外法權, extraterritoriality)의 철폐 여부로 판정할 수 있다면, 시카고박람회 이후 일본은 야만-문명을 가르는 '문지기(Gate Keeper)' 서구가 부여하는 '문명표준국가'라는 외교적 훈장을 획득했다. 국가 자존심을 치명적으로 훼손시켰던 미국과의 치외법권 외교조항을 1899년에 기필코 무효화시킴으로써 일본은 아시아 국가들 중에서 가장 먼저 역사주의 담론을 실천한 빛나는 우등생이 되었던 것이다.[85]

다른 한편 우리가 문명·근대화·국민국가라는 거창한 꼬리표를 떼고 세계박람회를 바라보면 어떻게 다르게 보일까? 그리고 '출품사무대원'이라는 직함을 떼고 정경원의 사적인 일기와 여행기를 다시 읽는다면 이 사료에 투영된 시카고박람회는 어떤 다른 모습일까? 우선 미국 장기 출장의 경험은 공직자로서의 그의 경력에는 확실히 보탬이 되었다. 귀국 후 정경원은 1894년에 근대적으로 개편된 정부조직에서 내무참의(內務參議)로 임명되었고, 조선 최초의 근대 헌법이 선언되었던 1895년에는 법부협판(法部協辦)과 평양부관찰사(平壤府觀察使)로 임명되

84 Gozo Tateno, "Foreign Nations at the World's Fair: Japan," pp. 42-43.

85 Gerrit W. Gong, *The Standard of 'Civilization' in International Society* (Oxford, UK: Clarendon Press, 1984), p. 164 참조. 중국은 1943년에야 치외법권 조항을 폐기시키는데 성공했다. 조선(한국)에서는 서양인·미국인에 대한 치외법권이 다소 경감된 채 아직까지도 유지되고 있다.

었다. 미국 초대공사였던 박정양이 학부대신과 총리대신으로 임명되었고, 시카고박람회 당시 미국에서 근무했던 이채연이 상공부협판과 한성부관찰사를 역임했다는 것으로 미루어 '미국 커넥션'이 정경원의 출세에 긍정적으로 작용했음을 알 수 있다.[86] 근대 서양 문물을 체험했던 인물들이 매우 적었던 '은자의 나라' 실정을 고려한다면, 정경원 같은 해외 서구파들을 주요 관직에 중용한 것은 '계몽군주' 고종의 근대화 프로젝트의 일환이었을 것이다.

그렇다면 국가공무원 신분이 아닌 개인 정경원은 시카고박람회 이후 '다른 인간'으로 변화하였을까? 사료의 한계로 이 질문에 대해 명확히 답변하기는 어렵다. 다만 미국 문명에 갑자기 던져진 '마지막 유교주의 사대부'로서 그가 경험했을 문화충격과 정체성 혼란의 흔적들을 그가 남긴 사료에서 감지할 수 있다. 미국이 이룩한 과학기술문명에 대한 놀라움과 반대되는 물질주의의 천박성에 대한 경멸감, 미국의 민주주의·법치주의에 대한 존경심과 대비되는 여성해방과 남녀평등의 위험성에 대한 경계심, 소중화주의자로서의 유교에 대한 도덕적 우월감과 모순되는 만국공법에 기초한 독립국가로서의 동등한 국가자격 요구, 서양열강에 능멸당한 늙은 호랑이 청나라에 대한 실망·환멸과 대조되는 근대화 일본에 대한 동경과 질투 — 이런 상반된 세계관과 가치체제의 극단을 왕래하며 갈등했던 정경원을 당시 많은 조선 사대부들이 공유했던 '동도서기론자(東道西器論者)'로 분류할 수도 있을 것이다. '동양-도덕-가치관 vs. 서양-기술-도구론'이라는 이분법적인 시대정신에서 그도 예외 없이 비켜서지 못했을 것이다.

그럼에도 두 문명이 충돌하는 '접촉지대(contact zone)'에서 파생·생성된 그의 세계관을 단순히 '동도서기론(東道西器論)'으로 축소·환원시킬 수만은 없다. 19세기 말 '은자의 나라' 40대 엘리트 남성이 간직한 흑인, 미국 여성, 미국 원주민, 동

---

86 정경원의 귀국 후 행적과 주미외교관 출신들의 공직활동에 대해서는 이민식, 『근대 한미 관계사』, pp. 574-577 참조.

아시아인 등에 대한 타자 인식은 '동양적 격물치지(格物致知)'와 '서양적 이용후생(利用厚生)'이라는 기계적인 대비담론으로는 번역될 수 없는 복잡한 성격을 갖기 때문이다. 지독히도 가부장적이고 은근히 인종주의적이며 당연하게도 계급적인 중층구조로 형성된 그의 정신세계와 감정구조를 우리는 조선식으로 번역된 '경계사유(border thinking)'의 일종이라고 볼 수도 있을 것이다.[87] 다시 말하면 서양·미국 문명이 지향하는 근대성과 식민주의적인 세계관을 거부하고, 통합·왜곡될 수 없는 독특하고 혼성적인 사고방식으로 세계박람회의 안팎과 명암을 이해·전유·소비·비평하려는 순수함과 절박함이 정경원문서의 '에크리튀르'에 구현 혹은 은폐되어 있는 경계사유이다. 시카고박람회 조선관을 깜짝 방문했던 손님이며 『은자의 나라 한국』 저자였던 그리피스가 결코 대변할 수 없었던 '다른 조선'에 대한 '다른 이야기'를 정경원은 때로는 시대착오적이고 때로는 예언적인 '자기 목소리'로 증언했던 것이다.[88]

회고적으로 되돌아보면 세계박람회의 전성시대는 20세기 중후반에 저물었다. 전 세계인들의 관심과 환호를 독점했던 세계박람회는 이제 올림픽과 월드컵에 그 영광과 명예의 자리를 내주었다. 지난 반세기 동안 약 20년의 간격을 두고 일본은 1970년 오사카 세계박람회를, 한국은 1993년 대전 세계박람회를, 중국은 2010년 상하이 세계박람회를 각각 주최하면서 박람회 열풍에 뒤늦게 합류했다. 동아시아 3국이 앞서거나 뒤따르며 펼쳤던 세계박람회의 복고적인 축제를 계기로 19세기 말 한국·일본·중국에서 각각 유행했던 동도서기(東道西器)·화혼양

---

87 '경계사유'의 역사적 배경과 인식론적인 해방성에 대해서는 월터 미뇰로·이성훈 옮김, 『로컬 히스토리/글로벌 디자인: 식민주의성, 서발턴 지식, 그리고 경계사유』(에코리브르, 2013), pp. 56-58 & p. 137 참조.

88 18세기 유럽에서 태동했던 계몽주의·문명관이 19세기 아시아의 로컬적인 지적 전통과 접목하고 상호 전유하는 과정을 걸쳐 혼성적인 '또 다른 계몽주의·문명관'을 창출하였다는 주장에 관해서는 Sebastian Conrad, "Enlightenment in Global History: A Historiographical Critique," in *American Historical Review* 117-4(October, 2012), pp. 1025-1026 참조.

재(和魂洋材)·중체서용(中體西用) 등이 '동아시아담론'으로 이름표를 바꿔달고 부활할 것을 기대해서는 안 될 것이다. 한 세기 전 서구 열강들이 추구했던 제국주의적 힘겨루기와 계몽적인 문명화 사명이 문화상대주의와 동아시아 패권주의라는 유령으로 20세기 말~21세기 초에 귀환하는 것을 경계해야 하기 때문이다. 세계박람회의 다른 미래는 세계 각국이 간직한 '역사적 차이'에 관한 개방적인 존경과 조건 없는 관용으로 시작되어야 한다. '미신적', '주변적', '퇴행적', '목가적', '지방적', '신비적', '야만적', '비정상적' 등의 형용사로 포획·요약되지 않는 타자의 존재를 존경하고, 진보·근대성·자본주의 등의 키워드로 서열화하지 않는 대안적인 세계박람회를 발명해야 할 과제에 우리는 직면한 것이다.

참고문헌

김수태, 「윌리엄 그리피스의 한국 근대사 인식」, 『진단학보』 110(2010)

김원모, 『한·미 외교관계 100년사』(철학과현실사, 2002)

———, 『한미수교사: 조선보빙사의 미국사행편(1883)』(철학과현실사, 1999)

김영나, 『20세기의 한국미술 2: 변화와 도전의 시기』(예경, 2010)

월터 미뇰로·이성훈 옮김, 『로컬 히스토리/글로벌 디자인: 식민주의성, 서발턴 지식, 그리고 경계사유』(에코리브르, 2013)

세이뮤어 마틴 립셋·문지영 외 옮김, 『미국 예외주의: 미국에는 왜 사회주의 정당이 없는가』(후마니타스, 2006)

앙드레 슈미드·정여울 옮김, 『제국 그 사이의 한국 1895-1919』(휴머니스트, 2007)

N. Allen·신복룡 옮김, 『조선견문기』(집문당, 1999)

육영수(YoungSoo Yook), "Fin de Sièle Korea as Exhibited at the World's Columbian Exposition of 1893 in Chicago: Revisited," *Seoul Journal of Korean Studies* 24, no. 1 (June 2011)

———, 「'은자(隱者) 왕국'의 세상 엿보기 혹은 좌절된 접속: 1900년 파리세계박람회에 전시된 '세기말' 조선」, 『人丘史學』 第114輯(2014. 2)

이각규, 『한국의 근대박람회』(커뮤니케이션북스, 2010)

이경구 외, 『개념의 번역과 창조: 개념사로 본 동아시아 근대』(돌베개, 2012)

이경미, 『제복의 탄생 : 대한제국 서구식 문관대례복의 성립과 변천』(민속원, 2012)

이민식, 『근대 한미 관계사』(백산자료원, 2001)

———, 『콜럼비아 세계박람회와 한국』(백산자료원, 2006)

———, 『세계박람회 100장면: 1851년 런던 세계박람회에서 2012년 여수 세계박람회까지』(이담, 2012)

이화여대 한국문화연구원, 『근대계몽기 지식 개념의 수용과 그 변용』(소명출판, 2004)

———, 『근대계몽기 지식의 발견과 사유 지평의 확대』(소명출판, 2006)

다나카 아키라·현명철 옮김, 『메이지 유신과 서양 문명: 이와쿠라 사절단은 무엇을 보았는가』(소화, 2006)

바네사 슈와르츠·노명우 외 옮김, 『구경꾼의 탄생: 세기말 파리, 시각문화의 폭발』(마티, 2006)

박성희, 「明治期 日本의 西洋地名 表記 研究 : 『特命全權大使 米歐回覽實記』를 中心으로」, 高麗大學校 大學院 박사학위논문(2013)

지그문트 바우만·이일수 옮김, 『액체근대』(강, 2009)

박정양·한철호 옮김, 『美行日記』(푸른역사, 2015)

박진빈,「만국박람회에 표현된 미국과 타자, 1876-1904」,『미국사연구』Vol. 18. 한국미국사학회(2003)
_____,『백색국가 건설사: 미국 혁신주의의 빛과 그림자』(엘피, 2006)
박찬승 엮음,『여행의 발견 타자의 표상』(민속원, 2010)
韓國學文獻硏究所 編.『朴定陽全集 제6권: 海上日記 & 美行日記』(亞細亞文化社, 1984)
나부 아키라 · 김옥희 옮김,『번역어의 성립: 서구어가 일본 근대를 만나 새로운 언어가 되기까지』(마음산책, 2011)
연세대학교 국학연구원 편,『서구문화의 수용과 근대개혁』(태학사, 2004)
정병욱 · 이타가키 류카 편,『일기를 통해 본 전통과 근대, 식민지와 국가』(소명출판, 2013)
주강현,『세계박람회 1851~2012』(블루&노트, 2012)
디페시 차크라바르티 · 김태현 외 옮김,『유럽을 지방화하기: 포스트식민 사상과 역사적 차이』(그린비, 2014)
F.J. 터너 · 이주형 옮김,『프론티어와 미국사』(박문사, 1978)
하영선 외,『근대한국의 사회과학 개념 형성사』(창비, 2009)
황현 · 임형택 옮김,『역주 매천야록』 상권(문학과지성사, 2005)
황호덕,『근대 네이션과 그 표상들: 타자 · 교통 · 번역 · 에크리튀르』(소명출판, 2005)
히라노 시게오미 · 이각규 옮김,『국제박람회 역사와 일본의 경험』(커뮤니케이션북스, 2011)

T. J. Boisseau & Abigail M. Markwyn eds. *Gendering the Fair: Histories of Women and Gender at World's Fairs* (Urbana: University of Illinois Press, 2010)
Elisabeth Chabanol, "Le pavillon de la Corée a l'Exposition universelle de 1900 à Paris," Ecole Française d'Extreme-Orient & Musée de la Korea University eds. *Souvenirs de Seoul: France/Corée 1886-1905* (Paris-Seoul, 2006)
Sung-hwa Cheong, "William Elliot Griffis and Emerging American Korea," *The Review of Korean Studies*, Vol. 3. No. 2 (2000)
Christiane Demeulenaere-Douyère, *Exotiques Expositions: Les Expositions Universelles et Les Cultures Extra-Européennes France, 1855-1937* (Paris: Archives Nationales, 2000)
John Joseph Flinn, *Official Guide to the World's Columbian Exposition* (Chicago, 1893)
_____, *The Best Things To Be Seen at the World's Fair* (Chicago, 1893),
Gerrit W. Gong, *The Standard of 'Civilization' in International Society* (Oxford, UK: Clarendon Press, 1984)
Paul Greenhalgh, *Ephemeral Vistas: The Expositions Universelles, Great Exhibitions and World's Fairs, 1851-1939* (Manchester, UK: Manchester University Press, 1988)

William Elliot Griffis, "American Relations with the Far East," *The New England Magazine*, Vol. XI. No. 3 (November, 1894)

———, "Korea, the Pigmy Empire," *The New England Magazine*, Vol. 26 (1902)

Amédée Baillot de Guerville, *Au Japon: The Memoirs of a Foreign Correspondent in Japan, Korea, and China, 1892-1894* (West Lafayette. Indiana: Parlor Press, 2009). Trans. by Daniel C. Kane.

Daniel C. Kane, "Korea in the White City: Korean Participation in the Columbian Exhibition of 1893 (Chicago)," *Transactions of the Royal Society, Korea Branch* 77 (2005)

———, "Display at Empire's End. Korea Participation in the 1900 Paris Universal Exposition," *Sungkyun Journal of East Asian Studies* 4-2(2004)

Ivan Karp & Steven D. Lavine ed. *Exhibiting Cultures: The Poetics and Politics of Museum Display* (Washington, D. C: Smithsonian Institution Press, 1991)

Robert D. Neff & Sunghwa Cheong, *Korea through Western Eyes* (Seoul: Seoul National University Press, 2009)

Christopher R. Reed, *"All the World Is Here!": The Black Presence at White City* (Bloomington: Indiana University Press, 2000)

Robert W. Rydell, *All the World's a Fair: Visions of Empire at American International Expositions, 1876-1916* (Chicago: University of Chicago Press, 1984)

———, *The Reason Why the Colored American Is Not In the World's Columbian Exposition* (Urbana: University of Illinois Press, 1999)

Robert W. Rydell & Rob Kroes, *Buffalo Bill in Bologna: The Americanization of the World, 1869-1922* (Chicago: University of Chicago Press, 2005)

Chaim M. Rosenberg, *American at the Fair Chicago's 1893 World's Columbian Exposition* (Chicago: Arcadia Publishing, 2008)

:: 9 ::

수절(守節)과 재가(再嫁) 사이에서
: 식민지 시기 과부(寡婦) 담론

소현숙

1. 머리말

소수자란 근대의 '표준화된 인간상'을 거부하거나 혹은 그로부터 거리가 있는 자를 말한다.[1] 근대 사회는 표준화된 인간상을 거스른 존재로서 이들 소수자들을 사회적으로 배제하고 통제해왔다. 이러한 배제와 통제의 역사로 인해 소수자의 삶은 사회의 주류에 관한 역사가 들여다보지 못하는 근대사회의 권력구조와 작동방식을 보여준다. 따라서 소수자의 삶을 이해하고 그들의 역사를 들여다보는 것은 한국 사회가 근대로 이행해온 과정을 이해하는 하나의 새로운 통로가 될 수 있다.

이 글에서는 이상의 문제의식을 바탕으로 식민지 시기 과부를 '유부녀(有夫

1 윤수종, 2002「우리 모두는 소수자다!」『다르게 사는 사람들-우리 사회의 소수자들 이야기』, 이학사, 11~12쪽.

女)'라는 근대적 일부일처제[2]의 표준적 여성상으로부터 벗어난 소수자라는 관점에서 살펴보고자 한다. 서구와 같이 과부의 재혼이 특별히 금기시되지 않았던 사회에서는 과부는 특별히 소수자성을 갖는 존재로서 인식되지 않는다. 이에 비하여 인도 벵갈의 과부와 사티(殉死) 관습에서 보이듯이,[3] 아시아의 일부 지역에서는 근대 이전부터 과부에 대한 다양한 관습과 제도적 제약이 존재해왔다. 여성에게 '일부종사(一夫從事)'를 강요하는 성리학적 규범이 유포되었던 동아시아에서 역시 과부는 관습과 제도의 희생자가 되었는데, 특히 과부의 재혼을 금지하는 규범이 광범하게 나타났다.[4] 그중에서도 조선은 중국이나 일본과 달리 여성의 재가문제를 관직과 연결시킴으로써 이러한 규범이 보다 강력한 영향력을 발휘하였다.[5] 과부에 대한 정절의 강요가 조선 후기로 갈수록 극단적인 양상으로 나타나 자신의 목숨까지도 저버리는 수많은 열녀들을 양산하였고, 많은 과부들이 열녀가 되도록 강요당하며 인간적인 삶의 기회를 박탈당했었음은 잘 알려져 있다.

조선왕조에서 재가녀의 자손이 관직에 나가는 것을 억제함으로써 과부의 재가를 사실상 금지했던 것은 신분제의 배타적 유지와 확립을 위한 것이었다.[6] 이렇게 신분제와 연동된 독특한 특징을 갖는 조선시대의 과부재가금지 관행은

2　조선시대의 처첩제 역시 처첩의 위계가 명확한 위에 성립된 일부일처제로 인식되고 있지만, 첩이 공인되고 있었다는 점에서 그 존재를 부정하는 근대적 일부일처제와는 그 성격을 달리한다.

3　Mani, Lata, "Contentious Traditions: The Debate on Sati in Colonial India", K. Sangari and S. Vaid, eds., Recasting Women, New Delhi, 1989; Spivak, Gayatri C., "Can the Subaltern Speak?", Williams et al., Colonial Discourses and Post-colonial Theory: A Reader, New York, 1993; 고타니 히로유키, 2004「역사 속에서 하위주체의 주체성 찾기의 가능성」『당대비평』 제28호 등.

4　張敏杰, 2004『中國的婚姻與家庭』浙江人民出版社(이인경 옮김, 『중국의 혼인과 가정』 도서출판 문사철 200~211쪽)

5　조선 성종 16년(1485)에 제정된 〈재가녀자손금고법(再嫁女子孫禁錮法)〉은 재가녀의 자손이 과거에 응시하지 못하게 하여 관료로 나갈 수 있는 길을 막은 법으로 사실상 과부의 재가를 금지한 법으로 기능했다. 이외에 조선 왕조는 열녀전을 보급하며, 열녀에 대한 정표·복호·면천이라는 보상을 제공함으로써 과부들에게 정절을 강요하였다.

6　조은, 1997,「모성·성·신분제-『조선왕조실록』 '재가 금지' 담론의 재조명」『사회와역사』 51 참조.

신분제가 해체되어 간 근대 이후 급격히 소멸되어 갔을 것으로 쉽게 예측된다. 그러나 한말 갑오개혁에 의해서 과부의 재가가 법적으로 허용되었지만[7] 식민지 시기까지도 과부 재혼에 대한 여러 제약과 이를 터부시하는 관습은 지속되었다. 이로 인해 당시 사회에서는 과부들의 일탈과 영아살해, 기아 등이 해결되어야 할 사회문제로 주목되었다. 이러한 상황에서 과부에 대한 사회적 통제는 그 목표와 양상이 달라져 갔다. 조선왕조 시기에 과부통제의 궁극적 목표가 신분제의 유지였다면, 식민지 시기 과부통제의 궁극적 목표는 가정의 수호에 있었다. 이 때문에 조선왕조에서는 주로 양반층 여성에게 수절이 강요되었던 반면, 식민지 시기에는 계층을 불문하고 모든 과부에게 혼외의 출산, 즉 사생아의 출산을 방지하기 위해 수절뿐 아니라 재혼이 동시에 권유되었던 것이다.

무엇보다 이러한 전환은 이 시기가 한말 이래로 나타나기 시작한 일부일처제를 근간으로 하는 근대가족의 기획이 일본식 이에(家) 제도가 이식되는 가운데 법제도적·담론적 차원에서 본격적으로 가시화되어 갔던 맥락과 긴밀하게 연관된다.[8] 이러한 근대가족의 형성과정에서 첩이나 기생, 과부 등 '정상가족'의 질서로부터 벗어난 유부녀가 아닌 여성들은 사회적으로 배제되거나 통제의 대상이 되었다. 그런데 기존 연구에서 보여주었듯이, 첩이나 기생이 야만적 타자로서 배제되었다면,[9] 과부는 첩이나 기생과 달리 일방적 배제보다는 통제의 대상이 되었다. 이것은 과부의 위치가 딜레마적이었기 때문이다. 조선시대와 달리 재혼이 허용되었다는 점에서 과부는 재혼을 통해 언제든지 '정상가족'으로 편입될 수 있는 존재였으나, 과부에 대한 차별과 여성 재혼에 대한 터부가 여전했던 상황에서

---

7 1894년 공포된 갑오개혁의 개혁안에는 「과녀의 재가를 그 자유에 맡기는 건」이 포함되었는데, 그 내용은 과부의 재가는 귀천을 논하지 않고 그 자유에 맡긴다는 것이었다(『전통시대 법과 여성』, 경기도, 2005, 330쪽).

8 식민지 시기 근대가족의 형성에 관해서는 김혜경, 2006, 『식민지하 근대가족의 형성과 젠더』, 창비 참조.

9 이러한 상황은 한말 이래로 지속되었다(박애경, 2008, 「야만의 표상으로서의 여성 소수자들-『제국신문』에 나타난 첩, 무녀, 기생 담론을 중심으로」 『여성문학연구』 19 참조).

과부가 '정상적인' 가족 내에 안착하는 것이 쉽지 않은 일이었다. 가부장의 보호와 통제로부터 벗어나 있는 이들 젊은 과부들은 염려스러운 한편 위험스러운 존재로 취급되었고, 그들의 성(sexuality)은 사회적 감시와 관찰의 대상이 되었다. 식민지 시기 내내 젊은 과부의 재가와 수절, 그들의 성적 욕망과 영아살해, 사생자, 그리고 재산분쟁에 관한 많은 사건들이 보도되고 그에 관한 담론들이 생산·유포되고 있었던 것은 이 때문이다. 사회 질서를 파괴할 수도 있는 잠재적 일탈자로서 취급되었던 과부는 사회적 타자이자 역사적 소수자로서 주목되고 통제의 대상이 되고 있었던 것이다.

이제까지 과부에 관한 연구는 조선시대, 한말, 그리고 한국전쟁기를 중심으로 진행되었다. 조선시대 연구는 과부재가금지규범 및 열녀관의 형성과정, 그리고 재가와 수절에 관한 민중 및 과부 자신의 의식 및 실상을 밝히는 데 집중되었다.[10] 한말 연구는 과부재가금지 폐지에 대한 법적 규정, 개화기 열녀론과 개가론의 성격 등이 분석되었다.[11] 마지막으로 한국전쟁기 연구는 전쟁을 거치면서 대거 양산되었던 전쟁 과부와 이들에 대한 원호사업의 실태 등이 분석되었다.[12] 이렇게 과부는 조선시대사에서 현대사에 이르기까지 다양하게 탐색되어 왔지만, 근대화가 본격화된 식민지 시기에 과부재가금지 담론이 어떤 방식으로 해체 전환되고, 과부에 대한 사회적 취급이 어떻게 달라졌는가 하는 문제는 아직 연구

---

10 김상조, 1986, 「조선후기 야담에 나타난 재가의 양상과 의미」『한문학논집』 4; 김기형, 1994, 「구비설화에 나타난 과부의 형상과 의미」『한국민속학』 26; 조은, 앞의 논문; 정지영, 2002, 「조선후기 호주승계방식의 변화와 종법질서의 확산-17·8세기 ≪단성호적≫에 나타난 과부와 그 아들의 지위를 중심으로-」『한국여성학』 18-2; 정지영, 2002 「조선후기 과부의 또 다른 선택」『역사와 문화』 5; Jungwon Kim, 2014, "'You Must Avenge on My Behalf': Widow Chastity and Honour in Nineteenth - Century Korea" Gender & History Vol. 26, No1

11 노용필, 2004, 「개화기 과부의 재가와 천주교」『韓國思想史學』 22; 전미경, 2005 『근대계몽기 가족론과 국민생산 프로젝트』 소명출판; 홍인숙, 2009 『근대계몽기 여성담론』 혜안.

12 이임화, 2010, 『전쟁미망인, 한국현대사의 침묵을 깨다 -구술로 풀어 쓴 한국전쟁과 전후 사회-』, 책과함께; 김현선, 2011, 「전쟁미망인의 빼앗긴 남편과 사랑, 결혼 이야기」, 『구술사연구』 2-1 등

상의 공백으로 남아 있다.

따라서 본 논문에서는 가부장의 보호라는 '정상가족'의 질서에 포함되지 않은 여성들인 젊은 과부들이 일부일처제가 강화되어 간 근대 이후 어떻게 사회적으로 취급되고 통제되었는가 하는 점을 식민지 시기에 초점을 맞춰 분석하고자 한다. 특히 한말 과부 재가의 허용이라는 법적 조치에도 불구하고 식민지 시기 과부 수절-재가 문제가 왜 그토록 문제가 되고 있었는지를 당대의 맥락 속에서 살펴보고 그 속에서 과부에 대한 사회적 통제담론이 어떻게 새롭게 형성되어 갔는지를 추적할 것이다.

2. 과부재가의 자유와 수절의 도덕화

1) 한말 과부재가론과 열행의 칭송

조선 후기에 강화되어 갔던 과부재가금지의 관념은 한말 개화기에 이르러 변화하기 시작했다. 당시 과부의 재가를 금지하는 습속은 대표적인 악습으로써 비난되었고, 결국 1894년 단행된 갑오경장에서 신분에 상관없이 과부의 재가를 허용한다는 개혁안이 천명되기에 이른다. 이 시기 주로 문제가 된 것은 청상과부의 수절이었다. 지식인들은 문명과 야만이라는 이분법적 틀에 기초하여 재가금지를 야만적인 습속으로, 재가를 문명과 개화의 상징으로 보았다. 과부재가금지가 야만적인 이유는 그것이 비인간적일 뿐 아니라 국민생산의 기능을 보유한 젊은 여성에게 수절을 강요하여 국력을 낭비하고 쇠약하게 하는 악습이라는 것이었다. 따라서 현명한 여성은 국가를 위하는 삶의 본보기를 보여주기 위하여 재가를 실천해야 했다. 이처럼 당시 과부의 재가는 개인적 차원이 아니라 국가적·사

회적 차원에서 논의되었다.[13]

그런데 이렇게 과부재가의 금지가 비난되었다고 해서 여성의 정절이라는 윤리가 부당한 윤리로서 규정되었던 것은 아니다. 오히려 이 시기에 정절은 "보통부인"이 할 수 없는 더욱 고매한 윤리로서 격상되었다.[14] 이는 열녀론이 전근대적인 구시대의 유물이며 비인간적인 것으로 비판되지 않았던 점을 통해서 알 수 있다. 오히려 열행이라는 전통적 윤리는 심지어 축첩제의 폐단을 비판하는 가운데 첩이 따라야 할 모범적인 윤리로서 미화되었다.[15] 이는 조혼, 축첩제, 매매혼 등 다른 성 풍속 개조론이 거의 설자리가 없을 정도로 비판되었던 것과 사뭇 다르다.[16] 이 시기 언론매체에 과부재가를 주장하는 계몽적 논설보다 더 많은 효부와 열녀에 대한 미담 기사가 게재되고 있었던 상황은 과부재가금지를 야만적인 것으로 규정하면서도 열행을 칭송하였던 의식의 착종 상태를 보여준다. 여성의 욕망을 인정해야 한다는 재가론의 의식적 차원과 달리, 열녀담의 무의식적 차원은 여전히 정절을 지키는 것이 '더 훌륭한 인간 본성'이라는 유학자적 결론으로 귀결되고 있었다.[17]

2) 수절의 도덕화와 열녀절부 표창

한말에 나타난 이러한 착종 상황은 식민지 시기에도 지속되었다. 오히려 유교를 지배의 도구로서 활용하고자 하였던 일제에 태도에 의해 이러한 착종 상태는 더욱 강화되어 갔던 것으로 보인다. 일제는 메이지 유신 이후 자국의 국민통

13 전미경, 앞의 책, 124~127쪽.

14 전미경, 앞의 책, 132~135쪽.

15 박애경, 앞의 논문, 120~121쪽.

16 홍인숙, 앞의 책, 48~49쪽.

17 홍인숙, 앞의 책, 67, 91쪽; 박애경, 앞의 논문, 121쪽.

합을 위해 유교를 활용하면서 가부장적 질서를 강화해 나갔다. 이렇게 유교를 활용하여 국민통합을 도모한 경험이 있는 일제는 조선에서도 양반 · 유림층을 회유하고 한국 병합을 정당화하기 위한 논리로서 유교를 활용하고자 하였다.[18] 식민화 직후부터 매년 천장절을 기념하여 효자 · 열녀/절부에 대해 포상을 실시하였던 일제의 행보는 이를 보여준다.

일제는 효열(孝烈)을 장려하면서 심지어 이를 "문명"으로까지 격상시켰다. 1912년 매일신보에 실린 사설 「문명과 효열(孝烈)」에는 이러한 일제의 태도가 잘 드러난다. 즉 효열(孝烈)은 "문명"에서 나오는 것으로 효자열부가 많이 배출되었던 조선은 세상에 자랑할 만하였지만, 근년에 이르러 부자간에 재산싸움을 하고 부부간에 서로 싸우며 아내가 남편을 살해하는 자가 있는 등 문명이 부패하였다고 지적한다. 그리고 문명에는 정신적 문명과 피상적 문명이 있는 바, 정신적 문명은 과학은 보급되지 않았으나 도덕심이 충만한 것이요, 피상적 문명은 안락하지만 도덕이 없는 것이라 규정하면서 천황은 조선을 통치하는 한편 조선 민족의 정신적 문명을 장려하고자 한다고 설명하였다.[19] 여기서 "조선 민족의 정신적 문명"과 "도덕심"이란 유교, 그중에서도 효열을 의미하는 것이었다.

이러한 총독부의 유교활용정책에 대해 양반 유림층은 적극적으로 호응해 나갔다. 유교를 비판하는 근대적 지식인들의 출현으로 지역에서 권위가 흔들리기 시작한 양반 · 유림층은 조선총독부와의 협력을 통해 자신들의 사회적 지위를 유지하고자 했던 것이다. 이들은 주로 향교과 문묘를 중심으로 활동하면서 "문묘보존"과 "유교진흥"이라는 슬로건 아래 거금의 제향비와 향교 및 문묘의 수리, 효행자와 열부 · 절부에 대한 현창 활동을 적극적으로 수행해 나갔다.[20] 그리

18 류미나, 2010, 「19C말~20C초 일본제국주의의 유교 이용과 조선지배」『동양사학연구』 111 참조.

19 「(社說) 文明과 孝烈」『매일신보』 1912.3.19.

20 류미나, 2005, 「식민지권력에의 '협력'과 좌절-경학원과 향교 및 문묘와의 관계를 중심으로-」『한국문

하여 향교 문묘의 활동 중 효행·열부·절부에 대한 현창사업의 비중은 시간이 갈수록 증가해 갔다. 지방문묘에서 경학원으로 보고되었던 효행·열부·절부에 관한 내용의 비중은 1923년 이전에 평균 11퍼센트 정도를 차지하던 것이 1923년에서 1933년 사이에는 26퍼센트로 크게 상승하였다.[21]

이렇게 총독부와 유림집단을 중심으로 진행되었던 효행·열녀·절부에 대한 현창활동은 시간이 지나면서 점차 사회사업단체 등 민간단체나 군이나 면 단위의 지역 공동체에 의해서도 행해졌고, 나아가 문중과 같은 사적 친족집단에 의해서 주도되기도 했다. 1930년 평북 희천군의 신계화가 죽은 남편을 따라서 순사한 사건이 일어나자 희천의 유지들이 동민들에게 의연금을 모집하여 '열녀신계화지비(烈女申桂華之碑)'라는 비석을 세운 것은 이를 보여준다.[22] 조선시대 이래로 국가에 의해 독점되어 온 열녀·절부에 대한 표창과 정려세우기 관행은 식민지 시기에 이르러 그 수행 주체가 민간으로까지 확대되고 있었던 것이다.[23] 조선시대 절부 표창 과정은 상당히 복잡하고 까다로운 행정절차를 밟아야 했고, 이를 위해서는 상당한 경제력도 요구되었다. 이 때문에 경제력이 없거나 또는 경제력이 있다 하더라도 복잡하고 까다로운 행정절차 때문에 정려를 받는 것은 쉽지 않았다.[24] 그러나 식민지 시기 들어와서는 복잡한 행정적 절차를 밟을 필요 없이 경

화』 36, 186~187쪽.

21 류미나, 2005, 위의 논문, 165쪽.

22 「亡夫를 따라 殉死한 열부, 동민들이 돈을 모화 열녀비를 건설」『매일신보』 1930.11.2.

23 「열부 표창」『매일신보』 1921.10.17; 「꽃호터지고 닙 필때 八百寡婦設宴」『동아일보』 1928.5.1.

24 18~19세기 경상도 동래부 潁陽千氏 집안의 효자정려 청원과정을 살펴본 사례 연구에 따르면, 이 집안에서 효행포장을 청원한 것은 1752년이었고 1903년까지 150여 년에 걸쳐서 효행에 대한 정려와 조세 면제를 위해 수십 차례 書目과 上書를 올렸으나, 실패하였다. 결국 조선왕조가 아닌 1919년 일제하에서 성균관 伍倫行實重刊所로부터 褒彰完議文을 발급받았다. 천씨 문중은 1960년에 이르러 이 포창완의문을 근거로 정려각을 세웠다(박주, 2007「18·19세기 동래부 영양천씨 집안의 효자정려 청원과정」『사학연구』 85). 이 사례는 효행에 관한 것이지만, 열녀·절부에 대한 표창 과정 역시 이와 다르지 않았을 것으로 추정된다.

제력만 있다면 언제든지 가문의 영광을 표현하기 위해 정려가 세워질 수 있는 시대가 열렸던 것이다.

또한 정려나 열녀비가 아니더라도, 열녀를 추모하는 추도회나 효열연(孝烈宴)의 개최 등 다양한 현창 형식이 나타나고 있었다. 1927년 진주에서 16세 사별한 남편의 3년 탈상을 마치고 자결한 하씨 부인에 대해서 당지 부인단체와 청년단체가 모여 일반여성에게 모범을 삼을 겸 '열녀하씨부인 추도회'를 개최한 일,[25] 같은 해 함경남도 홍원에서 사별한 남편의 3년상과 묘 관리를 정성스럽게 한 여성을 표창하기 위해 동민들이 효열연을 개최한 일[26] 등은 이를 보여준다. 이러한 민간에서의 움직임은 재가를 강제로 금할 수는 없지만 수절하는 것을 보다 도덕적이고 숭고한 것으로 인식하는 사고방식이 민간에서도 여전히 광범하게 유포되어 있었음을 알려준다.

3. 과부의 실태와 재혼의 법적 상황

1) 과부의 실태

이러한 상황에서 사회적 관습에 의해 수절을 강요당하는 과부들은 식민지 시기에도 여전히 다수 존재하고 있었다. 1912년 간행된 『관습조사보고서』에서 "지금도 재혼을 천시하여 중류 이상에서는 단연코 이를 하지 않는다"고 기록되어 있음은 이를 단적으로 보여준다.[27] 당시 과부가 얼마나 존재했는가에 대해서는 1935년 동아일보에 보도된 통계를 통해 짐작할 수 있다. 즉 총 인구 3100만

---

25 「십팔 묘령의 열녀, 추도회까지 개최」『매일신보』 1927.11.16.

26 「희세의 효열연, 홍원의 열녀」『매일신보』 1927.5.31.

27 정긍식 편역, 2000, 『관습조사보고서(개정판)』 한국법제연구원, 113~114쪽.

여 명 중에서 배우자를 사별한 자는 149만 7000여 명인데 그중 남자는 49만 1000여 명, 여자는 100만 6000명 정도로 홀아비 수보다 과부 수가 2배 이상 많았으며, 과부 중에서 40~50세 이상의 노인을 제외하면 청상과부는 약 30만 명에 달했다.[28] 1950~60년대 일간지나 정부 통계에서 한국전쟁으로 양산된 전쟁과부의 수가 최소 6만에서 최대 50만까지 추정되었던 것과 비교해 본다면,[29] 식민지 시기 청상과부가 적지 않은 규모로 존재했다는 것을 알 수 있다.

물론 이렇게 정절이라는 윤리규범에 종속되어 자의나 타의에 의해서 수절을 하였던 것은 『관습조사보고서』의 언급에서도 나타나듯이 주로 중상층 이상의 과부였다. 조선왕조는 면천이라는 보상을 통해 하층에까지 정절 관념을 유포시키고자 했으므로 중하층에서도 규범적으로는 수절이 강요되었다. 그러나 하층 과부들은 생계를 위한 방편으로 재혼을 선택하지 않을 수 없었던 경우가 많았기 때문에 이러한 윤리규범의 구속으로부터 훨씬 자유로웠던 것으로 보인다.[30] 열녀가 되기 위해 노력해야 했던 중상층 과부들과 달리 하층 과부들은 "대단히 현실적"이어서, "20명의 남편과 사별할지라도 결코 자신의 목숨을 끊는 생각을 잠시라도 하지 않고 곧바로 21번째 결혼생활에 들어갈 것"이라는 외국인의 관찰이 이미 한말에도 나타나고 있음은 이를 보여준다.[31] 그러나 하층 여성들이라 하

---

28 「團欒朝鮮의 象徵 鴛鴦雙雙 九百萬, 그래도 홀아비 과부가 百四十餘萬」, 『동아일보』, 1935.2.10.

29 이임하, 2010, 『전쟁미망인, 한국현대사의 침묵을 깨다』, 책과함께, 369~371쪽.

30 이는 열녀론이 강화되었던 조선 후기에도 그러하였는데, 양반 여성들은 수절이 강요되었지만, 양인 이하 여성들의 경우에는 생계를 유지할 수 있는 경제적인 뒷받침이 없었기 때문에 수절보다는 재혼을 선택하였다(정지영, 2002, 「조선후기 과부의 또 다른 선택」 『역사와 문화』 5, 253~254쪽).

31 신복룡 · 장우영 옮김, 1999, 『고요한 아침의 나라 조선』 집문당, 72쪽. 이렇게 계층에 따라 다른 상황은 명청대 중국에서도 나타났는데, 중국의 경우에는 상층에서는 가문의 체면 때문에 과부에게 수절이 강요되었지만, 중하층에서는 수절보다는 오히려 강제 재혼이 강요되었다. 하층에서는 아들의 유무와 상관없이 과부가 된 며느리를 재혼시켰을 때 얻을 수 있는 몸값 때문이고, 중층에서는 대를 이을 아들이 없을 경우에 계사선정을 위한 마찰을 피하고 과부의 유산을 빼앗기 위해서였다(夫馬進, 1993, 「中國明清時代における寡婦の地位と强制再婚の風習」 『家族 · 世帶 · 家門__工業化以前の世界から』, ミネルヴァ書房; 白水紀子, 2000, 「近現代中國における

더라도 재혼한 여성에 대한 부정적 시선과 비난으로부터 자유로운 것은 아니었다. 그들은 한 번 결혼했었다는 이력으로 인해 나이 많은 홀아비와 재혼하거나 첩이 될 수밖에 없는 신분의 하락을 경험하였다.

1930년대에 이르면 중상층 과부들 사이에서도 수절을 거부하고 재혼을 선택하는 여성들이 나타나고 있었다. 이를테면 구례 유씨가의 일기에서, 차남의 요절로 결혼 2년 만에 혼자된 며느리를 친정에서 데려가자, 그에 대해서 일기를 쓴 유형업은 "그 집안의 법도와 무례함이 이와 같다면"이라 탄식할 뿐 더 이상 어찌하지 못하는 모습을 보인다.[32] 중상층에도 더 이상 과부며느리에게 수절을 강요하기 어려웠던 것이다. 그러나 이 경우는 친정 부모가 받아주었기 때문이고, 수절을 거부한 딸에 대한 친정 부모의 냉대나 외면 역시 여전히 강하게 남아 있었다.[33] 1920년 『신여성』 제4호에는 40대 청상과부가 수절을 강요받고 살아온 자신의 생애에 대해 서술하고 심경을 토로하고 있다. 그녀는 재가를 하고 싶은 적도 있었지만, 정절을 중시하는 시부모와 친정집 식구들의 강요에 의해서 어쩔 수 없이 수절을 한다면서 "인습에 희생된 일생"으로서 자신의 일생을 묘사하고 있다.[34]

2) 과부 재혼의 법적 상황

더욱이 식민지 시기에는 호적법의 정비과정에서 과부의 재가에 대한 새로운 법적 제약이 부과되고 있었다. 조선시대에는 재가녀자손금고법에 의해 재혼

寡婦の地位--守節と再婚をめぐって」, 『東洋文化研究所紀要』 140, 62~63쪽 재인용).

32 조은, 1991, 「일제하 향촌 반가의 가족생활의 변화-구례유씨가의 생활일기를 중심으로-」, 『여성 가족 사회』 창간호, 열음사, 79쪽.

33 해방 직후의 사례이기는 하지만, 딸의 재혼을 반대하여 딸과의 의절을 감행한 친정어머니의 사례는 수절을 거부한 과부에 대해 심지어 친정조차 냉대했음을 잘 보여준다(강해경, 1999, 「옛날 재혼여성은 이렇게 속썩이며 살았다」 『실천민속학』 새책 1, 112~114쪽).

34 金扁舟, 「희생된 일생, 청상의 생활」, 『신여자』, 4, 1920.6

한 여성의 자손이 관직에 나가는 것이 금지되어 있었지만, 과부의 재혼 자체가 법적으로 금지된 것은 아니었다. 그렇기 때문에 이러한 법조항은 양반층 과부에게는 제약조건으로 작용하였지만, 양인층 이하 여성들에게는 큰 의미가 없었다. 재혼 금지는 법적 제약이 아닌 도덕적 제약에 불과하였던 것이다.

그러나 식민지 시기 호적제도가 새롭게 정비되는 가운데 과부가 된 여성이 재혼하려면 친정과 시집 호주의 동의를 받아야 한다는 규정이 새롭게 도입되었다.[35] 이러한 규정은 일본과도 차이가 있었는데, 일본에서는 호주의 동의가 없더라도 재혼을 절대로 할 수 없는 것은 아니고 다만 호주의 동의 없이 재혼을 하면 호주는 이적이나 복적을 거절할 수 있을 뿐이었다. 그러나 조선에서는 호주의 동의가 절대 요건으로 만약 호주가 동의하지 않는다면, 그 혼인은 무효로서 취급되었다.[36] 또 친가에 복적한 후 일가를 창립하여 재혼을 하려고 해도, 법률상의 원인 없이 스스로 일가를 창립할 수 없기 때문에 여성은 재혼할 수 없었다.[37]

1929년 파주군에 사는 박성삼의 며느리 김복순(25)은 결혼한 지 3개월 만에 남편이 죽자 재가하여 새 생활을 하고자 하였다. 그러나 김복순의 시부는 이를 반대하고 친정으로의 복적 수속을 거부했다. 이에 김복순은 시부를 상대로 복적 수속동정청구소송을 제기하였다. 이에 대해 재판부는 "남편이 죽음으로 자연히 혼인은 해소된다는 이유 제적의 동의를 강제하는 것이나 혼가의 호주와의 가족관계는 소멸되지 않는 것으로 동의를 요하는 것은 명백하지만 동의 여부는 조선의 가족제도의 유지를 목적하는 호주의 특권에 속함으로 동의의 의무는 없다"며

---

35 정긍식, 2013, 「한국의 가계계승에서 여성의 지위-식민지기 여성호주를 중심으로-」 『법사학 연구』 47, 44쪽.

36 辯護士 楊潤植, 「現代 朝鮮의 婚姻法制」」 『삼천리』 4-9, 1932.9.

37 정긍식, 앞 논문, 44쪽.

청구를 기각하였다.[38] 이러한 사례에서 보이듯이, 시부의 반대는 법적 차원에서 과부의 재혼을 불가능하게 만드는 하나의 조건으로 작용하게 되었다. 1930년대까지도 재혼을 막는 시부모에 대항하여 과부 며느리가 자살이나 방화를 하는 사건들도 종종 나타났던 것은 이러한 상황 때문이었다.[39]

물론 이렇게 법적인 문제로 과부의 재가를 반대하고 통제하고자 하였던 것은 자식이 있고 집안에 재산이 있는 경우였을 것으로 추측된다. 그렇지만 하층에서도 매매혼 관행으로 인해 과부 재혼을 둘러싸고 법적 분쟁이 일어나기도 했다. 이를테면 평북 정주군에 사는 김용기는 과부된 며느리를 친정에서 다른 곳으로 재혼시키자 결혼할 때 지불한 선폐금을 다시 내놓으라며 소송을 제기하였다.[40]

4. 가정의 수호와 과부해방론의 성격 변화

1) 여성의 성적 욕망의 긍정과 가정이라는 경계

이러한 상황에서 1920~30년대까지도 과부문제는 지속적으로 사회적 논의의 대상이 되고 있었다. 그런데 앞서 살펴본 대로 한말 이래로 과부해방론은 대체로 추상적인 과부의 인권이나 국가론적 관점에서 논의된 바 있었다. 그러나 1920년대 들어서면서 과부해방론의 논리는 조금 다른 차원에서 전개되기 시작하였다. 즉 남녀평등이라는 관점이 보다 강조되면서 인간의 본능으로서 성적 욕구를 긍정하고 그 발산을 인위적으로 가로막는 과부재가금지를 부도덕한 것으

38 「復籍 수속 동의, 청구 소송의 판결, 원고 청상과부가 패소」, 『중외일보』, 1929.7.15.

39 「改嫁를 不許하여, 衝火하고 , 자살기도, 空閨에 우는 과부의 발악」, 『조선중앙일보』 1935.12.19.

40 「寡婦된 딸을 賣食, 필경 고소 당해」 『동아일보』 1925.12.5.

로 보는 인식에 기반하여 과부의 해방이 옹호되었던 것이다.[41]

특히 1920년대 초부터 유행하기 시작한 '자유연애'를 계기로 남녀 차별적인 이중적 성도덕에 대한 보다 근본적인 문제제기가 나타나고 있었던 것은 이러한 시각을 강화하였다. 그리하여 성적 존재로서의 여성을 당연시하고 이를 억압하는 기존의 정절 관념이 적극적으로 비판되기 시작하였다. 일본에 유학하고 돌아온 신식이 1926년 잡지 『신여성』에 기고한 열녀에 대한 비판 글은 이를 잘 보여준다. 그는 열녀를 숭배하는 도덕은 "외짝 도덕"이요 "절름발이 도덕"에 불과하다고 지적하고, "지나간 역사를 볼 때 아내로서 남편을 위하여 열녀 되었다는 말은 있어도 남편이 아내를 위하여 열남이 되었다는 말은 들어보지 못하였"다고 비판하였다. 열녀관이 다른 무엇보다도 "남녀 간에 대한 평등적 도덕"이 아니라는 그의 비판에서 드러나듯이[42] 남녀평등이라는 논리는 인간의 성생활 영역에까지 확장되었고, 과부에 대한 기존의 억압적 성도덕을 비판하기 위한 논리로서 적극적으로 제시되었다.

김일엽의 '신정조론'은 이러한 불평등한 이중적 성도덕에 대한 비판에서 가장 급진적인 주장이었다. 그는 재래의 정조론이 여성의 인격과 개성을 무시하는 것임을 비판하면서 "성적 신도덕(性的 新道德)"을 주창하였다. 그에 따르면 정조는 한 번 깨지면 그만인 물질적인 것이 아니고 사랑하는 사람을 만나면 갖게 되는 "본능적 감정"으로, "고정한 것"이 아닌 "유동하는 관념"이다. 그리고 "과거에 연애관계가 있었다 하더라도" "깨끗한 사랑을 새 상대자에게 바칠 수 있다면 그 남녀야말로 이지러지지 않은 정조를 가진 남녀"라는 것이다.[43] 이러한 주장 속에서 여

---

41 CY生, 「寡婦의 解放論」, 『학지광』 20, 1920.7; 「人道上으로 觀한 寡婦解放問題」 『每日申報』 1920.11.29.

42 申湜, 「제열녀를 논하야-먼저 여성의 존재를 차지라」 『신여성』, 1926.7.

43 一葉, 「우리의 이상」 『婦女之光』 1924.8; 「나의 정조관」 『조선일보』, 1927.1.8.

성의 성적 욕망은 더 이상 비난 받을 것이 아닌 자연스러운 본능적 감정으로 인식되고 있다. 죽은 남편을 위해 수절을 강요한다는 것은 성적 존재로서의 여성을 부정하는 것으로 더 이상 통용되기 어려운 것이었다.

그러나 이러한 여성의 성적 욕망에 대한 긍정은, 그것이 가정이라는 숭고한 질서 내에서 존재할 때는 긍정될 수 있지만, 그것이 가정이라는 질서의 범위를 넘어서는 순간 비난의 대상이 되었다. 특히 성적 욕망이 혼외관계에서의 임신과 출산을 통한 소위 '사생자'의 출생이라는 현실로 나타나는 경우, 여성은 낙인의 대상이 되었다.[44] 따라서 어쩔 수 없는 성적 욕망의 발현이라 하더라도 과부가 재혼하지 않은 상태에서 임신을 하고 출산을 하는 상황은 용납될 수 없었다. 수절 과부의 자식이 "불의(不義)의 자(子)"로서 규정되고 비난에 찬 시선하에 놓였던 것은 이 때문이다.

이러한 사회적 낙인과 비난은 과부들이 낙태와 영아살해를 감행하도록 몰아붙였다. 당시는 피임 지식이나 도구의 보급이 매우 제한적이었고, 낙태 또한 불법으로 처벌되었다.[45] 미약했지만 1930년대 나타나기 시작하였던 피임 지식 및 도구 보급의 시도마저도 1931년 만주사변을 일으킨 일제가 인구식량문제의 해결 방향을 '산아제한'이 아닌 '이민'으로 확정짓는 가운데 봉쇄되었다.[46] 이로 인해 낙태를 감행하고자 하는 여성들은 약을 먹고, 돌로 배를 두드리는 등 성공률이 낮은 매우 위험한 방법을 이용하였고, 때때로 그로 인해 죽음에 이르는 경우

---

44 홍양희, 2013, 「"애비 없는" 자식, 그 '낙인'의 정치학: 식민지시기 '사생아'문제의 법적 구조」 『아시아여성연구』 52-1 참고.

45 「비밀한 관계로 자식을 배고 남이 알까봐 落胎식인 女子, 사실을 자백」 『동아일보』, 1923.11.13; 「夫婦共謀落胎 본뎡에서 잡혀」 『동아일보』, 1928.12.14; 「落貽嫌疑의 醫師를 引致 본정경찰서에서」 『동아일보』, 1932.9.16.

46 소현숙, 2000, 「일제시기 출산통제담론 연구」 『역사와 현실』 38, 239~240쪽.

도 있었다.[47] 이러한 상황 속에서 피임이나 낙태에 실패한 과부들은 세간의 비난을 피하기 위해 영아살해를 감행하였던 것이다.

2) 영아살해 문제와 '일탈자'로서의 과부

1920~30년대 과부들과 관련하여 가장 큰 사회문제로서 부각되었던 것은 바로 이 영아살해 문제였다. 조선시대까지도 영아살해는 범죄로 인식되기보다는 일종의 출산 통제 방식으로서 낙태와 함께 관행적으로 이루어져 왔던 것으로 보인다. 그러던 것이 식민지 시기에 이르러 형법의 저촉을 받게 되고 사회문제로서 나타나게 되었다. 당시 영아살해사건은 조선의 "특수범죄"라 일컬어지고 있었다. 1925년 영아살해의 실태를 보도하였던 『동아일보』는 당시 상황을 "殺兒症"이 "유행"한다고 표현하고 있을 만큼 영아살해가 자주 발생하고 있다고 보도하였다.[48] 1933년 경무국 조사에 따르면 1년간 조선에서 발생하는 살인범죄가 평균 300여 건 정도 되었는데, 그중 영아살해사건이 200여 건으로 전체의 70퍼센트 정도를 점하고 있었다.[49]

영아살해의 주요한 범인으로는 과부가 지목되었다.[50] 경찰 입장에서는 영아살해범을 검거하는 것이 쉬운 일은 아니었다. 시체가 부패되어 증거가 인멸된 경우가 다수였기 때문이다. 따라서 경찰 당국은 일단 영아 시체가 발견되면, 그 인근 지역의 과부를 의심하였고, 증거가 없어도 일단 데려다가 취조하는 것이 일종

47 「과부가 낙태 참사, 가족은 경찰에」『동아일보』, 1926.11.28.; 「낙태시키랴다 과부를 誤殺」, 『동아일보』, 1931.4.14.

48 「殺兒症 流行, 博川 과부도 걸려」『동아일보』 1925.2.22.

49 「空閨紅淚에 숨은 秘密, 因襲에 눌려 殺人大罪 殺人罪의 七割은 不義兒殺害」『동아일보』, 1933.2.17.

50 「셰상을 등진 감옥의 녀죄수, 팔십삼명중 삼십구명이 남편 죽인자, 아해 나흔 과부가 만흔 것도 주목할 일」『동아일보』, 1922.5.8.

의 관례였다.[51] 1933년 고창경찰서에서 영아살해사건의 범인을 수색하기 위해 "집집마다 돌아다니며 과년된 처녀와 과부의 유방을 임검"했는 기사도 나온다. 이러한 편견에 찬 의심은 때때로 물의를 빚기도 했는데, 관련 없는 과부를 잡아다 놓고 심문하다가 유치장에서 죽어, 유족들이 경관을 걸어 고소를 제기한 경우도 있었고,[52] 영아살해범으로 지목되어 법정에 선 과부가 자신이 임신 중인 사실을 밝히고 무죄를 증명한 웃지 못할 사건도 있었다.[53]

이렇게 영아살해범으로 과부가 손쉽게 지목되었기 때문에 영아살해로 인해 처벌된 여성에는 과부가 대다수를 차지했다. 그런데 영아살해로 인해 살인 및 시체유기죄로 처벌된 과부들 중에는 젊은 과부보다 30~40대의 중년의 과부들이 더 많다고 보고되고 있었다. 이에 대해 경성지방법원 수에히로[末廣] 재판장은 "그 같은 범죄가 대개 삼십 전후로부터 사십 세 가량 된 부녀에게 많은 것은 여자에게 있어서 성적 충동이 이십 전후 청춘 시절보다 강하기 때문에 소시로부터 늙던 소년과부도 그 연갑에 와서는 실수들을 하는 까닭인 듯 십소이다"고 원인을 중년과부의 성적 충동으로부터 찾고 있다.[54] 당시 이들 영아살해범에 대해서는 "사회인습의 결함" 때문에 발생한 범죄로서 인정되어 대체로 집행유예의 처분을 받았다.[55]

이렇게 영아살해가 자주 발생하자, 일각에서는 영아살해의 잦은 발생을 방지하기 위해 과부가 아이를 낳으면 이를 "불의자(不義子)"라고 보는 도덕관념을 버

---

51 「松林中嬰兒屍, 과부 소위인 듯」『동아일보』, 1926.3.4; 「山中에 血兒屍, 과부의 소위인 듯」『동아일보』, 1926.11.30.

52 「青春寡婦 疑問死, 류치장 속에서(四월十四일)」『동아일보』, 1926.4.25.

53 「警察은 有罪主張 法官은 無罪判決, 大邱初有의 寡婦殺兒事件 公判」『동아일보』, 1926.10.29.

54 「寡婦의 失節은 青孀보담도 中年」『동아일보』, 1929.5.17.

55 「空閨紅涙에 숨은 秘密, 因襲에 눌려 殺人大罪 殺人罪의 七割은 不義兒殺害, 寡婦制로 생긴 犯行」『동아일보』, 1933.2.17.

려야 한다는 주장도 제기되었다.[56] 그러나 1930년대로 갈수록 영아살해의 주범으로서 과부에 대한 편견이 강화되는 가운데, 과부를 재가시켜야 한다는 목소리가 높아지고 있었다.[57]

이러한 사건들 속에서 성적으로 방탕한 과부의 이미지가 구축되어 갔고, 잠재적 일탈자로서의 의심의 눈초리가 과부들을 주시하게 되었다. 과부에 관한 성적인 의심을 보여주는 다음의 기사는 이를 보여준다. 기사를 작성한 신문기자는 길을 지나가다가 나이 서른 즈음의 여자 셋을 보고 뒤를 쫓아가다가 그들이 청상과부임을 알게 되자, 그들의 모임의 목적을 탐문하며 다음과 같이 쓰고 있다.

> "그들 부인들은 미망인들로서 남편이 죽은 후에 재혼한다는 것은 죽은 남편에게 대해서 미안한 일임으로 자기들끼리 회합을 열어가지고 그 회에 입회하는 회원은 재혼 못한다는 취지하에서 ××의 회집(會集)이라고 하나 실상 그 내막은 그럿치 안타고 한다. 그 부인들은 한갓 성의 만족을 채우기 위해서 이러한 크럽을 조직햇다는 것이 확실히 증명되엿스니 거기에는 부인들 뿐이 안이고 나 젊은 사나히들까지 끼워 잇다고 함을 보아서 가히 알 수 잇는 일이 안일가? 결혼과 이혼의 자유가 업지 안은 현재에 잇서서 그들의 이면(裏面) 비밀행동을 나는 끗업시 미워하지 안을 수 업는 동시에 한갓 붓그러운 생각도 가지게 된다."[58]

과부들의 성에 관한 문제는 단순히 사회의 비난 정도로 그치는 문제가 아니었다. 특히 부유한 과부는 재산문제로 인해 문중의 통제와 감시를 받아야 했

---

56 「頻繁한 不義子殺害事件」『동아일보』, 1927.7.25.

57 「寡婦殺兒問題에 對하야[社說]」『동아일보』, 1935.6.12.

58 八蓮花記, 「四十伍名으로 組織된 〈靑孀寡婦俱樂部〉, 서울 한복판에 나타난 이 긔괴한 〈에로〉단체」『삼천리』 4-1, 1932.1.

다.[59] 중상층 과부에게 수절은 단순히 도덕적 문제일 뿐 아니라 경제적 생존의 문제이기도 했다. 수절하지 않는 과부에 대해서는 친족들이 재산을 강탈하고 축출하는 경우가 많았기 때문이다. 당시 재산상속법상으로 과부는 매우 불리한 처지에 놓여 있었다. 남편이 호주인 경우 남편 사후 아내는 상속의 권한이 없었다. 남편이 가족인 경우에도 아내는 일차적인 상속대상이 아니었다.[60] 아내가 재산을 관리할 수 있는 경우는 오로지 아들이 있거나 아들이 없는 경우 양자를 들인 경우였다. 그조차 양자의 선정을 과부 임의대로 할 수 없었고,[61] 과부의 재산관할권은 문중에 의해 제한될 수 있었다.[62] 이러한 법적 처지로 인해 과부는 친족으로부터 상당한 견제를 당하였고 양자선정 문제와 재산관할 문제로 각종 사건과 법정 분쟁이 빈번하게 발생하였다. 즉 친족들이나 사기단이 공모하여 양자를 입적케 하고 재산을 상속한 뒤에 나누어 가지려고 계략을 꾸민 사건,[63] 딸만 있는 과부가 친족들에 의해 추천된 양자에게 상속된 재산을 딸에게 물려주기 위해 문서를 위조하거나,[64] 양자를 거부하고 사위를 양자로 삼으려려다 발생한 분쟁사건,[65] 정부를 둔 과부가 친족 몰래 재산을 빼돌리려다가 친족과 마찰을 빚은 사건 등[66] 다양한 사건들이 나타났다. 이러한 과정에서 과부의 실행은 문중의 친족이 과부

---

59 「과부를 싸고도는 이만 원 쟁탈전」『조선중앙일보』, 1936.2.11.

60 홍양희, 2007 「식민지시기 가족 관습법과 젠더질서」『한국여성학』 23-4, 103~104쪽.

61 정우상, 「未亡人의 再婚」『춘추』 1942.5.

62 만약 과부인 모가 현저한 불법을 하고 나아가 호주인 아들의 재산을 위태롭게 할 때는 門會에서 그 관리를 제한하고 친족 중에서 관리자를 선정할 수 있도록 되어 있었다(홍양희, 위의 논문, 99쪽).

63 「寡婦의 財産을 中心으로 파란만흔 싸흠, 친족들이 공모하야 구촌숙의 아들을 양자로 입적시켜 재산상속의 계교를 꾸며」『동아일보』, 1923.10.13; 「被告를 隱匿한 後 法廷에 告訴提起, 과부를 숨겨두고 거러 고소 위증까지 세워서 재산을 횡령해, 稀罕한 詐欺團被捉」『동아일보』, 1926.6.9.

64 「女子는 相續못해 印章僞造土地賣渡 寡婦等 三名被檢」『매일신보』, 1936.5.7.

65 「親權喪失訴訟, 부호과부를 중심으로 猛烈한 黃金爭奪戰」『동아일보』, 1928.8.29.

66 「과부가 下人과 符同 亡夫財産處分, 황금에 눈이 어둔 집안의 싸움 財産管理權 喪失請求訴訟」『동아일보』, 1928.4.23.

의 재산을 탈취하는 주요한 명분이 되곤 하였다. 이를테면, 충남 홍성군의 최씨(50세)는 남편 사망 후에 어린 남매를 키우며 지냈는데 재산을 탐낸 친족들이 "서방질"을 했다는 이유로 자식을 빼앗고 집에서 나가라고 구타하였다.[67] 때때로 재산을 탐내는 친족들은 거짓 소문을 지어내어 과부가 실행했다고 몰아붙이고 재산을 강탈하기도 했다.[68] 이러한 사건들은 과부가 재산이 있는 경우 성적으로 실행했다는 혐의만으로도 문중이나 시집식구들에 의해 쫓겨나는 신세가 되곤 했음을 보여준다. 과부의 성적 문란함은 그것이 사실이든 거짓이든 소문만으로도 과부의 입지를 흔드는 손쉬운 빌미가 되었던 것이다.

3) 과부재가론의 성격 변화

영아살해 문제가 본격적인 사회문제로서 인식되기 시작하면서 과부의 재가는 보다 적극적으로 권유되기 시작하였다. 1935년 조선중아일보에 실린 독자 상담란에는 과부로서 임신한 여성의 고민이 실려 있다. 이 여성에 대해 상담자는 "개가하는 것이 도리어 안 가려고 하다가 실수를 해가지고 범죄를 하는 것보다는 몇 배나 낫다"면서 "마땅한 곳이라면 개가"하라고 강하게 권유한다.[69] 이제 과부 재가의 문제는 선택사항이 아니라 "재가를 원칙"으로 하는 보다 강력한 권유사항이 되었다. 다음의 사설은 이를 잘 보여준다.

> "그러나 수절이 본래 쉬운 일이 아니오 십 년을 쌓은 탑도 하루밤 사이에 무너지나니 …… 오직 여자에게만 편무적 수절을 요구한 일반의 이유는 여성을 남성의 소유물시 하던 시대의 관념에서 유래한 것이다. 그러므로 여성의 입장에서 볼 때에

---

67 「오십 과부의 비참한 신세, 재산권을 빼앗기고 심지어 자녀들까지」『시대일보』, 1924.12.10.

68 「寡婦 金容默이 自己를 中傷한다고 친족 팔명을 고소」『동아일보』, 1921.7.11.

69 「명암의 십자로, 더럽힌 과부의 몸 어찌하오리까」『조선중앙일보』, 1935.6.29.

는 다른 모든 조건이 재혼을 용허하고 또 가능케 함에도 불구하고 스스로 공규의 ○枯에 자기를 가두어 ○○하고 枯淡한 일생을 마치려 할 필요는 없는 것이다. 더구나 그 소위 수절한다는 것이 자주적으로 결의한 바 아니오 인습과 체면에 끌린 것으로서 일년에 영아살해 오십여건이라는 ○○상 인도상 용허치 못할 죄악까지를 범하게 됨에 이르러서는 과부수절을 장려할 아무 이유도 ○○할 수 없을 뿐 아니라 도리어 하루 바삐 이 形骸만의 '미덕'을 깨트리어 가정과 사회에 불상사를 더는 동시에 불행한 그 인생들에게 다시 봄을 주어 생의 ○충을 ○하게 함이 타당함을 통○하는 바이다 …… 종래의 관념으로는 과부의 수절을 원칙으로 하였기 때문에 거기서 도리어 여러 가지 불상사가 ○출 되었음에 ○하야 이제부터는 과부는 재혼하는 것을 원칙으로 하자는 것이다 …… 다시 말한다. 과부는 재혼을 원칙으로 하라."[70]

남녀평등이나 인권의 견지에서 논의하였던 과부재혼론은 이제 그 초점이 이동하였다. 자유가 아니라 재가를 원칙으로 하라는 것이다. 이 사설에서 가정의 수호를 위해 과부를 수절하는 과부와 재혼한 과부라는 두 가지 틀로 배치, 통제하고자 하는 욕망이 보인다. "과부 살아(殺兒) 문제"의 해결책으로 "과부로 하여금 속히 재가하는 방도를 취하게 하는 것이 문제를 해결하는 첩경"이라는 사설 역시 이와 연장선에 있다.[71] 영아살해로 표상되는 사회의 문란화를 방지하기 위하여 과부를 정상 가정 속으로 안착시킬 필요가 있었던 것이다.

심지어 '효열'을 강조하였던 유림조차 수절과부의 재가를 해방하여 과부가 재가하도록 당국에 진정서를 제출할 정도였다. 1935년 강원도 유림단은 우가끼 총독에게 수절과부의 재가를 해방하라는 진정서를 제출하였다. 이를 계기로 학

---

70 「寡婦守節의 是非, 再嫁를 原則으로 하라[社說]」『동아일보』, 1935.1.28.

71 「寡婦 殺兒問題에 對하야[社說]」『동아일보』, 1935.6.12.

무국장이 "과부의 재가를 결코 금지한 것이 아니니 될 수 있는 대로 재가하라"는 통첩을 각 도지사에 발하여, 이러한 통첩이 군수, 부윤을 통해 면사무소, 리 구장에게까지 전달되었다.[72] 이러한 통첩에 대해서 여러 가지 비판 여론이 일자 일제 측은 "현재 이혼하는 사람도 있는데 과부가 개가하는 것을 누가 금지하며 누가 불가하다 할 것이냐. 이것은 본인의 자유에 맡길 것이고 금지하거나 혹은 장려할 것은 아니다"는 입장을 다시 표명하였다.[73] 하나의 에피소드에 불과하지만 이러한 사실은 1930년대 과부의 실행과 영아살해에 대한 사회적 염려가 얼마나 심각한 것이었는지를 보여준다. 그리고 당시 제기되었던 과부재가론이 재가를 과부의 자율적 선택의 문제로 보기보다는 문제를 일으키는 위험한 존재로서의 과부에 대한 통제방책으로 제시되고 있었다는 점을 드러낸다. 그런 면에서 이러한 과부재가론은 인권이나 남녀평등이라는 견지로부터 제기되었던 이전 시기의 과부재가론과는 그 성격을 달리하는 것이었다.

5. 수절과 열녀의 의미 변화

1) 수절과 모성애

그렇다고 해서 과부의 수절이 일방적으로 비판되었던 것은 아니다. 과부가 첩이 아닌 "정당한 자리"로 시집가는 것이 쉽지 않았고, 또 "자식문제" 등으로 재혼이 어려웠던 것이 현실이었기 때문이다.[74] 자녀문제는 특히 심각해서 이 문제

72 「寡婦再嫁奬勵」『每日申報』 1935.1.27; 「空閨에 가처우는 寡婦에 살길을 주라 守節하는 靑孀寡婦 再嫁解放의 烽火 自由로 再嫁하야 新生活을 開拓하라」 『동아일보』, 1935.1.27; 「과부개가 권장, 보령군에서 통첩」 『조선중앙일보』 1935.2.5.

73 「寡婦의 改嫁與否는 本人의 自由意思」 『每日申報』, 1935.2.20.

74 윤경신, 「과부의 재혼은 可하냐, 否하냐(하)」 『조선중앙일보』, 1935.2.13.

를 다룬 신문의 논설조차 "적당한 해결의 길"을 발견하지 못했다고 토로하고 있다.[75] 재혼한 여성은 법적으로 자녀에 대한 친권을 행사할 수 없었다.[76] 따라서 재혼하기 위해서는 자녀를 놓고 가야 하는 경우가 많았고, 데리고 가더라도 강한 혈통주의적 가족문화 속에서 전남편의 자식은 천덕꾸러기로 취급받기 십상이었다. 이 때문에 재혼한 여성이 데려온 아이를 버리거나 살해하는 일도 종종 발생하고 있었다. 예컨대 1933년 남원에서는 26세 된 과부가 남편이 병으로 죽고 개가를 여러 차례 하였으나 세 살 된 딸로 인해서 계속 버림을 당하자 비관하여 딸을 살해한 사건이 발생하였다.[77]

따라서 자녀가 있는 경우에는 재혼을 하기보다는 수절하는 것이 오히려 장려되었고, 자녀가 있음에도 재혼하는 여성은 모성을 저버린 이기적인 여성으로 비난되었다. 이광수의 아내이자 의사였던 신여성 허영숙은 여성의 재혼을 도덕적으로 비난할 하등의 이유가 없다고 주장하면서도, "전 배우자에 대한 애정이 여전한 경우, 어린 자녀가 있는 경우"를 여성이 재혼할 수 없는 경우라고 언급하며, "이러한 자녀를 두고 자기 개인의 욕망만을 채우려고 재혼하는 것은 비난할 행위"라고 주장한다. 나아가 "건전한 도덕적 정조를 가진 여자로는 모성애를 최고로 할 것"이라며, "무의(無依)한 어린 자녀를 버리고 새 남자를 따라가는 것은 아무리 자유니 사랑이니 하는 이유로 분장한다 하더라도 모성애 같은 고급 정조가 없고 성욕 같은 본능에만 지배받는 음분(淫奔)이라고 할 수밖에 없다"고 비판하고 있다.[78]

이렇게 모성애를 이유로 희생을 강요하는 논의에 대해서 신여성 중에서는

---

75 윤경신, 위의 글.

76 홍양희, 2007, 앞의 논문, 99쪽.

77 「改嫁코저 女息絞殺한 寡婦」『동아일보』, 1933.3.11.

78 「貞操破毁女性의 再婚論」『삼천리』 12, 1931.2.

비판적 태도를 갖는 이들도 있었다. 「개가론(改嫁論)」이라는 글을 쓴 양탄실은 모성의 의무는 "거룩한 것"임에 틀림없지만, 그것을 의무로 강요한다는 것은 무리한 일이라고 주장하였다. 왜냐하면 "아들딸이 어릴 때는 그래도 아이들에 대한 사랑과 책임감으로든지 또 생활상 아이들 때문에 전 정력을 빼앗기고 있기 때문에 그다지 큰 괴로움을 모르다가도 그 아들딸이 어머님의 사랑으로부터 떠나갈 때의 미망인의 고적(孤寂)의 비애란 우리의 상상의 정도를 훨씬 지나고 있"기 때문이다.[79] 그러나 이러한 목소리는 모성애를 절대시하는 사회의 전반적인 분위기 속에서[80] 큰 힘을 발휘하지 못했다.

2) 열녀 표창과 수절의 의미변화

그렇다고 식민지 시기 과부의 수절이 조선시대와 동일한 문화적 의미를 내포했던 것은 아니었다. 어떤 여성이 열녀인가, 어떤 행위가 열행인가에 대한 규정은 시대에 따라 변화하고 있었기 때문이다. 조선시대 열녀로 추앙된 인물들을 분석한 기존 연구를 보면, 조선 전기 열녀들은 대체로 개가를 거부하고 남편 사후에 3년상, 조석전(朝夕奠), 상식(上食) 등 유가적(儒家的) 장의(葬儀)를 실천하거나 여묘살이를 한 여성들이었다. 그러던 것이 조선 후기로 갈수록 단지(斷指)나 할고(割股)와 같은 열행을 하거나 남편을 따라 자결한 여성들이 열녀로서 추앙되어갔다.[81] 이에 비해 식민지 시기에는 과부의 순사, 단지, 할고와 같은 열행에 대해서 여전히 이를 "순종"으로 칭송하는 분위기도 있었으나, 한편으로는 그러한 죽음을 열행이라기보다는 그저 고독한 여성의 비관에 찬 죽음으로 보는 시선도 나타

79 楊彈實, 「改嫁論」 『批判』 1936.10.

80 여성의 의무로서 모성애를 강조하고 절대시하였던 조선 사회의 분위기에 대해서는 소현숙, 앞의 논문, 237쪽 참조.

81 강명관, 2009, 『열녀의 탄생』, 돌베개, 제4장 참조.

나고 있었고,[82] 더 나아가서는 "이기적인"것으로 비난하기도 하였다.[83]

이러한 시선의 변화는 열녀 표창에도 반영되어 있었는데 정절을 지켰다는 것 외에, 근검절약, 노동, 모성애, 효성 이런 요소들이 크게 부각되고 있었다. 총독부 입장에서 순사는 이제 더 이상 표창할만한 행동이 아니었다. 이 시기 과부 표창에 '독행(篤行)'이라는 표현이 나타나고 있음은 이러한 열녀 표창의 성격 변화를 잘 보여준다. 독행이란 '성실하고 인정이 두터운 행위'로 주로 경제적으로 어려움에도 불구하고 근면하고 성실하게 일하여 남은 자식들과 시집 식구들을 건사한 경우를 말한다.[84] 이러한 과부들에 대한 표창은 남편의 부재중에도 가족을 위해 생활을 유지하는 노동 주체로서의 여성에 대한 표창이었다. 과부의 수절이 더 이상 죽은 남편을 향한 것이 아님은 총독부에 의해 표창된 열부 절부에 대한 기록을 통해서도 확인된다. 『조선총독부 시정 25주년 기념 표창자 명감』에는 열부·절부·효부로서 표창을 받은 과부들에 관한 기록이 남아 있다. 단순히 죽어가는 남편을 위해 손가락을 자르는 등의 열행(烈行)을 했다는 점에서 열부로서 표창된 여성도 있지만, 대개는 남편 사후 가난한 생활 속에서도 정절을 지키며 노동을 통해 자력갱생을 이루고 시부모 봉양과 자녀교육에 매진한 여성들이었다.[85]

이는 유교적인 규범을 통해 현모양처를 합리화·정당화하였던 일제 측의 여성관이 열녀론에도 투영된 것으로 보인다. 특히 모성애의 강조는 과부에게 어머니로서의 정체성을 강하게 부여하고 남편 사후 자녀의 양육이라는 새로운 의무,

---

82 「십팔 묘령의 열녀, 추도회까지 개최」『매일신보』, 1927.11.16.

83 「나어린 寡婦 男便따라 殉死, 近代에 稀有한 晋州殉節事件」『동아일보』, 1927.11.14; 「寡婦의 殉死問題(城東學人)」『동아일보』, 1927.11.17.

84 「篤行寡婦의 表彰(全州)」, 『동아일보』, 1928.8.1.

85 森川清人 편, 1935, 『朝鮮總督府 始政二十伍周年 記念表彰者名監』, 表彰者名監刊行會, 932, 1185~1199, 1203~1205쪽.

즉 홀로 살아야 할 의무를 지우고 있었다. 이 시기 출판된 과부를 주인공으로 하는 여러 소설들에서 자식과 애정 사이에서 갈등하다가 결국 자식을 위해 수절을 선택하는 이야기가 자주 반복되고 있었던 것은 이러한 사정을 반영한다.[86] 이제 과부 수절에서 불경이부라든지 일부종사와 같은 수절의 논리는 부차적인 것이 되었다. 중요한 것은 "시집식구의 가련한 정상을 생각하고", "온갖 노동을 다하여 살림을 그악스럽게" 해야 할 의무였던 것이다.[87]

6. 맺음말

이상에서 과부재가를 터부시하는 관념이 여전히 지속되고 있었던 식민지 시기 과부의 수절과 재가를 둘러싼 담론에서 나타난 여러 가지 변화상을 살펴보았다. 조선왕조 시기에 과부의 재가금지규범은 중국이나 일본 등 여타 동아시아 지역과 달리 재가녀의 자손이 관직에 나가는 것을 금하는 법을 기반으로 형성된 신분제와 연동된 규범이었다. 이렇게 신분제와 연동된 통제였다는 점에서 신분제가 해체되어간 한말 이후 과부재가금지의 규범은 상대적으로 크게 약화되어 갔다. 그러나 식민지 시기에 과부재가금지 규범이 완전히 사라진 것은 아니었다. 유교적 담론을 활용한 총독부와 이와 결탁한 유림에 의해 효열이 강조된 상황, 그리고 과부 재혼에 대해 부여된 새로운 법적 제약 등 다양한 상황의 영향 속에서 수절은 도덕적으로 숭고한 것으로 칭송되었다. 생계가 곤란하지 않은 젊은 수절 과부가 다수 존재하였던 것은 이러한 상황하에서였다. 1930년대에 이르면 이들 수절과부의 도덕적 일탈과 영아살해, 사생자 문제 등이 사회문제로 가시화되

86 주요섭, 「사랑방 손님과 어머니」『조광』, 1935.11.

87 「51년간의 눈물의 력사, 강화도의 조과부, 가냘픈 주먹에 억센 힘!」『시대일보』, 1926.7.4.

었다. 그러한 상황에서 한편에서는 수절을 도덕적으로 칭송하면서도 다른 한편으로는 재혼을 통해 과부의 정상가족으로의 편입이 강하게 촉구되었다. 결국 식민지 조선에서 과부의 수절과 재혼문제는 일부일처제의 근대가족의 형성과 맞물리는 가운데 '일탈적인' 과부와 '사생자'라는 '정상가정'의 질서를 문란케 하는 존재를 통제해야 한다는 사회통제의 맥락에서 제기되고 있었던 것이다. 이러한 통제의 양식은 억압이 아닌 생에 대한 새로운 계획을 통한 통제라는 점에서 이전과는 다른 성격을 지닌다. 소수자로서 과부는 일방적으로 배제되는 존재가 아니라 수절 혹은 재혼을 통해 건전한 가정을 이루어 사회 안에 재배치되어야 할 존재였던 것이다.

따라서 당시 과부들에게 부과되었던 수절과 재가라는 선택지는 서로 다른 것이 아니었다. 성적 존재로서의 과부의 위험성을 제거하고 정상가족화하기 위한 통제의 앞뒷면이었다. 그런 면에서 식민지 시기 과부재혼론을 단순히 여성 억압에 저항하는 해방의 기획으로 읽는 것은 일면적이다. 사티를 옹호하든지 반대하든지 그것이 여성의 주체성을 무시한다는 점에서 민족주의와 식민주의의 공모라는 페미니스트 비판은 식민지 시기 재혼론에도 동일하게 적용될 수 있다. 수절론 만큼이나 재혼론 역시 과부들의 자유의지나 주체성과는 상관없는 사회통제기획의 산물이었기 때문이다.

아마도 대다수의 과부들은 정상가족의 틀 속에 자신을 끼워 맞추기보다는 수절과 재가 그 사이 어디쯤에서 머물고 싶었을 지도 모른다. 그러나 그러한 공간은 식민지 조선에서 거의 주어지지 않았다.

김상조, 1986, 「조선후기 야담에 나타난 재가의 양상과 의미」 『한문학논집』 4
조은, 1991, 「일제하 향촌 반가의 가족생활의 변화-구례유씨가의 생활일기를 중심으로-」 『여성 가족 사회』, 창간호, 열음사
김기형, 1994, 「구비설화에 나타난 과부의 형상과 의미」 『한국민속학』 26
조은, 1997, 「모성 · 성 · 신분제-『조선왕조실록』 '재가 금지' 담론의 재조명」 『사회와역사』 51
강해경, 1999, 「옛날 재혼여성은 이렇게 속썩이며 살았다」 『실천민속학』 새책 1
신복룡 · 장우영 옮김, 1999, 『고요한 아침의 나라 조선』 집문당
소현숙, 2000, 「일제시기 출산통제담론 연구」 『역사와 현실』 38
白水紀子, 2000, 「近現代中國における寡婦の地位--守節と再婚をめぐって」 『東洋文化研究所紀要』 140
정지영, 2002, 「조선후기 호주승계방식의 변화와 종법질서의 확산: 17 · 8세기 ≪단성호적≫에 나타난 과부와 그 아들의 지위를 중심으로」 『한국여성학』 18-2
________, 2002, 「조선후기 과부의 또 다른 선택」 『역사와 문화』 5
윤수종, 2002, 「우리 모두는 소수자다!」 『다르게 사는 사람들-우리 사회의 소수자들 이야기』, 이학사
고타니 히로유키, 2004, 「역사속에서 하위주체의 주체성 찾기의 가능성」 『당대비평』 28
노용필, 2004, 「개화기 과부의 재가와 천주교」 『韓國思想史學』 22
전미경, 2005, 『근대계몽기 가족론과 국민생산 프로젝트』, 소명출판
류미나, 2005, 「식민지권력에의 '협력'과 좌절-경학원과 향교 및 문묘와의 관계를 중심으로-」 『한국문화』 36
경기도 편, 2005, 『전통시대 법과 여성』 경기도
박주, 2007, 「18 · 19세기 동래부 영양천씨 집안의 효자정려 청원과정」 『사학연구』 85
홍양희, 2007, 「식민지시기 가족 관습법과 젠더질서」, 『한국여성학』 23-4
박애경, 2008, 「야만의 표상으로서의 여성 소수자들-『제국신문』에 나타난 첩, 무녀, 기생 담론을 중심으로」 『여성문학연구』 19
홍인숙, 2009, 『근대계몽기 여성담론』, 혜안
강명관, 2009, 『열녀의 탄생』, 돌베개
류미나, 2010, 「19c말~20c초 일본제국주의의 유교 이용과 조선지배」 『동양사학연구』 111
이임화, 2010, 『전쟁미망인, 한국현대사의 침묵을 깨다』, 책과함께
김현선, 2011, 「전쟁미망인의 빼앗긴 남편과 사랑, 결혼 이야기」, 『구술사연구』 2-1
장민걸 지음, 이인경 옮김, 2012, 『중국의 혼인과 가정』 도서출판 문사철
홍양희, 2013, 「"애비 없는" 자식, 그 '낙인'의 정치학: 식민지시기 '사생아'문제의 법적 구조」

『아시아여성연구』 52-1
정긍식, 2013, 「한국의 가계계승에서 여성의 지위-식민지기 여성호주를 중심으로-」 『법사학 연구』 47
권명아, 2013, 『음란과 혁명』 책세상
Mani, Lata, "Contentious Traditions: The Debate on Sati in Colonial India", K. Sangari and S. Vaid, eds., *Recasting Women*, New Delhi, 1989
Spivak, Gayatri C., "Can the Subaltern Speak?", Williams et al., *Colonial Discourses and Post-colonial Theory: A Reader*, New York, 1993
Kim, Jungwon, 2014, "'You Must Avenge on My Behalf': Widow Chastity and Honour in Nineteenth - Century Korea" Gender & History Vol. 26, No1, 2014

:: 10 ::

'조선'을 연출하다
: 조선악극단의 일본 진출 공연과 국민화의 (불)협화음(1933~1944)

김청강

1. 들어가며

몇 년 전 KBS의 〈한국의 문화유산〉이라는 공익광고에서는 식민지 시대의 〈조선악극단〉을 한류의 원조로 소개하였다. 이 광고는 1930~40년대에 조선악극단이 한국 최초로 일본에 진출했음을 강조하면서, 이것이 마치 한류의 전신인 것으로 그려냈다. 물론 식민지라는 상황 속에서도, 조선의 전통 옷을 입고 해외 순회공연을 하였던 조선악극단을 '글로벌 한국'의 자부심인 '한류'의 원조라고 해도 아주 틀린 말은 아닐 것이다. 그러나 이러한 내러티브는 조선악극단을 현재적 관점에서 전유한 것으로, 조선악극단이 활동했던 시대적 상황이나 그들이 재현했던 내용, 그리고 그들이 제국에서 소비되는 방식은 거론하지 않은 탈맥락적인 해석이다. 상식적으로 생각해도 1930~40년대 전시체제하 조선악극단의 일본 진출이 지금과 같은 자유주의 경제체제의 한류의 경영방식과 같을 수는 없을 것이다. 더구나 1930~40년대 조선은 전쟁과 황국신민화의 진통을 겪고 있었다.

그렇다면 이러한 시기에 제국의 심장부로 진출을 감행했던 조선악극단의 행보는 어떻게 설명할 수 있을까?

오랫동안 1930~40년대 일본 전시체제는 제국주의의 '동화' 이데올로기가 극단적으로 강화된 일본 제국주의의 특수한 문화로 이해되어왔다. 천황의 이름 아래 국민들이 파시즘적 '광기'에 동참했던 이 역사는 종종 일본을 포함한 독일, 이탈리아 등 파시스트 국가만의 특수성으로 여겨졌다. 그러나 최근에는 나치 독일의 국민화 과정도 여타 국가들의 국민화 과정과 마찬가지로 의례·의식의 조직적인 훈련을 통해 이루어졌고, 국민화 과정의 억압성이나 폭력성이 파시스트 국가만의 "특수한 길"이 아니었으며, 국민국가가 구축되는 과정에서 광범위하게 나타난 현상으로 파악되고 있다.[1] 이러한 관점에서 보면, 황국신민화 과정은 타민족을 문화적으로 '동화'하는 일방향적인 폭력을 동반하면서도, 동시에 제국 내의 소수민에게도 제국의 신민으로서 참여할 것을 요구 혹은 허락하는, 다인종 국민국가로서의 특성도 가지고 있었다고 볼 수 있다.[2] 이러한 모순적 체제 내에서 국민이자 비국민의 이중적 위치에 있던 식민지인들은 일종의 '생존의 문화'를 만들며, 현실에 참여하게 된다.

식민지인의 이중적 상황은 식민지 조선에서도 확인할 수 있는데, 특히 '국민화'가 본격적으로 실행되기 시작한 일제 말기부터는 식민지 조선인들의 사회적 위치에 대한 갈등은 여러 방면에서 표출되었다. 일제는 식민지 초창기부터 조선인을 제국에 동화시키는 것을 목표로 했지만, 전시기 이전까지 이러한 목표는 상당히 이데올로기적 수준에 있었다. 그러나 전시기를 거치면서 본격적인 국민화

1 임지현, 김지혜 역, 조지모스 저, 『국민의 대중화』(소나무, 2008).

2 사카이 나오키와 후지타니 다케시는 일본의 다민족국가 구상을 미국식 민주주의에 기초한 다민족국가 구상과는 근본적으로 다른 것으로 "특수성"에 근거한 것으로 파악해온 기존 연구들을 비판적으로 바라본다. 사카이 나오키 외, 『총력전하의 앎과 제도』(소명, 2014); Fujitani, Takashi, *Race for Empire: Koreans as Japanese and Japanese as Americans during World War II*, University of California Press, 2013.

정책이 펼쳐지자, 조선인은 국민의 이름으로 부름을 받기 시작했고, 신민을 수행(performance)하며 '동화'를 적극적으로 경험하게 되었다. 신민의 수행은 신토에 절을 한다거나, 천황 만세를 외치는 행위 등 식민지인들의 현실의 문제였다.[3] 이러한 식민지적 상황에 관해 사카이 나오키는 식민지인은 자기 자신을 연기자로, 일본인을 관객으로 삼아 "연출"해야 했다고 지적한다. 그는 식민지인이 일본인이 되어가는 과정의 욕망의 주체는 식민지인이 아니고 내지의 일본인이었으며, "내지인의 욕망을 만족시키기 위해서, 식민지인은 예상된 역할을 연기할 것을 기대 받았다"고 주장한다.[4] 다시 말해 일본 제국이 전시 상황 속에서 오족 협화라는 '차이'의 정치를 실험하는 가운데, 식민지인들은 적극적으로 자신들의 '로컬' 컬러를 드러내면서도 일본의 신민으로 흡수되기를 촉구받았다는 것이다. 이에 식민지인들은 다민족 일본 제국 내의 소수인으로서의 조선인이라는 정체성과 일본의 신민으로서의 모습을 어떤 식으로든 '연출'해야 할 필요가 있었다.

그런데 다민족국가로서의 일본 제국의 국민화의 실험과 그 안에서 조선인의 위치는 항상 불안정한 것이었다. 제국에서의 조선이라는 '지방성'이 '민족'이라는 기표로 치환되는 순간, 조선의 지방성은 '민족주의'로 변화될 수 있는 위험성을 항상 가지고 있었기 때문이다. 이런 면에서 본다면 일본인이 조선인에게 강요한 '조선'의 '연출'은 동화에 필요한 도구이자, 언제라도 '국민'이라는 변장을 지워낼 수 있는 위험한 기술이기도 했다. 이런 문화적 '연출'과 관련하여, 미리암 실버버그는 대중문화에서의 코드의 전환은 두 개 이상의 사회적 아이덴티티를 갖고자 하는 화자가 전략적으로 사용하는 방식이라고 주장한 바 있다.[5] 그에 따르

---

3 Ching Leo T.S., *Becoming "Japaneses": Colonial Taiwan and the Politics of Identity Formation*, University of California Press, 2001.

4 사카이 나오키, 앞의 책.

5 Miriam Silverberg, *Erotic Grotesque Nonsense: The Mass Culture of Japanese Modern Times*, University of California Press, 2007.

면 코드의 전환을 자유자재로 할 수 있는 주체는 오히려 유연한 정체성으로 인해 자유로운 주체가 될 수 있다. 이러한 의미에서 식민지인들이 자신을 '연출'하는 방식은 문화의 '코드 전환'이자 이중적 정체성을 유지하는 문화 전략으로도 볼 수 있을 것이다.

이 논문은 '지방화'와 '국민화'의 요구가 급속도록 전개되었던 일본의 전시체제하에 조선의 악극과 악극인이 '조선'과 '국민'을 연출하는 전략 방식, 또한 이에 대한 다양한 관객의 반응을 탐구하고자 한다. 악극은 1930년대 도시를 중심으로 새로운 볼 것·들을 것·즐길 것을 제공하는 상업적 대중문화였고, 조선을 넘어 해외에 진출할 정도로 대중에게 친밀한 대중문화 장르였다. 그러나 이처럼 자본주의적이고 근대적인 새로운 대중문화였던 악극은 전시체제가 강화되면서부터 지방 곳곳을 찾아가 시국적 프로파간다를 소화해내야 했던 '협력'의 최전선에 놓이게 되었다. 이들은 제국적 순연을 통해 식민지인에게 "국민으로 참여한다는 환상, 혹은 현실"을 대면하게 하는 중요한 정치적 역할을 했다.[6] 이 중에서도 조선악극단은 민족의 경계를 넘어 다양한 대중을 만나며 '조선'을 재현하고 제국의 '국민'을 연출한 가장 활발한 공연 단체였다.

이 논문에서는 조선악극단의 해외 공연을 사례로 그 분석 시기를 1933년 오케레코드사의 발족 때부터 1944년 단장 이철이 사망하기까지로 하여, 제국에서의 흥행을 살펴보고자 한다. 특히 이들이 제국 진출을 위해 시도했던 연출 방식, 이에 대한 제국의 시선, 그리고 내선일체와 국민화라는 요구 속에서의 연출의 변화과정을 구체적으로 살펴볼 것이다. 이를 통해 '오케그랜드쇼'라는 글로벌한 이름으로 시작한 조선악극단이 제국에 진출하면서 만들어낸 '조선적인 것'의 '연출'은 일본인의 다민족제국에 생존하기 위한 '위장술'이었음과 동시에, 조선인 연

---

6 이승희, 「전시체제기 연극통제시스템의 동원정치와 효과」, 『상허학보』 41집(2014).

에 기업으로서 국민화의 정치 속에서 만들어낸 생존기술이었음을 주장한다. 더욱이 무대 공연은 '일회성'이라는 특성이 강하기 때문에, 기획자나 공연자가 어떤 관객을 만나느냐에 따라 공연의 내용이나 수용의 방식이 상이하였다. 따라서 조선악극단의 일본 진출 공연은 대중문화가 국가의 정치와 깊이 개입했던 사실을 반영하면서도, 일본 내지의 일본인, 조선인, 만주에 주둔한 일본인 군인 등 다양한 관객과의 만남 속에서 다채롭게 변주하였다. 따라서 이 논문은 조선악극단의 제국 진출에 대한 분석을 통하여 조선악극단의 해외공연에 참여한 기획자, 공연자, 그리고 관객 모두에게 문화적 횡단의 경험을 통해 정체성(identity)에 대한 다양한 자각(identification)이 있었음을 주장한다.

2. 조선악극단을 기억하는 세 가지 방식: 협력, 한류의 원조, 전시 대용품

조선악극단을 이야기하기에 앞서 우선 악극이 어떤 대중문화 장르였는지 좀 더 자세히 살펴볼 필요가 있다. 유민영은 식민지 시대에 기원한 한국 악극을 다음 네 가지로 분류했다.[7] 첫째, 신파극 사이에 중간중간 끼어드는 짧은 콩트나 코미디인 '막간,'[8] 둘째, 일본의 다카라즈카에서 영향을 받은 극,[9] 셋째, 천승(텐가

7 유민영, 『한국 근대 연극사』(단국대학교 출판부, 1996); 유민영, 『한국연극운동사』(태학사, 2001).

8 막간은 스케치, 레뷰, 넌센스, 독창, 만담, 무용으로 이루어졌고 어떤 경우에는 본극보다 더욱 흥행하기도 했다고 한다. 김호연, 『한국 근대 악극 연구』(민속원, 2009), 61쪽.

9 다카라즈카는 본래 1913년 한큐 철도회사와 백화점을 소유한 거부, 고바야시 이치조가 구상한 사업인데, 철도 승객을 늘리기 위해 다카라즈카에 온천과 일본 최초의 실내수영장을 만들었던 것에서 시작했다. 철도 승객을 늘리기 원했던 고바야시는 실내수영장이 의외로 인기가 없자 수영장을 "파라다이스 극장"이라는 이름으로 개조하고, 20명의 미소녀를 뽑아 노래와 춤을 훈련시켰다. 이 새로운 쇼비즈의 성공을 바탕으로 고바야시는 다카라즈카라는 미소녀들의 공연을 역으로 아사쿠사에 수출하기도 했으며, 다른 회사들도 미소녀 공연 단체를 만들기 시작했다. 고바야시는 영화사인 토호의 설립자이기도 하다. Jennifer Robertson, *Takarazuka: Sexual Politics and Popular Culture in Modern Japan*, University of California Press,

쯔) 곡예단에서 힌트 얻어서 만든 배구자 가극단류, 마지막으로 오케레코드(조선 악극단), 빅타레코드(반도가극단), 콜럼비아레코드(라미라가극단) 같은 레코드사의 전속가수의 공연에 어우러진 쇼와 레뷰이다. 악극이 영화가 시작되기 전 손님을 모으기 위해서 행해진 아도로크쇼 (attraction show의 일본식 발음)라고 불렸던 사실에서도 알 수 있듯이, 악극은 종종 볼거리로서 대중의 흥미를 끌기 위한 도구로서 예술로 인정받지는 못했던 다양한 연예물을 지칭하는 것이었다.

지금까지 악극에 대한 연구는 악극의 초기 성립 과정을 파악하려는 시도,[10] 악극에서 사용된 대중음악이나 무용[11]을 연구한 경우, 1930~40년대에 악극단에서 대대적으로 만들어진 "향토가극"에 중심으로 악극의 형태와 민족적 색채에 관해 연구한 경우 등 악극의 부분적 특성에 집중한 연구가 지배적이었다.[12] 이 중에서도 연구자들 사이에 가장 논쟁이 되는 지점은 식민지 시기의 악극의 시국협력성과 이에 따른 혼종성을 어떻게 파악할 것이냐에 관한 문제이다. 악극인이자 악극에 관한 가장 많은 기록을 남긴 박노홍은 1970년대에 「한국 악극사」를 쓰면서 악극을 민족적 문화예술장르로 규정하고자 했다.[13] 일례로 그는 성보악극단, 약초악극단, 제일악극단 등 일본계 레퍼토리를 쓴 악극단은 한국 악극사

1998 참조.

10 최승연, 「악극 성립에 관한 연구」, 『어문논집』 49(2004); 이규성, 「한국 악극의 수용과정과 경연 활동에 관한 연구」(석사학위논문, 동국대학교, 2005).

11 김영희, 「일제강점기 '레뷰춤' 연구」, 『한국무용사학』 9호(2008).

12 김호연, 앞의 책; 정명문, 「반도가극단의 후기 가극 연구-〈숙향전〉의 극작전략을 중심으로」, 『한국극예술연구』 제40집(2013). 특히 김호연은 현재 남아 있는 신문이나 잡지, 그리고 유성 음반기 등의 기록을 정리하여 악극의 다양한 레퍼토리를 소개하고 있다는 점에서 악극에 관한 가장 괄목할만한 연구 성과라고 할 수 있다.

13 박노홍의 「한국악극사」는 지금까지 전해지는 악극에 관한 가장 자세하고도 생생한 기록으로 보인다. 박노홍, 「한국 악극사1-8」, 『한국 연극』(1979). 한국연극에 실린 이 글은 김의경, 유인경 편, 『박노홍의 대중연예사』 1(연극과 인간, 2008). 단행본으로 묶여 나왔다. 이 외에는 김석민이 반공주의적 시각에서 쓴 『한국연예인 반공운동사』 또한 해방 이후 악극에 관한 중요한 기록이다. 김석민, 『한국 연예인 반공 운동사』(예술문화 진흥 위원회 출판부, 1989).

에서 제외해야 한다고 서술하며, 이들 악극단들의 공연 레퍼토리나 상황에 대해서는 평가절하 했다. 그는 악극의 예술성을 강조하면서 '연예물'로만 여겨졌던 악극을 민족문화로 재서술하려 했다. 그는 반도악극단이나 라미라악극단은 조선어극을 공연했음을 강조하며, 그것이 민족문화로서의 악극의 모델이라고 주장했다. 최근에 이루어진 김호연과 정명문의 연구도 조선어 공연을 한 악극단 위주의 연구로, 민족성의 발현에 주목하였다.

그러나 이 시기 악극단들의 공연에 드러나는 '향토성'을 '민족적인 것'으로 등치시킬 수 있는가에 대해서는 심각하게 재고할 필요가 있다. 일례로 라미라 악극단의 중심에 있었던 박용구는 당시의 프레임은 "로컬"이었기 때문에 향토극을 민족극이라고 보기에는 "너무 거창하다"고 증언했다.[14] 또한 향토가극 연구자들에 의해 '민족적' 공연단으로 알려진 라미라 악극단이나 반도악극단도 일본으로 원정 공연을 갔을 때에는 일본어로 향토 가극을 공연하였다. 김호연은 조선악극단을 특정하여 "낭곡과 같은 일본 전통 공연방식을 수용하거나 일본어로 공연하는 시류에 영합하는 공연을 양산하는 한계를 드러내기도 하였다"[15] 고 부정적으로 평가했다.

한국 악극인과 악극 연구자들의 악극에 대한 평가가 '민족적'인 것에 집중되어 있었던 것에 비해, 일본 진보 극단인 신협의 멤버이자 일본판 「춘향전」의 연출자 무라야마 도모야시는 상이한 의견을 제시한다. 그는 조선의 악극은 원래 "레코드 유행가수의 선전책으로 가수의 유행가, 짧은 창, 피리연주 등에 약간이 극적인 요소와 무용을 첨가"한 것이며, 일본의 소위 "레뷰, 쇼치쿠, 다카라즈카 소

---

14 라미라 가극단의 일본 공연에 관한 진술과 "향토 가극"에 관한 진술은 『박용구: 한반도 르네상스의 기획자』(수류산방, 2011) 참조. 빅터/ 반도 악극단의 혼종에 관해서는 박노홍, 앞의 책, 26~30쪽 참조. 위와 비슷한 논지의 글로는, 최현식, 「제국의 취향, 전시되는 '아리랑'-식민지 '아리랑 엽서'의 성격과 의미」, 『대동문화연구』 75집(2011) 참고.

15 김호연, 앞의 책, 133쪽.

녀가극" 등이 참고가 되어 만들어진 것이라고 증언한다. 그는 악극이 "성량이 약한 레코드 가수가 감도가 나쁜 마이크 앞에서서 별로 좋지 않은 소리를 내고, 나머지는 저급비속한 요란스러운 희극을 넣은 시국에 부합하는 색조를 가진 것으로 무용 부분은 고작 손을 들어서 각을 맞춘 정도"였다고 서술하여,[16] 악극은 무대예술과는 다른 매우 상업적이면서도 시국(전시체제하 정치상황)에 깊이 관련된 대중문화라는 점을 강조한다.

이런 면에서 악극은 예술을 지향했던 연극(신극)과도 다르고, 대중성은 있지만 전통을 소환하는 창극이나 판소리 공연보다는 서양적인 것, 미국적인 것, 혹은 일본적인 것이 가미된 트랜스내셔널한 상업적 대중문화 상품이었으며, 동시에 시국에 부합하는 공연을 다수 시행한 특징이 있다. 물론 각 극단마다 다양한 악극을 공연하였기 때문에 이를 하나의 형태로 규정하기 어렵지만, 대체로 다양한 상업극 형태로 존재했으며 일제 말기에는 황국신민화에 적극 협력한 매체였다는 것은 부인하기는 어렵다. 따라서 악극 무대에 올려진 소위 향토극은 민족적인 극이라기보다는, 제국의 지방으로서의 조선의 로컬이라는 한계 속에서 만들어졌다는 점을 간과해서는 안 될 것이다.

또한 악극의 향토성은 일본의 '조선붐'과 제국의 대중문화 소비 형태를 고려하지 않고는 설명할 수 없다. 테일러 애트킨은 일본의 '조선붐'을 '한류'의 원조로 파악하며[17] "아리랑", "도라지타령", "최승희"의 무용 등을 그 예로 든다. 그는 이런 문화의 소비가 제국주의적 측면은 있었으나, 이와는 별도로 조선의 음악을 사랑하는 순수한 일본 팬들이 존재했고 일본 대중문화에도 상당한 영향을 끼쳤음을

16 무라야마 도모야시, 「村山知義」, 『朝鮮樂劇批判』(桜占書店, 1947).

17 Atkins, E. Taylor, *Primitive Selves: Koreana in the Japanese Colonial Gaze, 1910-1945*, University of California Press, 2010.

주장한다.[18] 애트킨의 이러한 시각은 제국주의의 헤게모니를 제국에서 식민지로의 일방향적인 것으로 파악하는 것에서 벗어나, 식민지가 제국의 일부를 형성하는 데 영향을 주기도 한다는 신제국주의사적 해석으로, 일본 제국을 새롭게 바라보는 시도이다. 애트킨이 조선에는 전통적인 문화가 존재했고, 일본인들이 이러한 순수성을 소비했다고 주장한 반면, 백현미의 연구는 "순수한" 전통문화 역시 근대에 와서 새롭게 구성된 것이라고 주장한다.[19] 백현미의 연구는 이런 의미에서 '전통적인' 연극을 많이 했던 라미라가극단이나 반도가극단을 '민족적인' 극을 했다고 파악하는 많은 연구들과는 구별된다. 그는 악극단에 의해 재현된 향토극을 일본 제국의 근대 초극 논의와 맞물려 조선인들에게 요구된 '구성된 전통'으로 파악한다. 이러한 관점은 필자가 주목해서 보고자 하는 악극단들의 '연출'이라는 개념과도 연동할 수 있는 것으로, 이 시기에 구성된 '전통적 연예'라는 것이 어떻게 전략적으로 '조선적인 것'으로 '연출'될 수 있는지에 대해 많은 시사점을 제공한다.

아울러 전술한 연구들이 대부분 간과하고 있는 바는 바로 악극의 상업성이다. 관련하여 백현미와 이화진은 악극이 도시 중간층의 소비물이었으며, 전시기의 할리우드가 금지된 틈을 타 특수를 누린 문화상품이었음을 주장하였다.[20] 또한 이들은 조선의 연예를 일본 제국이라는 지도 안에서 움직였던 산업으로 파악했다. 이는 매우 새로운 시각이지만 이 두 논문은 모두 악극의 상업적 특수성과

---

18 최근 조선악극단의 주요 작곡가 중의 한 사람인 김해송이 만들었던 선구적인 째즈풍의 음악에 대한 음악학적 분석들이 증가하고 있는 것도 한류의 원조로서의 조선악극단에 대한 관심에서 비롯된 것으로 보인다. 성기완, 「김해송과 조선 스윙 장단」, 『대중음악 통권』 9호(2012); 이소영, 「김해송의 대중가요에 나타나는 재즈 양식」, 『대중음악』 통권 9호(2012); 이준희, 「김해송 무대음악 활동 초탐」, 『대중음악』 통권 9호(2012).

19 백현미, 『한국연극사와 전통담론』(연극과 인간, 2009).

20 백현미, 앞의 책. 이화진, 「전쟁과 연예 – 전시체제기 경성에서 악극과 어트랙션의 유행 –」, 『한국학연구』 제36집(2015).

향토성 재현의 정치성에 대해서는 언급하지 않고 있다. 또한 이 연구들은 연예물을 제국의 소비물로 인정하고 있음에도 불구하고, 그것이 제국에서 어떤 방식으로 받아들였는지에 대해서는 논의하지 않고 있다. 따라서 이 논문은 조선악극단의 일본 진출과 그들이 '조선'을 '연출'해야 했던 맥락, 그리고 전면전의 전환기를 겪으며 식민지 조선인이 '국민'으로 새롭게 연출된 과정들을 보다 자세히 분석하는 가운데 그간 연구가 미흡했던 악극단의 사회성과 역사성을 밝히고자 한다.

3. '조선'의 연출과 조선악극단의 일본(내지) 흥행

1930년대가 되면 일본 제국의 주요 도시들은 일본(내지)을 중심으로 조선과 만주를 잇는 만선 루트로 연결되어, 광역적인 관광 산업을 형성하기 시작했다. 일본 내지에서의 '만주붐'과 '조선붐'을 기반으로 한 식민지 투어리즘은 "제국의 교통, 통신 네트워크"와 긴밀한 관계를 가지며 날로 성장했다. 일본여행협회에서는 '만선일주코스'와 '조선일주코스' 등을 개발하여 본격적인 해외여행이 시대의 개막을 알렸고, 이에 조선 철도와 남만주 철도를 이용한 다양한 관광코스들이 개발되었다.[21] 그뿐 아니라 이러한 투어리즘의 중심이었던 식민도시 경성에도 대중문화 시설들이 설립되면서 '중간층 문화'가 확산되고 있었다.[22] 근대적 극장, 교통, 백화점, 라디오, 레코드 등 근대적 시설이 도입되고, 특히 유행가 레코드가 가격이 낮아지면서 대중문화는 말 그대로 대중의 일상을 파고들기 시작했다.

1930년대 대다수 악극단이 레코드 회사를 중심으로 조직되었던 것은 이러

21 김백영, 「가이드북이 그려 낸 제국의 문화지리: 일본여행협회의 선만공식 관광루트」, 『제국일본의 문화권력』 2(소화, 2014).

22 이화진, 앞의 글, 355쪽.

한 도시적 인프라와 도시의 소비문화의 확장 속에서 비롯된 것이었다. 근대적인 청각적 감각을 만들어내며 각광을 받았던 레코드 산업의 융성과 그 일부로 자리매김하기 시작한 악극단은, 무대 위에서 청각성에 시각성을 가미시키며 새로운 대중문화 산업의 선두에 섰다. 이렇게 조선에서 확고한 상업적 위치를 차지한 레코드사와 악극단들은 1930년대 중후반이 되자 이제 국경을 넘어서 제국적인 흥행을 꿈꾸기 시작했다. 제국적 흥행을 위해서는 이를 이어주는 루트가 필요했고, 일본과 만-선을 잇는 관광루트는 새로운 근대적인 대중문화상품을 더 큰 시장에서 팔고자 했던 조선인 흥행사들의 '해외진출'의 욕망을 현실화시킬 수 있는 초석이었다.[23] 박용구의 말을 빌리자면 "교통이 불편하니까 되도록 편안하게 돌 수 있는 철도 연결해 가지고 쫙 도는"[24] 루트, 즉 만선 관광루트를 통해 조선의 연예산업은 국경을 넘을 수 있었다.

그러나 제국적 흥행의 기획이 결코 쉬운 일이 아니었다. 우선 일본의 대중문화 네트워크와 다양한 청중에 대한 사전 이해와 기획이 필수적이었다. 이에 관해 박용구는 당시 라미라가극단이 일본에서 흥행에 실패했던 경험을 이야기하며, 일본의 흥행라인을 잘 타야함을 강조했다. 당시 일본의 3대 흥행라인은 송죽라인(쇼치쿠), 동보라인(토호, 다카라즈카, 니찌게끼 日劇), 길본라인(요시모토)으로, 이들을 통해야만 전국적인 공연이 가능했다고 한다.[25] 이러한 흥행라인을 가장 잘 이용한 것이 조선악극단인데, 조선악극단은 오케레코드를 중심으로 성장한 오케그

---

23 이러한 흥행방식은 조선뿐 아니라 제국인 미국의 보드빌의 영향을 깊게 받은 일본의 대중문화에도 비슷하게 일어난 현상이었다. 1942년 미국과의 전쟁이 시작되기 이전까지 미국의 대중문화는 일본 대중문화를 여전히 지배하는 제국적 문화였다. 일례로 다카라즈카의 창립자이자 한큐철도의 고바야시 이치조는 미국으로 진출하려고 지속적으로 시도했고, 이는 조선악극단의 일본에 진출의 열망과 비견된다. 고바야시의 미국 진출의 열망은 1939년 다카라즈까가 샌프란시스코 공연을 통해 성취된다. 『歌劇』, 1939년 참고.

24 박용구, 앞의 책, 269쪽.

25 박용구, 앞의 책, 253쪽.

랜드쇼단을 중심으로 가장 적극적인 연예흥행을 펼쳐나갔다. 이철이라는 최고의 프로듀서와 일본의 사정을 잘 아는 문화부장 김상진, 오케 무용 연구소, CMC 악단, 최고의 작곡가와 가수(손목인, 박시춘, 김해송, 이난영, 장세정 등)를 아우르는 최고의 상품을 가지고, 조선악극단은 야심차게 제국을 향한 진출의 문을 두드렸다.

원래 조선의 오케레코드는 1932년 일본 데이치쿠의 자회사로 설립되어 업계의 후발주자였으나, 당시 1전 50전~2전 하던 레코드 가격을 1전으로 내리는 등 파격적인 마케팅을 해나가며, 타회사들을 압도하기 시작했다. 이어 오케레코드는 레코드 산업에 그치지 않고 오케연주단과 오케그랜드쇼라는 레뷰단을 조직하여, 레코드 흥행을 겸비한 쇼단의 흥행을 기획하였다. 오케그랜드쇼단은 1933년 경성·평양·부산 등의 전 조선 흥행을 거쳐, 1935년부터 동경·오사카·교토·나고야 등지의 동포를 중심으로 일본 공연을 시작하였다. 본격적인 해외공연은 조선악극단이라는 이름으로 1939년 3월에 요시모토 라인을 통해서였다.

이때 조선악극단은 일본 쪽 흥행사였던 요시모토와 일본 진출을 상담하면서 오케그랜드쇼단에서 조선악극단으로 이름을 바꾸었다. 이러한 요시모토 측의 조선악극단에 대한 '향토성'을 요구와 악극단들의 개명은[26] 일본에서의 '조선붐'의 문화현상을 반영한 것이었다. 요시모토 기획부는 오케그랜드쇼단이 조선에서는 유명한지 모르지만 일본에서 흥행을 위해서라면 향토성을 강조하는 것이 좋다며 '조선악극단'으로 개명할 것을 제안하였고, 단장 이철은 이를 받아들인 것이다. 조선악극단뿐 아니라 빅타악극단도 반도가극단으로, 콜롬비아악극단도 조선 음계에서 따온 라미라가극단으로 이름을 바꾸었다. 이는 모두 일본에서의 조선붐과 일본 흥행을 위해 '조선'이라는 표지를 염두에 둔 개명이었다.[27]

---

26 박노홍, 앞의 책, 59쪽.

27 박용구는 콜롬비아 악극단이 라미라악극단으로 개명한 것 역시 이러한 맥락에서 이루어진 것이라 증언한 바 있다. 박용구, 앞의 책, 265쪽.

일본에서의 조선붐은 여러 방면에서 일어나고 있었다. 1937년에 동경에서 조선학생예술좌가 「춘향전」을, 이듬해 일본 극단인 신협이 일어 〈춘향전〉을 동경·오사카·경성 등지에서 공연하였다.[28] 「춘향전」은 「숙향전」이라는 타이틀로 다카라즈카 대극장에서 1938년 9월과 12월에 상연되었고, 신협에서 일했던 안영일이 의상·무용·풍속·용어(조선어 용어) 등을 맡았다.[29] 춘향전은 1941년 10월에도 「춘향녀전」이라는 이름으로 다카라즈카 대극장에 올려졌다.[30] 향토무용으로 소개된 고려시대 「사고무(四鼓舞)」, 「승무(僧舞)」,[31] 「조선의 봄 (朝鮮の春)」와 같은 레뷰, 「풍양가(豊穰歌)」[32] 와 같은 조선을 표지로 한 무용들도 계속해서 일본의 대중무대에 올랐다. 이러한 상황에서 조선악극단이 1939년 첫 일본 공연의 연제를 "곰곰이 생각 끝에", "「춘앵부」로 하기로 한 것"도 이러한 조선붐을 염두에 둔 것이었다. 따라서 '오케그랜드쇼단'이라는 다분히 글로벌한 악극단체가 '조선악극단'으로 이름을 바꾼 것은 이러한 시대적 상황을 반영한 것이었으며, 제국 내에서의 흥행을 위해서 철저히 '연출'된 것으로 파악할 수 있다.

이렇게 '조선적 연출'로 무장한 조선악극단은 1939년에 두 차례의 일본 공연을 가졌다. 이 당시로서는 드물게 한 해에 두 번이나 일본 공연을할 수 있었던 것은 이들이 첫 무대에서 큰 성공을 거두었기 때문이었다. 조선의 언론들은 1939년 3월 동경의 화월극장에서 이루어진 조선악극단의 일본 공연에 관해서 "동경서 대호평"을 받았다며 크게 보도하였고,[33] 이런 언론의 관심은 이후 조선과 북지의 공연의 흥행에도 영향을 주었을 것으로 보인다. 더구나 제1회 원정공

---

28 백현미, 앞의 책.

29 『歌劇』, 1938년 9월호와 1939년 11월호.

30 『東寶』, 1941년 10월호.

31 『東寶』, 1941년 1월호.

32 『東寶歌劇 脚本集』, 1941년 6월호.

33 『동아일보』, 1939년 5월 13일.

연을 하는 도중에는 "조선의 타-키"로 불리며 일본의 쇼치쿠가극단에서 탭댄스를 추던 이준희와 쇼치쿠 소녀가극의 멤버였던 김능자, 그리고 다카라즈카의 멤버였던 홍청자를 영입하며 보다 화려하고 '제국적인' 진용을 갖추게 되었다.

1939년 3월과 12월에 두번의 일본 공연을 마친 조선악극단은 1940년 2월에 『조선악극단 제1집(朝鮮樂劇團 第1輯)』을 발행하며, 더욱 적극적인 홍보에 나섰다. 이 홍보물은 당시 다카라즈카나 쇼치쿠 소녀가극에서 홍보용으로 제작한 홍보물과 유사하게 제작되었는데, 오케레코드 시절인 1933년부터 당시(1940년)까지의 조선과 일본 그리고 북지의 흥행기록과 레코드 취입, 라디오 방송 출연기록, 위문공연기록, 그리고 영화「노래조선」의 영화제작과 일본 영화「영특한 부인(思ひつき夫人)」에 출연한 실적이 기록되어 있다. 또한 이 홍보물은 조선악극단 스타들의 사진, 라인업, 일본 방문 소식과 일본에서의 공연에 대한 일본인들의 반응 등을 자세히 기록하고 있다. 유명한 '죠고리 씨스터즈'와 '아리랑 뽀이스'는 1940년대 초부터 본격적으로 홍보된 것으로 보아, 1939년의 1, 2차 일본 공연을 마치고 조직된 것으로 보인다. 이 홍보물에는 코미디를 많이 했던 이복본을 "조선의 모리스 슈발리에"[34]로 소개하고, CMC 밴드의 째즈 스타일과 아리랑 보이스의 근대적 스타일을 강조하였다. 반면, 저고리 씨스터는 "조선의 정서가 고히 잠들고 있는"[35] 모습으로 소개되었다. 1939년 첫 흥행에서 실연했던 레퍼토리는 째즈, 민요, 코미디 등 다양한 장르가 섞여 있었다.

조선악극단의 첫 공연은 일본 문화계로부터 상당한 호평을 받았다. 일례로 조선악극단의 첫 공연이 끝난 직후인 1939년 4월 일본 『키네마 준보』에는 조선악극단의 공연에 관해 다음과 같이 상세하게 보도했다.

---

34 모리스 슈발리에는 프랑스 출신 샹송가수이자 희극적 영화배우였다. 특히 1929년에서 1935년에는 할리우드로 자리를 옮겨 뮤지컬 희극영화에 출연하였다. 출처: 인터넷『두산백과』

35 『동아일보』, 1940년 3월 24일.

□ **그림 10.1** 『조선악극단 제1집(朝鮮樂劇團 第1輯)』에 실린 조선악극단 공연기록

公演記錄

昭和八年度 京城、平壤、釜山

昭和九年度 京城、平壤、釜山、外南朝鮮、西朝鮮、北朝鮮一帶

昭和十年度 京城、平壤、釜山、東京、大阪、京都、名古屋、神戶、外南朝鮮、西朝鮮、北朝鮮一帶

昭和十一年度 京城、平壤、釜山、東京、大阪、京都、名古屋、外南朝鮮、西朝鮮、北朝鮮一帶

昭和十二年度 京城、平壤、釜山、安東、奉天、新京、ハルビン、牡丹江、延吉、外北滿、南朝鮮、西朝鮮、北朝鮮一帶

昭和十三年度 京城、平壤、釜山、安東、奉天、新京、ハルビン、牡丹江、延吉、外北滿、南朝鮮、西朝鮮、北朝鮮一帶

昭和十四年度 京城、平壤、釜山、東京、大阪、京都、名古屋、九州、四國、外北滿、中部朝鮮、北朝鮮、西朝鮮一帶

◎レコード吹込
テイチクレコード
オーケーレコード(朝鮮語盤)

⊙ラヂオ放送
京城中央放送局　牡丹江放送局
咸興放送局　新京放送局
清津放送局　大阪中央放送局

◎戰傷勇士慰問演奏
京城龍山衛戍病院　小倉第一陸軍病院
東京軍醫學校病院　第二陸軍病院大藏分院
名古屋第一陸軍病院

◎映畫出演
思ひつき夫人(東寶映畫)

◎映畫製作
(歌ふ朝鮮)

> 「춘앵부」는 노래, 무용, 음악이 조합된 쇼이다. 전 20경 중 독창이 12개, 무용이 4개, 반도인의 개인연기가 3개로 이루어져 있다. 이런 조합은 다소 산만할 수 있지만 각자가 버라이어티를 만들며 완급조절이 잘 되었다. 노래가 단순하게 들리는 것을 피하기 위해 동시에 진행된다. 무용도 1인이 하는 것이 없고 다른 사람들이 금방 결합하고, 장구와 손풍금, 피리가 조화를 이룬다. 공연 전체가 확장되기도 하고 줄어들기도 하면서 노래와 무용이 결합하고, 쇼 전체가 생기가 있으면서 간극이 없고 보기에 좋으며, 아주 훌륭하게 쌓아올려졌다 …… 손목인은 각 가수의 공연의 사이사이에 손풍금, 피아노 등을 치며 가수의 노래를 돕는다. 조선풍의 쎄트를 썼다.[36] (옮긴이 — 필자)

이와 같이 조선악극단의 쇼는 특히 하모니에 관해 찬사를 많이 받았다. 같

36 「朝鮮樂劇團の春鶯節」, 『キネマ旬報』, 1939년, 4월호.

□ **그림 10.2** 죠고리 씨스터(좌로부터 이준희, 김능자, 이난영, 장세정, 서봉희)

□ **그림 10.3** 아리랑 뽀이스(좌로부터 송희선, 김해송, 이복본, 박시춘)

은 공연을 본 일본의 소설가 고견순(高見順)도 "일본에도 아리랑 보이스와 같은 목소리를 가진 기예자들은 많이 있지만 이들과 같이 서너 가지 기능을 한꺼번에 하는 사람들은 없다"라고 평하며,[37] 조선악극단원들의 서구적인 기악 능력을 높이 샀다. 이러한 평가는 당시 조선악극단이 찬조출연한 영화 「영특한 부인(思ひつき夫人)」[38]에 나타난 조선악극단의 공연모습과도 부합하는데, 근대적 오케스트라를 배경으로 조선 옷을 입고 조선 악기를 연주하는 조선악극단의 모습은 조선미와 서구적 공연의 조화를 잘 보여준다.

조선악극단의 1차 공연이 요시모토의 흥행라인을 타고 이루어졌다면, 1939년 12월 공연은 쇼치쿠 흥행라인을 통해서였다. 박노홍은 2차공연이 1942년에 이루어졌다고 기술하고 있으나, 신문 등에 남겨진 기록으로 보아 1939년 12월 공연과 1943년 2월부터 5월까지 있었던 장기공연을 혼동한 것으로 보인다.[39] 어쨌든 1939년 2차공연은 일본에서 일하고 있던 『모던 일본』의 편집장 마해송의 소개를 통해 쇼치쿠와 이루어졌고, 조선악극단이 쇼치쿠와 맺은 이때의 인연은 이후에도 이어졌다. 예를 들어 조선악극단은 당시 쇼치쿠 경성직영 극장인 쇼치쿠 메이지자에서 여러 차례 공연하였는데, 1941년 8월에 쇼치쿠 소녀가극단이 조선에 원정공연에 왔을 때에는 쇼치쿠 소녀가극단의 레퍼토리인 「송죽행진곡」을 김해송이 편곡하여 조선악극단과 합동공연하기도 하였다.[40]

여기서 마해송과 쇼치쿠, 그리고 조선악극단 사이의 네트워크는 제국이 조선을 소비하는 중요한 방식을 보여준다. 『모던 일본』의 편집장이었던 마해송은 1939년 11월과 1940년 8월에 『모던 일본, 조선판』을 냈는데 조선악극단의 2차

---

37 『朝鮮樂劇團 第1輯』.

38 당시 조선의 신문에는 이 영화의 제목이 「영특한 부인」으로 소개되었다. 요즘의 맥락에서 가장 적합한 번역은 「아이디어 부인」 정도가 될 것 이다. (번역도움: 심정명) 영상은 유투브에서 확인가능하다.

39 박노홍, 앞의 책, 63~64쪽.

40 『매일신보』, 1941년 8월 9일.

공연 시점과 일치한다. 당시 일본과 조선에서 동시 출판된 『모던 일본, 조선판』은 약 30만 부 이상이 팔리며 기염을 토했는데,[41] 이는 당시 일본의 조선붐을 반영한 것이었다. 『모던 일본』이 본격적인 예술비평지였던 것에 비해, 『모던 일본, 조선판』은 조선과 만주를 잇는 여행로의 개발과 관광지로서의 조선을 소개하는 성격이 강했다.[42] 따라서 마해송이 조선악극단을 쇼치쿠 기획부에 소개한 것도 이러한 조선붐의 일환으로 파악할 수 있다.[43] 조선악극단이 1936년에 영화 「노래조선」을 제작한 데 이어, 1941년 「노래의 낙원으로 간다」를 황국영화사와 찍기로 계약한 것도 관광지로서의 조선을 제국의 상품으로 만들고자한 것이었다. 특히 「노래의 낙원으로 간다」에서는 조선의 경주나 부여 금강산 등을 배경으로 민요 공연을 촬영하려고 했다. 조선의 경치를 투어리즘적 측면에서 제국에 소개하려는 의도였다.[44]

조선적인 문화상품은 제국의 연예사들 간에도 상당한 경쟁을 불러일으킨 것으로 보인다. 일례로 조선악극단은 12월 공연에서 이화자의 히트곡 「금강산 목동」을 공연할 계획이었다. 그런데 12월 공연을 위해 일본에 왔던 이화자가 갑자기 조선에 돌아가야 할 사정이 생겨 대역을 구해야 했다. 대역을 구하는 과정에서 조선악극단 측은 경쟁사인 동보 계열의 니치케키(일극)에서 「조선레뷰」를 하고 있던 김안라가 허락 없이 조선악극단 판권의 「금강산 목동」을 부르고 있다는

---

41 윤소영, 홍선영, 김희정, 박미경 공역, 『일본잡지 모던일본과 조선 1939』(『モダン日本』, 1939년 11월 임시증간호)(어문학사, 2007); 『일본잡지 모던일본과 조선 1940』(어문학사, 2009).

42 『모던일본, 조선판』은 조선과 일본의 네트워크를 강화하는 방향에서 이루어졌다. 관광지로서의 조선의 소개가 주를 이루었고, 조선 문화에 대한 일본 명사들의 촌평들이 실리는 등 관광 산업적 목적이 강했다.

43 마해송이 스승 키쿠치 칸에게 청탁하여 1939년 조선예술상이 제정된 것과 김사량의 『빛 속으로』가 아쿠타카와 상의 후보 발탁된 것은 조선의 표상이 일본의 문화계의 마이너 문화로 자라나는 제국적 문화정치 속에서 발생한 것이라고 볼 수 있다. 권나영, 「제국, 민족, 그리고 소수자 작가-식민지 사소설과 식민지인 재현 난제」; 와타나베 나오키 외, 『전쟁하는 신민, 식민지의 국민문화: 식민지 말 조선의 담론과 표상』(2011).

44 『매일신보』, 1941년 4월 6일.

사실을 알게 되었다. 이에 조선악극단은 동보에 항의하여, 동보 측에서는 김안라의 공연을 즉각 철회했다. 이후 이 곡목을 대신할 곡을 못 찾은 동보 측은 조선악극단의 문화부 김상진과 급히 타협을 보아 "조선악극단 제공 「꼴망태 목동」"이라는 타이틀을 내보내는 조건으로 후속공연을 진행했다.[45] 이러한 사실을 통해 조선악극단이 레코드 판권이라는 자본주의적 관계에서 제국의 여타 연예사들에게 '조선표' 노래에 대한 상당한 권리를 행사하고 있었음을 알 수 있다. 따라서 당시의 '조선색'이라는 것은 제국적 상황에서 단순히 강압적으로 요구된 것만이 아니라, 조선인이 연출한 상품으로 볼 수 있을 것이다. 물론 이러한 상황은 태평양전쟁이 발발하고 조선연극문화협회가 설립되는 1942년 이후에는 크게 변화하게 되는데, 적어도 그 이전까지는 이러한 자본주의적 흥행방식이 상당한 성공을 거둘 수 있었던 것으로 보인다.

4. 제국의 시선: 아도로크(attraction), 젠더화, 인종화

이렇듯 1939년에 두 차례 있었던 조선악극단의 공연은 제국 내의 조선붐과 조선악극단의 기획에 의해서 철저하게 기획된 문화상품이었다. 그러나 당시의 역사적 맥락을 고려한다면 이들의 공연은 처음부터 '위문'이라는 큰 틀을 벗어날 수 없었다. 1939년 12월에 조선악극단이 다시 일본에 발을 내디뎠을 때 가장 먼저 한 일도 야스쿠니에 참배하는 것이었다.[46] 조선의 언론보도조차도 조선악극단의 공연을 '일본에서의 성공'과 더불어 위문대로서의 역할에 초점을 맞추었

45 『読売新聞』, 1939년 12월 19일.

46 『読売新聞』, 1939년 12월 24일.

다.[47] 일본 언론이 조선악극단의 흥행을 위문의 틀에서 가장 크게 보도했음은 물론이다. 일례로 마이니치 신문에서는 조선악극단의 일본 제1회 공연 중에 있었던 〈육군군의학교 부속병원〉 위문장면을 자세히 소개한다. 극장 프로 못지 않게 자세한 이 설명은 "이철이 먼저 가희들을 소개"하고 이어서 "단소, 장고, 피리 등이 동반된 민요, 무용, 유행가 등을 하면서 프로그램을 하였"으며 장세정이 「라트라비아타」, 이화자가 「아리랑」을 불렀고 마지막에는 「애국행진곡」을 다 같이 합창으로 부르며 위문을 끝냈다"라고 보도한다.[48] 조선악극단의 일본 공연이 '선전과 협력'에 우선하고 있음을 명확하게 보여주는 대목이다. 마이니치 신문은 극장공연에서도(화월극장) 피날레는 장세정·남인수·이난영·이연권의 4명의 스타가 부른 군국가요 「아버지여, 당신은 강했습니다(父よ, あなたは強かった)」로 소개하며 이들 공연의 목적이 '위안'이었음을 강조했다.[49]

조선악극단이 출연한 일본 영화 「영특한 부인(思ひつき夫人)」에 관해서도 좀 더 자세히 살펴볼 필요가 있다. 조선악극단의 팸플릿은 자신들이 일본 영화에 출연했던 것을 중요한 성과로 기록하고 있는데, 정작 이 영화에 관해서는 많이 알려져 있는 바가 없다. 실상 이 영화는 '가정보국'을 위해 아사히 신문사에서 나온 만화 「영특한 부인(思ひつき夫人)」을 동보영화사에서 영화화한 것이었다. 영화의 내용은 지혜로운 부인이 국가를 위해 가정에서 어떤 일들을 할 수 있을지 몇 백 가지의 비법을 알려준다는 것인데, 이를테면 남편의 바지로 여성용 쓰봉 만드는 법에 관한 아이디어를 제공하는 가벼운 스타일의 선전영화였다. 영화의 신문광고에는 이 영화를 보면 "즐겁게 여러 가지 아이디어를 배울 수 있고, 씨름장사 쌍엽산과 중구천혜자의 대화를 들을 수 있으며, 하루빈 교향악단·시립오케스트라

47 『매일신보』, 1941년, 1월 8일.

48 『朝日新聞』, 1939년 3월 10일.

49 『朝日新聞』, 1939년 3월 19일.

의 아름다운 음악, 조선악극단의 쇼와 요시모토의 코미디를 볼 수 있다"라고 광고한다.[50] 조선악극단, 하얼빈 악극단 그리고 요시모토의 코미디언들이 「영특한 부인」에 공동 출연한 것은 지루한 선전영화에 관객의 관심을 모으기 위한 "아도로크(attraction)"로서의 정치적 역할을 한 것이었다.

이런 면에서 1차 흥행을 가능케 했던 요시모토사와 조선악극단의 관계를 한번 더 살펴보면, 또 다른 정치적인 흐름도 파악할 수 있다. 요시모토사는 주로 코미디와 만담 등을 했던 흥행사였는데, 특히 일본 전시체제하에서는 황국위문단을 전지로 보내는 등 전시체제의 위문 문화와 깊이 관련하고 있었다.[51] 조선악극단의 일본 공연도 "개그나 코미디가 우수한 단원들이 많아서 명랑하게 웃을 수 있는 요소가 많다"라는 평가를 받았는데,[52] 조선악극단이 다른 악극단에 비해 이복본이라는 코미디언을 중요 참가자로 내세운 것도 요시모토와의 결합을 일부 설명해준다. 이러한 결합을 통해 전시기의 우울한 시국에 웃음을 선사함으로써, 조선인과 '함께 웃는다'는 공공성을 만들어냈던 것이다.

이뿐 아니라 일본의 볼거리 상업 문화인 아사쿠사의 문화의 소비 패턴은 조선악극단의 흥행과도 깊은 관계가 있었다. 일본의 아사쿠사 공연 전통은 메이지 정부가 들어서면서 아사쿠사 지역을 7개 구역의 공원으로 지정하며 시작되었다. 아사쿠사는 근대적 극장이 밀집한 6구역과 "기녀들의 비밀생활", "숨쉬는 외국인 얼굴 인형", "자궁 속 태아" 등 볼거리(미세모노)가 모인 4구역이 유명했는데, 계층을 불문한 많은 사람들이 모여들어 서구적 근대가 주는 각종 센세이션을 소비하

---

50 『読売新聞』, 1939년 4월 30일.

51 요네야마 리사, 「오락, 유머, 근대: '모던만자이'의 웃음과 폭력」, 연구공간 수유+너머 '일본근대와 젠더 세미나팀' 옮김, 『확장하는 모더니티: 1920~30년대 근대 일본의 문화사』(소명출판, 2007), 163~171쪽.

52 『朝鮮樂劇團 第1輯』.

던 장소였다.[53]

미리암 실버버그는 아사쿠사의 볼거리 중 "그로테스크"는 "구경거리 세계"의 대상이자 동시에 타자라는 특징을 갖는다고 한다. 그리고 그 그로테스크의 대부분은 "외국인 엔터테이너의 일"이었으며 인종적인 특징이 강한 사람들과 하층계급의 사람들이 그 역할을 맡았다고 한다. 그리고 외국인 중에서도 지나인, 조선인, 그리고 백인은 주로 여성으로, 성적인 대상으로까지 소비되었음을 지적한다. 이런 면에서 본다면 아사쿠사 내 외국인이나 외국인이 갖는 엑조티시즘의 소비는 인종적으로나 젠더적으로 상당히 고정되어 있었다고도 볼 수 있다.

같은 측면에서 조선붐을 타고 일본에 진출한 조선악극단이 어떤 볼거리로 보여졌는지 고찰할 수 있다. 먼저 조선악극단의 일본 공연 레퍼토리를 다시 한 번 살펴보면, 키네마 준보에 실린 조선악극단의 제1회 공연의 레퍼토리는 다음과 같다. 이난영이 「이별의 뱃노래(別れの船唄)」, 「디가디가듀(ディがディがデュ-)」, 「아, 그러함에도 불구하고(あ, それなのに)」, 「소원절(小原節)」을 불렀고, 김능자는 「만주아가씨(滿洲娘)」라는 무용을, 김정구는 「야점 훈단옥(夜店のフンタン屋)」을 불렀다. 무용으로는 조영숙의 「경복궁타령(景福宮打鈴)」, 「창부타령(娼婦打鈴)」, 최인순의 「승무(僧舞)」, 김능자의 「돌궐남자돌궐여자 (獗男獗女)」 등이 공연되었다. 이 레퍼토리들을 분석해보면, 「디가디가듀」 같은 째즈 스타일의 음악, 유행가와 더불어 「경복궁타령」, 「창부타령」 같은 조선의 전통타령에 맞춘 무용과 승무 등이 상당히 균형적으로 배치되어 있음을 알 수 있다. 특기할 만한 것은 김능자는 「만주아가씨」와 「돌궐남자돌궐여자」의 무용을 하였는데, 김능자가 다카라즈카 출신의 무용수임을 감안할 때, 당시 다카라즈카에서 오족협화라는 시국에 부합하기 위해 만들었던 「만주에서 북지로 (滿洲より 北支へ)」 등에서[54] 중국이나 몽골를 재현하는

53 Silverberg, 앞의 책.

54 『歌劇』, 1938년 9월호.

□ **그림 10.4** 요미우리신문, 1939년 3월1일

방식을 차용했을 가능성이 높다. 따라서 무대에 연출된 외국인 혹은 조선인은 아사쿠사의 그로테스크적 기대에 부응했으리라 추측 가능하다.

조선악극단의 공연에 대한 평 역시 일본인들의 이국취향을 보여준다. 그들의 공연은 "인위적이고 말초적으로 좀 어그러지는 부분이 있어서 피곤한 부분이 있다"라는 평을 받기도 했지만, 대개는 "향토적이기도 하고 고전적이기도 하고 흥미가 있었으며, 이그조티즘을 가지고 있었다", "반도의 전통적인 부분이 근대적인 음악과 무용 의상 등 단순한 아름다움 등이 신선한 인상으로 남아 있다"는 등 호평을 받았다.[55] 다시 말해 조선악극단의 레퍼토리는 음악과 악기, 의상과 무용 등 전반적으로 조선적인 것과 서구적인 것의 균형잡힌 연출이었고, 이러한 혼종적 무대가 일본에서는 볼 수 없었던 상당한 이국성으로 받아들여졌던 것이다.

이러한 이국적 취향의 요구는 조선의 여성을 재현하는 방식에서 더욱 두드러진다. 앞서 미리암 실버버그가 지적했듯이, 이러한 엑조티시즘에서 느껴지는

---

55 『朝鮮樂劇團 第1輯』.

그로테스크는 종종 외국인 여성으로 대변되는 젠더성과도 연결되어 있다. 마찬가지로 조선악극단이 소개되는 기사에는 주로 여성들의 족두리와 한복을 입은 모습, 승무와 같은 고전적인 무용을 하는 모습이 매우 자주 재현됐다. 악극단원에 남성 멤버들도 상당수 있었지만 조선악극단의 광고나 사진에는 남성연주단보다는 여성의 재현이 주를 이루었다. 또한 조선악극단을 소개하는 일부 신문 기사에서도 조선악극단을 "일류가수와 기생을 합쳐서 만든 조직"으로 소개하기도 했다.[56] 악극단원의 일부가 기생 출신인 점을 감안한다면 이런 소개가 완전히 틀린 것이라 할 수는 없지만, 기생과 조선악극단을 등치하며 소비하는 제국의 시선에는 인종과 젠더의 위계가 극명히 드러난다.

그런데 이러한 방식으로 조선을 소비했던 것이 단지 제국의 요청일 뿐 아니라, 조선 남성 엘리트가 조선의 전통미를 만들어내는 방식과도 유사했음에 주의할 필요가 있다. 예를 들어 『문장』지에 이태준은 기생을 조선미의 진수로 설명하는데, 그는 최근 기생들이 일본의 옷들을 걸침으로서 순수한 조선미를 해친다고 지적하며 순수성을 되찾아야 함을 강조했다.[57] 이는 『모던일본 조선판』에 실린 야마가와 히데미네의 "기생의 미"라는 글에 나타난 기생의 모습과 거의 흡사하다. 그는 조선의 여성의 옆모습 혹은 뒷모습을 "이마 가장자리에 이제 막 생긴 솜털을 뽑고 기름을 묻혀 가운데 가르마를 곱게 빗은 기생의 모습"으로 대상화했다.[58] 그뿐 아니라 많은 일본인 명사들의 조선 명승지에 관한 좌담에도 기생과 조선의 이국성을 관련지은 이야기가 빠짐없이 등장했다. 이런 측면에서 본다면 조선인 여성을 순수한 조선으로 보고자 한 것은 제국에서나 조선에서나 남성주의

---

56 『読売新聞』 1939년 3월 1일.

57 차승기, 『반근대적 상상력의 임계들: 식민지 조선 담론장에서의 전통, 세계, 주체』(푸른역사, 2009), 154~155쪽.

58 윤소영·홍선영·김희정·박미경 공역, 『일본잡지 모던일본과 조선 1939』(『モダン日本』 1939년 11월 임시증간호)(어문학사, 2007), 128~129쪽.

적 시선이 만연해 있었음을 보여준다.

1941년 7월에 『신시대』에는 북지공연을 마치고 조선에 돌아온 조선악극단의 좌담회가 있었는데, 이 좌담회에서도 이러한 남성적 시각은 여실히 드러난다. 북지에서의 흥행프로그램에 관해서 민요도 불렀냐고 묻는 기자의 질문에, 조선악극단 문화부의 김상진은 아리랑 보이스들이 나와서 부르고 뒤이어 "저고리 씨스터의 향토적 춤"이 있고 "그 의상부터 인기"라고 대답한다. 이에 관해 기자는 "그럴 겁니다. 색동 저고리에 쪽도리를 쓰고 춤을 추니 이상할 겝니다"라는 대답을 한다. 이는 조선 여성의 의상자체가 가진 시각적 이국성이 "볼거리"가 됨을 기획자가 명확하게 인지하고 있었음을 보여주는 것이다.[59] 물론 여성을 볼거리로 전락시키는 것에 대한 불쾌감이 아예 없었던 것은 아니다. 악극단의 전신으로 여겨지는 막간극에 매우 어린 소녀들을 등장시켜, "정욕적 동작과 대사"를 시켰던 사례들이 문제화되기도 하였다. 유치진은 막간극에서 소녀들을 등장시켜 선정적인 공연을 하게하는 것을 보고 "중국에 남아 있는 소아 창부의 야만적 폐풍"이라 비판하였다.[60] 그의 이런 비판은 어린 여성을 상업적으로 소비하는 자본주의적 흥행사의 행태에 대한 비판이었지만, 그가 이러한 관습을 다름 아닌 '중국의 야만적 폐풍'이라고 지적했던 것은 그러한 볼거리가 타민족에 의해 소비될 때 비쳐지는 "야만"의 감각을 정확하게 지적한 것이다. 그러나 유치진과 같이 소수의 비판적 시선이 있었음에도 불구하고, 조선 여성의 '순수하고도 전통적인 모습'은 인종적·젠더적 방식으로 계속해서 기획·연출되었다.

재미있는 사실은 이렇게 기생이 조선의 전통풍속으로서 대상화가 되고 있

---

59 「조선악극단 황군위문회원 좌담회」, 『신시대』 7호(1941년); 이재명, 『일제 말 친일 목적극의 형성과 전개』(소명, 2011)의 한국어 해석본에서 인용.

60 유치진, 「극평 연극사의 공연을 보고」, 『동아일보』, 1933년 5월 9일; 최유준, 「이난영의 눈물」, 『한국인물사연구』 제20호(2013)에서 재인용.

는 상황을 대상화의 대상이었던 기생들 자신들도 인식하고 있었다는 점이다. 일례로 『모던일본 조선판』에는 "평양기생 내지 명사를 이야기하다"라는 좌담회가 열리는데, 조선을 관찰하러 온 일본인과 이들 일본인을 관찰하는 기생의 입장이 실려 있다. 이 좌담이 열리기 얼마 전인 1937년 일본 극단 신협은 「춘향전」을 무대에 올리기 위해 조선의 '사실적인 모습' 조사했는데, 기생들도 조사 대상이었다. 한 기생은 이때의 일을 회상하면서, "저 같은 사람은 요컨대 조사 대상 중 하나의 소재가 된 것에 불과할지도 몰라요"라고 말한다.[61] 다시 말해 조사 대상인 기생들이 자신들이 제국의 시선에 의해 대상화되고 있음을 명확히 인식하고 있었다는 것이다. 이런 면에서 본다면 제국인들이 조선을 바라보는 방식, 즉 젠더화 인종화된 시선을, 어쩌면 조선인들도 충분히 인식하고 있었고, 때에 따라서는 그들의 시선이 요구하는 대로 '연출'했을 가능성도 있다. 따라서 서구적이고 미국적인 공연에 능숙했던 오케그랜드쇼단이 일본 진출에 앞서 조선악극단으로 개명하고 조선 여성을 기표를 내세워 이국적인 것을 공연한 것은 '조선적인 것'을 연출하기 위한 식민지인의 상업기획이 낳은 결과물이라고도 볼 수 있을 것이다.

5. '국민'의 연출과 균열

일본의 조선붐 현상과 관광 산업의 발달로 특수를 이룰 수 있었던 조선악극단의 상황은 1941년을 기점으로 크게 변화한다. 전술한 바와 같이 조선악극단은 일본의 제국적 소비 패턴을 따른다는 큰 틀 안에서 시국에 부합하는 공연을 하고 있었다. 그러나 1941년부터 전쟁이 미국과 일본의 싸움으로 확장되자 정치상

61 윤소영·홍선영·김희정·박미경 공역, 앞의 책, 366~67쪽.

황은 급격히 변화했다. 이제 '위문'을 위한 공연뿐 아니라, 조선과 일본이 하나의 공동체로 형상화하는 '국민극'에 대한 요청도 제기되기 시작했다. 1941년에 만들어진 조선연예협회와 조선연극협회는 공연문화가 국가의 신체에 조직적으로 참여하는 길을 만들었고, 이후 이 두 단체가 통합되면서 1942년에 발족된 조선연극문화협회는 이러한 변화를 더욱 가속화되었다. 조선악극단도 조선 자본으로서의 흥행의 독자성은 거의 사라지고, 신체제하에서 극단적 동화의 논리를 뒷받침할 '국민극'을 제작하고 이를 통해 다민족 국가로서의 일본 제국의 구상에 조직적으로 참여하기를 촉구 받았다.

이러한 정치적 요구는 '국민극' 진작뿐 아니라, 이에 참여하는 연극인 자신들을 규율하는 것이기도 했다. 연극에 참여하는 사람들에게 기예증을 수여하거나 극장이라는 공간에서 국민의례를 시행하게 했던 것은, 이 시기 국민화 과정을 압축적으로 보여준다고 할 수 있다. 1941년 이후의 연극계의 일련의 "조직화"는 극장에서 "관주가 사회하여 일동이 기립하여 궁성요배, 전몰장병에게 묵도, 황국신민서사 제창의 순서를 맞춘 다음 상영을 할 것" 등의 지침을 통해 행해졌다.[62] 또한 국민화는 이러한 수행을 통해서 뿐 아니라, 참가자의 '좋은 국민'이 되겠다는 선언을 통해 연습되기도 했다.

조선악극단의 단장 이철도 시국의 급격한 변화에 따라 조선연예협회장직을 맡으면서, 다음과 같은 선언을 한다.

> 황국위문을 한다거나 백의용사를 위문할 수 잇는 직능의 단체적 행동을 생각할 때 무어보다도 봉사적인 역할일 께다. 이런점에서 이동극단이 보다 청각적인 데 비해 위문연예단이 보다 시각적인 소이로 여기에 대한 책임져 활약를 약속하고 싶다.[63]

---

62 이승희, 「전시체제기 연극통제시스템의 동원정치와 효과」, 『상허학보』 41집(2014), 202~203쪽.

63 青山哲, 「樂劇의 새로운 體制」, 『매일신보』, 1941.10.31; 김호연, 「일제 강점 후기 연극 제도의 변화 양상

□ **표 10.1** 조선악극단 공연목록표

일시	극장	레퍼토리	특기사항
1939.3.10.	동경〈화월극장〉	이글의 14면 참조	요시모토 흥행
1939.12.26~28	일본〈동경극장〉		쇼치쿠 흥행
1940.2.6.	경성〈부민관〉	향토가극「노래하는 춘향전」	
1940.4.7.	북지(북경, 천진)		북지 공연
1940.8.3.	만주 4개도시		북지 공연
1940.9.15~17.	경성〈부민관〉	「노래하는 춘향전」1부:채비하라 흥아, 2부:홍백가 합전, 3부:노래하는 춘향	
1941.3.6.	장춘	아리랑 보이스, 죠고리 씨스터, 1부: 전진하라 군악대, 2부: 낙화삼천, 3부: 노래와 춤의 바라이티, 몸의 제전	북지 공연
1941.7.22.	쇼치쿠 메이지자	「홍장미의 꿈」, 「낙화삼천」	
1941.8.10.	쇼치쿠 메이지자	「쇼치쿠행진곡」, 「아이젠 가쯔라」, 「지원병의 어머니」, 「순정 2중대」, 「8난봉과 아가씨」, 「춤의 리듬」	
1941.10.6~12.	쇼치쿠 메이지자	제1부 목산비작 서영덕편, 「진중일기 10장」 김해송곡, 조명암 구성「추야제 10장」 제3부 이서구작 김해송곡「노래의 춘향전 16장」 이다.	
1941.11.2.		「꽃과 목동」, 「풍년제」	
1942.3.3.	대륙극장	오케가극대와 함께 공연. 「대지에 노래한다」전 6경,	이후 북선 공연
1942.8.13~16.	동양극장	「동양의 새벽」, 「백제의 칼」, 「아라리의 가희」, 「도회」, 「한여름밤의 꿈」	레퍼토리 증가
1943.1.8.	부민관	광영의 징병제를 찬양하는 극, 조명암작「야마 사꾸라(山櫻)」, 향토가극「흥부놀부」, 조명암 이서구보작「제민와루케루(み民はれ)」, 최팔근「나니와부시」낭곡극－보라조선청년아	조선군보도부 육군성보도부 중부군보도부 추천 입장료 1원 50 전을 1원으로 할인

일시	극장	레퍼토리	특기사항
1943.2.17~28.	동경 〈국제극장〉	음악무용극, 오케레코드「常春曲」, 「櫻花舞曲」, 1부「山櫻」, 2부「希望の 曲」	송죽소녀가극 특별출연, 조선군 지도부
1943.3.30.	〈금룡관〉	「興寶傳」, 국민악극「み民はれ」, 「스파이전선을 격퇴하라 (スパイ戰線お擊っ)」 음악무용곡「櫻春曲」	
1943.5.18.	동경 〈도락좌〉	「사요나라 도쿄」, 「山櫻」, 「沙蘭姬」	
1943.7.23.	부민관	朗詠劇「신풍」 제1경, 악극「아편의 항」 전 6경, 오케무용연구소 졸업생 주연 무용극「張丞祭」 전4경, 음악무용「태평양은 그대를 부른다」, 조명암연출, 김해송곡「춘향전」 전 15경	귀조공연 제 1회
1944.2.27	동양극장	「金の國銀の國」	
1944.3.22.	동양극장	「장군병 눈물잇다」 조명암작「아편의 항」, 「노예선」, 「월야」	
1944.4.6~9.	동양극장	「혼혈아」, 「月の夜」, 「海」	
1944. 9.2~6.	동양극장	고청산철씨 추도공연	이철 사망

『동아일보』, 『매일신보』, 『読売新聞』, 『朝日新聞』에 실린 기사와 광고를 정리하여 재구성

이러한 이철의 선언을 방증하듯이, 아래 조선악극단의 공연목록표를 보면 1942년 북선 공연 이후 조선악극단의 레퍼토리에 큰 변화가 생긴다. 1941년까지의 공연은 조선악극단이 개발한 아리랑 보이스, 저고리 씨스터 그리고「노래하는 춘향전」 등의 쇼 중심의 공연들로 이루어졌던 것에 반해, 1942년을 기점으로 보다 '일본화' 혹은 '국민화'된 레퍼토리가 많이 생겨난다. 다시 말해 앞선 조선악극

과 그 의미-이동극단, 위문대를 중심으로-」, 『인문과학연구』 30(2011)에서 재인용.

단의 공연이 '서구적인 것'과 '조선적인 것'의 혼성을 통해 상업성을 획득했다면, 이제는 '국어(일본어)' 사용이 화두가 되고, '일본적인 것'과 '조선적인 것'의 혼성이 중요해지기 시작했다.

〈표 10.1〉에 나타나듯이 1942년부터 조선악극단의 공연은 일본적인 것과 조선적인 것을 혼성한 극, 그리고 '국어(일본어)' 사용이 눈에 띄게 증가했다. 앞서 언급한 『신시대』가 개최한 조선악극단 좌담회에서 이철은 일본에서 온 병사들 중에 "조선에 대한 인식이 부족하여 지금도 호랑이가 나오는 미개지로 알고 계신 분이 많은데 그곳에서 왔다는 우리 악극단이 의외로 국어를 능난히 쓰며 예기했든 이상의 연예를 베푸는 것을 보고 그곳도 그렇게 진보되었나 하고 무척 감격해 하신 분이 많이 계셨습니다." "우리 악극단에서도 5~6년 전부터 국어 사용에 유의를 하여 지금은 곡목의 3분의 1쯤 국어물을 하고 있습니다"라고 말하며 그들이 시국에 맞는 공연을 할 수 있다는 자신감을 드러냈다. 이는 1933년부터 오케 그랜드쇼를 통해서 일본어와 조선어를 동시에 구사하는 이중언어적 극을 해왔던 조선악극단만의 자부심이었다.

반면 조선어 공연을 주로 해왔던 라미라가극단 같은 경우 해외공연에서는 크게 성공하지 못했다. 1942년의 오사카 흥행의 실패가 대표적인데, 이 공연 실패의 가장 큰 이유는 공연단이 일본어 공연에 익숙하지 않았다는 점이다. 흥행단을 이끌었던 박용구는 조선어 공연을 준비했고, 일본 현지에 도착하고 나서야 일본어로 공연을 하라는 통보를 받았다. 국어를 아직 터득하지 못한 대다수의 공연자들을 위해 박노홍과 박용구 자신 등 일어를 할 수 있는 몇몇이 이틀 밤을 새며 일어 번역을 했고 가까스로 공연을 마칠 수 있었다고 증언 한다.[64] 다시 말해 1939년에 조선악극단이 일본에 처음 진출했을 때에 비해, 1941년 이후 국민

64 박용구, 앞의 책, 269쪽.

화가 가속되는 상황에서 조선인 연극인에게는 '국어 사용'과 국민화의 요구가 급작스럽게 일어났고, 이에 따른 상당한 혼란이 있었던 것이다.

그러나 이 당시 조선 대중의 일어 사용률은 극히 낮았기 때문에, 이를 통해 조선인이나 기타 다른 언어권의 식민지인을 일어 선전을 통해 통합한다는 기획은 사실상 불가능한 것이었다. 일례로 조선연극문화협회는 국어극의 신장을 위하여 연극대회를 열었는데, 1943년에 시작하여 1945년까지 3회가 개최되었다. 이 콩쿠르는 국어극과 조선어극 두 개의 방면에서 경연을 벌였는데, 제2회 연극 콩쿠르의 심사위원으로 파견된 세키구치 지로는 연극경연 조선어극 부문 청춘좌의 「꽃 피는 나무」에 다음과 같은 감상문을 남겼다.

> 다른 극단은 모두 조선어극이었는데, 이것만은 전체 3분의 2가 또 국어였던 것이다. 결국 주제가 결혼한 내선인의 가정과 반도인 남편과 전부인 사이의 조선 가정에 얽힌 문제를 다룬 것으로, 한 부부의 가정에서는 국어를, 조선 가정 장면과 다른 장면에서 조선계 인물이 서로 대화하는 장면은 조선어를 사용하는 이상한 것이다. 필시 경성에서 쌍방의 말을 모두 이해하는 사람이 많은 곳 말고는 상연이 어려울 것으로 보인다.[65]

세키구치 지로는 일단 내선일체를 위한 선전극을 만들 때 발생하는 실제적인 문제, 즉 '국어' 사용의 문제를 제기하며 극자체에 이중언어를 쓰는 것은 어떤 관객에게도 효용성이 없을 것으로 파악하고 있다. 일본인의 이런 자각은 일본어 해독률이 떨어지는 식민지인을 '국어'로 통합하여 국민화한다는 동화 이론의 불가능성을 보여준다. 1941년의 조선악극단의 귀국 좌담회에서도 포소좌는 "연예

---

65 세키구치 지로, 「조선연극시찰기」, 『일본연극』(1944년 2월); 이재명, 앞의 책의 한국어 번역본에서 인용.

방면에서도 관객의 대부분이 국어 해득자일 때는 국어를 주로 한 프로를 하고 촌 같은 데 국어를 해득한 분들이 적을 때는 조선말을 많이 써서 한다는 식으로 도회나 촌에서나 일률적으로 하지 말고 그때 그 장소를 따라 변할 필요가 있다고 생각"한다고 밝히고 있다. 다시 말해 국어 상용 교육을 통한 "동화"의 이상[66]이 식민통치가 30여 년이 지나도록 이루어지지 않다가, 전시상황 속에서야 실제 통치의 문제로 나타나게 되었다는 것이다.

국민극을 만드는 노력이 더해질수록 일본적인 것과 조선적인 것의 결합을 직면해야하는 현실과 이에 관한 불편함에 대한 토로도 증가했다. 이러한 토로는 조선인이나 일본인 양쪽에서 모두 이루어졌다. 예를 들어 1942년 조선악극단의 레퍼토리 중 가장 큰 변화는 낭곡극을 시작한 것이다. 낭곡극이란 원래 일본의 전통극인데, 조선악극단에서 공연한 최팔근이라는 공연자는 이러한 일본의 낭곡극을 조선어로 공연하였던 것으로 전해진다.[67] 조선악극단의 1942년 상연작 「백제의 칼」이나 「나니와 부시」 같은 곡은 낭곡극으로 일본의 전통과 조선의 전통을 섞은 것이었다. 이에 대해 안영일은 "낭곡과 조선고전극과의 비과학적인 결합 — 그것이 곧 내선문화의 교류는 될 수 없다. 그것이야말로 극히 악질적인 편승적 사고이다. 화복을 입은 낭곡예술가가 핏대를 올리며 외치는 낭곡조에 맞추어 조선의 고전적인 의상을 입힌 — 우리가 십수 년 전에 볼 수 있었던 신파적인 내용과 연기 — 바로 그것이 낭곡극이다"라며 강력하게 비난했다.[68]

그의 비판이 흥미로운 것은 그가 일본 극단 신협이 「춘향전」을 가지고 일본과 조선에서 흥행했을 때 조연출을 맡았었고, 다카라즈카의 「숙향전」 무대를 연

---

66 정준영, 「청각적 근대성의 이면-이자와 슈지와 식민지 동화교육정책의 출발」, 서정완, 임성모, 송석원, 『제국일본의 문화권력. 2, 정책 · 사상 · 대중문화』(서울: 소화, 2014).

67 박노홍, 앞의 책, 62쪽.

68 안영일, 「극문화의 신방향 - 국민연극의 장래」, 『매일신보』, 1942년 8월 25일.

출했기 때문이다. 그가 조선적인 것을 일본식 무대에 올리는 것에 반감이 있었던 것은 아니었다. 다만 그가 불편하게 여겼던 부분은 '조선적 전통'과 '일본적 전통'의 결합이었을 것으로 추측할 수 있다. 즉 「춘향전」이 조선적인 것을 충분히 학습하여 순수한 조선미로 만들어졌다면, 일본의 낭곡극도 일본의 전통을 순수하게 재현하였던 장르라고 할 수 있다. 이렇게 명확히 차이가 나는 감각을 내선일체를 위해 섞는 것이 매우 불편하고도 불가능한 "비과학적 결합"으로 느껴졌던 것이다.

이렇게 본다면 안영일의 비판의 핵심은 사실 급속히 진행된 '국민화'와 '내선일체'가 '차이'의 감각을 무화하는 것이었다고 할 수 있다. 윤대석에 따르면 1940년대에 조선뿐 아니라 일본에서도 내선일체론에 관한 분열이 있었다. 즉 동조동근론이라는 인류학에 기반한 혼합민족론은 조선총독부의 기본적인 입장이었고, 이에 반해 순혈민족론은 일본 후생성에 의해서 주장되었다.[69] 따라서 아직 일본에서조차 규명되지 않은 '내선일체'의 방향을 혼합민족론의 방향에서 형상화했을 때 느껴지는 불편함은 조선인에게서나 일본인에게 공통적으로 드러나는 것이었다. 앞서 조선문화연극협회의 초청을 받아 콩쿠르를 심사했던 세키쿠치 지로도 「꽃피는 나무」에는 내선 결혼에서 빚어지는 "조선인 어머니와 조모의 복잡한 감정", "내선 부부의 미묘한 감정의 교착", "데려온 장남과 차남매 사이의 쉽게 융해되지 않는 심리감정", "배다른 장남을 멋대로 황민화시키려고 하는 일본 계모의 심리" 등이 심각하게 다루어지고 있지 않다며 불만을 표시한다. 이는 다시 말해 조선인과 일본인의 피가 섞이는 과정이 심각한 고민을 내재할 수밖에 없는 일인데, 연극이 이를 깊이 있게 형상화하지 않은 것에 대한 불편함을 내비친 것이다.

---

69 윤대석, 『식민지 국민문학론』(역락, 2006), 52~53쪽.

조선악극단의 경우에도 시국에 부합하는 국민극의 숫자를 늘려 공연하고 있었지만, 내선일체의 공동체 미학을 만들어내는 것은 상당히 어려운 문제였던 것으로 보인다. 그러한 예는 「부여회상곡」의 상연에서 찾을 수 있다. 내선일체를 형상화하기 위해 기획되었던 이 무용극은 조선연극협회의 회장이었던 이서구가 집필하고 조택원이 안무를 맡은 것으로 유명했다.[70] 1941년 5월에 부민관에서 공연한 「부여회상곡」은 조선 여인과 일본 남성의 사랑과 동조동근적 "피의 결합"으로 상징되는 로맨틱한 내선일체를 상징화를 목표로 하였다. 공연의 기획은 조선악극단 단장이자 조선연예주식회사 사장이었던 이철이 맡았는데, '내선일체'를 형상화한다는 기획은 쉽지 않은 것이었다. 그는 이러한 어려움을 화려한 연출을 통해 극복하려고 하였다. 따라서 이 공연은 대군무와 대합창이 주조를 이루고 있었고, 조선의 타-키 이준희가 남역으로 백제 남자 역할을 맡는 등 다카라즈카의 요소가 가미되는가 하면, 이시이바쿠 무용팀까지 합세하여 조선과 일본이 하나가 되는 대서사극을 이루었다.

그러나 「부여회상곡」은 다른 많은 국민극들과 마찬가지로 흥행에 실패했다. 내선일체의 '혼합'의 미학이 사실은 어떤 관객들에게도 설득력이 없었기 때문일 것이다. 가령 투어리즘적 측면에서 조선붐이 일 때만 하더라도 불평등한 인종 간의 차이는 기본적으로 전제되고, 이를 제국의 입장에서 쉽게 소비를 할 수 있었다. 그런데 '국민화'는 인종 간의 평등을 가정하고 피의 결합으로 내선이 균질한 관계로 만들어진다는 것인데, 이러한 상상은 "진행할수록 불가능한 것"으로 것으로 감각되었을 수 있다.[71]

---

70 문경연은 「부여회상곡」을 "내선일체라는 비가시적 이념을 가시화하고자 했던 프로파간다"로 보는데, 여기에 참여한 문화인들이 부여신궁과 관련하여 행했던 직역봉공과 의례와 의식의 중요성을 강조한 바 있다. 문경연, 「일제말기 '부여'표상과 정치의 미학화-이석훈과 조택원을 중심으로-」, 『한국극예술연구』 33집 (2011).

71 윤대석, 앞의 책.

그럼에도 조선악극단의 공연의 레퍼토리는 1941년경부터 국민극적 요소가 증가하고 이것이 제3차 일본 공연에도 그대로 이용되었다. 이러한 변화는 국민극에 대한 요구가 늘어나면서 내선일체의 극작에 대한 요구를 반영한 것이었다. 조선악극단은 극작에 유능했던 조명암을 영입하여 기존의 레퍼토리들과는 다른 국민극들을 만들었다. 1942년에 부민관 에서 공연된 「야마 사쿠라(山櫻)」은 조명암의 작품으로 조선인 징집을 축하하기 위해 특별히 만들어진 극이었고, 이후 1943년에 있었던 3개월간의 일본 공연의 주요 레퍼토리이기도 했다. 또한 이제 「춘향전」과 같은 유명한 '조선표' 레퍼토리보다는 「흥보전(興寶傳)」과 같이 인과응보라는 단순한 플롯과 희극적 요소를 많이 가미할 수 있는 극을 공연하였다. 1939년 첫 일본 흥행 이후로 줄곧 조선적인 것의 표지로 활동했던 조선악극단이 1943년 일본 공연에서의 '조선'이라는 표지를 약화하고, '국민'의 모습으로 재현하였다는 것은 이 시기의 커다란 변화이자 국민화에 대한 조선인의 새로운 '연출'이었다고 할 것이다.

□ **그림 10.5** 『매일신보』, 43년 7월 20일자

이러한 새로운 국면에서 문제는 '조선'이라는 지방색의 위치가 애매해진 것이다. '조선'은 이제 '국민화'라는 균질적 감각에서 '차이'를 만들어내는 징표로서 나타날 가능성이 높아졌기 때문이다. 조선영화주식회사 상무 중전청강은 본인이 태국을 방문했을 때, 치앙마이에서 일본의 선전방송을 "유언비어"라고 비웃는 태국인들의 태도를 보면서 대동아도 "여러 기후풍토도 다르며 민심도 가지각

색이기 때문에" 사람들이 선전영화를 보았다고 그 선전을 믿게 된다고 생각해서는 안된다고 강조한다. 그는 "때, 장소의 변화에 따라 여러 효과가 다르다는 것을 주의"해야 하며 때로는 "반대의 결과를 초래"할 수도 있다고 경고한다.[72]

이에 따라 지방으로서의 '조선색'의 재현은 관객이 누구냐에 따라 민감한 검열의 대상이 되기 시작했다. 예를 들어 라미라가극단은 1942년에 「견우직녀」와 「콩쥐팥쥐」를 가지고 오사카에서 흥행을 시작하였다. 오사카는 특히 조선인 노동자가 많았고, 라미라가극단도 조선인 관객을 예상하고 있었다. 조선인 관객이 많았기 때문에 일본 당국에서는 이 극들의 '조선적 재현'에 상당히 곤두서 있었던 듯하다. 「견우직녀」는 신라 옷 비슷한 의상이었기 때문에 무사통과를 했는데, 「콩쥐팥쥐」는 바지, 치마에 저고리를 입어서 곧 검열에 걸리고 만다. 이를 두고 박용구는 오사카 공연 때의 「콩쥐팥쥐」는 결국 "중국 옷을 입고 대사나 노래는 일본 말로 하면서 조선 사람이 작곡한", "국적 없는" 공연이 돼버렸다고 회상한다.[73] 동아시아 일반으로 표상된 옷을 입었을 때에는 문제되지 않던 것이, 조선인이 조선어로 조선 옷을 입고 공연할 때에 민족주의로 변질될 수 있다는 불안으로 느껴진 것이다.

흥미로운 사실은 이러한 두려움이 근거 없는 두려움이 아니라는 점이다. 배우나 연출가가 조선인으로서 무대에 서면서, 조선에 대한 자각이 생기기도 하였기 때문이다. 이러한 예를 신카나리아의 회고에서 찾을 수 있다. 신카나리아는 일제 말기 즈음에 성보악극단에 속해 있었는데, 성보악극단은 일본인이 주인으로 일본어로 주로 공연했다. 따라서 성보악극단에서 일하고 있었던 조선인 연예인들은 일어에 능숙했고, 심지어 어떤 경우에는 조선인이라는 정체성이 거의 없는 경우도 있었다. 신카나리아도 이런 경우였는데, 그녀는 처음으로 만주의 봉천

---

72 「조선영화 특집」, 『映畫旬報』, 1943년 7월11일. 이재명, 앞의 책 한국어 번역에서 인용.

73 박용구, 앞의 책, 251쪽.

지방에 공연을 갔을 때 조선어 노래를 부르면서, 처음으로 자신이 "조선인"임을 강하게 느꼈다고 회고한다. 또한 만주에 있던 다른 조선인 공연자 "릴리언니"도 자신의 조선 노래 공연 후 몰래 찾아와 본인도 조선인임을 밝혔다고 한다.[74] 조선인이 자신을 조선인으로 인식하는 과정이 무대에서의 공연을 통해서 발생했던 것이다. 이는 앞서 중전청강이 우려했던 것처럼, 아무리 선전이라는 틀 속에 가두어도 관객의 반응 혹은 연기자의 속내는 알 수 없는 것이며, 특히 공연 때마다 매번 차이를 만들어내는 무대공연은 예측이 불가능했기 때문에 주요 감시 대상이 되었던 것이다. 따라서 아무리 내선일체를 강조한 극들을 늘려가고 식민지 악극단들이 당국에 협조하고 있더라도, 식민지인의 내면을 알 수 없는 제국의 입장에서는 내선일체에 기반한 국민화는 어쩌면 조선인만큼이나 불안한 과정이었다. 전시체제기 검열강화는 이런 면에서 오히려 식민지인들의 급속한 국민화에 대한 제국의 불안 증가를 보여주는 것이라고도 볼 수 있다.

6. 나가며

지금까지 1930~40년대 조선악극단의 '조선'을 연출하는 방식과 제국에서의 흥행, 제국 내에서 이들이 소비되었던 방식, 그리고 이것이 1942년 이후 '국민화'라는 역사적 국면에서 어떤 변화를 겪어왔는지 살펴보았다. 식민지 조선에서 레코드 산업의 후발주자였던 오케레코드는 상업적 기지를 발휘하며 1930년대에 눈부신 성장을 거듭했다. 레코드사를 기반으로 한 오케그랜드쇼단은 연예산업으로서의 글로벌한 가능성을 가지고 1930년대에 자본주의적 성장에 대한 열

74 신카나리아, 「나의 교류록: 원로여류가 엮는 회고, 신카나리아」, 『동아일보』, 1981년 7월 21일.

망을 바탕으로 해외진출을 기획했다. 그러나 이러한 글로벌에 대한 욕망은 제국의 일부로서의 식민지인이라는 위치 속에서만 가능한 것이었고, 이러한 한계 속에서 이들은 극단의 이름을 '조선악극단'으로 바꿔가면서 성장을 계속했다. 또한 일본 제국도 다민족국가로서의 상상 속에서 종족의 고유성을 중심으로 한 식민지의 연예기획물들은 인종적이면서도 젠더적인 방식으로 소비하였다.

그러나 1941년 일본이 미국과의 전면전을 벌이는 상황에서, '차이'로서 받아들여지던 식민지인들의 종족성의 문제는 내선일체의 슬로건 아래에서 일본인과 동일한 '국민'이 되어야하는 상황으로 변화했고, 이는 제국의 일본인과 조선인 모두에게 매우 역설적인 상황을 낳게 되었다. 조선악극단의 경우에도 '조선'의 표지를 약화시키고, '국민'의 표지를 더욱 강화해야 했다. 그러나 이러한 일률적이고 강압적으로 보이는 '국민화'의 과정은 결코 순탄하지 않았다. 공연장에서의 조선인들은 종족성이 어디로 회수되어야 하는지를 수시로 결정해야 했고, 이러한 상황은 오히려 공연자, 관객, 그리고 일본 당국에게 모두 종족성에 대한 민감성을 불러일으켰다.

요컨대 1930~40년대 전시체제라는 역사적 상황은 조선인들을 제국의 일부로서의 호명하게 했고, 그것이 때로는 '조선적인 것'이라는 차이 혹은 차별이 드러나는 문화로, 때로는 차별의 감각을 무화한 '내선일체의 상상'으로 나타났다. 이러한 호명에 조선인(조선악극단)들도 자신을 '조선의 미'를 가진 객체이자 '국민'의 한사람으로 연출하며 화답하였다. 이런 면에서 조선악극단의 기민한 '연출'은 정체성이라는 것이 끊임없이 구성되는 역사적 산물이라는 것을 드러낼 뿐 아니라, 이 과정을 경험해나갔던 사람들에게도 정체성을 자각하게 하는 흔적(identification)을 남기는 것이라는 점을 보여준다.

그리고 이러한 식민지 안에서의 연예기획사로서의 경험은 해방 이후의 상황에도 상당한 흔적을 남겼기에 그 의미가 더 크다. 조선악극단의 경우 1944년 이철의 사망으로 인해 급격한 퇴조를 겪다 해방을 맞았다. 그럼에도 조선악극단이 식민지 시기 가졌던 생명력은 계속 이어졌다. 조명암 외 몇 명은 새로운 〈조선악극단〉을 구성하였고, 조선악극단의 다른 멤버는 김해송을 중심으로 악극단 KPK를 만들었다. 악극단 KPK는 왕년의 조선악극단의 스타였던 이복복, 이난영, 장세정, 김해송을 다시 모아 "아리랑 보이스"와 "조고리 시스터스"의 공연을 이어갔다.[75] 악극단 KPK의 공연 스타일이 식민지 시기 조선악극단과 유사했던 것은 물론이다.

공연의 스타일뿐 아니라 악극단의 세계화의 열망은 이제 일본 제국을 넘어서는 더 큰 세계에서 이루어졌다. KPK에서 공연하던 악극인들이 미8군 무대를 통해 할리우드로 진출을 시도하기도 했고, 일부는 반공연예인단으로 조직되어 새로운 국가의 "조국통일전선에 이바지하여 애국정신 고취와 전의양양을 목적으로 건전한 국민예술운동"을 전개하기도 했다. 이러한 악극단의 행로는 식민지 시기를 통해서 경험된 '연예가 정치와 조우하는 방식'이 해방 이후에까지 확장되었음을 보여준다.[76] 즉 식민지 상황에서 '조선화', '국민화'를 연출했던 경험이 이들 악극인의 신체에 남아 있었고, 이것이 해방 이후의 냉전국가가 주도하는 '국민화'와 '반공화'에 상당한 역할을 했던 것이다. 이런 의미에서 식민지 말기의 연예기업의 문화정치는 이의 거울상에 해당하는 해방 이후 남한 사회의 문화정치 구조를 이해하는 근간이 된다는 점에서 더욱 중요하다고 볼 수 있을 것이다.

---

75 『동아일보』, 1946년 11월 7일.

76 박노홍, 앞의 책, 168쪽.

참고문헌

1. 신문, 잡지, 공연 팸플릿

〈국내 자료〉

『동아일보』, 『조선일보』, 『삼천리』, 『매일신보』, 『만선일보』, 『독립신보』, 『국민보』, 『신시대』, 『녹성』, 『영화시대』

〈일본 자료〉

『朝鮮樂劇團 第1輯』, 『朝鮮演劇文化協會資料』, 『朝日新聞』, 『キネマ旬報』, 『読売新聞』, 『日本映畫』, 『映畵旬報』, 『東寶』, 『歌劇』, 『東寶歌劇 脚本集』, 村山知義 , 『朝鮮樂劇批判』, 桜占書店, 1947.

2. 자료집

국립예술자료원, 『예술사 구술총서 001: 박용구, 한반도 르네상스의 기획자, 1914년-』, 국립예술자료원, 2011.

강옥희, 이순진, 이승희, 이영미, 『식민지 시대 대중예술인 사전』, 소도, 2006.

김의경, 유인경 편, 『박노홍 전집 1-5』, 연극과 인간, 2008.

윤소영, 홍선영, 김희정, 박미경 공역, 『일본잡지 모던일본과 조선 1939』, 『モダン日本』, 1939년 11월 임시증간호, 어문학사, 2007.

윤소영, 『일본잡지 모던일본과 조선 1940』, 어문학사, 2009.

한국정신문화연구원 편, 『한국 유성기 음반 총 목록』, 민속원, 1998.

한국영상자료원, 『일본어 잡지로 본 조선영화 4』, 한국영상자료원, 2013.

3. 단행본

구모룡 외, 『파시즘미학의 본질』, 예옥, 2009.
김만수 외, 『일제 강점기 유성 음반기 속의 대중 희극』, 태학사, 1997.
김려실, 『투사하는 제국, 투영하는 식민지: 1901-1945년의 한국영화사를 되짚다』, 삼인, 2006.
김의경, 유인경 편, 『박노홍의 대중연예사 1』, 연극과 인간, 2008.
김호연, 『한국 근대 악극 연구』, 민속원, 2009.
박찬호, 『한국가요사1: 가요의 탄생에서 식민지 시대까지 민족의 수난과 저항을 노래하다: 1894-1945』, 미지북스, 2009.
방기중 편, 『식민지 파시즘의 유산과 극복의 과제』, 혜안, 2005.
배삼룡, 『한 어릿광대의 눈물 젖은 웃음』, 다른우리, 1999.
백현미, 『한국연극사와 전통담론』, 연극과 인간, 2009.
와타나베 나오키 외, 『전쟁하는 신민, 식민지의 국민문화: 식민지 말 조선의 담론과 표상』, 소명, 2011.
연구공간 수유+너머 '일본근대와 젠더 세미나팀' 옮김, 『확장하는 모더니티: 1920-30년대 근대 일본의 문화사』, 소명, 2007.
연구모임씨네마바벨, 『조선영화와 할리우드』, 소명출판, 2014.
유민영, 『한국 근대 연극사』, 단국대학교 출판부, 1996.
———, 『한국연극운동사』, 태학사, 2001.
윤대석, 『식민지 국민문학론』, 역락, 2006.
이영재, 『제국일본의 조선영화』, 현실문화, 2008.
이재명, 『일제 말 친일 목적극의 형성과 전개』, 소명, 2011.
사카이 나오키 외, 『총력전하의 앎과 제도』, 소명, 2014.
서정완, 임성모, 송석원 공편, 『제국일본의 문화권력』, 서울: 소화 2011.
———, 『제국일본의 문화권력. 2, 정책 · 사상 · 대중문화』, 서울: 소화, 2014.
죠지 모스, 임지현, 김지혜 옮김, 『대중의 국민화: 독일대중은 어떻게 히틀러의 국민이 되었는가?』, 소나무, 2008.
차승기, 『반근대적 상상력의 임계들: 식민지 조선 담론장에서의 전통, 세계, 주체』, 푸른역사, 2009.
Atkins, E. Taylor, *Primitive Selves: Koreana in the Japanese Colonial Gaze, 1910-*

1945, University of California Press, 2010.
Ching Leo T.S., *Becoming "Japaneses": Colonial Taiwan and the Poliltics of Identity Formation*, University of California Press, 2001.
Fujitani, Takashi, *Race for Empire: Koreans as Japanese and Japanese as Americans during World War II*, University of California Press, 2013.
Kim, Chung-Kang, *South Korean Golden-Age Comedy Film: Industry, Genre, and Popular Culture*, University of Illinois Ph.D dissertation, 2010.
Hughes, Theodore, *Literature and Film in Cold War South Korea: Freedom's Frontier*, Columbia University Press, 2013.
Robertson, Jennifer, *Takarazuka: Sexual Politics and Popular Culture in Modern*, Japan, University of California Press, 1998.
Said, Edward W., *Orentalism*, Vintage Books, 1979.
———, *Culture and Imperialism*, Vintage Books, 1994.
Miriam Silverberg, E*rotic Grotesque Nonsense: The Mass Culture of Japanese Modern Times*, University of California Press, 2007.
Tansman, Alan, *The Culture of Japanese Fascism*, Duke University Press, 2009.
Yamanashi, Mikiko, *A History of Takarazuka Revue since 1914: Modernity, Girl's Culture, Japan Pop*, Global Oriental, 2012.

4. 논문

권명아, 「내선일체 이념의 균열로서 '언어'-전시 동원 체제하 국책의 '이념'과 현실 언어 공간의 관계를 중심으로」, 『대동문화연구』 59, 성균관대 대동문화연구원, 2007.
김려실, 「조선을 '조센'하기」, 『영화연구』 34호, 2007.
김연갑, 「1940년대 전반기 악극 〈아리랑〉 연구」, 『남북문화예술연구』 통권 제6호, 2010.
김영희, 「일제강점기 '레뷰춤' 연구」, 『한국무용사학』 9호, 2008.
김예림, 「전시기 오락정책과 '문화'로서의 우생학」, 역사비평, 2006.
김청강, 「현대 한국의 영화 재건 논리와 코미디 영화의 정치적 함의 (1945-60)」, 『진단학보』 112호, 2011.

———, 「악극, 헐리우드를 만나다 — 1950년대 한국 대중영화의 혼종성에 드러나는 식민성과 탈식민적 근대성의 문제들」, 『대중서사연구』, 2013.

김태희, 「1950~1960년대 박구(朴九)의 영화계 활동 연구」, 『한국극예술연구』 43집, 2014.

김호연, 「1930년대 서울주민의 문화수용에 관한 연구: 부민관을 중심으로」, 『서울학연구』 15, 2000.

———, 「일제 강점 후기 연극 제도의 변화 양상과 그 의미-이동극단, 위문대를 중심으로-」, 『인문과학연구』 30, 2011.

문경연, 「일제말기 '부여'표상과 정치의 미학화-이석훈과 조택원을 중심으로-」, 『한국극예술연구』 33집, 2011.

박석태, 「조선미술전람회를 통해 본 '향토성' 개념 연구」, 『인천학 연구』 3, 2004.

박진수, 「동아시아 대중음악과 근대 일본의 '조선붐'」, 『아시아문화연구』 제29집, 2010.

백현미, 「'국민적 오락'과 '민족적 특수성': 일제 말기 악극의 경우」, 『공연문화연구』 제11집, 2005.

서재길, 「'제국'의 전파 네트워크와 식민지 조선의 자기 표상- 1930년대 중반 조선방송협회의 '전국'중계방송을 중심으로」, 『일본비평』 5호, 2011.

성기완, 「김해송과 조선 스윙 장단」, 『대중음악 통권』 9호 2012.

손민정, 「1920년대 중반~1930년대 초반 악극 연구: 여성악극인의 근대성을 중심으로」, 『이화음악논집』, 2013.

손유경, 「전시체제기 위안(慰安) 문화와 '삼천리' 반도의 일상」, 『상허학보』 29집, 2010.

양지영, 「'조선색'이라는 방법과 '조선미'라는 사상-식민지기 조선문화 만들기 운동과 야나기 무네요시-」, 『아시아문화연구』 제35집, 2014.

유선영, 「식민지 대중가요의 잡종화: 민족주의 기획의 탈식민성과 식민성」, 『언론과 사회』 가을 10권, 2002.

———, 「답례로서의 연예: 1920년대 문화적 민족주의의 연예」, 『언론과 사회』 22권 3호, 2014.

오태영, 「지방문학, 국민문학, 세계문학- 식민지 후반기 조선문학의 존재 형식」, 『한국문학이론과 비평』 제58집(17권 1호), 2013.

이경민, 「기생사진과 조선향토색의 유통」, 『황해문화』, 2005.

이규성, 「한국 악극의 수용과정과 경연 활동에 관한 연구」, 석사학위논문, 동국대학교, 2005.

이덕기, 「영화 〈수업료〉와 조선영화의 좌표」, 『극예술연구』 제29집, 2009.

이복실, 「일제 말기 조선 극단의 만주 순회공연 연구」, 『한국극예술연구』 45집, 2014.

이소영, 「김해송의 대중가요에 나타나는 재즈 양식」, 『대중음악』 통권 9호, 2012.

이승희, 「전시체제기 연극통제시스템의 동원정치와 효과」, 『상허학보』 41집, 2014.

이준희, 「일제시대 군국가요(軍國歌謠) 연구」, 『한국문화』 제46집, 2009.

———, 「1945년 이전 일본대중가요 음반에 나타난 조선인의 활동」, 『대중음악』, 통권 7호, 2011.

———, 「김해송 무대음악 활동 초탐」, 『대중음악』 통권 9호, 2012.

이화진, 「식민지 영화의 내셔널리티와 '향토색'- 1930년대 후반 조선영화 담론 연구」, 『상허학보』 13집, 상허학회, 2004.

———, 「노스텔지아의 흥행사-1950년대 악극의 전성과 퇴조에 관하여」, 『대중서사연구』 17집, 2007.

———, 「식민지 조선의 극장과 '소리'의 문화정치」, 박사학위논문, 연세대학교, 2010.

———, 「일제 말기 이동극단 활동의 전개 양상과 그 한계」, 『한국학 연구』 30집, 2013.

———, 「전쟁과 연예 -전시체제기 경성에서 악극과 어트랙션의 유행-」, 『한국학 연구』 36집, 2015.

정근식, 「식민지 전시체제하에서의 검열과 선전, 그리고 동원」, 『상허학보』 38집, 2013.

정명문, 「반도가극단의 후기 가극 연구-〈숙향전〉의 극작전략을 중심으로」, 『한국극예술연구』 40집, 2013.

정명중, 「파시즘과 감성동원-일제하 '국민문학(國民文學)'에 대한 고찰 」, 『호남문화연구』, 2009.

조형근, 「식민지 대중문화와 '조선적인 것'의 변증법: 영화와 대중가요의 비교를 중심으로」, 『사회와 역사』 99집, 2013.

최규진, 「대동아공영권론과 '협력적'지식인의 인식지형」, 『역사문화연구』 50집, 2014.

최성실, 「근대 일본에서 조선문화 유행과 문화주체 분열의 양가성: 최승희 춤 연구의 문화론적 접근을위하여」, 『한국학논집』 45집, 2011.

최승연, 「악극 성립에 관한 연구」, 『어문논집』 49집, 2004.

최유준, 「이난영의 눈물」, 『한국인물사연구』 20호, 2013.

한만수, 「1930년대 '향토'의 발견과 검열 우회」, 『한국문학이론과비평』 30집, 2006.

홍선영, 「기쿠치 간(菊池寬)과 조선예술상-제국의 예술제도와 히에라르키-」, 『일본문학학보』 제50집, 2011.

———, 「전시 예술동원과 '국어극'-1940년대 연극경연대회 일본어 참가작을 중심으로

-」, 『일본문화연구』 제47집, 2013.
Maliangkay, Roland, "Koreans Performing for Foreign Troops: The Occidentalism of the C.M.C. and K.P.K.," in *Sungkyun Journal of East Asian History*, 2011.

초출 일람

1부 트랜스퍼시픽 지역의 트랜스내셔널 역사

1장. 윤해동, 「만보산 사건과 동아시아 기억의 터 - 한국인들의 기억을 중심으로」, 『사이』 14, 국제한국문학문화학회, 2013.

2장. 정면, 「白族과 '白蠻'-『白族簡史』의 백족 계보 구성 비판」, 『동북아문화연구』 33, 동북아문화학회, 2012.

3장. 이세연, 「1189년, 요리토모는 왜 야타테(矢立)를 했는가」, 『일본학보』 99, 한국일본학회, 2014.

4장. 조원, 「明人의 시선에서 본 16세기 漠南 몽골 사회의 변화」, 『몽골학』 37, 한국몽골학회, 2014.

2부 트랜스어틀랜틱 지역의 트랜스내셔널 역사

5장. 하영준, 「아이티혁명과 근대성의 '구성적 외부': C. L. R. 제임스의 탈식민적 상상력」, 『프랑스사연구』 23, 한국프랑스사학회, 2010.

6장. 권은혜, 「20세기 초 미국 서부의 반 일본운동과 아시아인 이민 배제 주장에서 드러나는 초국적 반아시아 인식」, 『서양사론』 120, 한국서양사학회, 2014.

7장. 이소영, 「법문학 비평과 사회적 기억의 구성 - 슐링크의 책 읽어주는 남자에서 '법을 통한 과거 청산'의 아포리아」, 『서강인문논총』 40, 서강대학교 인문과학연구소, 2014.

3부 트랜스내셔널 한국과 근대

8장. 육영수, 「'은자의 나라' 조선 사대부의 미국문명 견문록」, 『역사민속학』 48, 한국역사민속학회, 2015.

9장. 소현숙, 「수절과 재가 사이에서 - 식민지시기 과부담론」, 『한국사연구』 164, 한국사연구회, 2014.

10장. 김청강, 「'조선'을 연출하다: 조선악극단의 일본 진출 공연과 국민화의 (불)협화음(1933~1944)」, 『동아시아문화연구』 62, 한양대학교 동아시아문화연구소, 2015.

찾아보기

【ㅈ】

【ㅊ】

【ㅋ】

【ㅌ】

【ㅍ】

【ㅎ】

【abc】

기획 한양대학교 비교역사문화연구소
편집 윤해동
—

윤해동 서울대학교에서 박사학위를 취득했다. 현재 한양대학교 비교역사문화연구소 HK 교수로 재직하며 한국근대사와 동아시아사를 연구하고 있다.

정면 문학박사. 서강대학교 사학과, 동대학원을 졸업했다. 전공분야는 중국고중세사와 운남사이며, 현재 서강대학교 디지털역사연구소 연구교수로 재직 중이다.

이세연 한양대학교 사학과, 고려대학교 사학과 대학원, 도쿄대학 대학원 총합문화연구과를 졸업했다. 전공 분야는 일본종교문화사이며, 현재 한양대학교 비교역사문화연구소 HK연구교수로 재직 중이다.

조원 한양대 사학과, 북경대학교 역사학과를 졸업했다. 전공 분야는 몽골제국사이며, 현재 한양대학교, 단국대학에서 강의 중이다.

하영준 한양대학교 사학과에서 학사 및 석사와 박사 과정을 밟았다. 현재 아이티 혁명사, 흑인급진주의 지성사와 블랙 인터내셔널리즘, 식민지와 독립 시기의 카리브 지역사, 그리고 이와 관련된 기억과 재현의 정치 등에 연구 관심을 갖고 있다.

권은혜 한국외국어대학교 영어학과와 서강대학교 대학원 사학과에서 각각 학사와 석사 학위를 수여받은 후 미국 플로리다대학 사학과에서 박사학위를 받았다. 전공분야는 근대 미국 인종관계의 역사이며 현재 서강대, 동국대, 중앙대 등에 출강 중이다.

이소영 고려대학교 법학과와 동대학원을 졸업했다. 하버드대학교 옌칭연구소, 프랑스 사회과학고등연구원, 독일 튀빙겐대학교 등에서 공부하고 가르쳤으며, 현재 제주대학교 사회교육과 조교수로 재직 중이다. 법사회사와 법문학이 연구분야이며, 주된 연구관심은 '법과 사회적 기억의 상호구성'이다.

육영수 미국 워싱턴대학교(시애틀)에서 생시몽주의 연구로 박사학위를 취득했다. 전공분야는 유럽근현대지성사·프랑스혁명사이며 한국근대사를 부전공했다. 현재 중앙대학교 역사학과·대학원 협동과정 문화연구학과·독일유럽학과 교수로 재직하고 있다. 한국과 서구가 뒤엉킨 사상적 '근대성'을 트랜스내셔널 관점에서 재조명하는 것이 요즘 관심사이다.

소현숙 한양대학교 사학과를 졸업했다. 전공 분야는 한국 근현대 가족사, 사회사, 여성사, 마이너리티 역사이며 현재 한양대 비교역사문화연구소 HK 연구교수로 재직 중이다.

김청강 연세대학교 사학과를 졸업하고 미국 일리노이 주립대학교 동아시아언어문화학과에서 한국문화사로 박사학위를 받았다. 현재 한양대학교 비교역사문화연구소의 HK 연구교수로 재직 중이다.

트랜스내셔널 역사학 탐구

펴낸날 2017년 1월 20일 초판 1쇄 ● 2019년 7월 1일 초판 2쇄
지은이 윤해동·정면·이세연·조원·하영준·권은혜·이소영·육영수·소현숙·김청강
펴낸이 김우승 ● **펴낸곳** 한양대학교출판부 ● **출판등록** 제4-7호(1972.2.29)
주소 서울 성동구 왕십리로 222 ● **전화** 02.2220.1432-4 ● **팩스** 02.2220.1435
홈페이지 press.hanyang.ac.kr ● **이메일** presshy@hanyang.ac.kr

ISBN 978.89.7218.523.9 (93900)

이 저서는 2008년 정부(교육과학기술부)의 재원으로 한국연구재단의 지원을 받아 수행된 연구임.
(NRF-2008-361-A00005)

This work was supported by National Research Foundation of Korea Grant funded by the Korean Government. (NRF-2008-361-A00005)